AF898197

**INSTITUTO INTERNACIONAL
DE DERECHO ADMINISTRATIVO -IIDA**

BIBLIOTECA INTERNACIONAL
DE DERECHO PÚBLICO

LIBARDO RODRÍGUEZ RODRÍGUEZ
(Director)

CONSEJO ACADÉMICO:

Christian PIELOW - Alemania
Juan Carlos CASSAGNE - Argentina
Ernesto JINESTA LOBO - Costa Rica
Luciano PAREJO ALFONSO - España
Jacqueline MORAND-DEVILLER - Francia
Luciano VANDELLI† - Italia
Olivo RODRÍGUEZ H. - República Dominicana
Carlos DELPIAZZO - Uruguay
Allan Randolph BREWER-CARÍAS - Venezuela

ALLAN R. BREWER CARÍAS

Profesor emérito de la Universidad Central de Venezuela.
Exprofesor de las Universidades de Cambridge, UK, Paris II,
Columbia de Nueva York, Rosario y Externado de Colombia.

LAS REVOLUCIONES AMERICANA, FRANCESA E HISPANOAMERICANA Y SUS APORTES AL CONSTITUCIONALISMO MODERNO

Cuarta edición,
revisada y ampliada

TEMIS

EDITORIAL TEMIS S. A.
Bogotá - Colombia
2024

Primera edición: *Reflexiones sobre la Revolución Americana (1776) y la Revolución Francesa (1789) y sus aportes al constitucionalismo moderno*, Cuadernos de la Cátedra Allan R. Brewer-Carías, de Derecho Administrativo, Universidad Católica Andrés Bello, Caracas, Editorial Jurídica Venezolana, 1992.

Segunda edición: *Reflexiones sobre la Revolución Americana (1776), la Revolución Francesa (1789) y la Revolución Hispanoamericana (1810-1830), y sus aportes al constitucionalismo moderno*, Serie Derecho Administrativo, Bogotá, Universidad Externado de Colombia, 2008.

Tercera edición: *Las Revoluciones Americana, Francesa e Hispanoamericana y sus aportes al constitucionalismo moderno*, Santiago, Buenos Aires, Madrid, Ediciones Olejnik, 2021.

Cuarta edición: *Las Revoluciones americana, francesa e hispanoamericana y sus aportes al constitucionalismo moderno*, Bogotá, Temis, 2024.

© Allan R. Brewer-Carías, 2024.
allanbrewercarías@gmail.com
© Editorial Temis S. A., 2024.
Calle 17, núm. 68D-46, Bogotá.
www.editorialtemis.com
correo elec.: gerencia@editorialtemis.com

Hecho el depósito que exige la ley.
Impreso en Editorial Nomos S. A.
Diagonal 18 Bis núm. 41-17, Bogotá.

978-958-35-2089-1 (impreso)
3238 2024013340
978-958-35-2088-4 (e-book)

Queda prohibida la reproducción parcial o total de este libro, sin la autorización escrita de los titulares del copyright, por medio de cualquier proceso, comprendidos la reprografía y el tratamiento informático.

Esta edición y sus características gráficas son propiedad de Editorial Temis S. A.

PRESENTACIÓN

El Instituto Internacional de Derecho Administrativo -IIDA (www.iida-deradm.com), tiene la satisfacción de presentar a la comunidad jurídica la *Biblioteca Internacional de Derecho Público*, que tiene por objeto publicar monografías sobre temas de derecho constitucional y administrativo de relevancia actual, conceptual o histórica.

El Instituto es una institución sin ánimo de lucro, de carácter académico y científico, cuyo propósito es el fomento y la promoción de la ciencia del derecho administrativo en los diferentes países y en el marco de la comunidad internacional, para lo cual desarrolla actividades tendientes al cumplimiento de los siguientes objetivos específicos:

a) Promover el estudio, la investigación, la profundización y el conocimiento de las diversas expresiones del derecho administrativo en diferentes países y desde la perspectiva del derecho comparado.

b) Propiciar la reflexión, el debate, el diálogo y el intercambio de ideas y experiencias entre sus miembros y entre ellos y otras personas o entidades interesadas en las materias propias del derecho administrativo.

c) Fomentar y fortalecer la docencia, la investigación, la divulgación y el desarrollo del derecho administrativo en diferentes países.

d) Las demás que sean conducentes para el logro del objetivo general.

En cumplimiento de esos objetivos, el volumen IV de la Biblioteca, que hoy presentamos, está consagrado a la cuarta edición de la obra *Las revoluciones americana, francesa e hispanoamericana y sus aportes al constitucionalismo moderno*, de la cual es autor el reconocido profesor, constitucionalista y administrativista venezolano ALLAN R. BREWER-CARÍAS, miembro fundador, Vicepresidente e integrante del Consejo Directivo del IIDA y uno de sus más activos colaboradores.

El profesor BREWER-CARÍAS se ha destacado como uno de los más importantes especialistas del derecho público en las últimas décadas, gracias a sus permanentes actividades académicas y de investigación, que se han traducido en un número muy importante de obras jurídicas, especialmente en los campos de los derechos constitucional y administrativo, que enriquecen la bibliografía jurídica actual.

En el caso de la obra que hoy presentamos, se trata de un estudio que el autor publicó por primera vez en su natal Venezuela, en 1992, como resultado de sus investigaciones y reflexiones sobre los aportes al constitucionalismo moderno de las revoluciones americana y francesa, que posteriormente complementó con los aportes de la que denomina revolución hispanoamericana, para identificar los movimientos producidos en esta región entre 1810 y 1830 y que, gracias a su acogida por los lectores, ha sido publicada en ediciones de diferentes países en 2008, 2021 y ahora en 2024.

Basta con recorrer el índice de la obra para comprobar la importancia de su contenido y de las reflexiones del autor alrededor de la influencia de los movimientos revolucionarios mencionados en la evolución y la actualidad del derecho constitucional de Occidente.

La dirección de la Biblioteca agradece a la Editorial Temis el hacer posible la publicación de este trabajo académico, que contribuye al cumplimiento de los objetivos del Instituto y a la continuidad de la *Biblioteca Internacional de Derecho Público*.

LIBARDO RODRÍGUEZ RODRÍGUEZ
Presidente del IIDA y Director de la Biblioteca
Internacional de Derecho Público

NOTA A LA CUARTA EDICIÓN

Este libro, como lo expresé cuando del mismo se publicó la primera edición en 1992, no pretende ser otra cosa que lo que su título indica: *unas reflexiones* desde el punto de vista del derecho constitucional, sobre los tres acontecimientos más importantes de los inicios del constitucionalismo moderno: la Revolución francesa de 1789, la Revolución norteamericana de 1776, y la Revolución hispanoamericana que ocurrió, entre 1810 y 1830, tanto en España como en Latinoamérica.

Las dos primeras partes de este libro fueron precisamente las que formaron el texto publicado inicialmente en Caracas en 1992, con el título *Reflexiones sobre la Revolución americana (1776) y la Revolución francesa (1789) y sus aportes al constitucionalismo moderno*, y fueron el producto de ordenar ideas y notas elaboradas con ocasión de múltiples y sistemáticas lecturas sobre dichas Revoluciones, hechas a lo largo de muchos años, con ocasión de la redacción de otros libros y de la preparación de cursos de postgrado, pero sin que hubiera habido un plan previamente concebido para redactar un libro. La tercera y cuarta parte del libro se incorporó con ocasión de la segunda edición en Bogotá, incluyendo así, *reflexiones sobre la Revolución hispanoamericana (1810-1830) con sus aportes al constitucionalismo moderno,* partes que también se incluyeron en la tercera edición de la obra, editada por Ediciones Olejnik en 2021 y que ahora aparecen ampliadas en esta cuarta edición que sale a cargo de Editorial Temis (Bogotá), y por amable iniciativa de su director y amigo de hace tantos años, el Sr. Erwin Guerrero, y del Instituto Internacional de Derecho Administrativo.

Las lecturas que dieron origen a las dos primeras partes de la obra se acrecentaron cuando pasé dos años como *Visiting Scholar* (1972-1974) en el Centro de Estudios Latinoamericanos en la Universidad de Cambridge, Inglaterra, escribiendo mi obra sobre *Cambio político y reforma del Estado en Venezuela. Contribución al estudio del Estado democrático y social de derecho* (Madrid, Editorial Tecnos, 1975) y luego, otro año (1985-1986). como profesor Simón Bolívar y *Fellow* del Trinity College en la misma Universidad, con motivo de la preparación del curso que entonces dicté en el *Master of Laws* (*LLM*) de la Facultad de Derecho de Cambridge, sobre *Judicial Review in Comparative Law* (Cambridge, Cambridge University Press, 1989). En ambos casos, para entender las instituciones del constitucionalismo moderno tuve que comenzar por estudiar sus orígenes, precisamente situados, invariablemente, en dichas Revoluciones. Los muros de la *Cambridge University Library* fueron testigos de las interminables horas dedicadas a la lectura, generalmente sin siquiera tener la tenue luz de los rayos solares que pueden entrar al edificio, dada la latitud de las Islas Británicas, donde en invierno oscurece pasadas las tres de la tarde. Ya entrada la noche siempre coincidía con mi fraternal, querido y recordado amigo Luis Castro Leiva, quien en más de una ocasión me sugirió lecturas, particularmente en cuanto a los orígenes del constitucionalismo británico.

Durante los años siguientes seguí en la misma línea de estudio y lecturas, y particularmente con ocasión de haber pasado cerca de un año como profesor asociado en la Universidad de Paris II (1989-1990), donde dicté, en el tercer ciclo, el curso sobre *La procedure administrative non contentieuse en droit comparé* (Paris, Económica, 1992). Fue el año del bicentenario de la Revolución francesa, por lo que además de mi interés particular en el tema, era obligante para cualquier persona que residiera en París, ponerse al día en la historia de aquel acontecimiento, sobre el cual, con tal motivo, se escribieron y publicaron cientos de páginas.

La decisión de mi querido amigo León Enrique Cottin, de establecer la *Cátedra Fundacional de Derecho Administrativo* que lleva mi nombre en la Universidad Católica Andrés Bello de Caracas, y la consecuencial decisión de Editorial Jurídica Venezolana de que dicha Cátedra tuviese un medio de divulgación para publicar trabajos, me llevó a preparar la versión inicial del libro que se publicó en los *Cuadernos* de dicha Cátedra en 1992. Mi agradecimiento de nuevo al profesor Cottin y a su esposa por la iniciativa que tuvieron, la cual fue el motivo para que el libro saliera de lo que hasta entonces solo eran notas, carpetas y archivos personales de un profesor, y las reflexiones que contienen pudieran ser entonces accesibles a los estudiantes y lectores en general.

El libro, en todo caso, tuvo fortuna, y la mejor muestra fue que el Departamento de Derecho Administrativo de la Universidad Externado de Colombia, entonces a cargo de mi querido amigo el profesor Jaime Orlando Santofimio, lo había recomendado como texto de estudio para los cursantes de postgrado. Por eso apareció la segunda edición en Bogotá, con el sello editorial de esta entrañable casa de estudios, la Universidad Externado de Colombia, a la cual también considero como mi Universidad.

En las dos primeras partes de dicha segunda edición, se reprodujo el texto del libro inicial, con algunos ajustes y agregados, surgidos de nuevas lecturas, esa vez con ocasión, primero, de haber pasado dos años (2002-2004) como *Visiting Scholar* en la Facultad de Arquitectura y Diseño Urbano de la Universidad de Columbia en Nueva York, en el proceso de redacción final de mi obra sobre *La Ciudad Ordenada* (*Estudio sobre "el orden que se ha de tener en descubrir y poblar" o sobre el trazado regular de la ciudad hispanoamericana*) (*Una historia del poblamiento de la América colonial a través de la fundación ordenada de ciudades,* Caracas, 2006), y segundo, de haber sido designado profesor adjunto de derecho en la *Columbia Law School* de la misma Universidad, y comenzar a preparar el curso sobre *Judicial Protection of Human Rights in Latin America. A Constitutional Comparative Law Course on the "Amparo" Suit* (New York, Cambridge University Press, 2019). Esos años fueron los años del bicentenario de la sentencia *Marbury v. Madison* (1803) y, de nuevo, era imposible no tener que empaparse con todos los nuevos trabajos sobre los orígenes del constitucionalismo norteamericano.

Dicha segunda edición, por lo que respecta a las dos primeras partes del libro, conservó la orientación de la primera, y el texto se publicó sin citas al pie de página. Ese texto, como se dijo, fue el producto de reflexiones derivadas de múltiples e intermitentes lecturas, sin ningún plan editorial previo, por lo que en el texto de dichas partes solo se hicieron las referencias bibliográficas cuando se citó alguna obra de autores clásicos. En todo caso, entre las múltiples lecturas que están detrás de esas dos primeras partes del libro, la lectura de las obras de ALEXIS DE TOCQUEVILLE (1805-1858), las cuales se citan ampliamente, fue fundamental. Él fue el primer constitucionalista moderno y, además, testigo de excepción, casi contemporáneo, de aquellos acontecimientos revolucionarios y a sus repercusiones. Por ello fue y es fundamental la lectura de su obra *De la démocracie en Amérique* (1835-1840), para lo cual utilicé las ediciones *Democracy in America,* ed. J. P. Meyer y M. Lerner, Londres, 1969 y *La democracia en América*, Fondo de Cultura Económica, México, 1973.

Pero si esa obra es esencial para el estudio de los orígenes del constitucionalismo norteamericano, para los orígenes del constitucionalismo francés también fueron y son de obligatoria lectura otras obras del mismo DE TOCQUEVILLE: por una parte, *L'Ancien Régime et la Révolution* (*1854-1856*), para lo cual utilicé la edición *El Antiguo Régimen y la Revolución* (Madrid, Alianza Editorial, 1982) y por la otra, la compilación de *Fragments et notes inédites sur la Révolution,* respecto de la cual utilice la edición *Inéditos sobre la Revolución* (Madrid, Alianza Editorial, 1989).

Otras obras clásicas, cuya lectura es fundamental y que se citan a lo largo del texto, son las de J. LOCKE, *Two Treatises of Government* (1690); J. J. ROUSSEAU, *Du contract social* (1762) y *Discours sur l'origine et le fondements de l'inegalité parmi les hommes* (1753); MONTESQUIEU, *De l'esprit des lois* (1748); *The Federalist* (1787-1788); E. SIÈYES, *Quést-ce que le tièrs Etat?* (1789); A. SMITH, *An Inquiry into the Nature and Causes of the Wealth of Nations* (1776); CONDORCET, *De l'influence de la Révolution d'Amérique en Europe* (1786), y E. BURKE, *Reflections on the Revolution in France* (1790).

Muchos libros de historia constitucional pasaron por nuestras manos durante nuestra estadía en las bibliotecas de Cambridge, Paris y Nueva York, pero entre los más importantes que utilizamos y motivaron, fueron los de HOLDSWORTH, *A History of English Law*, Fourth Ed., London, 1936, Reprinted, 1971; A. V. DICEY, *An Introduction to the Study of the Law of the Constitution* (Introduction by E. C. S. Wade), 10th Ed., 1973; R. THOMSON, *Historical Essay on the Magna Carta of King John*, London, 1824; Ch. H. MCILWAIN, *The High Court of Parliament and its Supremacy*, Yale, 1910; E. S. CORWIN, *The 'Higher Law' Background of American Constitutional Law*, New York, 1955 (Reprinted from *Harvard Law Review*, vol. XLII, 1928-1929); E. S. CORWIN, *The Doctrine of Judicial Review. Its Legal and Historical Basis and other Essays*, Princeton, 1914; I. JENNINGS, *The Law and the Constitution*, London, 1972; I. JENNINGS, *Magna Carta*, London, 1965; F. MAURIAC, *Historia de Inglaterra*; F. W. MAITLAND, *The Constitutional History of England*, Cambridge, 1968; C. M. MC ILWAIN, *Constitutionalism and the Changing World*,

Cambridge, 1939; A. C. McLaughlin, *A Constitutional History of the United States*, New York, 1936; Berthélemy-Duez, *Traité élémentaire de droit constitutionnel*, Paris, 1933; M. García Pelayo, *Derecho constitucional comparado*, Madrid, 1957; E. García de Enterría, *Revolución francesa y administración contemporánea*, Madrid, 1972; G. De Ruggiero, *The History of the European Liberalism*, Boston, 1967; Brissaud, *A History of French Public Law*, London, 1915; G. Leponte, *Histoire des institutions du droit public français au xix Siècle. 1789-1914*, Paris, 1953; J. A. Hawgood, *Modern Constitutions since 1787*, London, 1939.

Para las referencias a los trabajos de Simón Bolívar, utilizamos las obras *Escritos fundamentales*, Caracas, 1982; y *Proclamas y Discursos del Libertador*, Caracas, 1939, y nuestro estudio A. R. Brewer-Carías, "Ideas centrales sobre la organización del Estado en la obra del Libertador y sus proyecciones contemporáneas", publicado en *Boletín de la Academia de Ciencias Políticas y Sociales* (enero-junio 1984, núms. 95-96, págs. 137 y ss). En cuanto a las primeras Constituciones de Venezuela, utilizamos nuestro libro A. R. Brewer-Carías, *Las Constituciones de Venezuela* (con nuestro "Estudio preliminar"), edición conjunta de la Universidad Católica del Táchira (Venezuela) y del Instituto de Estudios de Administración Local y del Centro de Estudios Constitucionales, Madrid, 1985 (2ª y 3ª eds. ampliadas, Biblioteca de la Academia de Ciencias Políticas y Sociales, Caracas, 1997, 2008); y la obra de Carlos Restrepo Piedrahita, *Primeras Constituciones de Colombia y Venezuela*, Bogotá, Universidad Externado de Colombia, 1993.

La segunda edición de la obra que alentó la Universidad Externado de Colombia, como indiqué, fue una edición ampliada, que complementamos con otras reflexiones, esta vez sobre la tercera de las Revoluciones que se produjeron en los inicios del constitucionalismo moderno, y que hemos calificado como la Revolución hispanoamericana, para referirnos a los acontecimientos político-constitucionales que ocurrieron tanto en España, con ocasión de la sanción de la Constitución de la monarquía española, de Cádiz, de marzo de 1812, como antes, en los territorios de la parte septentrional de Sur América (Colombia y Venezuela) que comenzaron en 1810 y culminaron en 1830. Para la segunda edición de Bogotá, incorporamos, entonces, las partes tercera y cuarta, con dos estudios elaborados para eventos académicos que se desarrollaron a comienzos de la década pasada con motivo de la preparación del Bicentenario de la Constitución de Cádiz de 1812. En ellos, en contraste con las dos primeras partes del libro, sí se incorporaron abundantes citas al pie de página, dada su redacción expresamente destinada para esos eventos académicos específicos realizados en Cádiz.

Se trató, en primer lugar, del estudio sobre "El paralelismo entre el constitucionalismo venezolano y el constitucionalismo de Cádiz (o de cómo el de Cádiz no influyó en el venezolano)", presentado como ponencia al *I Simposio Internacional "La Constitución de Cádiz de 1812. Hacia los orígenes del constitucionalismo iberoamericano y latino*", organizado por la Unión Latina, el Centro de Estudios Constitucionales, el Centro de Estudios Políticos y Constitucionales, y la Fundación Histórica Tavera, y que se celebró en Cádiz, a finales de abril de 2002. Ese trabajo, que formó la tercera parte del libro, había sido publicado en el libro *La Constitución de Cádiz. Hacia los orígenes del Constitucionalismo Iberoamericano y Latino* (Asdrúbal Aguiar editor), Unión Latina-Universidad Católica Andrés Bello (Caracas, 2004, págs. 223-331), y en el *Libro Homenaje a Tomás Polanco Alcántara. El Estado constitucional y el derecho administrativo en Venezuela* (Caracas, Universidad Central de Venezuela, 2005, págs. 101-189).

El segundo estudio, que formó la cuarta parte de la edición de Bogotá de 2008, titulado "1811-1830: Cádiz entre Caracas, Angostura, Cúcuta y Valencia", constituye la ponencia que presenté en el Congreso Internacional *Fra Cadice e Palermo. Nazione, costituzione, rivoluzione: rappresentanza politica, libertà garantite, forme di governo*, que se celebró entre Palermo y Messina, organizado por la Unión Latina y la Universidad de Messina, a comienzos de diciembre de 2005. Este trabajo se publicó luego en el libro: *1812: fra Cadice e Palermo - entre Cádiz y Palermo. Nazione, rivoluzione, constituzione, representanza politica, libertà garantite, autonomie*" (Andrea Romano y Francesco Vegara Caffarelli Coord., Università degli Studi di Messina, Palermo-Messina), Biblioteca Centrale della Regione siciliana "Alberto Bombace" (2012, págs. 167-195).

La tercera edición de la obra, como se dijo, salió por amable iniciativa de Francisco Olejnik, en Ediciones Olejnik, 2020, reproduciéndose básicamente el contenido de la segunda edición, con el solo agregado de las referencias a la bibliografía posterior a 2008 sobre el tema de las bases constitucionales de la Revolución hispanoamericana, y que por lo que se refiere a mis libros, son los siguientes: *Historia Constitucional de Venezuela* (2 vols., Caracas, Edit. Alfa, 2008); *Las Constituciones de Venezuela,* 2 ts., Academia de Ciencias Políticas y Sociales, Serie Estudios núm. 71 (3ª ed. ampliada y actualizada, Caracas, 2008); *La Revolución de Caracas de 1810* (en coautoría con Enrique Viloria), con prólogo de Guillermo Morón, Colección Salamanca, Historia, Educación y Geografía (Biblioteca Guillermo Morón) 44 (Caracas, Centro de Estudios Ibéricos y Americanos de Salamanca, 2011); *Las declaraciones de derechos del pueblo y del hombre de 1811 (Bicentenario de la Declaración de "Derechos del Pueblo" de 1° de julio de 1811 y de la "Declaración de Derechos del Hombre" contenida en la Constitución Federal de los Estados de Venezuela de 21 de diciembre de 1811,* prólogo de Román José Duque Corredor, Academia de Ciencias Políticas y Sociales, Caracas, 2011); *La Constitución de la Provincia de Caracas de 31 de enero de 1812. Homenaje al Bicentenario* (Prólogo de Alfredo Arismendi), Academia de Ciencias Políticas y Sociales, Colección Estudios núm. 100 (Caracas, 2011); *Los inicios del proceso constituyente hispano y americano. Caracas 1811 – Cádiz 1812* (Prólogo de Asdrúbal Aguiar), Editorial Bid & Co. Editor, Colección Historia (Caracas, 2012); *La Constitución de Cádiz y el constitucionalismo hispanoamericano*, Editorial Investigaciones Jurídicas C. A. (San José, Costa Rica, 2012); *Documentos constitucionales de la Independencia/ Constitucional Documents of the Independence 1811,* Colección Textos Legislativos núm. 52, Editorial Jurídica Venezolana (Caracas, 2012); *Sobre el Constitucionalismo Hispanoamericano Pre-Gaditano 1811-1812*, Colección Cuadernos de la Cátedra Fundacional Charles Brewer Maucó, sobre Historia del

Derecho, Universidad Católica Andrés Bello, núm. 5, Editorial Jurídica Venezolana, (Caracas, 2013); *Orígenes del constitucionalismo moderno en Hispanoamérica*, Colección Tratado de Derecho Constitucional, Tomo II, Fundación de Derecho Público, Editorial Jurídica Venezolana (Caracas, 2014); *La independencia y el Estado constitucional en Venezuela: como obra de civiles* (*19 de abril de 1811, 5 de julio de 1811, 2 de diciembre de 1811*), Allan R. Brewer-Carías, Enrique Viloria Vera y Asdrúbal Aguiar (Coords.), *Primera reimpresión*: Colección Cuadernos de la Cátedra Fundacional Charles Brewer Maucó sobre Historia del Derecho en Venezuela, Universidad Católica Andrés Bello, Editorial Jurídica Venezolana (Caracas, 2018); y *Cátedra Mezerhane sobre Democracia, Estado de Derecho y Derechos Humanos,* Colección Anales núm. 2, Ediciones EJV International (Miami, 2018); *Angostura 1819. La reconstitución y desaparición del Estado de Venezuela*, prólogo de Humberto Romero Muci, Academia de Ciencias Políticas y Sociales (Caracas, 2019).

En esta forma, ahora por iniciativa de Erwin Guerrero, de Editorial Temis, a quien agradecemos mucho su interés en publicar esta obra, se presenta esta cuarta edición, en la cual he particularmente ajustado y ampliado el texto anterior en lo que se refiere a la tercera y cuarta parte, habiéndose agregado nuevos textos que integran ahora la quinta, sexta y séptima parte, sobre el desarrollo inicial del constitucionalismo hispanoamericano con referencias no solo a las Provincias de Venezuela sino a la Nueva Granada, sobre todo con los aportes al constitucionalismo de las Constituciones de Angostura de 1819 y de Villa del Rosario de Cúcuta de 1821, temas que trabajé en mi libro *La Constitución de la República de Colombia de 30 de agosto de 1821. Producto de la unión de los pueblos de Venezuela y de la Nueva Granada propuesta por Simón Bolívar. Sus antecedentes y condicionantes*, publicado por la Academia de Ciencias Políticas y Sociales y la Academia Colombiana de Jurisprudencia, Editorial Jurídica Venezolana y Editorial Temis (Caracas-Bogotá, 2021).

En esta forma, la obra, ahora, en esta cuarta edición, presenta un cuadro más amplio y completo de reflexiones sobre la Revolución americana (1776), la Revolución francesa (1789) y la Revolución hispanoamericana (1810-1830), y sus aportes al constitucionalismo moderno, los cuales precisamente fueron plasmados desde el inicio, y por primera vez en la historia, en las primeras Constituciones latinoamericanas, particularmente las Constituciones provinciales adoptadas entre 1811 y 1815 en las antiguas Provincias de Venezuela y Nueva Granada; y las antes mencionadas Constituciones nacionales de 1811, 1819 y 1821, y en la Constitución de Cádiz de 1812.

Al dar a la publicidad esta nueva edición, mi deseo es que estas reflexiones sigan siendo de utilidad para quienes comienzan a adentrarse en los laberintos de la historia constitucional de nuestros países.

Allan R. Brewer-Carías
Nueva York, febrero de 2024

ÍNDICE GENERAL

PÁG.

PARTE PRIMERA

LA REVOLUCIÓN AMERICANA Y SUS APORTES AL CONSTITUCIONALISMO MODERNO

PARTE SEGUNDA

LA REVOLUCIÓN FRANCESA Y SUS APORTES AL CONSTITUCIONALISMO MODERNO

PARTE TERCERA

LA REVOLUCIÓN HISPANOAMERICANA: CÁDIZ (1812) Y LOS ORÍGENES DEL CONSTITUCIONALISMO VENEZOLANO Y COLOMBIANO (1810-1812)

PÁG.

PARTE CUARTA

LA CONSTITUCIÓN DE CÁDIZ DE 1812 Y LOS PRINCIPIOS DEL CONSTITUCIONALISMO MODERNO: SU VIGENCIA EN EUROPA Y EN AMÉRICA

PARTE QUINTA

EL PROCESO CONSTITUYENTE EN LAS PROVINCIAS DE VENEZUELA (1811-1812)

Parte séptima

EL CONSTITUCIONALISMO DE VENEZUELA Y DE LA NUEVA GRANADA Y LAS IDEAS DE SIMÓN BOLÍVAR: LA CONSTITUCIÓN DE ANGOSTURA DE 1819 Y LA CONSTITUCIÓN DE LA VILLA DEL ROSARIO DE 1821

INTRODUCCIÓN

En el último cuarto del siglo XVIII sucedieron en el mundo dos acontecimientos que iban a transformar radicalmente el orden político constitucional imperante, los cuales se desarrollaron con muy pocos años de diferencia entre uno y otro, pues fueron solo trece años los que separaron la Revolución americana en 1776, de la Revolución francesa de 1789.

Esas dos revoluciones, que trastocaron el constitucionalismo de la época, junto con la Revolución hispanoamericana (1810-1930), iniciada veintiún años después de la última, sin duda, desde el punto de vista político, pueden considerarse como los acontecimientos más importantes del mundo moderno, los cuales tuvieron una enorme importancia para Venezuela, ya que fue allí, a comienzos del siglo XIX, donde por primera vez se recibió la influencia de los mismos y de sus consecuencias constitucionales; influencia que se recibió, precisamente cuando los próceres de la Independencia se encontraban en la tarea de estar elaborando las bases de un nuevo sistema jurídico-estatal para un nuevo Estado independiente, segundo en su género después de los Estados Unidos de Norte América, en la historia política del mundo moderno.

Venezuela, por tanto, formuló sus instituciones bajo la influencia directa y los aportes del constitucionalismo de aquellas dos revoluciones, aun antes de que se operaran cambios constitucionales en España, lo que se configura como un hecho único en América Latina. Al contrario, la mayoría de las antiguas colonias españolas que logran su independencia después de 1811 y, sobre todo, entre 1820 y 1830, recibieron las influencias del naciente constitucionalismo español plasmado en la Constitución de Cádiz de 1812 que, insistimos, no pudo suceder en el caso de Venezuela al formarse el Estado independiente, donde puede decirse que se construye un Estado moderno, con un régimen constitucional moderno, mucho antes que el propio Estado español moderno.

Aquellos dos acontecimientos que establecieron las bases del Estado de Derecho, que justamente surge en la historia constitucional a finales del siglo XVIII, dejaron un rico legado al constitucionalismo moderno, captado inmediatamente en la Revolución hispanoamericana que se opera en América Latina, y que se inició en Venezuela y Colombia, el cual se puede resumir en los siguientes siete aportes políticos fundamentales:

En *primer lugar*, la idea de la existencia de una Constitución como una carta política escrita, emanación de la soberanía popular, de carácter rígida, permanente, contentiva de normas de rango superior, inmutable en ciertos aspectos y que no solo organiza al Estado, es decir, no solo tiene una parte orgánica, sino que también tiene una parte dogmática, donde se declaran los valores fundamentales de la sociedad y los derechos y garantías de los ciudadanos. Hasta ese momento, esta idea de Constitución no existía, y las Constituciones, a lo sumo, eran cartas otorgadas por los Monarcas a sus súbditos.

La primera Constitución del mundo moderno, por tanto, fue la de los Estados Unidos de América de 1776, seguida de la de Francia de 1791. La tercera Constitución moderna, republicana, fue la de Venezuela de 1811.

En *segundo lugar*, de esos dos acontecimientos surgió también la idea política derivada del nuevo papel que a partir de ese momento se confirió al pueblo, es decir, el papel protagónico del pueblo en la constitucionalización de la organización del Estado. Con esas Revoluciones, como señalamos, la Constitución comenzó a ser producto del pueblo, y dejó de ser una mera emanación de un Monarca, por lo que, en los Estados Unidos de América, las Asambleas coloniales asumieron la soberanía, y en Francia, la soberanía se trasladó del monarca al pueblo y a la Nación; y a través de la idea de la soberanía del pueblo, surgieron todas las bases de la democracia y el republicanismo que, en ese sentido, constituyeron uno de los grandes aportes de dichas Revoluciones.

Por ello, en Venezuela, la Junta Suprema constituida en 1810 entre los primeros actos constitucionales que adoptó, estuvo la convocatoria a elecciones de un Congreso General con representantes de las provincias que integraban la antigua Capitanía General de Venezuela, cuyos diputados, en representación del pueblo, adoptaron el 21 de diciembre de la Constitución, luego de haber declarado solemnemente la independencia el 5 de julio del mismo año.

En *tercer lugar*, de esos dos acontecimientos políticos resultó el reconocimiento y declaración formal de la existencia de derechos naturales del hombre y de los ciudadanos, con rango constitucional y, por tanto, que debían ser respetados por el Estado. La libertad se constituyó, en esos derechos, como un freno al Estado y a sus poderes, produciéndose así el fin del Estado absoluto e irresponsable. En esta forma, a las Declaraciones de Derechos que precedieron a las Constituciones de las colonias norteamericanas al independizarse en 1776, siguieron la Declaración de Derechos del Hombre y del Ciudadano de Francia de 1789, y las Enmiendas a la Constitución de los Estados Unidos del mismo año.

La tercera de las declaraciones de derechos fundamentales en la historia del constitucionalismo moderno, fue así, la "Declaración de Derechos del Pueblo" adoptada el 1° de julio de 1811 por el Congreso General de Venezuela, texto que meses después se recogió, ampliado, en el Capítulo V de la Constitución de 1811.

En *cuarto lugar*, además, dentro de la misma línea de limitación al poder público para garantizar la libertad de los ciudadanos, las Revoluciones francesa y americana aportaron al constitucionalismo la idea fundamental de la separación de poderes. Esta se formuló, en primer lugar, en la Revolución americana, razón por la cual la estructura constitucional de los Estados Unidos, en 1787, se montó sobre la base de la separación orgánica de poderes. El principio, por supuesto, se recogió aun con mayor fuerza en el sistema constitucional que resultó del proceso revolucionario francés, donde se le agregaron como elementos adicionales, el principio de la supremacía del Legislador, resultado de la consideración de la ley como expresión de la voluntad general, y el de la prohibición a los jueces de interferir en cualquier forma en el ejercicio de las funciones legislativas y administrativas.

La Constitución venezolana de diciembre de 1811, en esta forma, fue el tercer texto constitucional del mundo moderno, en establecer expresa y precisamente el principio de la separación de poderes, aun cuando más dentro de la línea del balance norteamericano que de la concepción extrema francesa.

En *quinto lugar*, de esos dos acontecimientos políticos puede decirse que resultaron los sistemas de gobierno que dominan el mundo moderno: el presidencialismo, producto de la Revolución americana, y el parlamentarismo, como sistema de gobierno que dominó en Europa después de la Revolución francesa, aplicado en las monarquías parlamentarias. El presidencialismo, se instauró en Venezuela, a partir de 1811, inicialmente como un ejecutivo triunviral, y luego, unipersonal, a partir de 1819.

En *sexto lugar*, las Revoluciones americana y francesa trastocaron la idea misma del poder judicial y su papel, pues la justicia dejaría de administrarla el monarca y comenzaría a ser impartida por funcionarios independientes, en nombre de la Nación. Además, con motivo de los aportes de la Revolución americana, los jueces asumieron una función que es fundamental en el constitucionalismo moderno, y que es la del control de la constitucionalidad de las leyes; es decir, la idea de que la Constitución, como norma suprema, debía tener algún control, como garantía de su supremacía, y ese control se le atribuyó al poder judicial. De allí, incluso, el papel político que en los Estados Unidos de Norteamérica adquirió la Corte Suprema de Justicia. En Francia, sin embargo, dada la desconfianza revolucionaria respecto de los jueces, frente a la separación absoluta de poderes, solo cien años después se originaría la consolidación de la justicia administrativa, que aun cuando separada del poder judicial, controlaría a la Administración.

Fue en Venezuela, en la Constitución de 1811, donde por primera vez se recogió toda la influencia en relación al papel del poder judicial, como fiel de la balanza entre los poderes del Estado, proveniente fundamentalmente de la experiencia norteamericana.

En *séptimo lugar*, de esos dos acontecimientos revolucionarios surgió una nueva organización territorial del Estado, antes desconocida. En efecto, frente a las monarquías absolutas organizadas en base al centralismo y al uniformismo político y administrativo, esas revoluciones dieron origen a nuevas formas de organización territorial que originaron, por una parte, el federalismo, particularmente derivado de la Revolución americana con sus bases esenciales de gobierno local, y por la otra, el municipalismo, originado particularmente de la Revolución francesa.

Venezuela, así, fue el primer país del mundo, en 1811, en adoptar la forma federal en la organización del Estado conforme a la concepción norteamericana y, a la vez, fue el primer país del mundo, en 1812, en haber adoptado la organización territorial municipal que legó la Revolución francesa.

Estos *siete principios* o aportes que resultan de la Revolución americana y de la Revolución francesa significaron, por supuesto, un cambio radical en el constitucionalismo, producto de una transición que no fue lenta sino violenta, aun cuando desarrollada en circunstancias y situaciones distintas. De allí que, por supuesto, la contribución de la Revolución americana y de la Revolución francesa al derecho constitucional, aun en estas siete ideas comunes, haya tenido raíces diferentes: en los Estados Unidos de Norte América se trataba de construir un Estado nuevo sobre la base de lo que eran antiguas colonias inglesas, situadas muy lejos de la metrópoli y de su Parlamento soberano, y que durante más de un siglo se habían desarrollado independientes entre sí, por sus propios medios y gozando de cierta autonomía. En el caso de Francia, en cambio, no se trataba de construir un nuevo Estado, sino dentro del mismo Estado unitario y centralizado, sustituir un sistema político constitucional monárquico, propio de una monarquía absoluta, por un régimen totalmente distinto, de carácter constitucional y luego republicano.

Nuestro objetivo, en estas reflexiones, es analizar los aportes que tanto la Revolución norteamericana como la Revolución francesa suministraron al constitucionalismo moderno, las cuales inspiraron los cambios ocurridos con la Revolución hispanoamericana y la formación constitucional paralela del Estado español y de los Estados latinoamericanos. Para ello partimos del supuesto que ambos acontecimientos no pueden analizarse como hechos aislados en las transformaciones del constitucionalismo, pues el proceso revolucionario francés y sus aportes al constitucionalismo, sin duda, en muchos aspectos, fue el reflejo de lo que había ocurrido años antes en los Estados Unidos. Así, es conocido que muchos de los revolucionarios americanos, estuvieron en la Francia revolucionaria, donde tuvieron gran influencia política; que los primeros proyectos de Declaración de Derechos presentados a la Asamblea Francesa fueron elaborados, incluso, por sugerencia de destacadas personalidades que habían participado en el proceso revolucionario de los Estados Unidos y que habían traído los textos a Francia, y que, en general, hubo un gran proceso de interrelación política e intelectual, entre Francia y los Estados Unidos previo a la Revolución francesa, entre otros factores, por la ayuda financiera y militar que la propia Monarquía había aportado a la Revolución americana, todo lo cual hace ver, con claridad, la influencia que tuvo la Revolución americana en los acontecimientos de Francia. De esto dan testimonios contemporáneos de la Revolución, como fue el caso de CONDORCET, con su libro *Contribución de la Revolución de Norteamérica al desarrollo político de Europa* (1789).

Parte primera

LA REVOLUCIÓN AMERICANA Y SUS APORTES AL CONSTITUCIONALISMO MODERNO

La Revolución americana se sella, definitivamente, en 1776, con la Declaración de Independencia respecto de la metrópoli inglesa, adoptada el 4 de julio de ese año por el segundo Congreso Continental celebrado entre los representantes de las colonias inglesas en Norteamérica.

Sin embargo, y como consecuencia de la exhortación que el propio Congreso de las colonias había hecho a estas un año antes, debido a la *Proclamación de Rebelión* que el Rey Jorge III había emitido el 23 de agosto de 1775, para que formaran sus propios gobiernos separados, la Asamblea Legislativa de Virginia adoptó el 12 y el 29 de junio de 1776, el *Bill of Rights* y la *Constitution or Form of Government of Virginia,* iniciándose así, el constitucionalismo moderno.

Por supuesto, este proceso no puede entenderse si no se tienen en cuenta sus antecedentes teórico-políticos, que deben situarse en los conflictos políticos que sacudieron la Corona británica, un siglo antes, a partir de la guerra civil de 1642, y que a la vez tienen su origen remoto en el siglo XIII.

Por ello, estas reflexiones sobre la Revolución americana las vamos a dividir en cuatro partes: en una primera, se analizarán los antecedentes británicos de la misma desde el punto de vista de la evolución constitucional; en la segunda parte, veremos las ideas de John Locke sobre la Constitución inglesa que tanta influencia tuvieron en la configuración del constitucionalismo moderno; en tercer lugar, mencionaremos la situación política constitucional de las colonias inglesas en Norteamérica antes de la independencia, y en cuarto lugar, nos referiremos a los aportes de la Revolución americana al constitucionalismo moderno y particularmente al venezolano.

1. Antecedentes británicos

En efecto, el régimen político-constitucional del Reino Unido, durante el siglo que precedió a la Revolución de las Colonias Americanas, en contraste con el que existía en el continente europeo, puede decirse que era el de un absolutismo moderado. El poder político en Gran Bretaña, desde el siglo XVII, se encontraba compartido entre el monarca y un Parlamento que después de la

Revolución de 1688-1689, se había convertido en soberano. La Revolución de independencia americana, por tanto, fue básicamente una revolución contra el Parlamento soberano de Gran Bretaña y por añadidura, contra el rey.

Ese régimen de absolutismo moderado, en todo caso, tuvo sus raíces cinco siglos antes, en la Edad Media, y como consecuencia de las limitaciones sucesivas impuestas al poder real, cuya manifestación más destacada fue la *Carta Magna* otorgada por el rey Juan.

A) *La Carta Magna de 1215 y las limitaciones al poder real por los barones*

En efecto, las cruzadas, en las que participaron todos los Reinos y príncipes cristianos, al estar ausentes estos de sus respectivos dominios, produjeron consecuencias desestabilizadoras generales en toda Europa, incluyendo Inglaterra, cuyos dominios, además de extenderse a las islas británicas, incluían buena parte del territorio continental, desde el Canal de la Mancha hasta los Pirineos.

En esa época, Enrique II (1154-1189) gobernaba estos Reinos. Este no participó en las cruzadas, pero tuvo que enfrentar guerras con los Reinos vecinos, particularmente con Francia. Fue sucesivamente traicionado por sus hijos, particularmente por los dos últimos, Ricardo y Juan, quienes incluso llegaron a formular alianzas secretas contra su padre, con el rey de Francia, Felipe Augusto (Felipe II). Enrique II murió en 1189, y fue sucedido por Ricardo, llamado *Coeur de Lion* (1189-1199), verdadero caballero andante medieval, quien si tomó parte activa y despiadada en la tercera cruzada, al lado de Felipe Augusto de Francia, quien luego le haría la guerra.

A su regreso de la tercera cruzada, en 1192, Ricardo Corazón de León, fue hecho prisionero por el Emperador Enrique IV de Alemania, quien pidió rescate por su liberación. Los asuntos del Reino habían quedado a cargo de cuatro ministros, entre ellos William de Brewer, quienes además, procuraron el rescate, imponiendo una carga a todas las clases de la sociedad. Los ministros del rey, además, debieron enfrentar los esfuerzos del hermano de Ricardo, Juan (1167-1216) quien por la ausencia del rey, pretendía apoderarse del poder. Sin embargo, Juan, fue vencido por el arzobispo de Canterbury, Hubert Gaultier, otro de los ministros del Reino.

Pagado como fue un tercio del monto del rescate exigido por el emperador alemán, (100.000 marcos), Ricardo, fue liberado, y de regreso en Inglaterra, en 1194, a los pocos meses, tuvo que ausentarse de nuevo, y enfrentar la guerra contra Felipe Augusto, quien había invadido Normandía. Luego de cinco años de esfuerzos por recuperar los territorios que había perdido durante su ausencia y cautiverio, fue herido en el sitio de Chalous-Chabrot, cerca de Limoges, y murió el 6 de abril de 1199.

Lo sucedió su hermano Juan, el Rey Juan *Sin Tierra* (1199-1216) quien además de tener que enfrentar, también, al rey de Francia, quien había sucesivamente despojado a Inglaterra de casi todos sus dominios en el Continente, tuvo conflictos internos sucesivos con la Iglesia y con los señores feudales de su Reino, los barones.

El conflicto con la Iglesia derivó de las pretensiones del rey de nombrar al arzobispo de Canterbury, que en el esquema feudal ejercía la función de ministro, pretensión que también tenían tanto los obispos del Reino, como los propios monjes de Canterbury. A las demandas de los tres partidos, el Papa Inocencio III impuso a todos su propio candidato (Esteban de Langton), cuyo nombramiento fue desconocido por el rey Juan, quien además, confiscó los bienes del arzobispado. Como consecuencia, el Reino fue objeto de sanciones pontificias, y durante seis años, como lo afirmó RICHARD THOMSON en su *Historical Essay on the Magna Charta of King John* (London, 1824), "Inglaterra parecía una gran ciudad donde los muertos no recibían sepultura, la religión no tenía ministros (del culto) y el pueblo no tenía Dios".

Un año después, Juan fue excomulgado y destronado por el papa, quien autorizó a Felipe Augusto a conducir una cruzada contra Inglaterra. Si bien posteriormente el rey Juan cedió ante la Iglesia, recibiendo al arzobispo y jurando ante él fidelidad a Roma, la prohibición que oscurecía el Reino, sin embargo, no fue inmediatamente levantada, y la guerra con Francia que contaba con el apoyo de la Iglesia, no había cesado.

En 1213, Felipe Augusto, preparaba una gran expedición naval para invadir los dominios del rey Juan. La flota, sin embargo, fue casi destruida por uno de los barones del Reino, por lo que el rey Juan apeló a los demás barones para invadir Francia. Los barones ingleses se rehusaron, alegando que el rey era un hombre excomulgado y su Reino estaba bajo las prohibiciones del papa, además de alegar pobreza.

La conspiración de los barones contra el rey, en todo caso estaba en marcha, dirigida por el arzobispo Langton, quien en 1213 los reunió secretamente, para leerles la vieja *Carta de Enrique I*, que había caído en el olvido y que garantizaba los derechos y privilegios de los súbditos. En tal ocasión, los barones juraron sobre las reliquias de San Juan que no concederían la paz al rey hasta que no jurara obedecer dicha carta.

El rey Juan, en su guerra contra Francia, fue vencido en la batalla de Bouvines, en 1214, donde triunfaron los Capetos, quienes luego unirían a Francia. La derrota terminó de destruir el prestigio de Juan, a pesar de que en el mismo año serían levantadas las sanciones pontificias contra el Reino (29 de junio).

Los barones no cesaron en su presión ante el rey y procuraron su adhesión a otra vieja *Carta,* la del rey Eduardo el Confesor, y en 1215 se reunieron en una Asamblea General de Nobles y Eclesiásticos en la Iglesia de Saint Paul, en Londres, bajo la convocatoria del arzobispo Langton. Dirigieron un ultimátum al rey enviándole una *diffidatio,* que era la manifestación de desconfianza que todo vasallo debía significar a un soberano indigno antes de declararle la guerra.

La guerra interna y el desafío al rey era un hecho, habiendo estado acompañados los sucesos, de apoyo popular. Tomada la ciudad de Londres por los rebeldes, el rey terminó aceptando encontrarse con los barones en la pradera de Runnymede, entre Stainers y Windsor, y allí firmó la *Magna Charter,* en 1215.

Este importante documento, y ello resulta de la breve referencia histórica de los hechos que la precedieron, fue el resultado de un proceso de lucha por la limitación de la autoridad del rey por sus barones, razón por la cual, con razón, se la considera como el origen y fuente del constitucionalismo inglés.

La Carta Magna, en efecto, a pesar de que haya sido considerada con frecuencia, como la primera declaración de derechos en la historia, en realidad no fue sino un documento de formalización de privilegios de las clases dominantes en el régimen feudal. En esa época, por supuesto, las modernas ideas de "libertad" no existían, por lo que en el lenguaje político medieval, "libertades" no eran más que los privilegios que habían sido otorgados por el rey a los señores feudales. Por ello, la Carta Magna no fue sino un cuerpo de privilegios que el rey tuvo que garantizar al clero y a los barones, producto de la lucha entre las fuerzas feudales centrípetas y centrífugas, es decir, por una parte, entre la Corona y las instituciones centrales que administraban el common law, y por la otra, la fuerza de los barones (señores feudales) del Reino, que buscaban poder e independencia, a riesgo, incluso, de la desintegración del mismo, y con ellos, la fuerza de los terratenientes, el clero y los comerciantes.

Como resultado de esta lucha, la Carta Magna, fue una carta formal, en el sentido feudal, es decir, un conjunto de declaraciones mediante las cuales el rey reconocía y respetaba antiguos privilegios, y que le habían sido impuestas por el conjunto de los señores feudales y el clero. Por eso es que este documento puede decirse que abrió un nuevo capítulo en la historia inglesa, y así fue, particularmente, más por la forma de expresión del contenido de la Carta, que por los privilegios que reconocía, lo que ha permitido su supervivencia en la historia política. Como ejemplo, basta citar declaraciones como esta:

"Existen leyes del Estado, derechos que pertenecen a la comunidad. El rey debe respetarlos. Si los viola, la lealtad hacia él cesa de ser un deber, y sus súbditos tienen derecho a sublevarse".

La Carta Magna, en todo caso, fue uno de los muchos ejemplos de expresión formal de estipulaciones entre el rey y los señores feudales, como también lo fue la *Charta Foresta* de 1217. Así, la Magna Carta debe considerarse como un *stabilimentum* o acto formulado por el rey, el clero, la nobleza, los terratenientes (barones) y los comerciantes, en conjunto, en lo que podría considerarse como un naciente poder legislativo, y que se expresó formalmente en un documento probatorio que se denominaba *Cartam,* siendo su nombre original *Cartam Libertatis* o *Carta Baronum.*

Sus cláusulas establecieron derechos heterogéneos, todos referentes a las diferentes clases de la sociedad estratificada que existía y que habían participado en su adopción, previendo privilegios, separadamente, para la nobleza, el clero, los terratenientes o señores feudales y los comerciantes. Por ello, sus cláusulas se clasificaron en cinco grupos: las que otorgaban la libertad de la iglesia; las relativas a las exigencias feudales; las relativas al comercio; las relativas al gobierno central, y las que establecían limitaciones al poder arbitrario.

La Carta Magna, por tanto, no contenía nada que pudiese parecerse a una declaración de derechos fundamentales del pueblo inglés. Los *liberi homines* a los que el documento se refería, no eran los ingleses en general, sino solo una fracción de ellos, particularmente los barones, y si bien es cierto que en algunas de las cláusulas del documento se menciona a los *liberi homines* en un sentido que podría incluir a los *villan* (villanos), como lo destacó Sir WILLIAM HOLDSWORTH en *A History of English Law* (vol. II, London, 1971, pág. 212).

"[Es] claro que estos estaban protegidos, no porque había intención alguna de conferirles derechos, sino porque eran propiedad de sus señores, y una excesiva exclusión podría disminuir su valor".

En consecuencia, si bien es cierto que la Carta Magna garantizó a los "hombres libres" ciertos derechos de protección contra el abuso del poder real, ello es algo totalmente diferente a una moderna declaración de derechos del hombre y del ciudadano.

En esos tiempos (siglo XIII), se insiste, solo los barones eran *liben homines;* solo ellos eran *liben* y solo ellos eran considerados *homines.* Entonces, históricamente hablando, la Carta Magna fue un acuerdo entre la aristocracia feudal y su rey, a quien renovaron su homenaje y sumisión, a cambio de la garantía de derechos y privilegios. En ese contexto, en los 63 capítulos del documento, se expresaron por ejemplo, limitaciones a los poderes judiciales del rey, afirmando que ningún hombre libre podía ser encarcelado, desterrado o castigado de ningún modo, si no es por el juicio legal de sus iguales y conforme a la ley del país *(law of the land);* limitaciones al poder tributario, y sobre todo, se estableció un Comité de Resistencia compuesto por 24 varones y el alcalde de Londres, para juzgar las quejas contra la Corona, en el caso de fallar en el mantenimiento de sus prescripciones.

No hay, por tanto, en la Carta Magna, referencia alguna al pueblo en general, y no podía haber sido de otro modo, ya que esa realidad no había aparecido en la historia política. Todo ello, sin embargo, no afecta la importancia crucial que ese documento tuvo en la historia constitucional británica, que cierra el período anglonormando de la monarquía absoluta, y en el cual debe verse el primer intento, en la historia política, de expresión legal de algunos de los principios y límites de un gobierno constitucional en Inglaterra. La Carta, por ello, hasta el siglo XV, tuvo que ser jurada una y otra vez por los reyes, hasta que en la época de los Tudor (1485), fue olvidada. De allí, en todo caso, que su interpretación por historiadores, politólogos y juristas, y por los tribunales ingleses, haya conducido a considerarla como un documento que tendría por objeto la salvaguarda de los derechos fundamentales.

En todo caso, la historia inglesa a partir del siglo XIII que resulta de la expresión de la Carta Magna, va a ser una historia signada por la lucha entre los reyes y los terratenientes (barones) feudales, en la cual no siempre aquellos ganaron; e incluso, cuando los señores feudales desaparecieron, ya existía un Parlamento lo suficientemente poderoso como para limitar la autoridad real, para quitarle parte del poder al rey, para discutir los límites del mismo, e incluso, en algunos casos, para destruir al propio rey cuando sus ideas y acciones traspasaran los límites considerados como razonables por el Parlamento.

B) *El surgimiento histórico del Parlamento*

a) *El Gran Consejo o Parliament.* La peculiaridad del régimen político del Reino Unido en la Edad Media, si se lo compara con el de los países del Continente, va a estar en el surgimiento de la institución del Parlamento o Gran Consejo, en el que sucesivamente van a estar representadas todas las clases sociales y que era convocado por los monarcas.

La palabra *parliament* se empleaba en Inglaterra desde el siglo XIII, pero en un principio no significaba otra cosa sino la acción de hablar, por lo que un parlamento era el debate que se desarrollaba en el Gran Consejo, originalmente compuesto solo por los barones y los miembros del clero; posteriormente estarían en él, además, los representantes de nuevas clases sociales.

En efecto, a partir del siglo XIII, comenzaron a producirse en Inglaterra cambios sociales que contribuirían a la producción de importantes transformaciones políticas. Dos nuevas capas sociales comenzaron a surgir, la de los caballeros del campo y la de los burgueses de la ciudad, que formaban clases acomodadas y respetadas, al punto de que también servían, en muchos casos, en los jurados para la administración de justicia. Incluso, Juan *Sin Tierra*, en 1213, había admitido al Gran Consejo a cuatro caballeros de cada condado.

Ahora bien, la lucha de los barones contra el rey no cesó a partir de 1215, y como se dijo, continuó con posterioridad a la adopción de la Carta Magna. Como muestra de ese proceso, puede destacarse el triunfo que *Simón de Montfort* tuvo contra Enrique III (1216-1272), al que incluso, hizo preso en 1264. Como jefe de Gobierno, quiso reformar el Reino convocando un Gran Consejo o Parlamento, al que debían acudir cuatro caballeros de cada condado, para tratar los asuntos del Reino con los prelados y los barones. Las reuniones del Gran Consejo, en 1264 y 1265, pueden considerarse como el antecedente del Parlamento inglés, encontrándose allí representados las clases privilegiadas (nobleza, clero, barones) y los diputados o caballeros de los condados y ciudades.

Sin embargo, el Parlamento, en Inglaterra, compuesto por dos Cámaras solo aparece bajo el reinado de Eduardo I (1272-1307), bajo el impacto de los cambios en la composición de las fuerzas feudales, de los nobles y de los burgueses.

En todo caso, puede decirse que la estratificación social y política de Inglaterra, ya desde el siglo XIII había comenzado a ser distinta a la del Continente. No había un esquema similar al de los *Etat Généraux* que existía en Francia, donde el Rey consultaba por separado a los tres estamentos de la sociedad: la nobleza, el clero y los plebeyos. En Inglaterra, en efecto, se había ido formando, por una parte, una Cámara Alta, de los lores, con la nobleza y los barones, en la que también estaba representado el clero, pero no en cuanto tal, sino en tanto que jefes o señores feudales. Por otra parte, en cuanto a los caballeros y a las nuevas clases de los burgueses, estos comenzaron a formar una Cámara baja, o de los Comunes, pudiendo considerarse esta alianza entre burgueses, comerciantes y caballeros, como un proceso clave de la sociedad inglesa para la formación definitiva del Parlamento. A mitades del siglo XIV, la división del Parlamento en dos Cámaras ya era costumbre establecida.

En efecto, desde el siglo XIII, la costumbre se había impuesto de que en casos graves, el rey debía consultar a los representantes de la nobleza y de las comunidades, convocados estos últimos así: dos caballeros por cada condado y dos burgueses para las ciudades más importantes. El objeto de la convocatoria resultaba doble: por una parte, lograr la aceptación de los impuestos por parte de quienes habían de pagarlos y que estaban presentes en su instauración y, por la otra, conocer el estado del Reino.

Esta Asamblea fue progresivamente desarrollando su propia fuerza, y lentamente comenzaría a apoderarse de privilegios y prerrogativas reales: comenzó a monopolizar el voto de los impuestos, debido a la base de representatividad de los contribuyentes que la integraban, y asumió el derecho de hacer las leyes, lo que hasta el siglo XIII solo pertenecía al rey. Posteriormente, el Parlamento buscaría acaparar el derecho de dirigir la política del país, lo que solo pudo desarrollarse siglos después, por la separación del gobierno entre un rey inviolable e irresponsable, y unos ministros responsables ante el Parlamento.

El Parlamento, además, progresivamente había asumido el derecho de investir al rey, lo que fue definitivo a partir de la asunción al trono, en 1399, de Enrique de Lancaster como Enrique IV (1399-1413), una vez que fue encarcelado Ricardo II (1377-1399). En esa forma, Enrique IV, rey ilegítimo por su ascendencia, debió su corona al Parlamento, por lo que, a partir de su reinado y durante los sesenta años de la dinastía de los *Lancaster,* por la debilidad de los reyes, el poder del Parlamento continuó en aumento, como único poder permanente y de representación nacional del Reino.

Entre tanto, la guerra con Francia (esta vez, la Guerra de los Cien años) continuaba, y para 1415, Enrique V (1413-1422) había conquistado casi todo el norte de Francia, haciéndose nombrar heredero del trono de Francia. Murió pocos años después (1422), quedando como rey de Inglaterra su pequeño hijo, Enrique VI (1422-1471). Es la época de Juana de Arco (1412-1431) y de sus acciones heroicas para coronar al Delfín de Francia, Carlos, como rey, contra las pretensiones del heredero inglés. Su martirio acrecentará el odio contra los invasores ingleses, y estos perderán sucesivamente sus dominios en el Continente. Así, en 1461, Inglaterra solo poseía la plaza de *Calais*.

El fin de las guerras de Francia, y la vuelta de los ingleses a las islas, provocaron el renacer de los conflictos reales por la sucesión de la Corona; se inició así, la "Guerra de las dos rosas", entre la Rosa Roja de la casa de los *Lancaster* y la Rosa Blanca de la casa de *York*.

En efecto, el Duque de *York*, Eduardo, se levantó contra el rey Enrique VI, desatándose la guerra entre los nobles del Reino. La enfermedad del rey y el triunfo de los barones de la Rosa Blanca, condujo a la coronación del Duque de *York*, como Eduardo IV (1461-1483), pues se trataba del heredero más próximo de Eduardo III. La querella por el trono continuó y culminó con el asesinato del viejo y enfermo rey Enrique VI en 1471. En 1485, las dos casas pretendientes al trono se unirían con el matrimonio de Enrique VII (1485-1509) y la hija de Eduardo IV.

Con el advenimiento de la casa *York*, el Parlamento vio disminuido su prestigio, pues los reyes yorkistas reinaron por sus derechos de herencia, sin necesidad de investidura parlamentaria. La representatividad del Parlamento, por otra parte, se había trastocado, quedando la Cámara de los Comunes dominada por representantes de la Corona y de los burgueses más ricos. En cuanto a los Lores, la Guerra de las Rosas había aniquilado a los señores feudales, por lo que en 1485, solo 29 lores serían convocados al Parlamento, donde tendrían escasa influencia.

Con Enrique VII (1485-1509) se inicia en Inglaterra la reinstauración de una monarquía fuerte, bajo la casa de los *Tudor*, y a partir de la cual instituciones como el juramento de la Carta Magna, caen en desuso.

A partir del siglo XV, nuevas clases sociales en las cuales se apoyaría el rey, contribuirán a reforzar la monarquía. Estas son: los nuevos *gentlemen* del campo, no necesariamente nobles ni terratenientes, llamados *gentry*, que integraban la pequeña aristocracia de riqueza; y los *yeomen*, que constituía una clase rural más acomodada, por sus ingresos, que los villanos, y cuyos miembros podían participar en las elecciones de los condados. Esta clase formará con el tiempo, la gran clase media británica. Además, entre las nuevas clases estaban los comerciantes desarrollados al amparo del mercantilismo y la navegación. Con el apoyo de estas nuevas clases, Enrique VII doblegó lo que quedaba de los grandes barones feudales, y durante su reinado solo convocó al Parlamento siete veces.

El poder del gobierno, sin embargo, se desparramó poco a poco en el territorio, reforzándose el gobierno local. Así, revivieron las asambleas parroquiales y se consolidaron los funcionarios locales de policía designados por cada comunidad (*constables),* cargos que ocupaban los *yeomen*, quedando la resolución de los conflictos locales en manos de los jueces de paz, nombrados por el rey.

Enrique VIII (1509-1547), en 1509, sucedió a su padre, y durante los primeros años de su reinado, el gobierno real estuvo en manos del arzobispo *Wolsey,* quien además de Cardenal, había sido nombrado legado del papa en Inglaterra.

Su extremo poder real y temporal, lo hicieron poderoso, pero no al punto de haber logrado del papa la anulación del matrimonio del rey con Catalina de Aragón, tía del emperador Carlos V, quien se había opuesto a dicha anulación. Sin embargo, con la opinión favorable de muchos teólogos, pero con la oposición de Roma, un nuevo arzobispo de Canterbury, Thomas Cranmer casó secretamente al rey con Ana Bolena en 1533, para lograr la legitimidad del heredero querido y esperado, y que Catalina no le había podido dar. Ana fue coronada y Enrique VIII excomulgado. La corona rompió con Roma, y la Iglesia en el Reino se convirtió en inglesa, con la ayuda del llamado Parlamento de las Reformas (1529-1536) que votó todas las medidas propuestas por la Corona. El rey asumió el título de *Protector y jefe Supremo de la Iglesia,* habiendo sido esta, legalmente expoliada, confiscada y nacionalizada, en fin, anglicanizada. Todo ello, condujo a la imposición, a los clérigos, de la obligación de renegar del papa y de su fe católica. El canciller del Reino, TOMÁS MORO y el arzobispo *Fisher* se rehusaron a ello, por lo que fueron decapitados, junto con gran número de monjes en todo el país. Todo ello, con la aprobación del Parlamento.

Posteriormente, Enrique VIII, en busca del heredero varón que no pudo tener con Ana Bolena, luego de decapitarla, se casó con Juana Seymour, quien le dio un hijo, que luego reinaría como Eduardo VI (1547-1553). Enrique VIII había dejado dos hijas que, por las anulaciones sucesivas de los matrimonios con Catalina y Ana, resultarían bastardas. Sin embargo, también serían a la postre coronadas: María (1553-1558) e Isabel (1558-1603). En ellas se encarnizaría, luego, la lucha entre el catolicismo y el protestantismo, con la sanción de los respectivos Parlamentos, institución que había llegado a llenar cabalmente su papel de lazo de unión entre el Rey y la opinión pública de los condados, ciudades y aldeas. Así, en la época del reinado de Isabel, Sir TOMAS SMITH escribía:

"El poder más alto y más absoluto de Inglaterra lo constituye el Parlamento, pues todo inglés supone hallarse presente en él en persona o por poderes, desde el príncipe al más humilde de los súbditos; así que el consentimiento del Parlamento se supone ser el consentimiento de todos".

b) *La "Petition of Rights" (1628) y la limitación al Poder real por el Parlamento.* Antes de su muerte (1603) Isabel, quien no había tenido hijos, nombró como su heredero a Jacobo VI de Escocia (1567-1625), quien se convirtió además, en Jacobo I de Inglaterra (1603-1625), con lo que quedaron unidas ambas Coronas. Durante su reinado, surgirán enfrentamientos entre el rey, quien se consideraba absoluto, no sometido sino a Dios, y un Parlamento que conforme a costumbres constitucionales inglesas ya centenarias, tenía injerencia en los asuntos del gobierno como delegado de la soberanía popular.

El conflicto surgirá con motivo de los gastos reales, que el Parlamento había tomado por costumbre votar. Una propuesta del rey por una renta vitalicia, rechazada por el Parlamento, condujo a su disolución, dejando de ser convocado por diez años (1611-1621). Sin embargo, ante la necesidad eventual de preparar una guerra contra España, en 1621 el rey convocó al Parlamento para que votara los subsidios necesarios, pero este subordinó los votos a la reparación de los agravios y abusos reales. El primer *impeachment,* desde 1459, se acordó respecto del canciller Beacon, con lo que la Cámara de los Comunes adquirió signos de independencia, y quiso intervenir en los asuntos exteriores (guerra de España) y de la Iglesia, a lo cual el rey respondió señalando que esos eran asuntos del monarca exclusivamente. A ello, su Parlamento le respondió:

"[Que] las libertades, franquicias y privilegios del Parlamento eran la antigua e indiscutible herencia de los ingleses y que los difíciles y urgentes asuntos concernientes al rey, al estado, la defensa del Reino y la de la Iglesia de Inglaterra, constituían las materias de discusión propias de la Cámara".

La respuesta real fue la disolución del Parlamento y la detención de algunos de sus miembros.

Carlos I (1625-1649) sucedió a su padre Jacobo I, y con ello, el conflicto entre la Corona y el Parlamento se agudizó, particularmente por la composición más independiente de este, pues casi todos sus miembros eran *squires,* cultos y religiosos, que conocían la *common law.* Entre ellos estaba Sir Eduard Colee, quien como juez, había proclamado la supremacía de la ley sobre el Rey, y de la *common law* sobre los estatutos del propio Parlamento. En esta época, se inició, además, la teoría de la responsabilidad ministerial: en virtud como "*The King can do no wrong*", los únicos que podían ser declarados culpables eran los ministros, quienes comenzaron a ser objeto de *impeachment.*

El Parlamento electo en 1628, en una situación política delicada por las derrotas en la guerra contra Francia, emprendió la tarea de exigir al rey el respeto de las leyes del Reino. Sir Eduard Coke redactó la *Petition of Rights* que el Parlamento propuso al rey, en la cual establecieron delimitaciones precisas entre el poder real y el poder de la ley. Al ser adoptada, esta *Petition* se convirtió en una de las Leyes Fundamentales del Reino, en la cual se restringieron las prerrogativas del rey. Al año siguiente, el Parlamento (1629) en rebeldía votó tres resoluciones concernientes a los impuestos, en el sentido de que el Parlamento era el único que podía votarlos, por lo que se consideraban como enemigos públicos quienes cobrasen o pagasen impuestos no votados por el Parlamento. El rey respondió encarcelando a nueve miembros de la Cámara de los Comunes, y decidió gobernar sin el Parlamento, restableciendo viejos impuestos, entre ellos, el impuesto naval, extendiéndolo a todo el país. La protesta se generalizó y al fin en 1640, después de doce años de cesación, convocó al Parlamento. Este no había olvidado los antiguos rencores, y lo primero que aprobó y exigió fue la reparación de los agravios. Ese Parlamento duró dos meses (abril-mayo de 1640); fue un "Parlamento corto", que fue prontamente disuelto.

Sin embargo, el rey tuvo que ceder ante la presión de sus lores y convocó de nuevo al Parlamento, con la presión adicional de una petición firmada por diez mil hombres. Se reunía, así, el *Long Parliament,* en medio de reuniones y agitaciones en todos los condados y ciudades, convocados por el partido de los Parlamentaristas, con Pym a la cabeza. Este segundo Parlamento de 1640, estaba compuesto por gentil-hombres, y propietarios, religiosos y cultos cuyo objetivo no era destruir la monarquía, sino resolver el conflicto religioso y político provocado por el rey. Uno de los primeros actos de este Parlamento fue acusar de alta traición a Strafford, ministro del rey, ante los lores, quien fue condenado, mediante la votación *a posteriori* de una ley para ello.

Así, el Parlamento había triunfado, pero tuvo que asegurar su poder e impulsó al rey a la aprobación de varias decisiones para asegurar la supervivencia de su poder: la convocatoria regular del Parlamento (al menos una vez cada tres años); la no disolución del Parlamento si no había sesionado al menos cincuenta días; la improrrogabilidad del Parlamento más allá de tres años; la imposibilidad de percibir impuestos no votados por el Parlamento, y el establecimiento general de los tribunales comunes, eliminándose los de excepción. La ley, así, se imponía sobre el monarca, y con ello la guerra civil se tornó inevitable: o el rey se imponía al Parlamento o este al rey.

Dos partidos y dos ejércitos se enfrentaron (parlamentaristas y realistas), entremezclados con la cuestión religiosa. La guerra civil de 1642 había comenzado, y de ella resultará el triunfo del Parlamento.

c) *La Revolución de 1642 y el triunfo del Parlamento*. Esta gran guerra civil que se inició en 1642 y que dividió a Inglaterra entre parlamentarios y realistas, puede considerarse como la fase final de la larga lucha entre el Parlamento y el rey que caracteriza la historia política inglesa. Con sus causas religiosas, económicas y políticas y en base a acusaciones mutuas de haber quebrantado y subvertido las leyes fundamentales del Reino, esta guerra condujo a la ejecución del rey Carlos I (1649), a la destrucción del sistema del gobierno central y a la asunción de este por un Parlamento entre 1649 y 1660. Pero quien había triunfado, en realidad, había sido el ejército al mando, entre otros, de Oliver Cromwell.

Sin embargo, el ejército, logrado el triunfo, corría el riesgo de quedar licenciado y empobrecido. Así, al menos, lo quería el Parlamento, institución que a pesar de haber intrigado contra la milicia y haber buscado negociar con el rey, debido a su huida el 11 de noviembre de 1647, tuvo que permitir que el ejército asumiera el control frente a los motines generalizados que ese hecho provocó. En todo caso, ejército y Parlamento se unieron ante el peligro de una insurrección real apoyada por los escoceses, y el resultado fue el triunfo de Cromwell en 1648. El ejército, a su mando, marchó contra el Parlamento y el 6 de diciembre de ese año, Westminster fue tomado y controlado. Solo permanecieron en el recinto los hombres adeptos a los jefes del ejército.

De todo este proceso, el poder absoluto del monarca había resultado cuestionado. El 20 de enero de 1649 se abrió en Westminster Hall, el proceso al rey Carlos I, acusándolo de hacer la guerra al Parlamento, y considerándolo culpable de todo lo acontecido durante la guerra. El rey se había negado a defenderse, pues había manifestado no reconocer la jurisdicción de la Corte o de cualquier Corte para juzgarlo. Dijo:

"Quisiera yo saber por qué autoridad, esto es, por qué autoridad legal he sido traído aquí. Hay muchas autoridades legales en el mundo, desde los ladrones hasta los salteadores de caminos. Cuando yo sepa cuál es vuestra autoridad legal, os contestaré. Recordad que soy vuestro rey, vuestro rey legal".

En definitiva, el rey sostenía que el monarca no podía ser juzgado "por ninguna jurisdicción superior en la Tierra". El día siguiente, sin embargo, el 21 de enero de 1649, fue sentenciado a muerte.

Con la ejecución del rey, tanto la monarquía como la *House of Lords* fueron abolidas por el Parlamento, convirtiéndose Inglaterra en un *Commonwealth,* República o Estado libre, bajo el control del ejército y de Oliver Cromwell. El Parlamento, en ese contexto, seguía los deseos del ejército, excepto en cuanto al establecimiento de' límites respecto de sus propios poderes y existencia. El conflicto de poderes continuó, y luego de múltiples y largas negociaciones, Cromwell finalmente destruyó al Parlamento, por la fuerza, el 20 de abril de 1653. La Revolución motorizada por el Parlamento contra el rey, como suele suceder, terminó por destruir a su actor principal.

Para sustituir al Parlamento, Cromwell invitó a un grupo de puritanos confesos para formar una especie de "asamblea de santos", la cual, al poco tiempo renunció a sus poderes, y le entregó de nuevo la autoridad. Ello condujo al Consejo de oficiales del ejército a producir un documento escrito, de constitución del gobierno, conocido como el *Instrument of Government* de 1653.

En este contexto, la Revolución de 1642 no fue realmente una revolución social como la que se desarrolló en Francia más de un siglo después, tendiente a destruir un régimen despótico de gobierno y la sociedad estratificada sobre la cual estaba montada. En Inglaterra, la Revolución de 1642 fue, en realidad, el resultado de la lucha política entre el rey y el Parlamento.

El producto de la guerra civil que se desató en Inglaterra a partir de 1642 y que duró dieciocho años, fue el haber impedido, en el futuro, tanto el establecimiento de monarquías absolutas, como la perpetuación en el poder de los Parlamentos contra la opinión pública. En consecuencia, cuando la monarquía fue restaurada después de la guerra civil, el conjunto de las posiciones de la Corona y del Parlamento había sido alterada.

Particularmente después de la Revolución, el Parlamento llegó a una posición en la organización del Estado que nunca antes había tenido, en el sentido de que se convirtió en parte permanente del gobierno, como el rey mismo, dejando de ser un cuerpo que solo era llamado ocasionalmente para asistir el gobierno del rey, sancionando nuevas leyes.

Pero si bien es cierto que como resultado de la Revolución, la posición de autoridad del Parlamento quedó asegurada, también quedó establecido el principio de la supremacía de la ley, particularmente por el creciente deseo nacional de ver a la ley como algo supremo, particularmente por la experiencia que tuvo el país bajo el protectorado de Cromwell (1642-1658), quien tuvo necesidad frecuente de violar la ley para gobernar.

Por ello, Sir William Holdsworth, en su *A History of English Law,* señaló que la alteración de las relaciones entre el rey, el Parlamento y los tribunales, y consecuentemente, entre los poderes ejecutivo, legislativo y judicial, los llevó a asumir la posición constitucional que tienen en el derecho constitucional moderno. Ello se facilitó, sin duda, por la sanción del *Instrument of Government* de 1653, considerado como la primera Constitución en el mundo moderno, en el sentido de Ley Suprema que no podía ser modificada por el Parlamento.

C) *Bases históricas del constitucionalismo británico*

a) *El Instrument of Government de 1653: la primera Constitución de la historia moderna.* El *Instrument of Government* hizo a Cromwell *Lord Protector* del *Commonwealth* de Inglaterra, Escocia e Irlanda, países a los cuales había unido bajo un solo gobierno, confiriéndole el poder ejecutivo al Protector, asistido de un Consejo de Estado compuesto por miembros civiles y militares, que se concebía como un cuerpo independiente, tanto del Protector como del Parlamento. Este también había sido electo, incluyendo representantes de Escocia e Irlanda, además de Inglaterra. De acuerdo con este instrumento, toda medida votada por el Parlamento debía considerarse legal, aún después del veto del *Lord Protector,* siempre que no fuese contraria a las leyes fundamentales del Reino. El Parlamento, así, durante este corto período, tendría una ley superior a la que debía someterse, encarnada en este *Instrument of Government.*

Pero cuando el Parlamento se reunió, no todos sus miembros aceptaron los principios del gobierno del Protectorado, rehusando aceptar la Constitución conforme a la cual se había reunido, que en definitiva les había sido impuesta por el ejército. Cromwell, por su parte, se negaba a permitir que el Parlamento discutiera lo que era una verdadera Constitución, como ley suprema, y de ello, el resultado fue que el Parlamento fue disuelto, particularmente, además, porque intentaba despojar a Cromwell del control que ejercía sobre el ejército. En esta forma, Cromwell, de nuevo, se encontró en la necesidad de gobernar con el apoyo del ejército, lo que sucedió así, intermitentemente, hasta su muerte en 1658. Como lo afirmó Sir *William Holdsworth,* Cromwell "[...] era el único hombre que podía controlar el ejército, y en consecuencia, el único hombre que podía tener la oportunidad de establecer un gobierno civil frente al militar".

A la muerte de Cromwell, y luego de más de un año de anarquía, solo fue por la convocatoria relativamente irregular de un Parlamento, como pudo restaurarse la monarquía. Así, el Rey Carlos II (1660-1685) fue restaurado en el trono, dentro de los términos de la *Declaración de Breda,* adoptada previamente el mismo año de 1660, que contenía cuatro condiciones: amnistía general, libertad de conciencia, seguridad de la propiedad y pago de lo debido al ejército. Esta Declaración no fue realmente una Constitución en el sentido del *Instrument of Government* porque la Restauración, en efecto, significó la vuelta a la antigua forma monárquica de gobierno, para lo cual no se necesitaba Constitución alguna.

El régimen de Protectorado puede considerarse, por tanto, como el único en el cual Gran Bretaña tuvo una Constitución escrita a la usanza de las modernas, siendo esa época, desde otro punto de vista, la única en la cual se quebró la tradición inglesa de gobierno. En esa forma, el *Instrument of Government*, puede considerarse como la primera de las Constituciones en la historia constitucional moderna, cuyo objetivo fundamental era el establecimiento de reglas permanentes e inmutables en relación a las cambiantes mayorías de un Parlamento. Este texto, en consecuencia, se anticipó a lo que luego sería el desarrollo del constitucionalismo a partir de 1776, siendo como lo consideró Sir William Holdsworth:

"[E]l primer intento que los ingleses han hecho por construir una Constitución escrita, en el cual se plantearon por primera vez, todos los problemas relacionados con ella. En consecuencia, ahí se encuentra la idea de la separación de poderes como salvaguarda contra la tiranía tanto de una persona como de una asamblea representativa; la idea de establecer ciertos derechos fundamentales de las personas, y la idea de convertir estos derechos en valores permanentes, eliminando validez a cualquier legislación que atentase contra ellos.

En todo caso, el hecho de que salvo esta excepción, en el Reino Unido no haya habido Constitución escrita, no significa que no haya habido y que no tenga Constitución, aunque no escrita, integrada por las instituciones que requiere el cumplimiento de las varias funciones de un Estado moderno.

b) *La common law y los antecedentes británicos de la idea de supremacía constitucional.* Por otra parte, debe destacarse que el sistema jurídico inglés, antes del siglo XVII, se montó sobre la idea de la *common law,* como ley fundamental en el sentido de que en su carácter de derecho no legislado, prevalecía sobre los estatutos dictados por el Parlamento, los cuales eran considerados como normas singulares y excepcionales en relación al previamente establecido *common law.* Esta técnica del predominio de la *common law* sobre los estatutos, como lo expresó el juez Edward Coke en 1610, respondía "a la tradicional supremacía de la *common law* sobre la autoridad del Parlamento", lo que condujo en la historia judicial inglesa al famoso caso *Bonham* decidido en 1610, en el cual el juez Coke estableció:

"Aparece en nuestros libros, que en muchos casos, la *common law* controla los actos del Parlamento, y que algunas veces los considera como absolutamente nulos: ya que cuando un acto del Parlamento es contrario al derecho y razón común, o repugnante, o imposible de ser cumplido, la *common law* lo controla y lo juzga como nulo".

El *common right and reason,* indudablemente, se consideraba algo fundamental, permanente, como una ley superior, que obligaba tanto al Parlamento como a las cortes ordinarias. Una de estas leyes fundamentales, de acuerdo con Coke, era precisamente, la Carta Magna, respecto de la cual señaló que se llamaba "Magna Carta, no por su extensión y amplitud, sino por su gran peso, por la grandeza de las materias que regulaba, en pocas palabras, por ser la fuente de todas las leyes fundamentales del Reino".

La Magna Carta, en consecuencia, se consideró como una de las leyes fundamentales del Reino, por lo que en tal sentido debe considerársela como un antecedente remoto de las Constituciones modernas.

Pero en relación al concepto de "ley superior" que obligaba al Parlamento, en otra decisión judicial inglesa de 1614, en el caso *Day* v. *Savadge,* el juez *Hobart,* aun cuando sin referirse directamente al caso *Bonham,* señaló:

"Incluso un Acto del Parlamento, hecho contra la natural equity, que convierta a una persona en juez en su propia causa, es nulo en sí mismo; pues *jum naturae sunt inmutabilia* y son *leges legum*".

La tradición inglesa de la existencia de una ley superior, ley de leyes, inmutable, es decir, *lex legum, lex æterna* o *lex immutabile*, encontró momentáneamente reflejo formal en el *Instrument of Government* de 1653, y luego se concretó en las Cartas o Pactos de las colonias americanas. Esa concepción se formalizó posteriormente, como ley fundamental, en 1776, en un documento solemne, precisamente en lo que comenzó a denominarse como *Constitución* a raíz de la Revolución americana.

Por ello, aun cuando a partir de la gloriosa Revolución inglesa de 1688-1689, en el Reino Unido se erigió como principio constitucional fundamental el de la soberanía del Parlamento, quedando en cierto sentido relegado, como principio, el que pudiera existir alguna "ley superior" que obligara al propio Parlamento, aquel principio de la ley superior pasó a las colonias americanas, para, precisamente, engrosar el arsenal de armas acumuladas para reaccionar contra la soberanía que el Parlamento pretendía ejercer en América.

c) *Las declaraciones de derechos fundamentales: el Habeas Corpus Act de 1679 y el Bill of Rights de 1689.* El concepto moderno de derechos fundamentales, relacionado originalmente con la idea de derechos naturales, puede decirse que aparece en los tiempos modernos, al finalizar la Edad Media y en el curso del siglo XVI, cuando la idea de deber de los súbditos se comenzó a transformar en la idea de derecho, conectada con la situación natural del hombre.

Como hemos señalado, la Carta Magna de 1215, en realidad, no había declarado derechos de las personas, sino solo privilegios de los barones, del clero y de los comerciantes. Sin embargo, había sido interpretada como una ley fundamental del Reino, siendo aplicada por los tribunales como medio para la protección de derechos naturales de las personas.

En ese contexto, la primera exposición formal de este nuevo concepto puede encontrarse en el mandamiento de *habeas corpus* desarrollado por las cortes inglesas, precisamente por la influencia e interpretación que se había dado a la Carta Magna, como lo ha destacado Sir William Holdsworth:

"Independientemente de que la intención de la famosa cláusula de la Magna Carta, que establece que ningún hombre libre puede ser hecho preso o exilado o en forma alguna destruido excepto mediante un juicio legal adoptado por sus iguales y conforme a la ley del país, haya sido o no el salvaguardar el principio de que ningún hombre puede ser hecho preso sin un debido proceso legal, pronto comenzó a ser interpretada para salvaguardar ese derecho. Fue porque se interpretó así, por lo que dicha cláusula ejerció una enorme influencia, tanto respecto de la manera como los jueces aplicaron los mandamientos que podían usarse para salvaguardar esa libertad, como respecto de la manera conforme a la cual el legislador asistió dicho desarrollo".

Precisamente por ello, el *Habeas Corpus Act* de 1679 es quizás la primera ley formal en el mundo moderno relativa a los derechos fundamentales, en particular, a la libertad personal, aun cuando se aplicó solo respecto de la detención por "causas criminales". Fue adoptada al instalarse el Parlamento de 1679, en cuya elección puede decirse que participaron por primera vez los partidos políticos que habían surgido de las pasiones de la guerra civil: unos, amigos del rey (los *tories*) aliados a la propiedad territorial y a la Iglesia anglicana; otros, los enemigos del rey (los *whigs*), compuestos por disidentes y los comerciantes de Londres. En las elecciones habían triunfado los *whigs,* quienes configuraron un Consejo de gobierno, intermediario entre el rey y el Parlamento, siendo su producto legal más conocido este *Habeas Corpus Act,* con el cual se buscó asegurar a las personas detenidas por causas criminales que fueran llevadas rápidamente a juicio, para garantizar que no se abusara del poder para detener a las personas por causas criminales.

Pero la primera ley formal, como Acto del Parlamento, que se refiere a las libertades fundamentales en sentido amplio en los tiempos modernos, sin duda fue el *Bill of Rights* de 1689, adoptado al final de la Revolución de 1688-1689, que marcó, precisamente, el triunfo final del Parlamento en su lucha contra el rey.

En efecto, Carlos II había disuelto el Parlamento en 1681, pues no necesitaba de su ayuda para obtener ingresos, dado que los recibía del rey de Francia (Luis XIV). Una nueva elección parlamentaria, que esta vez dio el triunfo a los *tories,* produjo la persecución generalizada de los *whigs.* Como lo observó FRANCOIS MAURIAC, en su *Historia de Inglaterra:*

"Los ingleses no habían aprendido aún ese juego parlamentario cuyas reglas, aceptadas por todos, permiten a los adversarios políticos alternar en el poder sin que el primer efecto de la victoria sea el aniquilamiento de los vencidos".

A la muerte de Carlos II, lo sucedió su hermano Jacobo II (1685-1689). Con el triunfo de los *tories* y el apoyo de la Iglesia a la Corona, el Reino estaba dominado por la Corona. Pero Jacobo II era católico, y pronto tuvo que enfrentarse a la propia Iglesia anglicana. La revuelta con base religiosa entre católicos y protestantes, hizo aparecer la figura de la Revolución. Jacobo II, ante la incertidumbre de su sucesión, casado con católica y con hijos católicos, a la puerta de conflictos generales, abandonado por todos, partió para Francia (1688).

La cuestión de la sucesión hubo de resolverse, optando los dirigentes políticos por la hermana del rey, María, buena protestante, casada con Guillermo de Orange. María no quiso reinar sin su esposo ni convertir a este en príncipe consorte, razón por la cual hubo que renunciar al principio del derecho divino de los reyes y llamar al trono, por libre elección a Guillermo de Orange, quien reinó como Guillermo III (1689-1702).

Se había realizado una revolución conservadora, sin guerra civil, formalizada en la *Declaration of Rights* que fue presentada por una Convención parlamentaria en febrero de 1689 al Príncipe Guillermo y a la Princesa María de Orange, al ofrecérseles la Corona Inglesa, y que contenía todas las principales resoluciones de la Convención. Esta *Declaration,* luego, tuvo confirmación legal por el Parlamento electo como consecuencia de la Convención Parlamentaria, precisamente en el *Bill of Rights* del mismo año (1689), por cuyo contenido, más que una declaración simple de derechos, debe ser considerada como un documento político contentivo de los "derechos de la nación" establecidos por el legislador.

Sin embargo, en lo que concierne a los derechos fundamentales, el *Bill of Rights* dio efectos legales a los mencionados en la Declaración, al señalar:

"Todos y cada uno de los derechos y libertades indicados y reclamados en la dicha Declaración, son verdaderos, antiguos e indubitables derechos y libertades del pueblo de este Reino, y así deberán ser estimados, permitidos, juzgados, solicitados y así deberán ser".

Pero de hecho, la *Declaration of Rights* no puede ser considerada solo como un documento tendiente a restaurar viejos y conocidos derechos de los ingleses que habían sido violados repetidamente por el Rey Jacobo II; debe además, ser analizada como el *Bill of Rigths,* en el sentido de ser un radical y reformador documento que resolvió una larga y antigua disputa, en favor tanto del Parlamento como de los individuos, conforme a los principios de libertad que envolvieron a la Revolución.

En tal sentido, la Declaración y el *Bill of Rights,* contienen disposiciones referidas a las prerrogativas reales relacionadas con el poder soberano, así como a los poderes reales respecto de la ley, la autoridad militar y el poder de imposición. También contienen normas para regular el papel del Parlamento, estableciendo el derecho a elecciones libres, la libertad de expresión del pensamiento, la libertad de debate, y el derecho de reunión. Estos documentos también garantizaron los derechos individuales, tales como el derecho de petición al rey sin temor a represalia, el derecho a portar armas bajo ciertas restricciones, y el derecho a protección contra ciertos procedimientos judiciales (caución y penas excesivas, castigos crueles e inusuales).

En esta forma, estos documentos deben considerarse como el producto fundamental de la Revolución de 1688-1689, que la hace una verdadera revolución y no un simple golpe de Estado, pues con ella no solo se destruyeron los elementos esenciales del Antiguo Régimen, sino que se restablecieron ciertos derechos que habían sido conculcados por los Estuardo, y se resolvieron controversias de larga data, creándose un nuevo reinado. En consecuencia, en el nuevo sistema político que nació, sufrieron cambios radicales tanto el principio del derecho divino del monarca, como la idea de la sucesión hereditaria directa, las prerrogativas del rey bajo la ley, el ejército, la imposición y los procedimientos judiciales que podían afectar a los individuos. Con ella, el Parlamento definitivamente ganó su larga lucha contra el monarca.

Esta Revolución, por ello, puede considerarse como la más efectiva de las revoluciones ocurridas al comienzo del mundo moderno europeo, pues con ella se concretó el mayor cambio político en la historia de Inglaterra, que abrió paso a la monarquía constitucional y a la soberanía del Parlamento. Su legado jurídico fundamental, fue lo ocurrido, casi un siglo después, a fines del siglo XVIII, en las colonias americanas.

En todo caso, la importancia e influencia del *Bill of Rights* de 1689 radica en dos aspectos principales: primero, en que abrió la vía para la transición entre el antiguo sistema estratificado de clases y privilegios hacia un moderno sistema de derechos del individuo, en el sentido de que el *Bill of Rights* declaró derechos individuales del pueblo inglés en general y no privilegios de clase, y segundo, en su influencia directa en las primeras declaraciones de derechos fundamentales de las colonias inglesas en Norte América.

d) *La "Gloriosa Revolución" de 1688-1689 y la soberanía en el Parlamento*. La Revolución de 1688-1689, como se dijo, trastocó definitivamente en la historia de Gran Bretaña, la relación entre los poderes del rey y su Parlamento, convirtiéndose este último en soberano. Nada tuvo de común esta Revolución, con la que un siglo después ocurriría en Francia (1789) y donde el conflicto se planteó entre las diversas clases sociales del Reino. En Inglaterra, el conflicto fue otro y doble: fue un conflicto religioso, en el sentido de determinar qué Iglesia dominaría la sociedad, la romana o la anglicana, y un conflicto político y social, en el sentido de determinar si el poder soberano estaba en el rey o en el Parlamento.

La revolución dio el triunfo al Parlamento, convirtiéndose este, desde entonces, en soberano. El principio de la soberanía parlamentaria se convirtió así, en la piedra angular del constitucionalismo del Reino Unido, pudiendo caracterizarse por los siguientes elementos:

En *primer lugar*, por la ausencia de distinción formal entre leyes ordinarias y leyes constitucionales, lo que implica la ausencia de constituciones escritas. En consecuencia, el Parlamento, en cualquier momento, puede adoptar mediante el método ordinario de formación de las leyes, reformas de naturaleza constitucional. De allí que la autoridad del Parlamento de cambiar las leyes sea ilimitada, no pudiendo un Parlamento, limitar en forma alguna los poderes a otro Parlamento que se elija posteriormente.

En *segundo lugar*, el principio de la soberanía parlamentaria se caracteriza por la ausencia de posibilidad alguna de control respecto de la actividad parlamentaria. Ello implica que no existe Corte o Tribunal alguno con competencia para decidir sobre la "inconstitucionalidad" de las leyes o actos del Parlamento; y al contrario, estos, cualquiera que sea su contenido, deben ser aplicados por los tribunales, no pudiendo desaplicarlos en forma alguna. Como lo señalaba A. V. Dicey en su *An Introduction to the Study of the Law of the Constitution*:

"El principio de la soberanía del Parlamento significa, ni más ni menos, que en la Constitución inglesa el Parlamento tiene el derecho de hacer y deshacer cualquier ley; y además, que a ninguna persona o cuerpo le es reconocido por la ley de Inglaterra derecho alguno para anular y dejar de lado la Legislación del Parlamento".

En *tercer lugar*, otro elemento que resulta del principio de la soberanía parlamentaria, es que la ley creada por el Parlamento, esto es, los estatutos, tienen primacía respecto del *common law* y sobre cualquier otra fuente del derecho. Con ello, a partir de la Gloriosa Revolución, la idea de la ley superior integrada al *common law* que limitaba al Parlamento, propia de la tradición inglesa, quedó relegada. Sin embargo, debe destacarse que dicha tradición era tan importante que doce años después de la Revolución, el juez Holt comentó el antes mencionado caso *Bonham,* en el caso *City of London v. Wood,* en 1701, señalando:

"Lo que mi *Lord Coke* dijo en el caso *Dr. Bonham* está lejos de toda extravagancia, porque es muy razonable y cierto el decir que si un Acto del Parlamento ordenase que una misma persona sea parte y juez, o lo que es lo mismo, sea juez en su propia causa, sería un acto del Parlamento nulo, ya que es imposible que uno pueda ser juez y parte, pues corresponde al juez determinar entre parte y parte".

En todo caso, debe señalarse que paradójicamente el principio de soberanía del Parlamento tuvo efectos directos en el desarrollo posterior del control judicial de constitucionalidad en Norteamérica, en el sentido de que antes de la Declaración de Independencia, las leyes adoptadas por las legislaturas coloniales fueron en muchos casos declaradas inválidas, por ser contrarias a las leyes de Inglaterra o a las Cartas coloniales. Por ello, aun cuando la Gloriosa Revolución de 1688-1689, como se dijo, marcó el triunfo del Parlamento inglés, convirtiéndolo en soberano, las colonias americanas, sin embargo, heredaron las ideas del juez Coke en relación a la subordinación del monarca y del Parlamento a una ley superior y a un poder judicial acostumbrado a interpretar y, algunas veces, a ignorar los actos legislativos que violasen principios superiores. Por ello, paradójicamente, la Gloriosa Revolución no solo no frenó sino que incluso auspició el desarrollo de la doctrina norteamericana del control judicial de constitucionalidad.

2. Las ideas de John Locke sobre la Constitución inglesa: la división del poder y las libertades individuales

Al finalizar la Gloriosa Revolución, en 1689, John Locke publica su famoso *Two Treatises of Government* (1690). El libro, sin duda, puede considerarse como el análisis político del nuevo régimen constitucional inglés, montado sobre el principio de la separación de poderes, que resultaba de la soberanía del Parlamento. Locke, por tanto, puede considerarse como el primer ideólogo de la reacción contra el absolutismo, que aboga en su libro, por la limitación del poder político del monarca. Para elaborar sus conclusiones, Locke las basó en la consideración de la condición natural del hombre y del contrato original de la sociedad, que dio origen al Estado.

En opinión de Locke, la razón por la cual los hombres entraron en el contrato social, fue para preservar sus vidas, libertades y posesiones, los tres principales bienes básicos que denominaba en genérico, como *property*; y era esta *property* la que le daba a los hombres personalidad o *status* político.

Naturalmente, este contrato social como lo concebía LOCKE, que cambió la condición natural del hombre, no podía dar origen a la formación de gobiernos bajo los cuales el hombre se encontrase colocado en peor situación a la que tenía previamente. En consecuencia, el gobierno absoluto no podía ser considerado legítimo, como sí lo era un gobierno civil. Si el Estado surgía para proteger los "derechos naturales" que no desaparecían con el contrato social, su conculcación debido a la acción de un Estado absoluto justificaba el derecho de resistencia frente al abuso de poder.

Ahora bien, dentro de las medidas destinadas por LOCKE para racionalizar y limitar el poder, desarrolló su clásica distribución de funciones del Estado, algunas de las cuales las consideró como "poderes". En el parágrafo 131 de su libro *Two Treatises of Government,* señaló:

"Y quien sea que tenga el legislativo o supremo poder en cualquier comunidad, está obligado a gobernar mediante leyes establecidas, promulgadas y conocidas por el pueblo y no mediante decretos extemporáneos: mediante jueces indiferentes y rectos, llamados a decidir controversias mediante esas leyes: y para emplear la fuerza de la comunidad en el interior, solo en ejecución de dichas leyes, o en el extranjero para prevenir o repeler ataques foráneos, y asegurar la comunidad contra asaltos e invasiones".

En esta forma, LOCKE distinguió cuatro funciones del Estado, la de legislar, la de juzgar, la de emplear la fuerza en el orden interno en ejecución de las leyes y la de emplear la fuerza en el extranjero, en defensa de la comunidad. Dio el nombre del *poder legislativo* a la primera de dichas funciones, es decir, la de hacer las leyes "respecto de las cuales todos los demás poderes están y deben estar subordinados", como dijo. La tercera función la denominó *poder ejecutivo,* la que implicaba "la ejecución de las leyes municipales de la sociedad dentro de ella misma y por encima de sus partes o componentes". La cuarta función la denominó *poder federativo,* la que incluía "el poder de hacer la guerra y la paz, las ligas y alianzas, y transacciones con todas las personas o comunidades fuera del Estado". De todas las funciones que atribuyó al Estado soberano, la única que no concibió como "poder" fue la de juzgar, la cual debía concebirse en la tradición inglesa, como un atributo general del Estado.

En este esfuerzo por racionalizar las funciones del Estado, la novedad de las tesis de LOCKE estuvo en la distinción entre la facultad de legislar y la facultad de velar por la ejecución de las leyes, sin que fuera esencial individualizar el poder de juzgar el cual, como se dijo, particularmente en Inglaterra, era una de las tareas tradicionales del Estado.

En todo caso, es importante notar que LOCKE se dedicó a racionalizar y sistematizar las funciones del Estado soberano, pero no formuló, en esencia, una teoría de la división o separación de los poderes. Incluso, de la obra de LOCKE no puede deducirse tesis alguna respecto a que el poder del Estado está colocado en diferentes manos para preservar la libertad y garantizar las libertades individuales. Admitió, sin embargo, que si el poder fuese colocado en manos diferentes un balance podría surgir; como lo afirmó en su libro: "balanceando el poder del gobierno, colocando sus varias partes en diferentes manos".

Sin embargo, la contribución fundamental de LOCKE al principio de la división del poder, está en su criterio según el cual los poderes ejecutivo y federativo necesariamente debían estar en las mismas manos, al igual que su criterio de la supremacía del poder legislativo atribuido al Parlamento sobre los otros, al extremo de que tanto la función ejecutiva como la judicial debían ser desarrolladas en ejecución y de acuerdo con las leyes adoptadas y publicadas por el Parlamento. En LOCKE, esta supremacía del poder legislativo, sin duda, era la consecuencia de la propia supremacía del Parlamento sobre el rey, resultado de la Revolución de 1689, configurándose en la característica más importante del derecho público inglés, comparado con los sistemas continentales.

Pero los aportes teórico-políticos de JOHN LOCKE al constitucionalismo, no solo se concentraron en el principio de la separación de poderes, sino en la concepción misma de la libertad como límite al poder, y en particular, a la soberanía del Parlamento. De allí que su obra sea un clásico del liberalismo, escrita, como se dijo, después de la Revolución de 1689, y luego que el *Bill of Rights* había sido adoptado.

En efecto, según LOCKE el establecimiento de una sociedad civil o política, como organización opuesta a la monarquía absoluta, implica un acuerdo entre los hombres "para ingresar y unirse en una comunidad para llevar una confortable, segura y pacífica vida entre los otros, con la seguridad del goce de sus propiedades y una mayor seguridad frente a aquellas que no están en ella".

En consecuencia, el poder otorgado a esa comunidad, y particularmente al legislador, "no es ni puede ser absolutamente arbitrario en relación con las vidas y fortunas de las personas, ya que el poder conjunto de cada miembro de la sociedad, dado a una persona o Asamblea que es el legislador, no puede ser más que lo que esas personas tenían en su estado natural, antes de entrar en sociedad y darse a la comunidad; ya que nadie puede transferir a otro más poder del que tenía, y nadie puede tener un poder arbitrario sobre sí mismo o sobre otros, para destruir su propia vida, o quitarle la vida o la propiedad a otro. Un hombre, como ha sido probado, no puede someterse al poder arbitrario de otro; y no teniendo en el estado de naturaleza poder arbitrario sobre la vida, libertad y posesiones de otro, sino solo lo que la ley de la naturaleza le dio para la propia preservación de sí mismo, y del resto de la humanidad, eso es todo lo que debe y puede dar a la comunidad y a través de ella, al poder legislativo, de manera que el legislador no puede tener más de eso. Este poder, en sus extremos, está limitado por el bien público de la sociedad. Es un poder que no tiene otro fin que la preservación, y en consecuencia, nunca tiene el derecho de destruir, esclavizar o empobrecer los sujetos".

Sobre esta base, LOCKE definió como fin de todo gobierno "el bien de la humanidad", señalando que "todo el poder del gobierno solo se otorgaba para el bien de la sociedad". En consecuencia, en oposición a la sociedad civil estaba el poder absoluto y arbitrario de los gobiernos ejercidos sin leyes adoptadas regularmente, que por supuesto no podían ser consistentes con el fin de la sociedad. Era evidente, conforme a la concepción de LOCKE, que "Los hombres no dejarían la libertad del estado de naturaleza para someterse a sí mismos a un gobierno que no tuviera por fin preservar sus vidas, libertades y fortuna, mediante reglas establecidas para asegurarlos en paz. No podría suponerse que pudieran haber tenido la intención, incluso si hubieran tenido poder para hacerlo, de dar a alguien o algunos, un poder arbitrario y absoluto sobre sus personas y bienes, y de poner fuerza en manos de los magistrados para ejecutar deseos ilimitados y arbitrarios sobre ellos. Esto —concluía LOCKE— significaría colocarse a sí mismo en peores condiciones que la del estado de naturaleza, donde tenían la libertad de defender sus derechos contra las injurias de otros y donde tenían parecidas fuerzas contra las invasiones de un hombre o de muchos combinados".

La conclusión de toda esta concepción relativa a los derechos fundamentales o *property* como los calificó LOCKE, y a los límites al poder, fue que "El supremo poder no puede tomar de ningún hombre parte de su *property* sin su propio consentimiento; ya que siendo la preservación de la *property* el fin del gobierno, por lo cual los hombres entraron en sociedad, ello necesariamente supone y quiere que el pueblo debe tener *properpy*".

En esta perspectiva, la obra de LOCKE está en la base de la concepción teórica —elaborada sobre la percepción del régimen político que había resultado de la Revolución de 1689— del Estado de derecho, como opuesto al Estado absoluto, basado en la idea de la existencia de libertades fundamentales del hombre, que son inalienables y que no pueden ser renunciadas, teniendo el Estado por objeto, la protección y mantenimiento de dichas libertades. Fue esta concepción liberal, sin duda, la que estuvo a la base del proceso revolucionario norteamericano en 1776.

3. LA SITUACIÓN POLÍTICA CONSTITUCIONAL DE LAS COLONIAS INGLESAS EN NORTEAMÉRICA Y EL CAMINO HACIA LA INDEPENDENCIA

A) *Los establecimientos coloniales a partir de inicios del siglo XVII*

El proceso de colonización de Norteamérica por los ingleses se inicia, efectivamente, a comienzos de siglo XVII, con el envío de los primeros colonos emigrantes de la Compañía de Londres, a Virginia, asentamiento así llamado por Sir Walter Raleigh en honor de la reina virgen, Isabel (1558-1603), ubicado en la costa este de Norteamérica.

La colonización inglesa de Norteamérica, al contrario de la colonización española de Sur América, no fue propiamente una empresa y una política asumida centralizadamente por la Corona. Se hizo por aproximaciones sucesivas y mediante concesiones otorgadas y respaldadas por cartas individuales. En esa forma, es durante el reinado de Jacobo I (1603-1625) cuando comienzan a asentarse colonias en Norteamérica, gobernadas por consejos locales con miembros de entre los colonos, aun cuando designados desde la metrópoli. El desarrollo de los principios de representatividad y participación local en las colonias, por tanto, se inicia desde el mismo momento en que comienza la colonización, y si bien luego se nombran gobernadores de las colonias desde Inglaterra, ello no elimina el espíritu de Asamblea. Así, por ejemplo, fue en Virginia, en 1619, donde se reunió por primera vez y con permiso de la Compañía, la primera *Asamblea de Colonos la Cámara de burgueses de Virginia,* ya para ese momento una próspera colonia plantadora y productora de tabaco. El fracaso económico posterior de la Compañía, a partir de 1624, transformó la colonia en un asentamiento de la Corona, pero conservando sus poderes de asamblea.

Años antes, a partir de 1620, otros asentamientos coloniales se ubicaron en la costa este de Norteamérica, con un esquema diferente al de la empresa colonial virginiana, y más bien producido por las persecuciones desviadas de los conflictos religiosos y políticos que dominaban la vida en las islas británicas. La Compañía de Londres admitió este esquema de emigración forzada, otorgando concesiones a los grupos de colonos que aceptaban correr el riesgo de establecer el asentamiento, sometiéndose a una servidumbre de siete años. Así, 120 "peregrinos" se embarcaron en el Mayflower en septiembre de 1620. Tres meses después, el barco llegó a Cabo Cod, muy lejos de Virginia, donde los peregrinos no tenían ni concesión ni derechos de cualquier clase. Por ello, ante la necesidad de desembarcar, se fijaron sus propias reglas y firmaron un pacto o *Covenant,* conforme al cual juraron continuar juntos y obedecer las reglas establecidas para el logro del bien de todos. Conforme a este pacto, surgió el primer gobierno local autónomo en Norteamérica en la Colonia de *Plymouth.*

Otros peregrinos, de inspiración calvinista, obtuvieron una Carta real para *The government and company of Massachussetts Bay* en Nueva Inglaterra, en 1629. La compañía, fundada por los propios peregrinos, de posición económica más acomodada que los del *Mayflower,* estaba manejada por un Consejo que funcionaba en la propia colonia, en *Boston,* totalmente independiente de Londres. El Consejo, para votar los impuestos, por ejemplo, debía asesorarse de dos delegados por cada ciudad de la colonia, con lo que quedó así constituida la primera asamblea que más tarde estaría dividida en dos Cámaras.

Luego, en la misma época, otras colonias se establecerían, con emigrados o desterrados de las ya establecidas; y en particular de Massachussets: se fundó, así, en 1635, un establecimiento denominado Providence, en Rhode Island, que luego, en 1662, sería objeto de una Carta real; y se creó, en 1639 la colonia de Connecticut, por un grupo de migrados de Massachussets, quienes se dieron a sí mismos sus propias "Leyes fundamentales de *Connecticut*" creando un gobierno elegido por hombres libres. Otros, puritanos, fundaron en la costa de Connecticut, la colonia de New Haven, adoptando para gobernarse, las leyes divinas. Los asentamientos de Connecticut, en 1662, también obtuvieron del Rey Carlos II una Carta real, en la cual se confirmaba la existencia de un gobierno y asambleas coloniales, sin control de la Corona. Por ello, se considera que Connecticut y Rhode Island fueron los primeros Estados coloniales independientes.

La colonia de Maryland fue establecida de otra forma y mediante carta colonial, otorgada a un individuo, Georges Calvert, quien había servido a la Corona pero a quien Carlos I no podía emplear en Inglaterra, por ser católico. La Carta, de verdadera configuración feudal, otorgaba al propietario, nombrado Lord Baltimore, carácter del jefe de la iglesia y de las fuerzas armadas, estando facultado para crear *mannors,* especie de repartimiento de tierras. Lord Baltimore, en todo caso, fue celoso en guardar la convivencia de las Iglesias, y en respetar el derecho de asamblea, donde hizo votar una ley de tolerancia religiosa. A partir de la Revolución de 1688, la Iglesia de Inglaterra monopolizó la religión en Maryland, y solo convirtiéndose al protestantismo, Lord Baltimore, pudo conservar su propiedad territorial, aceptando la autoridad de la Corona en la colonia.

Un esquema colonial similar se dio en las Carolinas (del Norte y del Sur), así denominadas en honor de Carlos II, quien otorgó en propiedad territorial grandes espacios a verdaderos grandes señores monárquicos. Estos, incluso, llegaron a solicitar de JOHN LOCKE, filósofo de moda, la redacción de una Constitución que creaba una aristocracia. En 1729, estas colonias pasaron a la Corona. El territorio de New Jersey, también adquirido por los mismos señores propietarios de las Carolinas, fue otra colonia que en 1702 pasó a la Corona.

En 1681, William Penn obtuvo una carta del rey que le confirió la propiedad de un vasto territorio entre Massachussetts y Maryland, que llamó *Pennsylvania,* donde se estableció un gobierno libre en el que participaron una sociedad de amigos, de fe puritana extrema, denominado los *cuákeros.* En cuanto a la colonia de Nueva York, inicialmente holandesa (Nueva Amsterdam), fue ocupada por Inglaterra en la época de Carlos II (1664), quien incluso se la regaló a su hermano el Duque de York. De allí su nombre. Por último, otra colonia situada al sur completó el dominio británico en la costa este de Norteamérica, fundada en 1732: mediante una carta otorgada a un grupo de filántropos, surgió Georgia, colonia que a mitades del siglo XVIII también pasaría a la Corona.

En todo caso, todas estas colonias, en 1750, poseían una amplia autonomía con un espíritu asambleístico arraigado y un gobierno local bastante autónomo debido, además, a la ausencia de mecanismos centralizantes de administración colonial, como los que por ejemplo España pudo establecer en América del Sur. Cada colonia, así, poseía su legislatura, compuesta de dos Cámaras; en algunas de ellas (Connecticut y Rhode Island) se elegía al gobernador, en las demás, los nombraba la Corona o los propietarios. El centro de la vida política en cada comunidad, era el *meeting house,* donde en asamblea se resolvían los asuntos locales.

Paralelamente a las colonias inglesas en Norteamérica, los franceses, desde 1534, también habían comenzado sus desembarcos en lo que hoy es la Provincia de Quebec y Montreal. A principios del siglo XVII, el rey Enrique IV otorgó el monopolio del comercio con el Canadá a individuos, estableciéndose una colonia (Nueva Francia) y luego, por el Cardenal Richelieu, a la *Compañía de la Nueva Francia,* con lo cual el asunto colonial dejó de ser asunto de aventureros y se asumió como una empresa nacional. La colonia prosperó y desde ella, hacia fines del siglo XVII, penetrando hacia el Oeste, algunos aventureros al mando de Cavelier de La Salle llegaron al Gran Río (Mississippi) el cual navegaron aguas abajo hasta su desembocadura en el Golfo de México. En 1684, La Salle regresó a Francia aconsejando a Luis XIV la creación de una colonia en la desembocadura del río, la que llamaría, en honor del Rey, Lousiane. Luego de varios años, un agente de la Compañía de Indias de Francia, fundó en 1718 una ciudad en homenaje del Regente, el Duque de Orleans, llamada Nueva Orleans, donde se asentó una colonia francesa.

Paralelamente a este desarrollo colonial, en Europa se desarrollaron sucesivamente guerras entre Inglaterra y Francia, que afectaron por supuesto a las Colonias. La guerra de sucesión de España, que enfrentó a aquellos Reinos, terminó con el Tratado de Utrech (1713), con el cual Francia perdió la Bahía de Hudson, Acadia y Terranova, conservando Canadá y Luisiana. En 1744, otra guerra declarada entre Francia e Inglaterra, por la sucesión de Austria, hasta 1748, provocó que la misma se extendiera también al Canadá. Los franceses, dueños del Canadá, querían ocupar los Valles de Ohio y del Mississippi y así, encerrar a las colonias inglesas, a lo que estas se oponían. La paz de Aquisgrán (1748), que puso fin al nuevo conflicto, obligó a Inglaterra a evacuar la isla de Cap Breton, la principal del Canadá. Una nueva guerra con Francia (la Guerra de los Siete Años), a partir de 1756, se reflejó directamente en América, ocupando los ingleses posiciones francesas. Francia no tenía una armada comparable a la inglesa, y así perdió la mayoría de sus colonias en Norteamérica.

En virtud de un nuevo tratado de paz, la *Paz de París* en 1763, Inglaterra logró el control de Canadá y España cedió a los ingleses La Florida, donde los españoles habían penetrado desde hacía casi dos siglos. En cuanto a la *Louisiana,* esta fue cedida a España, y la orilla izquierda del Mississippi pasó a Inglaterra. La creación de cuatro provincias inglesas se anunció en 1763: *Quebec, East Florida, West Florida y Grenada,* declarándose "reserva de indios" los territorios del *Mississippi* y *Los Lagos.*

La Guerra de los Siete Años (1756-1763) había dejado efectos importantes en las colonias inglesas, las que habían tenido que defenderse contra el Canadá francés. Inglaterra había proporcionado las tropas necesarias y soportado los gastos de la Campaña, y fue necesario, que luego del Tratado de París permaneciera una fuerza de 10.000 hombres en las colonias, para hacer frente a una eventual revuelta de los canadienses franceses. En el pago de estos gastos militares puede situarse el origen de la revolución americana.

B) *Los impuestos a las colonias y la rebelión contra el Parlamento inglés*

En efecto, Grenville, Canciller del *Exchequer* de Jorge III propuso al Parlamento diversos impuestos que gravaron productos coloniales (Sugaract), y además, propuso que una tercera parte de la suma necesaria para sostener aquel pequeño ejército, se recaudara en las propias colonias, por medio de un impuesto de timbre. Se adoptó, así, el *Stamp Act* el 22 de marzo de 1765, legislación que estableció impuestos de estampillas en todos los documentos legales, periódicos, publicaciones, grados académicos, almanaques, licencias de licores y cartas de juego, lo cual provocó una enorme y generalizada hostilidad en las colonias.

Aparte de las causas económicas y sociales de este rechazo, la reacción política se basó en el principio y derecho tradicional de todo súbdito británico, de no estar sujeto a impuestos o tasas sino con previo consentimiento, de cuyo enunciado, incluso en la Edad Media, había surgido la propia institución parlamentaria: "Ningún impuesto sin representación" o lo que es lo mismo, que "no podía haber imposición sin representación". En todo caso, la reacción colonial fue relativamente organizada y definitivamente generalizada, multiplicándose los convenios intercoloniales destinados a establecer *boycots* económicos para resistir las pretensiones impositivas de la Corona.

En este contexto, la primera reunión conjunta de significado constitucional entre las colonias fue el Congreso de Nueva York de 1765, que se reunió para demostrar el rechazo de las Colonias al *Stamp Act,* habiendo dicha reunión adoptado las *Resolutions of the Stamp Act Congress* de 19 de octubre de 1765, en cuyas resoluciones 3, 4 y 5 se estableció:

"3° Que es inseparablemente esencial a la libertad de un pueblo, y un indudable derecho de los ingleses, que no se les deben imponer impuestos sino con su propio consentimiento, dado personalmente o mediante sus representantes";

"4° Que el pueblo de estas colonias no está, y desde el punto de vista de sus circunstancias locales, no puede estar representado en la Cámara de los Comunes de Gran Bretaña";

"5° Que solo los representantes del pueblo de estas colonias, son las personas escogidas por ellas mismas; y que nunca impuesto alguno ha sido establecido, ni podría ser impuesto al pueblo, sino por las respectivas legislaturas".

En este Congreso, a pesar de que se declaró "la debida subordinación a ese cuerpo augusto, el Parlamento de Gran Bretaña", su carácter representativo fue cuestionado, partiendo del supuesto de que los impuestos establecidos en la *Stamp Act* no habían sido aprobados por las asambleas coloniales. Las resoluciones del Congreso tenían por objeto implorar justicia al monarca, pues era el Parlamento el que aparecía como "violando los derechos de súplica". Por ello estuvieron acompañadas de una vigorosa Resolución que prohibía la entrada a las colonias de mercancías de procedencia inglesa, mientras la *Stamp Act* no fuera derogada.

Benjamín Franklin, incluso, fue llamado a testificar en la Cámara de los Comunes, y en 1766 el Parlamento inglés, como consecuencia, anuló la *Stamp Act,* pero impuso una serie de derechos aduaneros a los productos coloniales; inicialmente en relación al vidrio, al plomo, los colores, el papel y el té, creándose a tal efecto, un cuerpo de Comisarios de Aduanas con amplios poderes de investigación.

La reacción colonial, de nuevo, fue generalizada y terminante, negándose las colonias a comerciar con productos ingleses, y para 1769, las importaciones de Inglaterra ya habían descendido notablemente. La presión de la *City* sobre el Parlamento condujo, a propuesta del ministro North, a la derogación de las leyes impositivas, pero el Parlamento, para salvaguardar su prerrogativa, decidió mantener un impuesto bajísimo solo sobre el té. En julio de 1770, los comerciantes americanos decidieron importar nuevamente mercancías inglesas, salvo el té.

En 1773, la *East India Company* contaba con una enorme existencia de té en Londres, que no podía exportar a las colonias, lo que la colocaba en grave situación económica. Obtuvo una exención del impuesto de aduanas y decidió vender el té directamente en Boston, sin acudir a los comerciantes, única forma de competir efectivamente contra el té holandés. El hecho indignó a los comerciantes de Boston que tenían grandes existencias de té. El Dartmouth, apenas anclado en el muelle de Boston, fue abordado por falsos indios, y el té fue a dar al mar.

En abril de 1774, el Parlamento votó cinco leyes, calificadas en las colonias como intolerables, en las cuales se cerró el puerto de Boston hasta el reembolso del valor del té; se revocó la Carta de Massachussets, que prohibía las *town meetings,* atribuyendo al rey el derecho de nombrar los funcionarios; se acordó la transferencia a Inglaterra de los procesos criminales en relación con estas leyes, se resolvió el alojamiento de tropas en Massachussets, y se acordó la libertad religiosa a los católicos de Canadá (Acta de *Quebec*).

C) *La solidaridad colonial y la independencia*

Frente a estas medidas de la Metrópoli, la solidaridad colonial fue inmediata, y todas las colonias acudieron a ayudar a Boston. Con motivo de las leyes votadas por el Parlamento, resultaba claro que los problemas individuales de las colonias, en realidad, eran problemas de todas ellas, y ello trajo como consecuencia la necesidad de una acción común, con el resultado de la propuesta de Virginia de la realización de un Congreso anual para discutir los intereses comunes de América. Como consecuencia, en 1774, se reunió en Philadelphia, el *Primer Congreso Continental* con representantes de todas las colonias, excepto *Georgia.*

El principal elemento político que se discutió en el Congreso, de nuevo, fue la autoridad que las colonias deberían conceder al Parlamento, y sobre qué bases, sea que fueran las leyes de la naturaleza, la Constitución británica o las *Charters* americanas. Se decidió que las leyes de la naturaleza (*law of nature*) y no solo el *common law,* eran las que debían ser reconocidas como uno de los fundamentos de los derechos de las colonias. En consecuencia, el Congreso declaró, como un derecho de los habitantes de las colonias inglesas en Norte América, en el mismo sentido que las resoluciones del *Stamp Act Congress*:

"Que el fundamento de la libertad inglesa y de todo gobierno libre, es el derecho del pueblo a participar en sus Consejos Legislativos; y en virtud de que los colonos ingleses no están representados, y desde el punto de vista local y de otras circunstancias, no pueden estar propiamente representados en el Parlamento Británico, ellos tienen el derecho a un poder libre y exclusivo de legislación en sus diversas legislaturas provinciales, donde solo sus derechos de representación pueden ser preservados en todos los casos de imposición y política interna, sujetos solo a la negativa de su Soberano, en la forma y manera como hasta ahora ha sido usado y acostumbrado".

En estas resoluciones, aun cuando la lealtad al rey se mantuvo, al Parlamento británico se le negó competencia para establecer impuestos en las colonias. Como consecuencia de este Congreso, la guerra económica fue declarada, junto con la suspensión de las exportaciones e importaciones, hacia y desde Inglaterra.

La guerra económica rápidamente se convirtió en una de orden militar, y el Congreso se reunió de nuevo en mayo de 1775 (segundo Congreso). Inglaterra envió tropas a las colonias; estas se comenzaron a defender y hubo batallas entre ambos bandos. El Congreso de Philadelphia nombró a George Washington comandante en Jefe del Ejército colonial, adoptó la *Declaration of the causes and necessity of taking up arms* de 6 de julio de 1775, como una reacción contra el "enorme" e "ilimitado poder" del Parlamento de Gran Bretaña. La Revolución americana, como consecuencia, puede considerarse como una revolución contra la soberanía del Parlamento británico.

El Rey Jorge III, en su Discurso del Trono en octubre de 1775, declaró que Inglaterra jamás renunciaría a sus colonias, anunciando una política de fuerza, cuando esta no existía, por lo cual la Corona tuvo que contratar mercenarios alemanes. La guerra continuó y unos meses más tarde, el segundo Congreso

Continental, en su sesión del 2 de julio de 1776, adoptó una proposición conforme a la cual las colonias se declararon a sí mismas libres e independientes, así:

"Que las colonias unidas son, y por derecho, deben ser, Estados libres e independientes; que ellas están absueltas de toda obediencia a la Corona Británica, por lo que toda conexión política entre ellas y el Estado de Gran Bretaña, es y tiene que ser, totalmente disuelto".

El Congreso convino, además, en preparar una Declaración que redactó Jefferson, proclamando al mundo las razones de la separación de la Metrópoli, y el 4 de julio de 1776, la *Declaración de Independencia* fue adoptada, en formal ratificación del acto ya ejecutado.

Este documento, por supuesto, es de interés histórico universal, pues a través del mismo apareció abiertamente en la historia constitucional, la legitimidad jurídico-política-racionalista del auto-gobierno. Para ello, en él ya no se recurre al *common law,* ni a los derechos de los ingleses, sino exclusivamente a las *leyes de la naturaleza y a Dios;* en él ya no se recurre al *Bill of Rights,* sino a verdades evidentes en sí mismas, como:

"Que todos los hombres son creados iguales; que son dotados por su Creador de ciertos derechos inalienables; que entre estos están la vida, la libertad y la búsqueda de la felicidad. Que para garantizar estos derechos se instituyen entre los hombres los gobiernos, que derivan sus poderes legítimos del consentimiento de los gobernados; que cuando quiera que una forma de gobierno se haga destructora de estos principios, el pueblo tiene el derecho a reformarla o aboliría e instituir un nuevo gobierno que se funde en dichos principios, y a organizar sus poderes en la forma que a su juicio ofrece las mayores probabilidades de alcanzar su seguridad y felicidad".

Como consecuencia, todo lo que no estaba adaptado racionalmente a los objetivos establecidos derivados de los derechos inalienables del hombre, era injustificable e ilegítimo, debiendo estar organizado el Estado en la forma más adecuada para alcanzar dichos objetivos.

Aparte de la importancia de este documento para los Estados Unidos de Norteamérica, es indudable su significación universal: su premisa básica, como un silogismo, está constituida por todos aquellos actos de la Corona que, de acuerdo con Locke, definían la tiranía, siendo obvia la conclusión del silogismo: al violar el pacto que lo unía a sus súbditos americanos, el rey había perdido toda posibilidad de reclamar su lealtad, y consecuentemente, las colonias se convirtieron en Estados independientes.

D) *El proceso de constitucionalización de las colonias*

Ahora bien, una vez que las colonias adquirieron su independencia, debieron regular su propia organización política. Aún más, después de la *Proclamación de Rebelión* que el rey formuló en relación a las colonias el 23 de agosto de

1775, el Congreso, justo antes de la Declaración de Independencia, requirió de las colonias que formaran gobiernos separados para el ejercicio de toda autoridad. El Congreso así, resolvió:

"Que se recomienda a las respectivas asambleas y convenciones de las colonias unidas, donde aún no se hubiere establecido un gobierno suficiente a las exigencias de sus asuntos, el adoptar tal gobierno en forma tal, que en opinión de los representantes del pueblo, pueda conducir mejor a la felicidad y seguridad, en particular de sus ciudadanos y en general de América".

De esta recomendación derivaron las Declaraciones de Derecho y las Constituciones adoptadas por las asambleas legislativas de las colonias, y entre ellas el *Bill of Rights* y la *Constitution or Form of Government of Virginia* adoptados, respectivamente, el 12 y el 29 de junio de 1776.

En particular, la Declaración de Derechos de Virginia es de singular importancia, pues se trata de la primera en su tipo del constitucionalismo moderno. En efecto, esta Declaración, junto con las Declaraciones de las otras colonias americanas, diferían de los precedentes ingleses (*Magna Carta,* 1215; *Habeas Corpus Act,* 1679; *Bill of Rights,* 1689), básicamente porque al declarar y establecer los derechos, no hacían referencia a estos como basados en el *common law* o la tradición, sino a derechos derivados de la naturaleza humana y de la razón (*ratio*). Por ello, los derechos declarados en la Declaración de Derechos hecha por los "representantes del buen pueblo de Virginia" de 1776, eran derechos naturales que "pertenecen a ellos y a su posteridad, como la base y fundamento del gobierno".

En esta forma, en el breve Preámbulo de la Declaración, la relación entre los derechos naturales y el gobierno se estableció claramente, debido, sin duda, a la influencia directa de las teorías de J. Locke, en el sentido de que la sociedad política se forma basándose sobre esos derechos naturales, como el fundamento del gobierno. En efecto, las doctrinas políticas imperantes en la época de J. Locke, Montesquieu y J. Rousseau, se basaban en el análisis de la situación natural del hombre y el logro del pacto o contrato social para establecer una soberanía como mecanismo para la protección de la libertad. Esta fue la base para la subsecuente exaltación del individualismo y de la consagración política de derechos, incluso, no solo de los ciudadanos de un Estado, sino además del Hombre, con la consecuente construcción del liberalismo político y económico.

Estas ideas se pusieron en práctica en las colonias norteamericanas, con las Declaraciones de Independencia respecto de Inglaterra (1776), constituyendo cada una de ellas un Estado, con su propia Constitución. Las Declaraciones de Derechos como la de Virginia, entonces, pueden considerarse como el producto más inmediato de la Revolución norteamericana.

En efecto, debe recordarse que el movimiento hacia la Independencia de Inglaterra de las colonias americanas, comenzó mucho antes de que la independencia fuera finalmente declarada en 1776, y se originó por el espíritu independentista desarrollado en las asambleas coloniales. Estas habían crecido en poder e influencia durante la primera mitad del siglo XVIII, resolviendo muchos de los problemas coloniales de carácter local, y fue este espíritu asambleísta, sin duda, uno de los principales factores del proceso de independencia. Por ello, la *Declaration and Resolves of the First Continental Congress* del 14 de octubre de 1774, teniendo en cuenta que contrariamente a los derechos del pueblo, las asambleas habían sido frecuentemente disueltas, cuando habían intentado deliberar sobre quejas, resolvió que "los habitantes de las Colonias inglesas en Norte América, por las inmutables leyes de la naturaleza, los principios de la Constitución inglesa, y varias Cartas y Manifiestos", tenían sus propios derechos entre los cuales estaba:

"El derecho a reunirse pacíficamente para considerar sus quejas y peticiones al rey; y que todas las persecuciones y proclamaciones prohibitivas, y compromisos en tal sentido, son ilegales".

El proceso de separación de las colonias inglesas en América del Norte respecto de la metrópoli inglesa por tanto, ocurrió sobre la base de dos elementos: un proceso hacia la independencia de cada una de las colonias, a través de sus respectivos gobiernos representativos, y un proceso hacia la unión de las colonias, a través de "Congresos Continentales". Como lo señaló JOHN ADAMS, uno de los principales protagonistas de dicho proceso: "La Revolución y la Unión se desarrollaron gradualmente desde 1770 hasta 1776".

En todo caso, los mismos principios fundamentales de carácter liberal de la Declaración de Virginia, pueden también encontrarse en la Declaración de Independencia de los Estados Unidos de América aprobada el 4 de julio de 1776, menos de un mes después de la adopción de la Declaración de Virginia.

Ahora bien, después de la Declaración, el Congreso nombró como representante oficial en Francia a B. Franklin quien tuvo a su cargo obtener el apoyo y alianza de la Monarquía. El 17 de diciembre de 1777, Luis XVI decidió el reconocimiento de la independencia de los Estados Unidos y Franklin firmaba con Francia un Tratado de Comercio y Amistad. Francia participó en la guerra y se destaca, entre otros, la activa participación militar de La Fayette, noble francés quien además de luchar en América abogó por la causa americana en Francia.

En todo caso, las Declaraciones Americanas, sin duda, marcaron el inicio de la era democrática y liberal del Estado de Derecho Moderno, y aun cuando la Constitución de los Estados Unidos de América, del 17 de septiembre de 1787, no contuvo una declaración de derechos fundamentales, puede decirse que dicha declaración de derechos constituye una de las principales características del constitucionalismo americano, la cual influyó en todo el Derecho constitucional moderno.

Sin duda, en la historia constitucional, aparte de haber influido la propia Declaración francesa de los Derechos del Hombre y del Ciudadano de 1789, el texto de la Declaración de Virginia, fue un antecedente importante en la elaboración de la Declaración de Derechos que contiene la Constitución de Venezuela de 1811.

E) *La constitucionalización de la Unión Norteamericana*

Ahora bien, paralelamente al proceso de independencia de las colonias americanas a partir de 1776 y a su configuración como Estados libres, cada una con su Constitución y su *Bill of Rights,* puede decirse que surgió la idea de una Confederación o Unión de dichas colonias, para satisfacer la necesidad de la unión política a los efectos de la conducción de la guerra contra Inglaterra. De allí la adopción por el Congreso, el 15 de noviembre de 1777, de los *Artículos de la Confederación* considerados como la primera Constitución Americana, en la cual se creó una confederación y unión perpetua entre Estados, cuyo objetivo era "la defensa común, la seguridad de sus libertades y el mutuo y general bienestar", en un sistema conforme al cual cada Estado permanecía con "su soberanía, libertad e independencia", y titular de cualquier poder, jurisdicción y derecho no delegado expresamente a los Estados Unidos en Congreso.

El resultado fue que el único cuerpo de la Confederación era el Congreso, en el cual cada Estado tenía un voto. Consecuentemente, la Confederación carecía de poder impositivo directo, dependiendo por ello, desde el punto de vista económico, exclusivamente de las contribuciones de los Estados; carecía de un cuerpo ejecutivo y solo tenía una forma de organización judicial embrionaria. A pesar de dichas debilidades, sin embargo, la Confederación tuvo éxito en conducir la guerra durante siete años, hasta finalmente triunfar.

En este proceso, muchos factores contribuyeron con la causa colonial, y entre ellos, como se dijo, hay que mencionar el apoyo de la Monarquía francesa, la cual encontró en la guerra de independencia de las colonias, una ocasión única para vengarse del Tratado de París de 1763 y de la pérdida frente Inglaterra, como consecuencia, de sus posesiones coloniales en Canadá. La colaboración económica de Francia a esta guerra, sin embargo, no solo provocó luego la quiebra del Tesoro real sino, además, por las ideas de libertad republicana que América exportaba, la caída de la propia monarquía, unos años después.

En todo caso, luego de la victoria y la firma del Tratado de Paz de 1783, la precaria estructura de la Confederación provocó la necesidad de establecer un poder central que lograra la integración nacional, a cuyo efecto fue convocada una Convención Federal, "con el único y expreso objetivo de revisar los artículos de la Confederación". Esto condujo, en 1787, a la sanción por el Congreso, de la Constitución de los Estados Unidos, como resultado de una serie de compromisos entre los componentes políticos y sociales de las colonias independientes: entre federalistas y antifederalistas; entre los grandes y los pequeños Estados; entre los Estados del Norte y los Estados del Sur; entre esclavistas y antiesclavistas, y entre la democracia y los intereses de las clases dominantes; lo cual condujo finalmente al establecimiento de un sistema de separación de poderes, balanceados y controlados entre sí (*check and balance system*).

Esta Constitución introdujo en el derecho constitucional moderno, dos elementos esenciales que constituyen la mayor contribución al constitucionalismo: en primer lugar, la idea de una Constitución en sí misma, en el sentido de un texto supremo escrito, estableciendo una forma de gobierno; y en segundo lugar, la idea del republicanismo, basada en la representación como ideología del pueblo contra la idea de la monarquía y de las autocracias hereditarias.

Los americanos de finales del siglo XVIII, por tanto, decidieron mediante una Revolución, repudiar la autoridad real y sustituirla por una República. De allí que el republicanismo y el convertir la sociedad política en República, fue la base de la Revolución americana. Por ello es que la Constitución de 1787 fue adoptada por "el pueblo" (*We the people*...), el cual se convirtió, en la historia constitucional, en el soberano.

La Constitución de 1787, sin embargo, solo se concibió, básicamente, como un documento *orgánico* que regulaba la forma de gobierno, es decir, la separación de poderes entre los órganos del nuevo Estado: horizontalmente, entre los poderes Legislativo, Ejecutivo y Judicial, y verticalmente, como Estados Unidos, en un sistema federal. A pesar de los antecedentes coloniales e, incluso, a pesar de las propuestas formuladas en la Convención, la Constitución de 1787 no contuvo una Declaración de Derechos, excepto por lo que se refiere al derecho a un gobierno representativo. La protesta de los oponentes al nuevo sistema federal que establecía, sin embargo, llevó a los antifederalistas, durante el proceso de ratificación de la Constitución que duró hasta 1789 (pues al menos nueve Estados debían ratificar la Constitución en sus respectivas asambleas legislativas), a proponer la adopción de las primeras *Diez Enmiendas* a la Constitución. Ello condujo a que, el 25 de septiembre de 1789, solo un mes después de sancionada la Declaración de los Derechos del Hombre y del Ciudadano por la asamblea nacional francesa, el primer Congreso de los Estados Unidos propusiera a las asambleas legislativas de los diversos Estados, dichas primeras Diez Enmiendas al texto constitucional, llamada "Declaración de Derechos" (*Bill of Rights*), las cuales fueron ratificadas por las asambleas legislativas de los Estados de Nueva Jersey, Maryland, y de los Estados de Carolina del Norte, el mismo año 1789; de Carolina del Sur, Nueva Hamshire, Deleware, Pensilvania, Nueva York, Rhode Island, el año 1790, y de Vermont y Virginia, el año 1791. Las diez primera Enmiendas, por tanto, comenzaron a regir en 1791, el mismo año que se promulgó la primera

Constitución francesa. El texto de esta Declaración de Derechos que forman estas Diez Enmiendas es el siguiente:

"*Artículo Uno.* El Congreso no hará ley alguna por la que adopte una religión como oficial del Estado o se prohíba practicarla libremente, o que coarte la libertad de palabra o de imprenta, o el derecho del pueblo para reunirse pacíficamente y para pedir al gobierno reparación de agravios.

"*Artículo Dos.* Siendo necesaria una milicia bien ordenada para la seguridad de un Estado Libre, no se violará el derecho del pueblo a poseer y portar armas.

"*Artículo Tres.* En tiempo de paz a ningún militar se le alojará en casa alguna sin el consentimiento del propietario; ni en tiempo de guerra, como no sea en la forma que prescriba la Ley.

"*Artículo Cuatro.* El derecho de los habitantes de que sus personas, domicilios, papeles y efectos se hallen a salvo de pesquisas y aprehensiones arbitrarias, será inviolable, y no se expedirán al efecto mandamientos que no se apoyen en un motivo verosímil, estén corroborados mediante juramento o protesta y describan con particularidad el lugar que deba ser registrado y las personas o cosas que han de ser detenidas o embargadas.

"*Artículo Cinco.* Nadie estará obligado a responder de un delito castigado con la pena capital o con otra infamante si un gran jurado no lo denuncia o acusa, a excepción de los casos que se presenten en las fuerzas de mar o tierra o en la milicia nacional cuando se encuentre en servicio efectivo en tiempo de guerra o peligro público; tampoco se pondrá a persona alguna dos veces en peligro de perder la vida o algún miembro con motivo del mismo delito; ni se le compelerá a declarar contra sí misma en ningún juicio criminal; ni se le privará de la vida, la libertad o la propiedad sin el debido proceso legal; ni se ocupará la propiedad privada para uso público sin una justa indemnización.

"*Artículo Seis.* En toda causa criminal, el acusado gozará del derecho de ser juzgado rápidamente y en público por un jurado imparcial del Distrito y Estado en que el delito se haya cometido, Distrito que deberá haber sido determinado previamente por la ley; así como de que se le haga saber la naturaleza y causa de la acusación, de que se le caree con los testigos que depongan en su contra, de que se obligue al comparecer a los testigos que la favorezcan y de contar con la ayuda de un abogado que le defienda.

"*Artículo Siete.* El derecho a que se ventilen ante un jurado los juicios de *common law* en que el valor que se discuta exceda de veinte dólares, será garantizado, y ningún hecho de que haya conocido un jurado será objeto de nuevo examen en tribunal alguno de los Estados Unidos, como no sea con arreglo a las normas del *common law*.

"*Artículo Ocho.* No se exigirán fianzas excesivas, ni se impondrán multas excesivas, ni se infligirán penas crueles y desusadas.

"*Artículo Nueve.* No por el hecho de que la Constitución enumera ciertos derechos ha de entenderse que niega o menosprecia otros que retiene el pueblo.

"*Artículo Diez.* Los poderes que la Constitución no delega a los Estados Unidos ni prohíbe a los Estados, quedan reservados a los Estados respectivamente o al pueblo".

El texto de la Constitución de los Estados Unidos de América con el de las primeras Enmiendas, traducido del inglés al español por MANUEL VILLAVICENCIO natural de la Provincia de Caracas, y editado en Philadelphia en la imprenta Smith & M'Kennie, 1810, circuló en Venezuela a partir de 1810, y por supuesto también tuvieron una influencia decisiva en la elaboración de la declaración de derechos de la Constitución Federal de los Estados de Venezuela de 1811.

4. Aportes de la Revolución americana al constitucionalismo moderno

Puede decirse que los principios fundamentales y las instituciones claves del derecho constitucional del mundo moderno, tienen su origen en la Revolución americana, pues este acontecimiento y todo el proceso de independencia y constitucionalización de los Estados Unidos, no solo transformaron radicalmente las tendencias constitucionales de esos tiempos, sino que establecieron las bases del constitucionalismo contemporáneo.

Surgió así, de dicha Revolución, un nuevo esquema de organización política que tuvo sus reflejos inmediatos en el mundo, no solo por su influencia en la Revolución francesa de 1789, sino por su repercusión inmediata en la organización política de los nuevos Estados que surgieron de la Independencia de las antiguas colonias españolas en América del Sur, a partir de 1811, y particularmente, de Venezuela.

A continuación analizaremos estos elementos centrales del constitucionalismo americano, que cambiaron la faz del derecho constitucional en el siglo XVIII.

A) *La idea de Constitución*

El primero de los principios del actual derecho constitucional es el constitucionalismo, es decir, la confianza que ponen los hombres en el poder de las palabras formalmente escritas, para mantener un gobierno. Este principio tuvo su origen en la Revolución americana, de manera que las Constituciones escritas en el mundo moderno, con la excepción del *Instrument of Government* de *Cromwell* de 1653, deben ser consideradas como una invención política norteamericana, basada en tres nociones elementales: la de la existencia de una ley superior que está colocada por encima del gobierno y de los particulares; la de la existencia de los derechos fundamentales de los ciudadanos que deben ser garantizados por el Estado y la de la existencia de una Carta constitucional, donde están expresamente escritos, con sentido de permanencia, los principios de sumisión del Estado al derecho, de limitación del poder público y de los derechos individuales.

Esta práctica de Constituciones escritas fue iniciada en las colonias inglesas de Norteamérica, cuando se tornaron Estados independientes, en 1776, dando nacimiento al concepto racional-normativo de Constitución, como un documento escrito y sistemático, referido a la organización política de la sociedad, estableciendo los poderes de los diferentes cuerpos estatales y generalmente precedidos por una lista de derechos inherentes al hombre. De este modo, la división general del contenido de las Constituciones modernas, es en una parte orgánica y una parte dogmática, comprendiendo la primera los conceptos de la separación de poderes y la supremacía de la Ley, y la segunda, la declaración de derechos fundamentales.

El elemento básico en el proceso de constitucionalización o de constitucionalismo es, por supuesto, el concepto de la Constitución como una ley suprema y fundamental, puesta por encima de todos los poderes del Estado y de los particulares. Sus características pueden captarse de la comparación que hacía ALEXIS DE TOCQUEVILLE en 1835, en su *Democracia en América,* como testigo de excepción que era de las Revoluciones francesa y americana, entre las Constituciones de Francia, Inglaterra y los Estados Unidos, al señalar:

"En Francia, la Constitución es una obra inmutable o reputada como tal. Ningún poder puede cambiarle nada: tal es la teoría admitida".

"En Inglaterra, se reconoce al Parlamento el derecho de modificar la Constitución. En Inglaterra la Constitución puede, pues, cambiar sin cesar o más bien, no existe. El Parlamento, al mismo tiempo que es un cuerpo legislativo, es también el constituyente.

"En América del Norte, las teorías políticas son más sencillas y más racionales. Su Constitución no es considerada inmutable como en Francia; ni puede ser modificada por los poderes ordinarios de la Nación, como en Inglaterra. Forma un cuerpo aparte que, representando la voluntad de todo el pueblo, obliga lo mismo a los legisladores que a los simples ciudadanos; pero que puede ser cambiada por la voluntad del pueblo, según la forma establecida".

Y concluyó:

"En los EE. UU., la Constitución está sobre los legisladores como lo está sobre los simples ciudadanos. Es la primera de las leyes y no puede ser modificada por una ley; es pues, justo que los tribunales obedezcan a la Constitución preferentemente a todas las leyes".

En efecto, en la Constitución de los Estados Unidos de 1787 se había adoptado el concepto de la supremacía de la Constitución sobre la legislación de los Estados; es decir, al principio según el cual la Constitución es la ley suprema del país, que deben aplicar los jueces a pesar de cualquier disposición contraria en las Constituciones o leyes de los estados miembros, lo cual se consagró en la Constitución como la *cláusula de supremacía*, en la forma siguiente:

"*Artículo VI, parágrafo 2º.* Esta Constitución y las leyes de los Estados Unidos que se sancionen conforme a ella, y todos los tratados firmados o por firmar bajo la autoridad de los Estados Unidos, conformarán la Ley Suprema de la Nación; y los jueces de cada Estado estarán subordinados a ella, independientemente de cualquier disposición contraria de las leyes de cualquier Estado".

Debe señalarse, sin embargo, que en su artículo I, sección 9, la Constitución norteamericana había impuesto algunas limitaciones al Congreso, como por ejemplo que "El privilegio del auto de *habeas corpus* no se suspenderá, salvo cuando así lo requiera la seguridad pública en los casos de rebelión o invasión. No se dictará ley alguna de efectos individuales o *ex post facto*" (nums. 2 y 3). Además, en 1789, tanto la primera Enmienda a la Constitución, como las otras nueve dirigidas a configurar una Declaración de derechos y garantías individuales (*Bill of rights*), se configuraron como una limitación al poder legislativo.

En todo caso, la *Cláusula de supremacía*, las limitaciones constitucionales impuestas al Congreso por la Constitución y el poder conferido a la Corte Suprema para "resolver cualquier causa, en derecho y equidad, derivada de esta Constitución" (art. III, sección 2), junto con los antecedentes de la "ley suprema" del sistema constitucional británico, llevaron a la adopción formal no solo de la doctrina de la Constitución escrita, sino también de Constitución rígida, y por encima de todo, la noción de la supremacía de la Constitución que para el momento en que DE TOCQUEVILLE visitó los Estados Unidos, había sido desarrollado por el presidente de la Corte Suprema, el Juez Marshall, en el famoso caso *Marbury v. Madison* de 1803.

Pero antes, incluso, ya había sido debatido y aceptado. En efecto, la idea de la supremacía de la Constitución como norma fundamental y suprema, puede decirse que fue desarrollada por primera vez, en 1788, por ALEXANDER HAMILTON en *The Federalist,* cuando al referirse al papel de los jueces como intérpretes de la ley afirmó:

"Una Constitución es, de hecho, y así debe ser considerada por los jueces, como una ley fundamental. Por tanto, les corresponde establecer su significado así como el de cualquier acto proveniente del cuerpo legislativo. Si se produce una situación irreconciliable entre ambos, por supuesto, la preferencia debe darse a la que tiene la mayor obligatoriedad y validez, o, en otras palabras, la Constitución debe prevalecer sobre las leyes, así como la intención del pueblo debe prevalecer sobre la intención de sus representantes".

En respuesta a la afirmación según la cual "los poderes de los tribunales para declarar nulos actos legislativos contrarios a la Constitución" podría implicar "una superioridad del poder judicial sobre el poder legislativo", HAMILTON expresó:

"La afirmación —según la cual los tribunales deben preferir la Constitución a las leyes— no implica de ninguna manera una superioridad del poder judicial sobre el cuerpo legislativo. Solo supone que el poder del pueblo está por encima de ambos; y que cuando la voluntad de la legislatura declarada en sus leyes esté en oposición con la del pueblo declarada en la Constitución, los jueces deben regirse por la última más que por la primera. Ellos deben basar sus decisiones en las leyes fundamentales, antes que en aquellas que no son fundamentales".

Su conclusión fue la siguiente:

"Por consiguiente, ningún acto legislativo contrario a la Constitución, puede ser válido. Negar esto significaría afirmar que el adjunto es más importante que su principal; que el sirviente está por encima de su patrón; que los representantes del pueblo son superiores al pueblo mismo; que los hombres que actúan en virtud de poderes, puedan hacer no solo lo que sus poderes no les autorizan sino también lo que les prohíben".

Así es como en *The Federalist,* HAMILTON no solamente desarrolló la doctrina de la supremacía de la Constitución, sino también, aun más importante, la doctrina de "los jueces como guardianes de la Constitución", como lo expresa el título de la Carta 78 (*The Federalist* [ed. B. F. Wright], Cambridge, Mass. 1961, págs. 491-493), en la que HAMILTON, al referirse a la Constitución como limitación de los poderes del Estado y, en particular, de la autoridad legislativa, afirmó:

"Limitaciones de este tipo solo pueden ser preservadas, en la práctica, mediante los tribunales de justicia, cuyo deber tiene que ser el de declarar nulos todos los actos contrarios al tenor manifiesto de la Constitución. De lo contrario, todas las reservas de derechos o privilegios particulares, equivaldrían a nada".

Incluso, la posibilidad de que los tribunales pudieran invalidar leyes "incompatibles con la Constitución, los tratados o normas de los Estados Unidos" fue contemplada por el Primer Congreso, en la primera ley judicial de 1789. Ello llevó a un Tribunal Federal de Circuito en 1795 (caso *Vanhorne's Lessee vs Dorrance*) y en 1800 (caso *Cooper vs Telfair*) a declarar nulas leyes estadales por ser incompatibles con la Constitución Federal y con la de los Estados.

En realidad, el principio de la supremacía de la Constitución se desarrolló con relación a la legislación de los estados federales, en el caso *Vanhorne's Lessee vs. Dorrance* (1975), un caso resuelto por un Tribunal Federal de Circuito en el que el juez Williams Paterson declaró inválida por inconstitucional una Ley de Pennsylvania. En sus instrucciones al jurado, comparando los sistemas de Inglaterra y de Norteamérica, expresó:

"Algunos de los jueces en Inglaterra, han tenido la audacia de declarar que un acto del Parlamento que vaya en contra de la *natural equity,* es nulo; sin embargo, tal opinión contraria la posición general según la cual, la validez de un acto del Parlamento no puede ser cuestionada por el poder judicial; no se puede discutir y debe obedecerse. El poder del Parlamento es absoluto y supremo; el Parlamento es omnipotente en la jerarquía política. Además, en Inglaterra, no existe Constitución escrita, ninguna ley fundamental, nada visible, nada real, nada cierto mediante el cual pueda cuestionarse una ley. En América, las cosas son muy diferentes: cada Estado de la Unión tiene su Constitución escrita con exactitud y precisión".

Luego, se planteó lo siguiente:

"¿Qué es una Constitución? Es la forma de gobierno, delineada por la mano todo poderosa del pueblo, en la cual se establecen algunos principios primarios de leyes fundamentales. La Constitución es cierta y permanente; contiene la voluntad permanente del pueblo y es la ley suprema de la Nación; es soberana con relación al poder legislativo y solo puede ser revocada o modificada por la autoridad que la hizo".

En el mismo orden de ideas, se refirió a la legislación preguntándose:

"¿Qué son las legislaturas? Criaturas de la Constitución; le deben a ella su existencia; derivan sus poderes de la Constitución; son sus mandatarias y por lo tanto, todos sus actos deben conformarse a ella, so pena de ser nulos. La Constitución es la obra o la voluntad del pueblo mismo, en su capacidad original, soberana e ilimitada. La ley es obra o voluntad de la legislatura en su capacidad derivada y subordinada. Una es obra del creador y la otra de la criatura. La Constitución fija limitaciones al ejercicio de la autoridad legislativa y prescribe la órbita en la cual esta se debe mover".

En sus afirmaciones de 1795, además, el juez Paterson señaló al jurado:

"En pocas palabras, señores, la Constitución es la cúspide del sistema político, alrededor de la cual se mueven los cuerpos legislativos, ejecutivo y judicial. Cualquiera que sea la situación en otros países, en este no cabe la menor duda de que cualquier acto legislativo incompatible con la Constitución, resulta absolutamente nulo" (2. Dallas 304 [1795]).

De acuerdo con estas orientaciones, e independientemente de la intención de los redactores de la Constitución en relación a que el control judicial de la constitucionalidad fuera o no uno de los principios fundamentales del sistema constitucional norteamericano, ese control se estableció por primera vez en relación a las leyes federales, en el famoso caso *Marbury vs Madison* de 1803 (5. U.S. [1 Cranch], 137; 2 L. Ed 60 [1803]), en el cual el principio de la supremacía de la Constitución fue el argumento principal para el ejercicio de tal poder de control judicial de la constitucionalidad de las leyes por parte de la Corte Suprema.

El caso que provocó la decisión puede resumirse así: el presidente John Adams, justo antes de finalizar su período, había nombrado a William Marbury como juez de paz. El nuevo presidente, Thomas Jefferson, no quería a Marbury en el ejercicio del cargo, y ordenó al secretario de Estado, James Madison, que no le diera el nombramiento. Marbury pidió a la Corte Suprema una orden o mandamiento judicial requiriendo del secretario de Estado le otorgara el nombramiento. En la decisión, y aun cuando el *Chief Justice*, John

Marshall, considerara que se había tratado injustamente a Marbury, desechó el caso al considerar que la Corte Suprema no tenía competencia para ordenar actuaciones a un órgano del poder ejecutivo, a pesar de que la ley judicial la autorizaba para ello, considerando que al así hacerlo la ley estaba en contradicción con la Constitución.

En efecto, el *Chief Justice* Marshall, buscando determinar si de conformidad con la Constitución, la Corte Suprema podía ejercer la autoridad que le había sido conferida por la ley judicial de 1789, de dictar *writs of mandamus* a los empleados públicos, y considerando que ello "no estaba previsto en la Constitución", decidió "investigar la posibilidad de que una jurisdicción así conferida pudiera ejercerse"; para ello, desarrolló la doctrina de la supremacía de la Constitución basándose en la pregunta de si "un acto incompatible con la Constitución ¿podía o no llegar a convertirse en ley de la Nación?".

Con miras a responder esta pregunta siguió un razonamiento lógico, estableciendo, en primer lugar, el principio de la supremacía de la Constitución. Inició su argumentación aceptando la idea de un "derecho original" del pueblo a fijar los principios que han de regir "su futuro gobierno", como "la base sobre la cual se ha erigido todo el sistema norteamericano". En su opinión, este derecho original de adoptar tales principios "fundamentales" y "permanentes" representaba una tarea considerable, de tal manera que no debía "repetirse frecuentemente".

Esta "voluntad original y suprema", decía, "organiza el gobierno [...], confiere a diferentes departamentos sus poderes respectivos [...] (y) fija ciertas limitaciones que dichos departamentos no pueden sobrepasar". Consideró que el gobierno de los Estados Unidos era del tipo en el que "los poderes de la Legislatura están definidos y limitados" y fue precisamente, para que "estas limitaciones no puedan ser mal interpretadas u olvidadas", por lo que se adoptó una Constitución escrita con aquellos principios fundamentales y permanentes.

Luego, el juez Marshall se preguntó:

"¿Para qué fin están limitados los poderes, y para qué fin tal limitación se pone por escrito si dichos límites pudieran ser transgredidos, en cualquier momento, por aquellos a quienes se busca restringir? La distinción entre un gobierno con poderes limitados y otro con poderes ilimitados desaparece, si esos límites no obligan a los individuos sobre quienes se imponen, y si los actos prohibidos y aquellos permitidos tienen la misma obligatoriedad".

La alternativa, según él, como proposición demasiado evidente para ser cuestionada, era la siguiente, o:

"[Que] la Constitución controla cualquier acto legislativo incompatible con ella; o que el poder legislativo puede modificar la Constitución mediante un acto ordinario [...]".

En relación a lo cual explicaba:

"En esta alternativa no hay término medio. O la Constitución es una ley suprema soberana, que no puede ser modificada por medios ordinarios, o está en el mismo nivel que los actos legislativos ordinarios y, al igual que estos, puede ser modificada cuando le plazca a la legislatura.

"Si la primera parte de la alternativa es cierta, entonces un acto legislativo contrario a la Constitución no es una ley; si la última parte es cierta, entonces las constituciones escritas no son sino intentos absurdos por parte del pueblo de limitar un poder por naturaleza ilimitable".

Por supuesto, su conclusión fue que la Constitución era "la ley suprema y soberana de la Nación", principio que consideraba "como uno de los principios fundamentales de nuestra sociedad". En consecuencia, aceptó el postulado según el cual "un acto de la legislatura incompatible con la Constitución es nulo", considerando como "la esencia misma del deber judicial", el determinar las normas que rigen el caso, cuando una ley está en oposición a la Constitución. En estos casos, concluyó, "la Constitución es superior a cualquier acto ordinario de la legislatura; la Constitución, y no tales actos ordinarios, deben regir el caso al que ambos se aplican". Lo contrario, significaría otorgar "a la legislatura una omnipotencia real y práctica [...]; significaría lo mismo que prescribir limitaciones y declarar que estas pueden ser transgredidas a voluntad [...] lo que, en conjunto, socavaría el fundamento mismo de todas las Constituciones escritas".

Después de este caso, el principio de supremacía de la Constitución, en el sentido de que prevalece sobre cualquier otra ley incompatible con ella, se convirtió en una de las principales características del constitucionalismo moderno y, por supuesto, de la posibilidad misma del control judicial de la constitucionalidad de las leyes.

Este constitucionalismo, manifestado en Constituciones escritas, rígidas y supremas, es un principio desarrollado como tendencia general en el derecho constitucional moderno y contemporáneo, seguido en casi todos los países del mundo, excepto en el Reino Unido y en muy pocos otros países.

En cualquier caso, esta ha sido siempre la tendencia del constitucionalismo latinoamericano desde 1811, iniciada con la Constitución de Venezuela de 21 de diciembre de 1811, y las Constituciones provinciales de 1812. Incluso, en el propio texto de la Constitución de 1811 se estableció expresamente el principio de la supremacía constitucional. Así, el artículo 227 de la Constitución, dentro de la orientación de la cláusula de supremacía de la Constitución norteamericana (art. 4), pero con mucho mayor alcance, estableció:

"La presente Constitución, las leyes que en consecuencia se expidan para ejecutarla y todos los tratados que se concluyan bajo la autoridad del gobierno de la Unión serán la Ley suprema del Estado en toda la extensión de la Confederación, y las autoridades y habitantes de las provincias estarán obligados a obedecerlas y observarlas religiosamente, sin excusa ni pretexto alguno

[...] pero las leyes que se expidieren contra el tenor de ella no tendrán ningún valor sino cuando hubieren llenado las condiciones requeridas para una justa y legítima revisión y sanción de la Constitución".

Además, luego de establecer y declarar los derechos fundamentales, la Constitución de 1811 agregó en su artículo 199 que "Toda ley contraria a ellas que se expida por la legislatura federal o por las provincias serán absolutamente nula y de ningún valor".

B) *La democracia y la soberanía del pueblo*

El segundo de los principios desarrollados en la práctica constitucional y política en el mundo moderno, influido también por el constitucionalismo norteamericano, es el de la democracia y el republicanismo basado en el concepto de soberanía del pueblo. Con la revolución norteamericana, el principio tradicional de legitimidad monárquica del Estado, fue sustituido definitivamente. La soberanía no correspondió más a un monarca, sino al pueblo y, por ende, con la Revolución americana, puede decirse que la práctica del gobierno democrático fue iniciada en el mundo moderno. El mismo principio fue luego recogido en la Revolución francesa, pero duró en la práctica constitucional muy poco, debido a la restauración de la monarquía a partir de 1815.

En todo caso, este fue un concepto fundamental en el trabajo de DE TOCQUEVILLE, constituyendo incluso, el título de su libro *La democracia en América,* en el cual dijo: "Cuando se quiere hablar de las leyes políticas de los Estados Unidos, hay que comenzar siempre con el dogma de la soberanía del pueblo".

Un principio que DE TOCQUEVILLE consideró que "[...] domina todo el sistema político de los angloamericanos", añadiendo:

"Si hay algún país en el mundo en que se pueda apreciar en su justo valor el dogma de la soberanía del pueblo, estudiarlo en su aplicación a los negocios jurídicos y juzgar sus ventajas y sus peligros, ese país es sin duda Norteamérica".

A ese efecto consagró su libro, para estudiar precisamente la democracia en Norteamérica. Sin embargo, como se ha visto, es evidente que la democracia se desarrolló en Norteamérica, tiempo antes de la Independencia, lo que destacó DE TOCQUEVILLE al indicar que su ejercicio, durante el régimen colonial "Se veía reducido a ocultarse en las asambleas provinciales y sobre todo en las comunas donde se propagaba en secreto [...] No podía mostrarse ostensiblemente a plena luz en el seno de las leyes, puesto que las colonias estaban todavía constreñidas a obedecer".

Por ello, una vez que la Revolución norteamericana estalló "El dogma de la soberanía del pueblo, salió de la comuna y se apoderó del gobierno. Todas las clases se comprometieron por su causa; se combatió y se triunfó en su nombre; llegó a ser la ley entre las leyes".

De acuerdo con ese dogma de la soberanía del pueblo, cuando este rige en una nación, dijo DE TOCQUEVILLE, "cada individuo constituye una parte igual de esa soberanía y participa igualmente en el gobierno del Estado".

El título del primer capítulo de la segunda parte del libro de DE TOCQUEVILLE, es "De cómo se puede decir rigurosamente que en los Estados Unidos es el pueblo el que gobierna", y el primer párrafo inicia en la siguiente forma:

"En Norteamérica el pueblo nombra a quien hace la ley y a quien la ejecuta; él mismo forma el jurado que castiga las infracciones de la ley. No solamente las instituciones son democráticas en principio, sino también en todo su desarrollo.

"Así, el pueblo nombra directamente a sus representantes y los escoge cada año, a fin de tenerlos completamente bajo su dependencia. Es, pues, realmente el pueblo quien dirige y, aunque la forma de gobierno sea representativa, es evidente que las opiniones, los prejuicios, los intereses, y aun las pasiones del pueblo no pueden encontrar obstáculos durables que le impidan producirse en la dirección cotidiana de la sociedad".

De ello concluía DE TOCQUEVILLE afirmando que "Norteamérica es la tierra de la democracia".

Pero uno de los principales aspectos a los cuales DE TOCQUEVILLE se refirió en relación a la democracia, fue el relativo a "las causas principales del mantenimiento de la república democrática en el Nuevo Mundo". Al respecto afirmó:

"Tres cosas parecen contribuir más que todas las demás al mantenimiento de la república democrática en el nuevo mundo:

"La primera es la forma federal que los norteamericanos han adoptado, y que permite a la Unión disfrutar del poder de una gran república y de la seguridad de una pequeña.

"Encuentro la segunda en las instituciones comunales que moderando el despotismo de la mayoría, dan al mismo tiempo al pueblo el gusto de la libertad y el arte de ser libre.

"La tercera se encuentra en la constitución del poder judicial. He demostrado cómo los tribunales sirven para corregir los extravíos de la democracia y cómo sin poder detener jamás los movimientos de la mayoría, logran hacerlos más lentos, así como dirigirlos".

De allí, la relación que DE TOCQUEVILLE estableció entre la democracia y la descentralización, y su afirmación de que los problemas de la "omnipotencia de la mayoría" e incluso la "tiranía de la mayoría", fuera moderada por la casi inexistencia de centralización administrativa y por la influencia de la profesión legal en Norteamérica.

En todo caso, la democracia como una forma de gobierno, buscada, lograda o mantenida, es la segunda tendencia en el constitucionalismo moderno y contemporáneo, inspirada por el proceso constitucional norteamericano. Todas las Constituciones en el mundo la establecieron como un componente básico de sus sistemas políticos, y es el símbolo de nuestro tiempo, aun cuando su mantenimiento no ha sido siempre asegurado.

Por supuesto, el dogma de la soberanía del pueblo y de la democracia republicana fue recogido de inmediato en América Latina, a raíz de la Independencia.

Basta así, para darse cuenta, leer los motivos de la Junta Suprema de Venezuela en 1810 para convocar a elecciones, al adoptar el Reglamento de las mismas, al establecer la falta de representatividad de las provincias en el gobierno de Caracas, lo que debía remediarse constituyéndose un poder central. La Junta, así, al dirigirse a los habitantes de Venezuela señaló:

"Sin una representación común, vuestra concordia es precaria, y vuestra salud peligra. Contribuid a ella como debéis y como desea el gobierno actual.

"El ejercicio más importante de los derechos del pueblo es aquel en que los transmite a un corto número de individuos, haciéndolos árbitros de la suerte de todos".

De allí, el llamamiento de la Junta:

"Todas las clases de hombres libres son llamadas al primero de los goces de ciudadano, que es el concurrir con su voto a la delegación de los derechos personales y reales que existieron originariamente en la masa común y que le ha restituido el actual interregno de la monarquía".

El Congreso formado por los diputados electos, e instalado a comienzos de 1811, entonces, no solo declaró los Derechos del Pueblo (1o julio) y la Independencia (5 julio), sino que sancionó la Constitución que a la usanza del texto de la Constitución Norteamericana de 1787, está precedida por la siguiente declaración:

"*Nos, el pueblo* de los Estados Unidos de Venezuela, usando de nuestra soberanía y deseando establecer entre nosotros la mejor administración de justicia, procurar el bien general, asegurar la tranquilidad interior, proveer en común la defensa exterior, sostener nuestra libertad e independencia política, conservar pura e ilesa la sagrada religión de nuestros mayores, asegurar perpetuamente a nuestra posteridad el goce de estos bienes y estrechados mutuamente con la más inalterable unión y sincera amistad, hemos resuelto confederarnos solemnemente para formar y establecer la siguiente Constitución, por la cual se han de gobernar y administrar estos Estados".

El republicanismo y asambleísmo, en todo caso, fue una constante en toda la evolución constitucional de la naciente República, por lo que desde las campañas por la independencia de SIMÓN BOLÍVAR, el empeño por legitimar el poder por el pueblo reunido a través de elecciones, fue siempre una constante en nuestra historia política.

En efecto, la organización del poder del Estado, conforme a la concepción liberal, en la concepción del Libertador tenía que tener un sustento popular y democrático, y no podía resultar de la imposición de una persona. De allí el carácter republicano y no monárquico de nuestro régimen político desde la misma Independencia. Por ello el establecimiento de un orden constitucional con base en la soberanía popular, legitimado a través de una Asamblea o Congreso, fue una constante en el pensamiento y acción del Libertador. No solo así lo expresó en sus magistrales documentos políticos: el Manifiesto de Cartagena (1812), la Carta de Jamaica (1815) y el Discurso de Angostura (1819), sino que lo planteó repetidamente a lo largo de su vida: en 1813, en su comunicación al Congreso de Bogotá al conquistar Caracas, luego de la Campaña Admirable; en 1814, en su Discurso en la Asamblea de 2 de enero en la Iglesia de San Francisco, en Caracas; en 1816, en su Proclama al desembarcar en Margarita e iniciar la Campaña de Oriente, y en Guayana, en 1817, al instalar el Consejo de Estado en Angostura; en 1818, en su Discurso en la sesión del Consejo de Estado el 1o de octubre, y en su Proclama a los Granadinos el 8 de septiembre, luego de la Batalla de Boyacá, al plantear la unión de la Nueva Granada y Venezuela; en 1824, en su Proclama a los peruanos el 25 de diciembre de 1824, con motivo de la Batalla de Ayacucho; en 1825, en su alocución al Congreso Constituyente de Bolivia, el 25 de mayo, al presentar el Proyecto de Constitución para Bolivia, y en su Proclama a los venezolanos, en Maracaibo, el 16 de diciembre de 1826, en la cual les exigía frente a las tendencias separatistas, no matar la Patria, y prometía "llamar al pueblo para que delibere" en una Gran Convención Nacional donde "el pueblo ejercerá libremente la omnipotencia, allí decretará sus leyes fundamentales" y concluía: "Nadie, sino la mayoría, es soberana"; en 1828, en su Mensaje a la Convención de Ocaña, el 29 de febrero, y en su Discurso ante el Consejo de Gobierno en Bogotá, después de la disolución de aquella Convención; en 1829, en la convocatoria que hizo a los pueblos de Colombia para que manifestaran su opinión sobre el gobierno y la Constitución; y en fin, 1830, en su Mensaje al Congreso Constituyente de la República de Colombia el 20 de enero de 1830, y en su Proclama a los colombianos al dejar el mando, el 24 de enero de 1830. En todos estos escritos, el Libertador planeó siempre la necesidad de que la organización del Estado y su Constitución y gobierno, fueran una manifestación de la soberanía popular, y no el producto de la voluntad de un jefe Supremo. Por ello, en todos los casos en que le correspondió asumir el poder público en su totalidad, siempre buscó su legitimación a través de la consulta a los pueblos y de la reunión de un Congreso o Asamblea.

C) *La distribución vertical de los poderes del Estado: el Estado federal, la descentralización política y el gobierno local*

En su estudio de la Constitución norteamericana, uno de los aspectos a los cuales DE TOCQUEVILLE, dedicó mucha atención debido a la importancia para la democracia, fue el de la descentralización política o la distribución vertical de los poderes del Estado entre las diferentes unidades político-territoriales, lo que por lo demás, en 1835, cuando escribió, era una novedad constitucional. Este, puede decirse, es el tercer principio del constitucionalismo moderno.

De Tocqueville, en efecto observó:

"No hay en el mundo país donde la ley hable un lenguaje más absoluto que en Norteamérica, y no hay tampoco ninguno donde el derecho de aplicarla está dividido entre tantas manos".

Luego en su libro, enfatizó que "Lo que más llama la atención al europeo que recorre a los Estados Unidos es la ausencia de lo que se llama entre nosotros el gobierno o administración", y agregó, que las funciones son múltiples y "Al repartir así la autoridad, vuélvese, es verdad, su acción menos pesada y menos peligrosa, pero no se la llega a destruir".

Concluyó su observación así:

"El poder administrativo en los Estados Unidos no ofrece en su Constitución nada central ni jerárquico. Es precisamente lo que hace que no se advierta su presencia. El poder existe, pero no se sabe dónde encontrar a su representante".

Ahora bien, la distribución de los poderes en sentido vertical, en Norteamérica, puede decirse que no fue producto de un proceso de descentralización, sino, más bien, de centralización, en el sentido de que el municipio, el condado, y los estados, existieron primero que el poder central, de manera tal que como lo observó de Tocqueville, "la forma de gobierno federal en los Estados Unidos apareció en último lugar".

En sus propias palabras:

"En la mayor parte de las naciones europeas, la preocupación política comenzó en las capas más altas de la sociedad, que se fue comunicando poco a poco y siempre de una manera incompleta, a las diversas partes del cuerpo social.

"En Norteamérica, al contrario, se puede decir que la Comuna ha sido organizada antes que el condado, el condado antes que el estado y el estado antes que la Unión".

Refiriéndose a Nueva Inglaterra, de Tocqueville pudo establecer que allí las comunidades locales tomaron completa y definitiva forma, desde 1650, señalando en consecuencia que, incluso antes de la Independencia "En el seno de la comuna se ve dominar una política real, activa, enteramente democrática y republicana. Las colonias reconocen aun la supremacía de la metrópoli; la monarquía es la ley del Estado, pero ya la república está plenamente viva en la comuna".

De ahí, desde esta aproximación histórica, deriva la importancia que de Tocqueville asignó al gobierno local, como la fuente de la democracia. Son clásicas sus famosas palabras concernientes al gobierno local, bien conocidas y siempre válidas:

"En la comuna es donde reside la fuerza de los pueblos libres. Las instituciones comunales son a la libertad lo que las escuelas primarias vienen a ser a la ciencia; la ponen al alcance del pueblo; le hacen paladear su uso pacífico y lo habitúan a servirse de ella".

Y añadió: "En la comuna, como en cualquier otra parte, el pueblo es la fuente de los poderes sociales, pero en ninguna ejerce su poder con más intensidad". Esto es —decía— porque las instituciones locales, "ejercen una influencia prodigiosa sobre la sociedad entera". Por ello, concluyó DE TOCQUEVILLE diciendo que "la vida política ha nacido en el seno mismo de las comunas".

En lo relativo a la forma federal del Estado, creación del sistema constitucional norteamericano, producto del proceso de centralización política de una sociedad altamente descentralizada, DE TOCQUEVILLE destaca su novedad y afirma que "Esta Constitución, que a primera vista se ve uno tentado a confundir con las constituciones federales que la han precedido, descansa en efecto sobre una teoría enteramente nueva, que se debe señalar como un gran descubrimiento de la ciencia política de nuestros días".

Y de hecho, puede decirse que la forma del "Estado federal" vino a formar parte de la historia con la Constitución norteamericana de 1787, aun cuando las palabras "federal" o "federación" no se usaron en la Constitución. La adopción del esquema federal, en todo caso, no respondió a un esquema previamente concedido, sino a necesidades prácticas: el propósito fue seguir una fórmula que hiciera posible la existencia de estados independientes compatibles con un *poder central* con suficientes atribuciones para actuar por sí solo en un nivel federal.

Esta nueva forma de Estado, dijo DE TOCQUEVILLE, no podía ser comparada a las confederaciones que existieron en Europa antes de la Constitución norteamericana, principalmente porque el poder central en la Constitución norteamericana, como lo observó, "obra sin intermediario sobre los gobernados, los administra y los juzga por sí mismo, como lo hacen los gobiernos nacionales".

En Norteamérica, agregó:

"[L]a Unión tiene por gobernados no a los estados, sino a simples ciudadanos. Cuando quiere recaudar un impuesto, no se dirige al gobierno de Massachusetts y sino a cada habitante de Massachusetts. Los antiguos gobiernos federales tenían frente a ellos a pueblos; el de la Unión tienen a individuos. No pide prestada su fuerza, la toma por sí misma. Tiene sus administradores propios, sus tribunales, sus oficiales de justicia y su propio ejército".

Luego DE TOCQUEVILLE añadió:

"Evidentemente, no es ya ese un gobierno federal; es un gobierno nacional incompleto. Así se ha encontrado una forma de gobierno que no era precisamente ni nacional ni federal; pero se han detenido allí, y la palabra nueva que debe expresar la cosa nueva no existe todavía".

Esta "cosa nueva" es la que precisamente, en el derecho constitucional moderno es conocida como la forma de *Estado federal,* y aunque DE TOCQUEVILLE admiró su novedad, y además puntualizó sus defectos, claramente observó que no era un producto para la exportación. Dijo, así, que "La Constitución de los Estados Unidos se parece a las bellas creaciones de la industria humana que colman de gloria y de bienes a aquellos que la inventan; pero permanecen estériles en otras manos".

En este sentido, en su libro, DE TOCQUEVILLE se refirió al caso del sistema federal de México, ya en la década de 1830, pero sus observaciones podrían aplicarse a toda América Latina.

En todo caso, esta organización del Estado federal, que se configura como uno de los principales rasgos del constitucionalismo norteamericano, fue inmediatamente seguida en Venezuela en 1811, y décadas después, por los grandes países latinoamericanos (México, Argentina, Brasil). Sin embargo, debe destacarse que en general, en los estudios de derecho constitucional realizados desde Europa y desde los Estados unitarios latinoamericanos sobre las instituciones políticas de las federaciones de América Latina, se observa una incomprensión sobre el federalismo latinoamericano y su origen. La forma de Estado federal en nuestros países, debe señalarse que a pesar de la influencia norteamericana, no fue una copia mecánica y artificial de la recién creada forma federal de los Estados Unidos de América que todavía en 1833, como lo observó DE TOCQUEVILLE en su *Democracia en América,* aún no tenía nombre propio. Al contrario, la adopción de la forma federal en América Latina obedeció a la realidad político territorial que nos había legado la colonización española y lusitana, de manera que la Federación vino a ser la solución institucional ideal, en los Estados que la adoptaron, para formar los Estados independientes, particularmente en las áreas coloniales compuestas por una gran extensión territorial (Argentina, México, Brasil, Venezuela) y múltiples demarcaciones territoriales coloniales.

El primer país que adoptó el federalismo como forma de Estado en el mundo moderno, después de su implantación en los Estados Unidos de Norteamérica, fue Venezuela, al constituirse como Estado independiente de la metrópoli española, y cabe preguntarse: ¿por qué nuestros constituyentes de 1811 adoptaron la forma federal para constituir el Estado, formado por siete provincias que en 1777 habían sido agrupadas por España en una Capitanía General? La respuesta a esta pregunta está en el hecho de que en América Latina, España había formado en la época colonial, un sistema de gobierno y administración altamente descentralizado, organizado en virreinatos, capitanías generales, provincias, corregimientos y gobernaciones, como antes había ocurrido con todos los grandes imperios históricos. La provincia así, con arreglo al concepto romano, era la unidad colonial básica de ultramar, especialmente establecida para el gobierno colonial, hasta el punto de que para la organización político territorial de la propia España peninsular en provincias, solo fue en 1830 cuando se adoptó, pero conforme al modelo napoleónico de Estado centralizado.

Desde comienzos del siglo XVI, en cambio, la provincia fue la unidad territorial básica de las colonias en América Latina, formándose políticamente en torno a centros poblados (política de poblamiento), con sus cabildos y gran autonomía. Así surgió, en un proceso de trescientos años, un sistema de ciudades-Estados coloniales diseminado en todo el territorio latinoamericano.

Al estallar el proceso independentista en 1810, en los Estados latinoamericanos se produjo un proceso similar al que años antes había sucedido en los Estados Unidos, signado por un doble objetivo: por una parte, la independencia respecto de la Metrópoli y por la otra, la unión de las diversas provincias distantes, aisladas y autónomas que integraban unidades organizativas superiores. En ese proceso, cabe preguntarse: ¿cuál era la forma de Estado que podían adoptar nuestros países, de entre los esquemas existentes en el mundo?

No debe olvidarse que el mundo europeo del momento, lo único que mostraba, como forma de Estado, era el monárquico, siendo este el sistema de integración tanto de grandes como de pequeñas entidades territoriales. La revolución de independencia en América Latina se inició contra la monarquía, por lo que era inconcebible construir los nuevos Estados inventando un régimen monárquico criollo (quedaron como excepciones, sin embargo, los "imperios" de los Estados más extensos territorialmente, Brasil y México, de corta duración). No habiendo monarquías, por tanto, el esquema de distribución vertical del poder propio de la forma federal, resultaba perfectamente adecuado a nuestras realidades y a nuestra dispersión territorial. Fue ese el caso de Venezuela.

En efecto, como se ha dicho, al momento de la Independencia, el sistema español había dejado en el territorio de las nuevas repúblicas un sistema de poderes autónomos provinciales y citadinos, hasta el punto de que la Declaración de Independencia la realizan los cabildos en las respectivas provincias, iniciándose el proceso en el Cabildo de Caracas el 19 de abril de 1810. Se trataba, por tanto, de construir un Estado en territorios disgregados en autonomías territoriales descentralizadas en manos de cabildos o ayuntamientos coloniales.

Por ello, al convocar elecciones, en 1810, para la constitución de un Congreso General, la Junta Suprema de Caracas lo hizo partiendo del supuesto de que había "llegado el momento de organizar un poder central bien constituido", preguntándose en su proclama:

"¿Cómo se podrían de otro modo trazar los límites de las autoridades de las juntas provinciales, corregir los vicios de que también adolece la Constitución de estas, dar a las provincias gubernativas aquella unidad sin la cual no puede haber ni orden, ni energía; consolidar un plan defensivo que nos ponga a cubierto de todas clase de enemigos; formar, en fin, una confederación sólida, respetable, ordenada, que restablezca de todo punto la tranquilidad y confianza, que mejore nuestras instituciones y a cuya sombra podamos aguardar la disipación de las borrascas políticas que están sacudiendo al universo?".

El Congreso General, en consecuencia, y esa era la voluntad política, en definitiva dictó en diciembre de 1811, la "Constitución Federal para los estados de Venezuela".

Pero el poder central federal constituido, como había sucedido inicialmente en los Estados Unidos, estaba estructurado con grandes signos de debilidad, estando el poder fundamental en las provincias constituidas como Estados soberanos. Esta debilidad ya la había apuntado DE TOCQUEVILLE, en su observación sobre el sistema norteamericano.

En efecto, en contraste con los Estados centralizados de Europa y la concentración nacional del poder político, DE TOCQUEVILLE señaló que entre el "más funesto de todos los vicios que considero como inherente al sistema federal mismo, es la debilidad relativa del gobierno de la Unión", añadiendo que "una soberanía fraccionada será siempre más débil que una completa".

Esta debilidad referida a la forma del Estado federal, una vez adoptada en la Constitución venezolana de 1811, seis meses después de la Declaración de Independencia, siempre se ha considerado que fue una de las principales causas del fracaso de la Primera República en 1812. De allí, la afirmación definitiva del Libertador SIMÓN BOLÍVAR en una carta al gobernador de la Provincia de Barinas, el 12 de agosto de 1813: "Jamás la división de poder ha establecido y perpetuado gobiernos; solo su concentración ha infundido respeto para una nación".

SIMÓN BOLÍVAR, en la línea de pensamiento que luego manifestó DE TOCQUEVILLE, durante toda su vida fue un crítico amargo contra la forma del Estado federal y su adopción en Venezuela, y siempre abogó por una forma concentrada del poder del Estado. En 1812, por ejemplo, apenas caída la Primera República, en su famoso *Manifiesto de Cartagena,* escrito un año después de la sanción de la Constitución Federal, expresó:

"Lo que debilitó más el gobierno de Venezuela fue la forma federal que adoptó, siguiendo las máximas exageradas de los derechos del hombre, que autorizándolo para que se rija por sí mismo, rompe los pactos sociales, y constituye a las naciones en anarquía. Tal era el verdadero estado de la Confederación. Cada provincia se gobernaba independientemente; y a ejemplo de estas, cada ciudad pretendía iguales facultades alegando la práctica de aquellas, y la teoría de que todos los hombres y todos los pueblos gozan de la prerrogativa de instituir a su antojo el gobierno que les acomode [...] El sistema federal, bien que sea el más perfecto y más capaz de proporcionar la felicidad humana en sociedad, es, no obstante, el más opuesto a los intereses de nuestros nacientes Estados".

Ahora bien, frente al esquema federal, el Libertador propugnaba una forma de Estado centralizada. Por ello afirmaba, en el mismo *Manifiesto de Cartagena:*

"Yo soy del sentir que mientras no centralicemos nuestros gobiernos americanos, los enemigos obtendrán las más completas ventajas; seremos indefectiblemente envueltos en los horrores de las disensiones civiles, y conquistados vilipendiosamente por ese puñado de bandidos que infestan nuestras comarcas [...] no son naciones poderosas y respetadas sino las que tienen un gobierno central y enérgico".

Posteriormente, en 1815, en su famosa *Carta de Jamaica,* insistió el Libertador en sus críticas al sistema federal, así:

"Así como Venezuela ha sido la República americana que más se ha adelantado en sus instituciones políticas, también ha sido el más claro ejemplo de la ineficacia de la forma democrática y federal para nuestros nacientes estados".

Y posteriormente en 1819, expresaba en su *Discurso de Angostura:*

"Cuanto más admiro la excelencia de la Constitución Federal de Venezuela, al tanto más me persuado de la imposibilidad de su aplicación a nuestro Estado".

"El magnífico sistema federativo", decía:

"[N]o era dado a los venezolanos ganarlo repentinamente al salir de las cadenas. No estábamos preparados para tanto bien; el bien como el mal, da la muerte cuando es súbito y excesivo".

Y agregaba:

"Horrorizado de la divergencia que ha reinado y debe reinar entre nosotros por el espíritu sutil que caracteriza al gobierno federativo, he sido arrastrado a rogaros para que adoptéis el centralismo y la reunión de todos los estados de Venezuela en una República sola, e indivisible".

Este criterio político del Libertador a favor del centralismo lo va a acompañar hasta el fin de sus días. Así lo vemos expuesto en 1829, en una carta que envía desde Guayaquil a su antiguo edecán general Daniel Florencio O'Leary, al calificar al sistema federal, como "una anarquía regularizada, o más bien es la ley que prescribe implícitamente la obligación de disociarse y arruinar el Estado con todos sus individuos"; lo que lo llevó a afirmar rotundamente "Yo pienso que mejor sería para la América adoptar el Corán que el gobierno de los Estados Unidos, aunque es el mejor del mundo".

A pesar de la clara posición del Libertador sobre el sistema federal, este, sin embargo, no solo se impuso en Venezuela en la Constitución de 1830, sino después de las guerras federales, en la Constitución de 1864. Otros países latinoamericanos siguieron también el modelo federal y otros optaron, sin embargo, por el modelo unitario.

Debe destacarse, por otra parte, que si bien DE TOCQUEVILLE fue también un crítico de la forma federal del Estado, elogió los efectos beneficiosos de la descentralización política y del gobierno local, como características del sistema americano. Dijo:

"Los partidarios de la centralización en Europa, sostienen que el poder gubernamental administra mejor las localidades de lo que ellas mismas podrían hacerlo; esto puede ser cierto cuando el poder central es ilustrado y las localidades no tienen cultura, cuando es activo y ellas son inertes, cuando tienen la costumbre de actuar y ellas la de obedecer".

Pero cuando el pueblo es ilustrado, consciente de su propio interés, y acostumbrado a pensar por sí mismo, como lo había visto en Norteamérica, dijo:

"Estoy persuadido por el contrario, de que en ese caso la fuerza colectiva de los ciudadanos será siempre más poderosa para producir el bienestar social que la autoridad del gobierno".

Finalmente señaló:

"Las ventajas políticas que los norteamericanos obtienen del sistema de descentralización, me lo hacen preferir al sistema central [...] lo que más admiro en Norteamérica, no son los efectos administrativos de la descentralización, son sus efectos políticos. En los Estados Unidos, la patria se siente en todas partes. Es venerada desde la aldea hasta la Unión".

Al comparar la situación con Europa, concluía:

"Solo los pueblos que tienen escasa o ninguna institución provincial niegan su utilidad; es decir, que aquellos que no conocen esa institución son los únicos que hablan mal de ella".

El esquema colonial español en América Latina, sin haber logrado la autonomía de las colonias inglesas en Norteamérica, producto de la inexistencia de un esquema global de organización territorial manejado desde la metrópoli, como si lo hubo en España (Casa de contratación de Sevilla, virreinatos, audiencias, capitanías generales, provincias, gobernaciones y corregimientos), sin embargo, provocó el desarrollo de una intensa vida municipal en los cabildos compuestos en su mayoría por criollos. Fueron, así, los cabildos los que hicieron la independencia y los que la proclamaron.

En efecto, el 19 de abril de 1810, fue el Cabildo de Caracas el que asumió el poder político autonómico, y el que inició la revolución independentista. Y no podía ser otra la institución política colonial que asumiera en ese momento facultades soberanas, pues dentro del contexto histórico político, se trataba de cuerpos realmente representativos de los diversos estratos sociales libres que reflejaban legítimamente los derechos populares.

Recuérdese que el Cabildo de Caracas en 1810, inicia la revolución de independencia y asume el poder político local, con sus diputados por el clero, el pueblo y por el gremio de los pardos con voto libre en las discusiones y con los mismos derechos que los otros miembros, lo cual le dio un carácter representativo inicial. Pero la Revolución de independencia surgió, también, de un cabildo participativo, pues fue el pueblo en definitiva el que rechazó el mando al Capitán General Emparan. Después de reiniciada la sesión del ayuntamiento el 19 de abril de 1810, provocada en parte por la concentración de vecinos en las inmediaciones de las casas consistoriales, ante su pregunta dirigida al pueblo amotinado desde el balcón de la Casa Capitular, como se recoge en el Acta de la Sesión, de "si quería que continuase en el ejercicio del poder", el pueblo respondió por la voz de los conjurados, "no lo queremos", por lo cual quedó aquel despojado, en el acto "de la autoridad que investía, e interrumpida y protestada así la dominación de España en Venezuela". De este hecho deja constancia el acta respectiva así: "notificaron al pueblo su deliberación, y resultando conforme en que el mando supremo quedase depositado en este ayuntamiento".

Venezuela, como República independiente, tuvo así, su origen en un cabildo representativo y participativo, por lo que en su estructuración política posterior, en las Constituciones provinciales a partir de 1812, se reguló en forma detallada el poder municipal.

D) *La separación de poderes y el sistema presidencialista de gobierno*

En la Constitución de los Estados Unidos de 1787 y, previamente, en las distintas Constituciones de las antiguas colonias, el cuarto de los principios del constitucionalismo moderno, el principio de separación orgánica de poderes, por primera vez fue expresado formalmente dentro de la más ortodoxa doctrina de la época.

Por ejemplo, la primera de esas Constituciones, la de *Virginia* en 1776, estableció (art. III):

"Los departamentos legislativo, ejecutivo y judicial, deberán estar separados y distintos, de manera que ninguno ejerza los poderes pertenecientes a otro; ni persona alguna debe ejercer más de uno de esos poderes al mismo tiempo".

La Constitución norteamericana de 1787 no tiene norma similar dentro de su articulado, pero su principal objetivo fue, precisamente, organizar la forma de gobierno, dentro del principio de separación de poderes, pero permitiendo diversas interferencias entre ellos, en un sistema de frenos y contrapesos, y particularmente, regulando los poderes del ejecutivo en lo que fue una nueva forma de gobierno, el presidencialismo, como opuesto al parlamentarismo, y una configuración particular del poder judicial, nunca antes conocida en la práctica constitucional.

De Tocqueville se refirió en su libro a estos dos aspectos del principio. En relación al poder ejecutivo, inmediatamente puntualizó que en los Estados Unidos, "El mantenimiento de la forma republicana exigía que el representante del poder ejecutivo estuviese sometido a la voluntad nacional"; de ahí que, —dijo— "el presidente es un magistrado efectivo [...] el único y solo representante del poder ejecutivo de la Unión". Pero, anotó, "[...] al ejercer ese poder, no es por otra parte completamente independiente".

Esa fue una de las particulares consecuencias del sistema de frenos y contrapesos de la separación de poderes adoptados en los Estados Unidos, pero sin hacer al poder ejecutivo dependiente del Parlamento, como en los sistemas de gobierno parlamentarios. Por ello, al comparar el sistema de las monarquías parlamentarias europeas con el sistema presidencial de los Estados Unidos, DE TOCQUEVILLE se refirió al importante papel que el poder ejecutivo cumplía en Norteamérica en contraste con la situación de un rey constitucional en Europa. Un rey constitucional, observó, "no puede gobernar cuando la opinión de las cámaras legislativas no concuerda con la suya". En el sistema presidencialista, contrariamente, la sincera ayuda del Congreso al presidente "es sin duda útil, pero no es necesaria para la marcha del gobierno".

La separación de poderes y el sistema presidencialista de gobierno, en todo caso, fue seguido posteriormente en todas las repúblicas latinoamericanas, después de la Independencia o después de la experiencia de gobiernos monárquicos, como los que hubo en algunos países.

Ahora bien, el principio de la separación de poderes, como distribución horizontal del poder político, debe recordarse que es un producto de los ideólogos del absolutismo, al propugnar la limitación del poder político ilimitado del monarca absoluto, y entre ellos, un producto del pensamiento de LOCKE, MONTESQUIEU y de ROUSSEAU.

A la base de su construcción, como resulta de las concepciones de JOHN LOCKE, antes comentadas, estaba la consideración del estado natural del hombre y del contrato original de la sociedad, inicio del Estado, para la preservación de su vida, libertad y posesión. El Estado surgió entonces para proteger los derechos "naturales" que no desaparecieron con el contrato social.

Bajo esta premisa se formuló un esquema de racionalización y sistematización de las funciones de todo Estado soberano, que podían "balancearse" si se las situaba en distintas manos. Posteriormente, este ensayo de sistematización se convirtió en la teoría de la división del poder que tanta influencia ha tenido en el constitucionalismo moderno, sobre todo por su conversión en "separación de los poderes" con motivo de la Revolución francesa y de la Constitución norteamericana.

La libertad política, según DE MONTESQUIEU, existía solo en los Estados en los cuales los poderes no se encontraban reunidos en una misma persona o en el mismo cuerpo de magistrados.

Por tanto, formuló su proposición de que para garantizar la libertad las tres potestades públicas no debían estar en las mismas manos, y que separadas, debían estar en plano de igualdad; de lo contrario, el poder no podría frenar al poder. Recordemos sus palabras:

"Todo estaría perdido si el mismo hombre, o el mismo cuerpo de notables, o de nobles, o del pueblo, ejercieran estos tres poderes: el de hacer las leyes, el de ejecutar las resoluciones públicas, y el de juzgar las exigencias o las diferencias de los particulares".

Por ello, agregaba:

"Los príncipes que han querido convertirse en despóticos han comenzado siempre por reunir en su persona todas las magistraturas [...]

"Estas tres potestades deberían —además— formar un reposo o una inacción. Pero como por el movimiento necesario de las cosas, ellas deben andar, ellas estarían forzadas de andar concertadamente".

A esta concepción de la división del poder se va a agregar, posteriormente, el postulado de ROUSSEAU sobre la ley como expresión de la voluntad general, y la exigencia del sometimiento del Estado a la ley que el mismo produce. De allí surgió el principio de la supremacía del poder legislativo sobre los otros poderes, como piedra angular del Derecho Público, y de sus secuelas contemporáneas: el principio de la legalidad y el Estado de derecho.

Los escritos de LOCKE, MONTESQUIEU y ROUSSEAU, integraron todo el arsenal histórico político que permitió la reacción contra el Estado absoluto y su sustitución por el Estado de Derecho, como garantía de la libertad, lo cual se concretó en la Revolución francesa, en base a la exaltación del individualismo y de la libertad. Como consecuencia de ella, el principio de la separación de poderes encontró consagración expresa en la Declaración Universal de los Derechos del Hombre y del Ciudadano de 1789, conforme a la cual "cualquier sociedad en la cual las libertades no estuvieran debidamente garantizadas y no estuviese determinada la separación de poderes, no hay Constitución".

Antes, sin embargo, con su adopción en las Constituciones de las antiguas colonias inglesas a partir de 1776 y luego, en la Constitución norteamericana de 1787, la distribución horizontal del poder se había convertido en uno de los pilares básicos del constitucionalismo moderno.

Bajo la inspiración de estos principios se redactó la primera Constitución de Venezuela y de todos los países latinoamericanos, sancionada el 21 de diciembre de 1811, en la cual se estableció la igualdad como uno de los "derechos del hombre en sociedad" (estos eran conforme al art. 151: la libertad, la igualdad, la propiedad y la seguridad) derivados del "pacto social". Esta concepción pactista encuentra su expresión en el propio texto constitucional, al expresar sus artículos 141 y 142, lo siguiente:

"Después de constituidos los hombres en sociedad han renunciado a aquella libertad ilimitada y licenciosa a que fácilmente los conducían sus pasiones, propias solo del estado salvaje. El establecimiento de la sociedad presupone la renuncia de esos derechos funestos, la adquisición de otros más dulces y pacíficos, y la sujeción a ciertos deberes mutuos.

"El pacto social asegura a cada individuo el goce y posesión de sus bienes, sin lesión del derecho que los demás tengan a los suyos".

En el orden jurídico-político, la Constitución de 1811, además, consagró expresamente la división del poder supremo en tres: legislativo, ejecutivo y judicial "confiado a distintos cuerpos independientes entre sí y en sus respectivas facultades" (Preámbulo), conforme a la más pura fórmula revolucionaria francesa, al señalar expresamente:

"El ejercicio de esta autoridad confiada a la Confederación no podrá jamás hallarse reunida en sus diversas funciones" (Preámbulo), siendo preciso que "se conserven tan separados e independientes el uno del otro cuando lo exija la naturaleza de un gobierno libre" (art. 189).

La separación de poderes era, así, la garantía esencial de la libertad. Ello llevó a ANDRÉS BELLO a considerar que el ensanche de la libertad civil en todos los pueblos civilizados de la tierra "era debido casi exclusivamente a la observancia que tienen en ellos el principio de feliz invención que determina y separa los poderes constitucionales"; y agregaba: "Cualquiera que sea la forma de gobierno, la observancia de este principio debe ser la columna de los derechos civiles; y faltando él, no se podrá contar con ninguno de los bienes que deben asegurar al individuo las leyes de una sociedad organizada".

Ahora bien, todo este mecanismo de separación de poderes y de hegemonía del poder legislativo, configuró en los primeros años de la vida republicana de Venezuela, todo un sistema de contrapeso de poderes para evitar la formación de un poder fuerte, que no solo originó la caída de la primera República, sino que condicionó la vida republicana en las décadas posteriores. Contra esta debilidad del poder ejecutivo constitucionalmente consagrada, el cual, además, era tripartito, el primero que reaccionó fue el Libertador SIMÓN BOLÍVAR en su *Manifiesto de Cartagena* en 1812 y luego en su *Discurso de Angostura* en 1819, en el cual propondría al Congreso adoptar una fórmula de gobierno con un ejecutivo fuerte, propuesta que, sin embargo, no fue acogida por la Constitución de 1819.

Decía en su Discurso de Angostura:

"Aquí el Congreso ha ligado las manos y hasta la cabeza a los magistrados. Este cuerpo deliberante ha asumido una parte de las funciones ejecutivas, contra la máxima de MONTESQUIEU, que dice que un Congreso representativo no debe tomar ninguna resolución activa: debe hacer leyes, y ver si se ejecutan las que hace. Nada es tan contrario a la armonía de los poderes, como su mezcla. Nada es tan peligroso con respecto al pueblo, como la debilidad del ejecutivo".

Y agregaba:

"En las repúblicas, el ejecutivo debe ser el más fuerte porque todo conspira contra él; en tanto que en las monarquías el más fuerte debe ser el legislativo, porque todo conspira en favor del monarca".

Y concluía diciendo:

"Por lo mismo que ninguna forma de gobierno es tan débil como la democrática, su estructura debe ser de la mayor solidez; y sus instituciones consultarse para la estabilidad. Si no es así, contemos con que se establece un ensayo de gobierno, y no un sistema permanente; contemos con una sociedad díscola, tumultuaria y anárquica, y no con un establecimiento social, donde tengan su imperio la felicidad, la paz y la justicia".

Insistía, además, en su *Discurso de Angostura:*

"Cuando deseo atribuir al ejecutivo una suma de facultades superiores a la que antes gozaba, no he deseado autorizar a un déspota para que tiranice la República, sino impedir que el despotismo deliberante sea la causa inmediata de un círculo de vicisitudes despóticas en que alternativamente la anarquía sea reemplazada por la oligarquía, y por la monocracia".

Como se puede observar, el principio de la separación de poderes estuvo a la base del nacimiento de nuestras repúblicas latinoamericanas, y en nuestros países, al igual que en todos los Estados del mundo moderno, ha condicionado la organización de los sistemas de gobierno, habiendo producido los dos clásicos sistemas: los parlamentarios o los presidenciales. En todo caso, puede decirse que el presidencialismo es el signo del sistema latinoamericano de gobierno constitucional, en tal medida que el parlamentarismo nunca se ha desarrollado en el Continente. Esta es más bien una forma europea de gobierno, que Europa nunca procuró exportar a Latinoamérica.

E) *El papel del poder judicial y el control de la constitucionalidad de las leyes*

Pero, entre las instituciones constitucionales nacidas en Norteamérica, la que tal vez tuvo la más distinguida originalidad, ha sido el papel asignado al poder judicial en el sistema de separación de poderes. Esto es cierto incluso en los tiempos presentes, y era así cuando DE TOCQUEVILLE visitó Norteamérica. Por ello dedicó un capítulo aparte en su libro *Democracia en América*, al estudio del poder de los jueces y a su importancia política, comenzando con esta afirmación:

"Ha habido confederaciones fuera de Norteamérica; se han visto repúblicas en otros lugares además de las del nuevo mundo; el sistema representativo es adoptado en varios Estados de Europa; pero no creo que hasta el presente ninguna nación del mundo haya constituido el poder judicial de la misma manera que los norteamericanos".

Ahora bien, tres aspectos de la organización y funcionamiento del poder judicial pueden ser considerados como una contribución fundamental de Norteamérica al derecho constitucional: el rol político de los jueces; la institución de una Corte Suprema, y el sistema de control judicial de la legislación. Todos estos tres aspectos fueron observados por DE TOCQUEVILLE.

El primer elemento que destacó entre las instituciones de Norteamérica, fue el "inmenso poder político" atribuido a los jueces, lo cual lo llevó a afirmar que "En los Estados Unidos el juez es uno de los primeros poderes políticos".

La razón para ese inmenso poder, dijo DE TOCQUEVILLE: "[E]stá en este solo hecho: los norteamericanos han reconocido a los jueces el derecho de fundamentar sus decisiones sobre la Constitución más bien que sobre las leyes. En otros términos, les han permitido no aplicar las leyes que les parezcan inconstitucionales".

En consecuencia, decía, "no es difícil que un problema político en los Estados Unidos se vuelva más tarde o más temprano en un problema judicial".

El segundo aspecto fundamental del poder judicial en las instituciones norteamericanas, como también lo subrayó DE TOCQUEVILLE, fue el alto puesto de la Corte Suprema entre las grandes autoridades del Estado. DE TOCQUEVILLE observó:

"La Corte Suprema está colocada a más altura que ningún tribunal conocido, tanto por la naturaleza de sus derechos como por la especie de sus justiciables [...] jamás un poder judicial mayor ha sido constituido en ningún pueblo".

DE TOCQUEVILLE, destacó estos poderes de la Corte Suprema, en los cuales, dijo, "descansan incesantemente la paz, la prosperidad y la existencia de la Unión", y precisó lo siguiente:

"Sin ellos [los 7 jueces federales] [...] la Constitución es letra muerta; a ellos es a quienes apela el poder ejecutivo para resistir las usurpaciones del poder legislativo; la legislatura, para defenderse de las obras del poder ejecutivo; para hacerse obedecer de los estados; los estados, para rechazar las pretensiones exageradas de la Unión; el interés público contra el interés privado; el espíritu de conservación contra la inestabilidad democrática".

De allí que todo el sistema de frenos y contrapesos en la separación de poderes de los Estados Unidos, descansó y aún descansa en la Corte Suprema y en el poder de los jueces para controlar la constitucionalidad de la legislación, precisamente, el tercer aspecto más importante del aporte de la Constitución de Norteamérica al constitucionalismo moderno. En efecto, en relación a la supremacía de la Constitución, DE TOCQUEVILLE observó:

"Esto deriva de la esencia misma del Poder Judicial; escoger entre las disposiciones legales aquellas que lo atan más estrechamente, en cierto modo, es el derecho natural del magistrado".

Esto condujo al establecimiento de un sistema de control judicial de la constitucionalidad de la ley, creación del constitucionalismo norteamericano, al cual se refirió DE TOCQUEVILLE con estas simples y lógicas palabras:

"Cuando se invoca ante los tribunales de los Estados Unidos una ley que el juez estime contraria a la Constitución, puede rehusarse a aplicarla. Este es el único poder privativo del magistrado norteamericano y de él dimana una gran influencia política".

Esta fue calificada, como se ha dicho anteriormente, como la "verdadera esencia del deber judicial" por el juez *Marshall* en el ya comentado caso

Marbury vs. Madison (1803) al referirse a las Constituciones escritas y su carácter de leyes superiores y fundamentales en relación a las otras leyes de la sociedad. Este deber de los tribunales de considerar los actos de la legislatura que fueran repugnantes a la Constitución como nulos, fue descrito en ese famoso caso con los siguientes argumentos lógicos:

"¿Si un acto de la legislatura contrario a la Constitución es nulo, puede no obstante esa nulidad, vincular a los tribunales y obligarlos a darle efectos? O, en otras palabras, a pesar de que no sea ley, ¿constituye una regla operativa como si fuera una ley?

"Esto sería el derrocamiento en los hechos, de lo que fue establecido en teoría, y parecería a primera vista un absurdo tan grande como para insistir en él. Esto debería, sin embargo, recibir una mayor consideración".

En dicha sentencia, Marshall concluyó:

"Indudablemente, es de la competencia y del deber del poder judicial decir cuál es la ley. Quienes aplican una norma a casos particulares necesariamente tienen que establecer e interpretar esa norma. Si dos leyes están en conflicto entre sí, los tribunales deben decidir sobre la eficacia de cada una.

"Así, si una ley está en oposición con la Constitución si las dos, la ley y la Constitución son aplicables al caso concreto, de manera que el tribunal debe decidir el caso o conforme a la ley, inaplicando la Constitución, o conforme a la Constitución, inaplicando la ley; el tribunal debe determinar cuál de las dos normas en conflicto debe regir el caso. Esta es la verdadera esencia del deber judicial".

Este *judicial duty* de controlar la constitucionalidad de las leyes descubierto por los norteamericanos es otra de las mayores contribuciones de la Revolución americana al derecho constitucional contemporáneo, y ha sido seguida y desarrollada en todo el mundo.

El control judicial de la constitucionalidad, por otra parte, está esencialmente relacionado con la forma federal del Estado, como un medio de controlar invasiones e interferencias no autorizadas entre los poderes descentralizados del Estado. Precisamente por ello, en todos los países de América Latina con forma de Estado federal, ese control judicial de la legislación, fue inmediatamente establecido bajo la influencia norteamericana un siglo antes de las primeras experiencias de Europa Continental en la materia.

En el caso de Venezuela, la Constitución de 1811, al establecer expresamente en su texto el principio de la supremacía constitucional y la garantía objetiva de la Constitución (arts. 199 y 227), lo que en los Estados Unidos había sido creación de la jurisprudencia de la Corte Suprema a partir de 1803, abrió paso al desarrollo futuro del control de la constitucionalidad de las leyes, establecido como sistema mixto, a la vez difuso y concentrado, desde el siglo XIX.

F) *La declaración de los derechos y libertades fundamentales*

La sexta contribución más importante del constitucionalismo norteamericano al derecho constitucional moderno, fue la práctica de establecer declaraciones formales y escritas de derechos y libertades fundamentales del hombre. Como hemos dicho, la primera declaración moderna de este tipo, sin duda, adoptada bajo la influencia de las declaraciones inglesas del siglo XVII, fue dictada en las colonias norteamericanas el mismo año de la Declaración de la Independencia, siendo en ese sentido famosa, la Declaración de Derechos de *Virginia* de 1776.

En efecto, el *Bill of Rights* de Virginia fue aprobada el 12 de junio de 1776 por los representantes del pueblo de Virginia, pudiendo ser considerada como la primera de las declaraciones formales de derechos individuales en el constitucionalismo moderno.

Junto con las declaraciones de las otras colonias americanas, diferían de los precedentes ingleses (*Magna Carta*, 1215; *Habeas Corpus Act*, 1679; *Bill of Rights*, 1689), básicamente porque al declarar y establecer los derechos no hacían referencia a estos como basados en el *common law* o la tradición, sino a derechos derivados de la naturaleza humana y de la razón (*ratio*). Por ello, los derechos declarados en la Declaración de Derechos hecha por los "representantes del buen pueblo de Virginia" de 1776, eran *derechos naturales* que "pertenecen a ellos y a su posteridad, como la base y fundamento del gobierno", declarados políticamente por los nuevos poderes constituyentes de las colonias, como un límite a los poderes del Estado

En esta forma, en el breve Preámbulo de la Declaración, la relación entre los derechos naturales y el gobierno se estableció claramente, debido, sin duda, a la influencia directa de las teorías de LOCKE, en el sentido de que la sociedad política se forma basándose sobre esos derechos naturales, como el fundamento del gobierno. En efecto, las doctrinas políticas imperantes en la época de LOCKE, MONTESQUIEU y ROUSSEAU, se basaban en el análisis de la situación natural del hombre y el logro del pacto o contrato social para establecer una soberanía como mecanismo para la protección de la libertad. Esta fue la base para la subsecuente exaltación del individualismo y de la consagración de derechos, incluso no solo de los ciudadanos de un Estado, sino además del Hombre, con la consecuente construcción del liberalismo político y económico.

Estas ideas se pusieron en práctica en las colonias norteamericanas, con las Declaraciones de independencia respecto de Inglaterra (1776), constituyendo cada una de ellas un Estado, con su propia Constitución. Las Declaraciones de Derechos, entonces pueden considerarse como el producto más inmediato de la Revolución norteamericana, entre ellas, el *Bill of Rights* y la *Constitution or From of Government of Virginia* adoptados, respectivamente, el 12 y el 29 de junio de 1776.

En particular, la Declaración de Derechos de Virginia es de singular importancia, pues se trata de la primera en su tipo del constitucionalismo moderno. En el breve Preámbulo de la misma, se establece claramente la relación entre los derechos naturales y el gobierno, donde se observa la clara influencia de las teorías de LOCKE en el sentido de que la sociedad política se forma teniendo como base esos derechos, los cuales son el fundamento del gobierno. Ello, además, deriva claramente de las tres primeras secciones de la Declaración. Adicionalmente, la Sección 4 estableció la prohibición de los privilegios, y la Sección 5 prescribió la separación de poderes y la condición temporal de los cargos públicos.

De este texto, resulta clara tanto la teoría del contrato o pacto social, basado en la existencia de derechos inherentes al hombre e inalienables, así como la base democrática del gobierno, como la mejor y más justa forma del mismo, lo que conlleva a la representación democrática mediante elecciones libres (Sección 7ª) y al derecho de resistencia, producto, asimismo del pacto social. Las otras once secciones se dedican a regular algunos derechos fundamentales, entre los cuales se destacan el derecho a juicios rápidos, con las debidas garantías; el derecho a no ser condenado a penas excesivas o crueles o a castigos inusuales, y la libertad de prensa.

El texto de dicha Declaración de Derechos de *Virginia* es el siguiente:

"Declaración de derechos hecha por los representantes del buen pueblo de Virginia, reunidos en asamblea plenaria libre; derechos que pertenecen a ellos y a su posterioridad, como la base y fundamento del gobierno.

"Sección 1

"Que todos los hombres son por naturaleza igualmente libres e independientes y tienen ciertos derechos innatos, de los cuales, cuando entran en estado de sociedad, no pueden, por ningún pacto privar o desposeer a su posteridad; a saber, el goce de la vida y de la libertad, con los medios para adquirir y poseer la propiedad, y buscar y conseguir la felicidad y la seguridad.

"Sección 2

"Que todo poder está investido en el pueblo y consecuentemente deriva de él, que los magistrados son sus mandatarios y servidores y en todo momento responsables ante él.

"Sección 3

"Que el gobierno se instituye, o debería serlo, para el provecho, protección y seguridad comunes del pueblo, nación, o comunidad; que de todos los varios modos o formas de gobierno, es el mejor aquel que es capaz de producir el mayor grado de felicidad y de seguridad y está más eficazmente asegurado contra el peligro de mala administración; y que, cuando un gobierno resulta inadecuado o contrario a estos principios, una mayoría de la comunidad tiene el derecho indiscutible, inalienable e irrevocable de reformarlo, modificarlo o abolirlo, en la forma que se juzgue más conveniente al bienestar público.

"Sección 4

"Que ningún hombre, o grupo de hombres, tiene derecho a percibir de la comunidad emolumentos o privilegios exclusivos o especiales, a no ser en consideración al desempeño de servicios públicos; y no siendo estos transmisibles (por herencia) tampoco deben ser hereditarios los oficios de magistrado, legislador, o juez.

"Sección 5

"Que los poderes legislativos y ejecutivo del Estado deben estar separados y ser distintos del judicial; y que los miembros de los dos primeros, [porque] deben ser alejados [de la tentación] de la opresión, sintiendo las cargas del pueblo y participando de ellas, deberán, en períodos prefijados, ser reducidos a la condición privada y retornar al cuerpo social, del que procedían originariamente, y las vacantes deberán ser cubiertas por elecciones frecuentes, ciertas y regulares, en las que todos, o una parte, de los antiguos miembros podrán ser de nuevo elegibles, o inelegibles, según lo dispongan las leyes.

"Sección 6

"Que las elecciones de miembros para servir como representantes del pueblo, en asamblea, deben ser libres; y que todos los hombres que hayan probado suficientemente un interés común permanente con la comunidad, y su adhesión a ella, tengan el derecho de sufragio y no puedan ser gravados con impuestos ni privados de su propiedad para uso público sin su propio consentimiento, o el de sus representantes así elegidos, ni obligados por ley alguna a la que, del mismo modo, no hayan consentido para el bien público.

"Sección 7

"Que todo poder de suspender las leyes, o de ejecución de las leyes, por una autoridad, sin consentimiento de los representantes del pueblo, es perjudicial para sus derechos y no debe ejercerse.

"Sección 8

"Que en todos los procesos criminales o de pena capital un hombre tiene derecho a conocer la causa y naturaleza de su acusación, a ser confrontado con los acusadores y testigos, y aducir pruebas en su favor y a un juicio rápido por un jurado imparcial de doce hombres de su vecindad, sin cuyo unánime consentimiento no podrá ser considerado culpable; y nadie podrá ser obligado a dar testimonio contra sí mismo; que ningún hombre podrá ser privado de su libertad, salvo por la ley del territorio o el juicio de sus iguales.

"Sección 9

"Que no deberá ser exigida fianza excesiva, ni se impondrán multas excesivas, ni se infligirán castigos crueles o inusitados".

Estas Declaraciones, sin duda, marcaron el inicio de la era democrática y liberal del Estado de Derecho Moderno, y aun cuando la Constitución de los Estados Unidos de América, del 17 de septiembre de 1787, no contuvo una declaración de derechos fundamentales, puede decirse que dicha declaración de derechos constituye una de las principales características del constitucionalismo americano, la cual influenció todo el Derecho constitucional moderno.

Sin duda, en la historia constitucional, aparte de haber influenciado la propia Declaración de los Derechos del Hombre y del Ciudadano de 1789, el texto de la Declaración de Virginia fue un antecedente importante en la elaboración de la Declaración de derechos que contiene la Constitución de Venezuela de 1811.

Ahora bien, a pesar de que, como también hemos dicho, la Constitución de 1787 no incluyó un *Bill of Rights* en sus artículos, lo cual suscitó muchas objeciones durante la Convención, esta falla condujo a la aprobación, dos años más tarde, de las diez primeras Enmiendas de la Constitución. ALEXANDER HAMILTON justificando la ausencia de un *Bill of Rigths* en la Constitución, dijo:

"Esa declaración de derechos, en el sentido y en la extensión para la cual ellos están afirmados, no solo es innecesaria en el propósito de la Constitución, sino que incluso sería peligrosa.

"Ellos contendrían varias excepciones respecto de poderes no concedidos; y, en esta misma cuenta, proporcionarían un pretexto plausible para reclamar más de lo que estaba concedido".

Terminó sus argumentos, preguntándose: ¿por qué declarar que ciertas cosas no deben ser hechas cuando no hay poder para hacerlas?

En todo caso, este concepto de derechos como limitaciones de los poderes del Estado, a pesar de los argumentos de HAMILTON, fue seguido en las diez primeras Enmiendas de la Constitución (1789), pero añadiendo el concepto de derechos, como derechos naturales del hombre establecidos en la Declaración de Independencia de 1776. Ambas, tal Declaración y las Enmiendas, influenciaron todas las declaraciones formales y escritas de derechos humanos que fueron adoptadas más tarde, particularmente la Declaración de Derechos del Hombre y del Ciudadano de Francia (1789), y a través de esta última, las declaraciones latinoamericanas, hasta el presente, cuando estas declaraciones han sido internacionalizadas.

En todo caso, la tercera de las Declaraciones de Derechos en la historia del constitucionalismo moderno, luego de la norteamericana (1776) y de la francesa (1789), fue la *Declaración de Derechos del Pueblo* adoptada por el Congreso General de Venezuela el 1o de julio de 1811, seguida luego, por el Capítulo de los "Derechos reconocidos en la República" de la Constitución de Venezuela el 21 de diciembre del mismo año de 1811.

Parte segunda

LA REVOLUCIÓN FRANCESA Y SUS APORTES AL CONSTITUCIONALISMO MODERNO

La Revolución francesa se sella, definitivamente, en 1789, trece años después de la Revolución americana, con la asunción del poder por una Asamblea Nacional que se enfrenta al rey Luis XVI, adopta la Declaración de Derechos del Hombre y del Ciudadano, y asume el papel de reorganizador del Estado.

Al contrario de la Revolución americana, que tuvo por resultado un proceso de construcción de un nuevo Estado que surgía de entre un conjunto de colonias que habían tenido su desarrollo político lejos de la metrópoli inglesa, en el caso de Francia, el cambio brusco que se operó tenía por marco político constitucional el de la monarquía, y se produjo dentro de la estructura estatal propia del absolutismo, con el objeto de sustituir, dentro del mismo Estado, un sistema de gobierno por otro distinto. Por supuesto, como sucede con toda revolución, ello no estaba totalmente planificado, pero visto retrospectivamente, ese fue el resultado. De allí que para comprender exactamente el significado y los aportes de la Revolución francesa al constitucionalismo moderno, resulte indispensable no solo analizar el proceso revolucionario desde el punto de vista constitucional, sino tener claramente precisado, previamente, cuál era el régimen anterior que se cambió tan brusca y radicalmente, a partir de 1789, y cómo funcionaban sus instituciones.

Para ello, estas reflexiones sobre la Revolución francesa las vamos a dividir en cuatro partes, en una primera parte, trataremos de fijar algunas características, desde el punto de vista constitucional, del "Antiguo Régimen", tal como se denominó incluso por los contemporáneos franceses, el régimen que existió hasta el momento de la Revolución; en la segunda y tercera parte analizaremos el proceso revolucionario francés desde el punto de vista institucional y las crisis que lo provocaron, y en la cuarta parte, estudiaremos las repercusiones de ese proceso en el constitucionalismo moderno y, particularmente, en relación a Venezuela.

1. Características político constitucionales del Antiguo Régimen

Las características político-constitucionales del Antiguo Régimen monárquico que existió en Francia hasta el momento de la Revolución, pueden identificarse si se determinan las bases sociales, económicas y políticas de la monarquía absoluta.

A) *Las bases económicas y sociales (estratificación social y mercantilismo) del Estado absoluto*

La monarquía como forma de Estado y de gobierno, se estructuró en Francia durante un largo período que se inicia en el año 987 cuando Hugo Capeto fue electo rey de Francia. En los siglos posteriores, el país galo y el Reino de Francia progresivamente fueron unificados, y ello se hizo sobre una base socio-política de clases sociales estratificadas, que dieron lugar a tres estamentos claramente diferenciados. Por una parte, dos clases privilegiadas, la *nobleza* que rodeaba al rey, unida a los señores feudales, y el *clero,* poderoso y privilegiado y, por otra, una *tercera clase,* no privilegiada, el resto de la población, donde además se iría formando en las ciudades un importante estrato de burgueses y comerciantes que a pesar de su riqueza e influencia siempre fue considerado por la nobleza y el clero, como una clase inferior.

Este "tercer estamento" *(Tiers)* comenzó a consolidarse a partir del siglo XI, sirviendo incluso de instrumento al rey en sus luchas contra los señores feudales. El rey, a la vez, había comenzado a consolidarse como *primus inter pares* respecto de los señores feudales, siendo considerado soberano de los soberanos, por la gracia de Dios. En este proceso cumplió un papel importante el reinado de Luis VII (1137-1180) y el de su hijo, Felipe Augusto (1180-1223) quien fue hábil en lograr tener de su lado a las ciudades contra los señores feudales, cuya coalición venció. Con el apoyo de la Iglesia, a la muerte del rey inglés Ricardo Corazón de León, Felipe Augusto confiscó las tierras del Reino de Inglaterra en el Continente. En la batalla de *Bovines,* consolidó su poder frente al rey Juan *Sin Tierra* y a los otros señores feudales europeos, venciendo la reacción feudal con el apoyo de 20.000 infantes burgueses, lo que era una gran novedad en la época. Esta victoria consolidó la obra de los Capetos y el propio Reino de Francia, estableciéndose los cimientos para el posterior desarrollo de la monarquía absoluta.

Desde el punto de vista social, en todo caso, como se dijo, el Antiguo Régimen estaba montado sobre una estructura social aristocrática, conforme a la cual la sociedad estaba fundada sobre el privilegio de nacimiento y el privilegio derivado de la riqueza territorial. La estructura de la sociedad era alta y absolutamente estratificada en los tres órdenes o estamentos indicados, también denominados "estados" (*états*), pero utilizándose esta palabra en este contexto, en el sentido de "orden" o "estamento" social.

En esta forma, en el Antiguo Régimen medieval, paralelamente a las clases privilegiadas (el clero y la nobleza) la tercera clase, no privilegiada, el tercer orden o *tiers état,* estaba integrado por el resto de la población que era, en definitiva, la mayoría de la Nación. El denominador común de esta tercera clase era que estaba compuesta por quienes ni pertenecían al clero ni a la nobleza, es decir, por todos los no privilegiados: el pueblo, en general y, básicamente, desde el punto de vista político, por la burguesía, es decir, por todo el conjunto de personas dedicadas a la actividad comercial, industrial, bancaria, profesional o artesanal. Estas actividades se habían desarrollado al calor del mercantilismo, y si bien comenzaron a otorgar a quienes las ejercían un *status* importante en la vida social y económica, sin embargo no les permitía tener acceso a los privilegios que estaban reservados a la nobleza y el clero. El "tercer estado", por tanto, lo formaban las clases populares del campo y la ciudad; la pequeña y mediana burguesía (artesanos, comerciantes); los profesionales liberales, y la alta burguesía formada en las finanzas, el gran comercio y los armadores, que por lo demás, buscaban ennoblecerse.

Pero el Antiguo Régimen, además de estar montado desde el punto de vista social sobre una sociedad estratificada, desde el punto de vista económico también estaba montado sobre un particular sistema económico: el mercantilismo. Esto es igualmente importante destacarlo, pues no es posible entender el absolutismo sin analizar el mercantilismo, como doctrina económica de la monarquía absoluta, y por tanto, de corte estatista. De allí que si la monarquía absoluta, como forma política de Estado, sucede al régimen feudal al cual sustituyó, igualmente el mercantilismo como doctrina económica del absolutismo es contrario al sistema económico medieval y disgregado, propio del feudalismo, al cual también sustituyó.

Absolutismo y mercantilismo, por tanto, son elementos indisolubles en la formación del Antiguo Régimen caracterizándose, el último, como una doctrina del Estado absoluto, que ponía énfasis en la balanza comercial, es decir, en la necesidad de tener un exceso de exportaciones en relación a las importaciones, como medio de poder asegurar el flujo de metales preciosos, que constituía la base de la riqueza. El sistema, por supuesto, se desarrolló definitivamente coincidiendo con el dominio de los mares después del descubrimiento, por lo que es paralelo con todo el proceso de expansión colonial que se produjo hasta fines del siglo XVII.

El sistema mercantilista, por tanto, fue un sistema estatista desde el punto de vista económico, que originó una gran intervención del Estado en el proceso económico, y a través de los moldes del Estado absoluto, de las clases privilegiadas: la nobleza y el clero.

El Estado, así, fue el gran agente centralizador, lo cual contribuyó a unificar e integrar territorios que comenzaron a gobernarse centralizadamente, correspondiéndole al Estado el control de la expansión marítima, pues el monarca era quien otorgaba los privilegios, por ejemplo, a las compañías comerciales, y con ello llegó a controlar el comercio. El Estado además, protegía a la industria e inclusive, es en la época mercantilista cuando debe situarse la aparición de las primeras "empresas públicas", con las manufacturas reales de tapices (gobelinos), de porcelanas (Limoges), y con los monopolios de tabaco o alcoholes.

Todas estas manifestaciones del intervencionismo tienen su origen en la época mercantilista-absolutista, en la cual el Estado intervenía y controlaba en buena parte la economía, y ello lo hacía a través del otorgamiento de privilegios o concesiones, de los cuales eran titulares, por supuesto, las clases privilegiadas (nobleza y clero).

B) *La base política: la monarquía absoluta*

La base social estratificada y la doctrina mercantilista del antiguo Régimen, por supuesto, encuadran perfectamente con su base o formación política, que es la del Estado absoluto o de la monarquía absoluta, conforme al cual todo el poder y todos los poderes, en forma ilimitada, estaban en manos de un monarca, que llegaba al trono por sucesión hereditaria.

Puede decirse que fue el rey Felipe Augusto quien comenzó en Francia el proceso que luego originaría el establecimiento de la monarquía absoluta, sentando las bases para constituir un poder central. A partir de su muerte (1223), incluso, al sucederlo su hijo Luis VIII, se impuso en Francia la ley de la sucesión hereditaria del trono, fundamento de la monarquía, conforme a la cual el rey no era elegido por asamblea alguna, como había sido la tradición desde que Hugo Capeto había sido electo rey en 987, y sin que el rey tuviera que consagrar a su hijo, en vida suya, como había sido práctica constante durante todo el reinado de los Capetos.

A la muerte de Luis VIII, quedó como regente su viuda Blanca de Castilla, y como rey su primogénito, Luis IX, canonizado más tarde como san Luis, rey de Francia, quien continuó la consolidación de la monarquía absoluta y del poder central. Durante su reinado adquirió pleno sentido el que el rey era el centro de la administración de justicia, era el primer juez del Reino y era quien resolvía las querellas.

En todo caso, el rey tenía el poder tanto de administrar justicia, como de legislar, de gobernar, de administrar la hacienda, de declarar la guerra y de establecer la paz. Además, todos los poderes del monarca, nadie sobre la tierra se los otorgaba; los tenía simple y llanamente, por la "Gracia de Dios"; por lo que era este poder divino el que le permitía al monarca ejercer ilimitadamente todo el poder. Por ello, entre otros aspectos, uno de los principios de las Leyes del Reino, era el de la inviolabilidad del monarca porque su poder provenía de Dios, consagrado usual y formalmente este poder, por el representante de Dios en la tierra, el papa.

En esta forma, el rey era fuente de toda justicia, fuente de toda legislación, y fuente de todo gobierno.

a) *La justicia real.* En primer lugar, en efecto, el rey era fuente de toda justicia, hasta el punto de que no se concebía justicia alguna que no fuera impartida por el rey. Basta recordar visualmente, por ejemplo, cualquier grabado o pintura de Luis IX, san Luis, rey de Francia, y comprobar que la forma de expresarlo gráficamente, normalmente, era como el supremo poder que impartía justicia, bajo el roble de Vincennes o en cualquier otro lugar donde se desplazara la Corte, dando a cada quien lo que le correspondía, porque él era la fuente de toda justicia.

Por supuesto, en el proceso político constitucional de la monarquía, por la complejidad del Reino, se comenzaron a desarrollar instituciones a través de las cuales, por delegación, el rey administraba justicia sin tener que hacerlo personalmente. Por supuesto, estos órganos no necesariamente estaban "separados" de otros órganos estatales, pues en realidad los principales administradores de justicia en la monarquía francesa eran los intendentes, es decir, los gobernadores de las 32 regiones en la que estaba dividida Francia, de manera que gobierno, administración y justicia se cumplían por los mismos órganos. Aparte de ellos, otras instituciones constituidas como altas Cortes de Justicia también impartían justicia. Inicialmente la *Curia Regia* que luego se dividió y especializó en un gran Consejo y en los *Parlements,* como tribunales permanentes de apelación, siendo el de París el más importante de todo el Reino. Al final del Antiguo Régimen, precisamente serán los *Parlements* los que van a desempeñar un papel fundamental en la Revolución.

b) *El rey legislador.* Pero además de ser fuente de toda justicia, el rey era fuente de toda legislación. *Lex Rex,* era una expresión que se utilizaba para expresar que el rey era la ley; que era la ley viva, en sí misma, por lo que no estaba ligado por leyes dictadas por sus antecesores. Solo él tenía el poder y el derecho de hacer las leyes, por lo que en el sistema de la monarquía absoluta era inconcebible la existencia de una Constitución rígida.

Si el soberano no podía estar limitado por leyes dictadas por otros soberanos anteriores, no podía haber una Constitución que limitara a los soberanos sucesores y sucesivos. No olvidemos que esencialmente esta sigue siendo la característica de la Constitución inglesa, donde si bien el soberano realmente no es el rey sino el Parlamento, precisamente por eso, este no puede estar atado o ligado por ley alguna dictada por otro Parlamento anterior. De allí que en Gran Bretaña no hay ni puede haber Constitución escrita y rígida, es decir, en el Reino Unido, cada Parlamento es soberano de dictar las leyes que pueda juzgar convenientes sin tener atadura alguna respecto de lo sancionado por Parlamentos anteriores salvo, por supuesto, la de los principios y convenciones constitucionales que, en definitiva, integran la Constitución no escrita del Reino Unido.

Ese mismo era el principio de la soberanía en el antiguo Régimen, pero atribuida al monarca, razón por la cual no podía haber ley alguna precedente, que pudiera limitarlo.

Sin embargo, también en la monarquía absoluta había unas reglas constitucionales inmutables, que como principios de Constitución no escrita (costumbres constitucionales) debían ser respetados por el monarca. Estas reglas derivaban, en definitiva, de la misma proveniencia de su poder, de Dios, lo que obligaba al rey a respetar la Ley Divina y la moral natural y, además, todas aquellas que constituían "las leyes fundamentales del Reino", que como en todo sistema donde no hay Constitución escrita y rígida, estaban integradas por costumbres constitucionales establecidas desde tiempos inveterados y derivadas del funcionamiento de los diversos regímenes y sucesiones reales.

Por tanto, en el Antiguo Régimen puede decirse que había una "Constitución monárquica" no escrita, constituida por costumbres constitucionales, denominadas "Leyes Fundamentales del Reino" y que concernían, casi todas, al funcionamiento de la monarquía, y de la realeza. Por ejemplo, las leyes de la transmisión de la Corona (la ley de transmisión hereditaria, la ley de primogenitura, la ley de indivisibilidad de la Corona y la ley de masculinidad o ley sálica); la ley de la continuidad de la función real, resumida en la conocida expresión "El rey ha muerto, viva el rey", lo que implicaba que no había ruptura ni solución de continuidad por el fallecimiento del rey, aun cuando la minoridad o incapacidad del sucesor originara la necesidad de las regencias. También estaba la ley de la inviolabilidad del territorio, y la ley de independencia de la Corona. El rey era considerado como el emperador en su Reino y, por tanto, no compartía su poder con ninguna otra entidad, persona u órgano, y decidía soberanamente. Además, se destacaban otra serie de leyes relativas a la propia figura del monarca: la ley de catolicidad, la ley de inviolabilidad de la persona del monarca, y la ley de la nacionalidad. Todas esas leyes integraban las denominadas "leyes fundamentales del Reino", derivadas de costumbres desarrolladas durante el transcurso de siglos, que la Corona debía respetar.

c) *El gobierno y la administración real.* Pero además de ser fuente de toda justicia y de toda legislación, el rey en el Estado absoluto del Antiguo Régimen era también fuente de toda autoridad y gobierno, particularmente a raíz del reinado de Enrique IV (1533-1610) a quien correspondió restablecer la unidad de Francia, luego de las guerras de religión que desencadenó la Reforma. Se trataba de un rey protestante de un país católico, quien para consolidar su poder tuvo que convertirse al catolicismo en 1593. Solo por ello, al año siguiente entró a París, dirigiéndose a *Notre Dame*, pues como él mismo diría, "París bien vale una misa".

En todo caso, la Nación confió en él, pacificó Francia y comenzó a sentar las verdaderas bases del Estado centralizado. A su muerte lo sucedió su hijo, Luis XIII, pero por su minoridad el Reino estuvo manejado por María de Médicis, su madre, como regente, condición que fue reconocida por el *Parlement* de París, es decir, la Alta Corte de Justicia que funcionaba en la capital.

Durante su reinado y bajo la regencia, se reunirían en 1614, por última vez hasta la Revolución (1789), los *États Généraux,* asamblea convocada por el monarca que reunía a los tres estamentos de la sociedad. En esa reunión destacó como diputado del clero el joven Obispo de Luçon, Richelieu, a quien la regente designó ministro. La mayoridad de Luis XIII, lo hizo reaccionar contra su madre, a quien desterró con sus favoritos, a quienes hizo matar. Años después, Richelieu, ya cardenal, fue llamado de nuevo al Consejo (1624), y gobernó, junto con el rey como primer Ministro hasta su muerte en 1643, y ambos consolidaron la monarquía absoluta.

A Luis XIII lo sucedió Luis XIV, pero al inicio de su reinado (1643) también por su minoridad, el Reino estuvo manejado por su madre, Ana de Austria. Una vez que esta obtuvo del *Parlement* de París el derecho, como regente, de formar Consejo, anulándose el testamento del difunto rey, designó como primer ministro a otro hombre hechura de Richelieu, Giulio Mazarini, llamado Mazarin. A su muerte, en 1661, dejó en manos de Luis XIV un Reino más poderoso que nunca, pues el rey había aprendido a gobernar por sí mismo.

A partir de 1661, el rey decidió ser su propio primer ministro, presidía el Consejo y se obligaba a firmar las ordenanzas por todos los gastos del Estado. La Corte fue trasladada de París a Versalles lo que por la lejanía de la ciudad, reforzó el despotismo del monarca, instalándose allí su residencia principal en 1682 y el centro de la Corte.

Bajo el reinado de Luis XIV, los Estados Generales no volvieron a ser reunidos; los ministros se convirtieron en grandes funcionarios, y los *Parlements* volvieron a su estrecho papel de tribunales de justicia. El rey era la única fuente de autoridad y gobierno (*L'État, c'est moi*). Por tanto, en el Antiguo Régimen, los impuestos, la declaración de guerra, el establecimiento de la paz, la administración total del Reino, en un sistema absoluto y altamente centralizado, se resolvía y se decidía en Versalles, donde el rey había fijado su residencia.

El manejo del gobierno y de la administración real se hacía por medio de consejos, y el rey disponía de cuatro secretarios de Estado (guerra, marina, asuntos exteriores y de la casa del rey, cuyos departamentos eran canales intermediarios entre el rey y las provincias y ciudades), además, de un interventor general de finanzas, que era un verdadero primer ministro, pues era el funcionario que conducía la administración del Reino.

La importancia de los interventores generales de finanzas, por tanto, era notoria en la conducción del gobierno real, por lo que su papel, sobre todo al final del Antiguo Régimen, de Necker, por ejemplo, va a ser fundamental en el proceso previo a la revolución, por los intentos fallidos que asumieron para solucionar la crisis fiscal del Reino. En todo caso, este alto funcionario tenía a su cargo la administración interior del país, de la agricultura, de la industria, del comercio, de los puentes y caminos, siendo sin duda, como se dijo, el funcionario más importante del Reino.

Además de los secretarios de Estado y el interventor general de finanzas, la organización de la administración daba origen a diversos consejos: el Consejo de Estado, a cargo de la alta política, la paz, la guerra, las relaciones exteriores; el Consejo de Despachos, a cargo de las unidades administrativas en el interior del país; el Consejo de Finanzas, a cargo de la administración de las finanzas, y el Consejo Privado, que era un Tribunal o Alta Corte de Casación. El funcionamiento de la administración, mediante estos consejos integrados por ministros del rey provenientes de las clases privilegiadas (nobleza y clero), correspondía básicamente a un esquema de administración por vía de órganos colegiados, cuyo estudio, en su momento, dio origen a la *camerlística,* o "ciencia" de los consejos o de las "Cámaras", ubicándose en ella el origen del derecho administrativo, como derecho relativo al funcionamiento de los consejos y cámaras (administración del Estado).

En todo caso, este sistema centralizado de administración del Reino, tenía formas de administración territorial en el interior del país, aun cuando signadas por la ausencia de uniformidad, por el desorden y la confusión derivadas de la formación del territorio por circunscripciones históricas de Reinos locales, muchas veces con fronteras o límites imprecisos. La administración territorial, en todo caso, era conducida, básicamente, por la figura de los intendentes, que ya hemos mencionado, la cual sustituyó a la vieja institución de los gobernadores que existían en el siglo XVII. Estos, nombrados de entre la alta nobleza, aunque eran representantes del rey en las circunscripciones, vivían en Versalles.

La institución de los intendentes, en cambio, como brazos territoriales de la administración real, respondía a características distintas. Al contrario de los gobernadores, estando los intendentes residenciados en el interior del Reino, lejos de la Corte, era difícil, por tanto, que pudieran ser escogidos entre el clero y la nobleza, por lo que comenzaron a ser designados por el rey, para tales cargos, los miembros de su Consejo Privado, llamados *Maître de Requêtes,* que eran los altos funcionarios que provenían de la alta burguesía, por lo que eran detestados por la nobleza.

En el momento de la revolución existían treinta y dos intendentes, que administraban territorialmente el Reino, siendo, sin duda, los agentes más activos y temidos, como agentes directos del rey y sus representantes en las provincias, encargados de dirigir la administración local.

En todo caso, los intendentes tenían un poder considerable con competencias múltiples: eran órganos de administración de justicia, en última instancia, participaban en juicios y vigilaban a los demás magistrados de su circunscripción; eran los órganos de policía; dirigían la administración general; controlaban las municipalidades y como tales, vigilaban el comercio, la agricultura, la industria y las milicias; y eran órganos de finanzas, a cargo de la recaudación de impuestos. Eran funcionarios poderosísimos, por lo que ALEXIS DE TOCQUEVILLE, el autor que más pronto comprendió, desde el punto de vista constitucional, lo que había ocurrido en la Revolución americana, en su libro *La Democracia en América,* y que también puede considerarse como el autor contemporáneo más importante de la Revolución francesa, en su libro *El Antiguo Régimen y la Revolución,* resume el poder de dichos intendentes al señalar que "Francia es un Reino gobernado por treinta intendentes".

El poder central, después del rey, estaba en manos de estos intendentes como órganos delegados en el territorio, cuyo poder, por lo demás, había provocado progresivamente el relegamiento de las comunas y ciudades. Estas aparecían controladas por los intendentes y sometidas a su control de tutela. Además, con el poder que tenían estos intendentes, los llamados *États Provinciaux,* que eran asambleas oligárquicas en las cuales estaban representadas el clero, la nobleza y la burguesía urbana, habían quedado relegados. Por ello, en general, en los *Cahiers des doléances* elaborados para los *États Généraux* en la víspera de la Revolución, la petición de los pueblos fue constante en cuanto a la eliminación de los intendentes.

C) *Los órganos diferenciados de la monarquía*

Paralelamente a las organizaciones gubernamentales antes descritas, durante el período de la monarquía absoluta —entre el siglo XIV y el siglo XVII— se desarrollaron dos instituciones que significaron el establecimiento de cierta limitación al poder real y que, por tanto, tuvieron papel protagónico en la Revolución francesa, hasta el punto de que no se puede entender cómo ocurrió la Revolución sin saber qué eran y cómo funcionaban.

Estas dos instituciones, fueron, en primer lugar, los *États Généraux* y, en segundo lugar, los *Parlements* que, a pesar de su nombre, no eran órganos legislativos, sino que eran tribunales de la monarquía. Los *États Généraux* y los *Parlements* pueden considerarse como las instituciones que desde el punto de vista constitucional generaron la Revolución francesa.

a) *Los Estados Generales (États Généraux).* En cuanto a los *États Généraux,* se trataba de asambleas en las que se reunían los tres órdenes o estamentos (de allí la palabra *états)* de la sociedad, es decir, asambleas donde se reunía el clero, la nobleza y el tercer estado o estamento. Eran, por tanto, la expresión organizada de la sociedad estratificada del Antiguo Régimen, por lo que en dichas asambleas, los tres órdenes votaban separadamente. Esta regla, sin duda, contribuyó a su propio debilitamiento.

Estas asambleas comenzaron a existir, por supuesto, por razones políticas, pero circunstanciales, a comienzos del siglo XIV (1302), a iniciativa del rey Felipe *El Hermoso* (1285-1314). Este rey había practicado una política de independencia respecto a la Santa Sede y su poder temporal, lo que lo opuso al papa Bonifacio VII, particularmente a propósito de la recaudación de los diezmos (1256) y del arresto del Obispo de Pamiers (1301). Al ser amonestado por el papa mediante la bula *Ausculta fili,* el rey convocó a los representantes de los tres estamentos u órdenes del Reino y la sociedad: la nobleza, el clero y el tercer estamento, para buscar apoyo frente al papa. Se reunieron así los *États Généraux* el 10 de abril de 1302, en una gran asamblea que se celebró en *Notre Dame,* la cual aprobó la conducta del rey.

El objetivo del monarca se había logrado, y en esa asamblea pensó encontrar un medio para imponer su voluntad al papa, en base a la idea de que la Nación y su soberano estaban en perfecto acuerdo. Sin embargo, la aprobación de la conducta del rey por parte de los *États Généraux,* lo que en realidad dio origen fue al inicio de una tumultuosa historia de esas asambleas en el decurso de los años siguientes, que trastocarían la intención inicial que dio origen a su nacimiento, para convertir la institución, más tarde, en el instrumento político más poderoso contra la monarquía. Esta asamblea, compuesta por representantes de los tres estamentos de la sociedad perfectamente diferenciados (nobleza, clero y el resto [*tiers*] de la población), en realidad, progresivamente tendería a convertirse en una fuerza política con ambición de poder, más allá de lo que el rey les había delegado. Por ello, estas asambleas, cuatro siglos más tarde, fueron el motor fundamental de la Revolución.

En todo caso, los *États Généraux* tuvieron un papel protagónico en el período inicial de la monarquía, desde 1302 cuando se instalaron hasta 1614, imponiéndose a los reyes en períodos de crisis financieras, particularmente. Sus poderes se fueron desarrollando progresivamente, primero, como consejeros del rey, cuando este les sometía ciertos asuntos a consulta para oír la opinión de la Nación. Posteriormente, por delegación y consentimiento del rey, comenzaron a adquirir poder para examinar y votar subsidios y nuevos impuestos, siendo este último el poder fundamental que luego va a repercutir en la Revolución. Además, los *États Généraux* adquirirían ciertos poderes constitucionales en situaciones excepcionales: era necesaria su autorización al rey para la cesión de parte del territorio del Reino a una potencia extranjera, y le correspondía además, escoger al nuevo rey, en el caso de la extinción de la línea hereditaria.

La convocatoria de los *États Généraux* las hacía el rey y cuando promediaba el siglo XVI se impuso la costumbre de que los diputados o representantes a esas asambleas, al instalarse, debían entregar al rey un escrito con las reivindicaciones o quejas de su respectiva localidad, denominado *cahier de doléances,* y que constituían el conjunto de peticiones que se formulaban al rey al momento de instalarse la sesión de la asamblea. En esta forma, mediante estos *cahiers* se hacía conocer al rey la realidad y situación material del país, y se le planteaban reivindicaciones de los lugares de donde venían los diputados.

Ahora bien, consolidada la monarquía y el poder absoluto del rey, a partir de 1614, estas asambleas dejaron de reunirse por un período de 175 años, hasta 1788, precisamente para provocar la Revolución. Sin ser abolidas ni cambiadas, durante ese período el rey no las convocó más, como signo del absolutismo. Por tanto, la convocatoria de dicha asamblea por Luis XVI (1754-1793), en 1788, un año antes de la Revolución, significó la resurrección de una institución desaparecida y olvidada, y fue esa convocatoria, precisamente, el arma mortal más peligrosa contra la monarquía. El origen institucional de la Revolución francesa, por tanto, puede situarse un año antes de 1789, en 1788, con la convocatoria de los *États Généraux* después de 175 años de inactividad, en cuyo seno, el Tercer Estado, convertido en Asamblea, hizo la Revolución.

b) *Los Parlements.* Otra institución de la monarquía a la cual correspondería tener un papel fundamental en la Revolución, fueron los llamados *Parlements* que se convirtieron incluso, antes que los *États Généraux,* en la amenaza más peligrosa al poder del rey.

En efecto, en el Antiguo Régimen, como hemos indicado, el rey era fuente de toda justicia, pero podía delegarla, y así como los intendentes realizaban funciones judiciales, el Consejo Privado del Rey también ejercía funciones judiciales, y lo mismo sucedía con doce instituciones judiciales provinciales, que se denominaban los *Parlements,* diseminados en todo el territorio del Reino y que se autocalificaban como guardianes de las "leyes fundamentales del Reino". Ello sucedió así, sin duda, con la tolerancia real, conforme a las ideas de MONTESQUIEU (1689-1755) (quien había sido presidente del *Parlement* de Burdeos) sobre la separación de poderes y el contrapeso de los mismos.

Estas instituciones, doce en total, configuradas como cortes superiores para administrar justicia en última instancia en nombre del rey, desempeñaron un papel político fundamental en el proceso revolucionario, particularmente el *Parlement* de París, con el ejercicio de sus derechos de inscripción y rechazo de los edictos reales.

En efecto, los *Parlements,* al igual que los *États Généraux,* también habían adquirido cierto poder frente al rey, por razones políticas circunstanciales, precisa y coincidencialmente, cuando aquellos cesan de ser convocados. En efecto, en 1614 son convocados por última vez los *États Généraux,* y fue en 1610, cuando los *Parlement* comienzan a adquirir fuentes de poder, también por razones circunstanciales, con motivo del asesinato de Enrique IV (1533-1610).

En efecto, al morir Enrique IV (1610), su esposa María de Médicis, en virtud de que el hijo de ambos, heredero del Reino, Luis XIII, tenía nueve años, solicitó al *Parlement* que aprobase y reconociese su calidad de regente de la Corona. Tal calidad la tenía por las leyes fundamentales del Reino, pero para asegurar su poder, le pidió al *Parlement* que le reconociera tal carácter, lo que significó el otorgamiento de un poder implícito al *Parlement,* en el futuro, para designar los regentes; con ello empezaron a adquirir poder político concreto.

De nuevo, en 1643, se produjo un nuevo acontecimiento que reforzaría el poder de los *Parlements.* A la muerte de Luis XIII (1601-1643) cuyo primer ministro había sido el cardenal Richelieu (1585-1642), la esposa del rey, Ana de Austria, pidió al *Parlement* de París la nulidad del testamento del fallecido rey, que había dejado un Consejo de Regencia para su hijo Luis XIV (1638-1715), quien era menor de edad (tenía cinco años). Este Consejo estaba formado por hombres que había elegido Richelieu y que durante la minoría del niño-rey debía vigilar a Ana de Austria, la regente. Esta se consideró con derecho a ser regente y a nombrar el Consejo, razón por la cual llevó al niño-rey al *Parlement* de París y le pidió al cuerpo declarase la nulidad del testamento de manera que la regencia se ejerciera sin condiciones. El *Parlement* consideró que el testamento era contrario a los principios de la monarquía, y lo anuló, declarando a Ana de Austria, regente, posición que ejerció entre 1643 y 1661, con el Cardenal Mazarin de primer ministro. Con este hecho, de nuevo, se le dio más poder al *Parlement,* adquiriendo conciencia política en los siglos sucesivos, sobre todo a través del ejercicio de dos funciones que se desarrollaron progresivamente: el llamado derecho de registro y el derecho de rechazo de los edictos reales.

En virtud del derecho de registro, las leyes o edictos que dictaba el monarca debían ser enviados a los *Parlements,* antes de que pudieran entrar en ejecución. Tal derecho lo tenían en realidad todos los *Parlements,* y los edictos debían ir a los doce *Parlements* de Francia, pero el de París era, por supuesto, el que primero los recibía, y no entraban en vigencia allí hasta que el *Parlement* no los registrara. En el *Parlement* la ley era verificada y discutida, habiendo estas organizaciones asumido un derecho histórico, a pesar de que el rey lo consideraba como una concesión real, de poder rechazar el registro de los edictos y, por tanto, de poder rechazar la legislación que emanaba del rey.

En esta forma, los órganos del poder judicial ejercían parte del poder legislativo (control), lo que ALEXIS DE TOCQUEVILLE explicó como un producto de las costumbres generales de la época, donde no se concebía un poder absoluto total cuya obediencia al menos pudiera discutirse. Explicaba DE TOCQUEVILLE la situación así:

"Antes de su ejecución, el edicto [del rey], era, pues, llevado al *Parlement.* Los agentes del rey exponían sus principios y ventajas; los magistrados lo discutían; todo públicamente y en voz alta, con la virilidad que caracterizaba a aquellas instituciones medievales. A menudo ocurría que el *Parlement* enviase repetidamente al rey, diputados para rogarles modificar o retirar su edicto. A veces, el rey acudía en persona, y permitía debatir con vivacidad, con violencia, su propia ley ante sí mismo. Pero cuando al fin expresaba su voluntad, todo volvía al silencio y a la obediencia, porque los magistrados reconocían que no eran más que los primeros funcionarios del príncipe y sus representantes, encargados de ilustrarle y no de coartarle".

En esta forma, el conflicto, en caso de rechazo, en definitiva, podía resolverse con la imposición real en una sesión solemne del *Parlement,* donde el rey en persona acudía y discutía con los magistrados, en lo que se llamaba *lit de justice,* en la cual el rey les imponía su voluntad.

En todo caso, este derecho de registro y de rechazo que habían asumido progresivamente los *Parlements,* va a ser el arma más importante de la aristocracia contra la monarquía. Por ello, la reacción del *Parlement* de París, en 1787, contra los edictos reales de naturaleza impositiva, conformará una verdadera revolución aristocrática, preludio de la Revolución francesa.

En 1787, por tanto, los mismos principios de intervención de los *Parlements,* continuaban en aplicación, pero con un cambio en cuanto al tema del debate y a la naturaleza de los argumentos: el *Parlement* de París comenzó a pedir piezas justificativas en apoyo de los edictos que proponían reformas impositivas, particularmente, las cuentas de la hacienda, a lo que el rey se negó, lo que significó una negativa a compartir con los tribunales de justicia el poder legislativo. La respuesta del *Parlement* fue que "solo la nación tenía derecho a conocer nuevos impuestos y pidió que fuera reunida", mediante la convocatoria de los *États Généraux.*

En esta forma, así como los *États Généraux* fueron el instrumento del Tercer Estado contra la monarquía, los *Parlements* fueron el arma de la aristocracia contra la propia monarquía, ubicándose, en ambos procesos, el origen de la propia Revolución.

En el caso de los *Parlements,* debe adicionalmente tenerse en cuenta su peculiar desarrollo institucional. Estos cuerpos sirvieron para defender los privilegios de la aristocracia frente a las reformas fiscales que el propio régimen monárquico quería imponer, para resolver la crisis fiscal que agobiaba a la Corona, y ello fue posible por la propia situación organizativa de los *Parlements.* En efecto, en la víspera de la Revolución, los magistrados que formaban los *Parlements* ya no eran de designación real, sino por una evolución peculiar, tenían un origen hereditario y venal. Los cargos de magistrados también podían comprarse, y se mantenían anualmente con el pago de un precio. En esta forma, el monarca había perdido el derecho de escoger los magistrados de sus *Parlements,* integrándose esta magistratura por cooptación, herencia o adquisición por compra. Este régimen condujo a la inamovilidad de los magistrados de los *Parlements*, como consecuencia directa de la compraventa de los cargos, con lo cual el posible enfrentamiento al monarca era más claro por la independencia adquirida. Sabían los magistrados que podían rechazar edictos, pues no dependía su cargo de la voluntad del monarca. En consecuencia, el poder de los *Parlements* fue un instrumento fenomenal en la Revolución.

Existía además, un sistema adicional que completaba el cuadro funcional de estos órganos judiciales, y era el llamado "sistema de especies" [*des épices*], conformado por los regalos, en especie, que se hacían a los magistrados. En efecto, los abogados solían hacer regalos a los magistrados para obtener justicia, y esa práctica de los regalos, progresivamente se convirtió en una obligación de tener que pagar dinero o una tasa para obtener justicia. Así desapareció la gratuidad de la justicia, y allí puede encontrarse el origen de los aranceles judiciales.

Toda esta compleja formación de los *Parlements* condujo al surgimiento de una clase nueva y distinta, situada entre la nobleza y la burguesía y formada por estos altos funcionarios, muchos provenientes de la alta burguesía, independientes y con pretensiones de pertenecer a una nobleza transmisible, nombrados por sí mismos, independiente del monarca y en ejercicio de una de las funciones reales más importantes: administrar justicia. Por eso, en el siglo XVIII actuarán contra la monarquía, considerándose independientes. No es descartable que en el desarrollo de esa actividad, hayan influido, como se dijo, las propias ideas de un miembro de la aristocracia, CHARLES DE SECONDAT, BARÓN DE LA BRÈDE, Y DE MONTESQUIEU, quien además fue presidente del *Parlement* de Burdeos, sobre la independencia del poder judicial y la separación de poderes.

En todo caso, el prefacio de la Revolución francesa debe situarse en esta revuelta aristocrática, comandada por los *Parlements* en 1787 y 1788, en medio de la grave crisis política de la monarquía, provocada por la impotencia de resolver sus problemas financieros y por la incapacidad de reformarse. En todo caso, en esos años, cada vez que un ministro reformador quería modernizar el Estado, la aristocracia en los *Parlements* defendía su privilegio. Por ello, la revuelta de la aristocracia precedió a la Revolución, contribuyendo a destruir la propia monarquía.

Pero no debe perderse de vista que la reacción de los *Parlements* contra la monarquía, si bien provocó la Revolución, también significará la muerte de estas instituciones, que acabaron por ser impopulares. De allí que en los *cahiers des doléances* con que se instalan los *États Généraux* en 1788, se hubiera pedido invariablemente la abolición de los *Parlements*.

2. LAS CRISIS QUE PRECEDIERON A LA REVOLUCIÓN FRANCESA

El cuadro político constitucional de la monarquía o del Antiguo Régimen, antes descrito, es el que va a cambiar radicalmente en 1789, con la Revolución francesa, acontecimiento que, por supuesto, no puede considerarse como una Revolución del pueblo. La Revolución francesa, en efecto, ante todo, primero fue una revolución de la aristocracia frente al monarca, y después, una revolución de la burguesía también frente al monarca. Por eso, en definitiva, la Revolución francesa fue una revolución hecha por la burguesía para la burguesía. El pueblo, en ese proceso, es solo un protagonista circunstancial en el cuadro de las pretensiones de la aristocracia actuando a través de los *Parlements*, y de la burguesía, a través del dominio del *Tiers État* en los *États Généraux*.

Pero esta revolución, por supuesto, y los cambios institucionales que originó fueron producto de la crisis política, fiscal, social y económica que afectó a Francia a finales del siglo XVIII. Para comprender el proceso de la Revolución, por tanto, hay que comenzar por destacar los elementos de esta crisis del Antiguo Régimen.

A) *La crisis de las ideas políticas: Montesquieu y Rousseau*

El Antiguo Régimen ante todo, sufrió una profunda crisis en cuanto al sustento político teórico del absolutismo, a lo cual contribuyeron los mismos teóricos del absolutismo en sus escritos durante los siglos XVII y XVIII. Van a ser precisamente estas teorías de limitación y separación del poder, del contrato social y de las libertades naturales, las que suministrarán la base política del *Tiers État* y a los revolucionarios para trastocar todas las instituciones del Antiguo Régimen. Estas teorías la van a suministrar, básicamente tres grandes figuras del siglo XVII y XVIII que son JOHN LOCKE, el más grande teórico del absolutismo inglés y luego, en Francia, MONTESQUIEU y J. J. ROUSSEAU.

En primer lugar, se destaca JOHN LOCKE (1632-1704) quien escribe al finalizar la "Gloriosa Revolución" inglesa de 1688 que concluye con el triunfo del Parlamento frente al Rey, su *Two Treatises of Government* (1690). En dicha obra, como se ha señalado, LOCKE parte de la idea, origen de la concepción liberal, del estado natural del hombre y de que la sociedad y el Estado tiene su origen en un contrato social, que se formula entre los diferentes estamentos de la sociedad, para preservar la *property,* expresión que abarcaba no solo la propiedad, sino el conjunto de los derechos fundamentales de la persona: la vida, la libertad, la posesión, la religión; y que venían de ser proclamados en el *Bill of Rights* (1689) que precisamente marca el último triunfo del Parlamento sobre el monarca.

Siendo ese el origen del Estado, un contrato para preservar la *property,* no podía concebirse que dicho contrato pudiera conducir a que los ciudadanos tuvieran una condición peor a la que tenían en su estado natural. De allí surge, incluso, la teoría posterior del derecho a la rebelión frente a los gobiernos despóticos.

Esta concepción liberal está acompañada, en LOCKE, por la formulación de consideraciones tendientes a la racionalización del poder del monarca, derivadas del proceso desarrollado en Inglaterra al término de la Gloriosa Revolución, donde triunfa el Parlamento sobre el monarca. De allí saca LOCKE su idea de la distribución de las funciones del Estado distinguiendo cuatro funciones: la de legislar, la de juzgar, la de poner orden en el interior de los países, y la de poner orden en las relaciones exteriores.

Esta concepción de LOCKE, formulada a finales del siglo XVII, va a tener una enorme influencia en los pensadores políticos del Continente, de manera que, en el siglo XVIII, LOCKE es considerado el autor más importante en materia política. Su influencia es evidente en MONTESQUIEU y ROUSSEAU.

En efecto, MONTESQUIEU (1689-1755) interpreta, a su manera, sesenta años después, la Constitución inglesa y lo que había ocurrido en Inglaterra, y en su famoso libro *De l'esprit des lois* (1748), formula sus propias concepciones. Ante todo erige en principio la concepción de que la libertad política solo existe en Estados donde hay una separación de los poderes, lo que LOCKE ciertamente no había formulado.

Así, la libertad política según MONTESQUIEU existía solo en aquellos Estados donde el poder del Estado no residía, con todas sus funciones, en la misma persona o en el mismo cuerpo de magistrados. Por ello, en su *De l'esprit des lois*, insistió en que "Es una experiencia eterna que todo hombre que tiene poder es llevado a abusar de él; y llega hasta encontrar límites... Para que no se pueda abusar del poder es necesario, que por la disposición de las cosas, el poder detenga el poder".

En esta forma, del estudio comparado que realizó sobre el objeto de los diversos Estados de la época, MONTESQUIEU llegó a la conclusión de que Inglaterra era el único Estado que tenía por objeto directo la libertad política, por lo que en el famoso Capítulo VI del Libro XI de su obra, se propuso estudiar la "Constitución" de Inglaterra, y de ese estudio dedujo su teoría de la división del poder en tres:

"[E]l poder legislativo, el poder ejecutivo de las cosas que dependen del derecho de gentes, y el poder ejecutivo de aquellos que dependen del derecho civil. Mediante la primera, el príncipe o magistrado hace las leyes por un tiempo o para siempre. Mediante la segunda hace la paz y la guerra, envía y recibe embajadores, establece la seguridad, previene las invasiones. Mediante la tercera, castiga los crímenes, o juzga los diferendos de los particulares. A este tercer poder se lo llama el poder de juzgar y al otro, simplemente, el poder ejecutivo del Estado".

En realidad, antes que una división del poder, MONTESQUIEU definió, siguiendo a LOCKE, diversas funciones o potestades del Estado: la potestad de hacer las leyes, la potestad de juzgar, y la potestad ejecutiva, englobando en esta última, las que LOCKE calificó como poder ejecutivo y poder federativo.

Ahora bien, lo novedoso de la división del poder de MONTESQUIEU, y lo que lo distinguió de la concepción de LOCKE es, por una parte, la proposición de que para garantizar la libertad los tres poderes no deben estar en las mismas manos y, por la otra, que los mismos, en la división del poder, están en plano de igualdad; de lo contrario, el poder no podría frenar el poder. No es descartable, por ello, que estas ideas formuladas y escritas por el presidente de uno de los *Parlements* de Francia hayan influido en el papel de estos órganos como poder judicial, frente al monarca. En efecto, en el mismo Capítulo VI del Libro XI del *Espíritu de las leyes*, MONTESQUIEU precisó su concepción así:

"Cuando en una misma persona o en el mismo cuerpo de magistrados, el poder legislativo está reunido al poder ejecutivo, no hay libertad alguna... De nuevo no hay libertad alguna si el poder de juzgar no está separado del poder legislativo y del poder ejecutivo... Todo estaría perdido si el mismo hombre, o el mismo cuerpo de príncipes o de nobles, o del pueblo ejercieran estos tres poderes: el de hacer las leyes, el de ejecutar las resoluciones públicas, y el de juzgar los deseos o diferencias entre particulares".

Como consecuencia, agregaba, sacrificando la libertad: "Los príncipes que han querido tornarse en despóticos han siempre comenzado por reunir en su persona todas las magistraturas".

Debe destacarse, como se dijo, que en la concepción de MONTESQUIEU no hay proposición alguna que otorgue superioridad a uno de los poderes públicos sobre los otros. Es claro que al definir el poder legislativo como "la voluntad general del Estado" y el poder ejecutivo como "la ejecución de esa voluntad general", podría deducirse que MONTESQUIEU presuponía que el segundo debía sujetarse en su ejecución, a lo dispuesto en el primero, pero no en el sentido de subordinación política, como en cambio si ocurría en Inglaterra después de la Gloriosa Revolución y la consolidación de la soberanía del Parlamento. Al contrario, en la concepción de MONTESQUIEU, tan iguales concebía a los tres poderes que así era como podían frenarse mutuamente, como única forma de cooperación en beneficio de conservar la libertad política. De allí que concluyera:

"[E]sos tres poderes deberían formar un reposo o una inacción. Pero por el movimiento necesario de las cosas, ellas están obligadas a andar, ellas estarán forzadas de andar en concierto."

Es claro, en todo caso, que al igual que LOCKE, la concepción de MONTESQUIEU fue una concepción formulada para el absolutismo. Ambos fueron teóricos del absolutismo; por ello, la división del poder soberano fue más una doctrina legal que un postulado político, y solo fue por la fuerza de la Revolución como se convirtió en el principal principio político de la organización del Estado liberal moderno.

Pero además de los aportes de MONTESQUIEU en la teoría política francesa, que va a permitir la reacción, en la práctica, contra el Estado absoluto, tiene un puesto de gran importancia la concepción de J. J. ROUSSEAU (1712-1778) sobre la ley, lo cual va a provocar, posteriormente, el sometimiento del Estado a la Ley que él mismo produce, es decir, va a originar el principio de la legalidad y la consolidación del mismo Estado de derecho. En efecto, y tal como ROUSSEAU lo planteó en su *Discours sur l'origine et le fondement de l'inegálité parmi les hommes* y en su *Du contrat social,* el pacto o contrato social fue la solución dada al problema de encontrar una forma de asociación que además de asegurar "el paso del estado natural al estado civil", sirviera para:

"[D]efender y proteger contra toda la fuerza común a la persona y los bienes de cada asociado, y por el cual cada uno, uniéndose a todos, no obedezca en consecuencia sino a sí mismo y permanezca así tan libre como antes".

Agregaba Rousseau: "Por el pacto social hemos dado existencia y vida al cuerpo político; se trata ahora de darle movimiento y voluntad, mediante la legislación".

En esta forma, y he allí la novedad del planteamiento de Rousseau, la ley como forma de manifestación del soberano, da movimiento y voluntad al Estado, producto del pacto social, en tanto en cuanto se trata de "actos de la voluntad general que estatuyen sobre una materia general". Rousseau entonces, no solo construyó la teoría de la ley como "actos de la voluntad general" a cuyas disposiciones debían someterse todas las actuaciones del propio Estado y de los particulares, sino que estableció el principio de la generalidad de la ley, lo cual permitió la posterior reacción revolucionaria contra los privilegios.

Por otra parte, en el campo de las funciones estadales, en la concepción de Rousseau, estas se reducían a dos: hacer las leyes y ejecutarlas, a las cuales calificó, siguiendo la terminología de Montesquieu, como poder legislativo y poder ejecutivo. Tampoco aquí se trataba de una doctrina de la separación de poderes, sino conforme a la orientación de Locke y de Montesquieu, de una doctrina de la división del poder, que era uno solo: el del soberano, que resultaba del pacto social o de la integración de la voluntad general. Según Rousseau, las dos funciones del poder: la expresión de la voluntad general mediante leyes y la ejecución de esta, no era bueno que estuvieran en las mismas manos, por lo que siguiendo la orientación de Montesquieu, propugnó su ejercicio por órganos distintos, aun cuando contrariamente a la tesis de este, propugnase la necesaria subordinación que debía tener quien ejecuta la ley en relación a quien la hiciera, con lo cual, en la orientación de Locke, se aseguraba la supremacía del legislador y de la ley. Esta supremacía, piedra angular del Derecho Público, permitirá el desarrollo del principio de la legalidad y la configuración del Estado de Derecho.

Puede decirse, en términos generales, que con los escritos de Locke, Montesquieu y Rousseau, se forma todo el arsenal teórico político que será necesario para la reacción revolucionaria contra el Estado Absoluto y su sustitución por el Estado de Derecho, como garantía de libertad.

B) *La crisis del sistema económico: el liberalismo*

A la crisis de las ideas políticas que sustentaban la monarquía y que se manifiesta en el arsenal de ideas que alimentará a los revolucionarios, se agrega un elemento de crisis económica que afectó al modelo del Antiguo Régimen, es decir, al mercantilismo y el privilegio aristocrático (economía dirigida), cuyo más conspicuo artífice fue Colbert, interventor general de finanzas en el reinado de Luis XIV.

En efecto, así como en el campo político la concepción del estado natural del hombre y de la libertad fue configurando la base del liberalismo político como reacción frente al absolutismo, en el cual no existían derechos de los individuos, así mismo, en el campo económico, la reacción contra el mercantilismo —soporte del absolutismo— se inició con una concepción económica que también partió de las leyes naturales para su construcción. La política mercantilista, como se dijo, se puede caracterizar como un sistema netamente comercial, en el cual la agricultura —base a su vez de la economía feudal a la cual había desplazado— constituía una actividad económica marginal y de poca importancia.

En esta forma, al promediar el siglo XVIII en países como Francia y como consecuencia de la política mercantilista, la agricultura no solo no había sido promovida o protegida, sino que pobre y mal llevada había sido objeto de sucesivos gravámenes e impuestos. Así, la importancia del comercio interno y externo y la concesión de privilegios en relación a dichas actividades, provocó un considerable retraso en las actividades agrícolas y el empobrecimiento del campo, a pesar de que la agricultura se consideraba como la principal industria del país. Ante esta realidad, durante un breve período de tiempo (1760-1770), se desarrolló una política económica basada en los escritos de FRANÇOIS QUESNAY y en las aplicaciones prácticas que pudo ejecutar TURGOT en el gobierno, que al contrario del mercantilismo, minimizaba la importancia del comercio exterior y, en su lugar, ponía énfasis en la importancia de la economía agrícola y particularmente en la producción de cereales y en la eliminación de los privilegios otorgados por el Estado, propios del mercantilismo. Abogaba en esta forma, porque la actividad económica y política estuviese gobernada por las leyes implantadas en la naturaleza por la Providencia.

La *fisiocracia,* en esta forma, sostenía que de todas las actividades económicas, solo la producción agrícola podía considerarse realmente como producción, pues era la única que dejaba un producto neto, en tanto que las otras actividades consistían solo en transformaciones de riquezas existentes. En otras palabras, la fisiocracia entendía que solo la clase productiva que cultivaba la tierra producía, en tanto que las otras clases (artesanos y comerciantes) solo recobraban sus gastos. De allí se planteaba que la expansión de la economía y población de un país, dependía de la expansión de la inversión en la agricultura y de los gastos de la clase productiva.

Si bien la fisiocracia, como política económica, solo fue aplicada muy parcialmente en la década entre 1760 y 1770, su importancia teórica fue fundamental, pues se trató de la primera reacción contra la economía estatista del mercantilismo, basada en los privilegios, y que llevaría a la formulación de la doctrina del liberalismo económico. No hay que olvidar que la fisiocracia propugnó la supresión de las aduanas interiores y la libertad de comercio e industria, con la supresión de las corporaciones y cofradías, como primera reacción contra la economía estatista. TURGOT, incluso, en su célebre *Mémoire sur les municipalités* (1775) que presentó al rey, propugnó una nueva organización territorial basada en la actividad agrícola, y que daría luego origen, al municipalismo francés. Pero con ello, al enfrentarse a los privilegios, TURGOT cayó en desgracia en 1776, habiendo dejado, sin embargo, las bases teóricas iniciales del liberalismo.

Correspondió a ADAM SMITH (1723-1790), iniciar la formulación de la teoría del liberalismo económico la cual partía del principio del funcionamiento armonioso de la economía conducida por los solos intereses privados, por lo que la intervención del Estado en la economía —propia del mercantilismo— debía ser reducida, lo cual llevaría más adelante a la propugnación liberal de su eliminación. SMITH, en este sentido, en su obra *An inquiry into the Nature and Causes of the Wealth of Nations* (1776) partió del supuesto de que "la riqueza de las naciones" está menos en la tierra que en el trabajo del hombre y el resultado de este es la constitución del capital cuyo fin es hacer del trabajo mismo una actividad todavía más productiva. Por otra parte, sostenía que si el interés privado es el que mueve al hombre al trabajo y al ahorro, la garantía de que a pesar de ello existirá armonía frente a los riesgos de contraposición de intereses, está en la organización espontánea de la vida económica por la libre concurrencia de ellos, dentro de un mercado con libre juego de precios. En esta forma, de acuerdo con la concepción liberal, al Estado correspondía mantener las reglas del libre juego del mercado, el cual no debía distorsionarse con privilegios o monopolios tan característicos del absolutismo-mercantilismo. Las funciones del Estado, por tanto, fueron reducidas por SMITH a las siguientes: la protección del grupo social frente a la violencia exterior (defensa); la protección de los miembros individuales de la sociedad de las injurias u opresiones de sus conciudadanos (seguridad pública y justicia), y la creación y mantenimiento de ciertas obras públicas y ciertas instituciones públicas (fomento), cuyo mantenimiento y erección nunca podrían ser del interés de los particulares, puesto que el beneficio que podrían dar nunca podría compensar los gastos de un individuo o de un grupo de personas (servicios públicos). De allí el principio de la subsidiariedad de la acción del Estado en relación con la actuación económica de los particulares, tan característico del liberalismo.

En todo caso, conforme al esquema de la monarquía absoluta y del mercantilismo, el poder político estaba en manos del monarca, de la nobleza y del clero, donde se alojaban muchos beneficiarios de los privilegios y monopolios derivados del intervencionismo estatal mercantilista. Pero el mercantilismo era una política económica basada en el comercio y la industria, por lo que había provocado la formación de una nueva y gran clase social de banqueros, comerciantes y artesanos, que no participaban ni de los privilegios ni del poder político. Por ello, a la búsqueda del poder político de esta clase, que era la burguesía, y a la eliminación de los privilegios, se dirigieron todos los esfuerzos revolucionarios en Francia, siendo la primera forma de su actuación y luego de su triunfo, la formación del Tercer Estado en los Estados generales.

C) *La crisis social y el surgimiento de la burguesía*

En esta forma, el propio proceso económico del Antiguo Régimen va a provocar también una crisis en el esquema estamental de la sociedad, con el surgimiento de la burguesía. En efecto, debe destacarse que al calor del propio mercantilismo, una nueva clase social y económica distinta a los terratenientes y privilegiados (nobleza y clero) había comenzado a afianzarse en la sociedad. Se trata de la burguesía, surgida con un nuevo poder económico derivado del comercio, de la industria, de la banca, de la actividad profesional y de la artesanía, y que progresivamente va a acumular un poder real, de carácter económico, con lo cual, naturalmente, va a buscar tener poder político. La burguesía, será, sin duda, la expresión del *Tiers,* pues a pesar de su poder económico con pretensiones de nobleza, se verá impedida de ingresar a la nobleza. La búsqueda de poder político por la burguesía, va a ser, en definitiva, el toque final de la Revolución; y precisamente será a través de la Revolución, como la burguesía obtendrá el poder político, quebrando la división de las clases privilegiadas.

Pero aparte de ello, otro elemento de crisis social precederá a la Revolución, y es el empobrecimiento progresivo de las clases populares y bajas de la sociedad, en los años que precedieron la Revolución. En efecto, el aumento de impuestos (que no afectaban a las clases privilegiadas directamente), en todo caso, implicaba el aumento de los precios y la pérdida del poder adquisitivo de la población. Adicionalmente, en esos años, los problemas climáticos produjeron graves problemas en la cosecha de cereales, con la consiguiente escasez, agravando la situación de hambre en la población.

Por ello, a pesar de que la Revolución francesa no fue propiamente una Revolución del pueblo, por estos problemas socio-económicos circunstanciales, el pueblo tuvo un papel protagónico momentáneo, en 1789, que ayudó y apoyó a quienes hicieron la Revolución. Por ello, para entender quién hizo y cómo se produjo la Revolución, es necesario fijar el contexto de la situación política anterior a 1789, caracterizada por otra crisis: la crisis fiscal.

D) *La crisis fiscal: la quiebra del Tesoro real*

En efecto, la situación política de la Monarquía en los años que precedieron a la Revolución estuvo signada por una profunda crisis fiscal que, como la historia posterior lo demostró, va a ser la causa y el motivo directo de la Revolución.

En efecto, en 1787-1788, la monarquía francesa vivía una gravísima crisis fiscal por su impotencia financiera para manejar los asuntos del Estado, al no tener recursos fiscales, siendo por lo demás incapaz, el sistema monárquico, para auto reformarse. Frente a cada ministro que pretendía introducir reformas, modernizar las finanzas y modernizar el Estado —el caso de Necker, Calonne y de Brienne— la aristocracia se oponía defendiendo sus privilegios, incluso con el apoyo de la reina María Antonieta. Por ello, fue realmente la revuelta de la aristocracia la que precedió a la Revolución y contribuyó a destruir la monarquía y a destruir, en definitiva, sus propios privilegios.

Este déficit fiscal del Reino, paradójicamente, tuvo su principal causa en la ayuda y financiamiento francés a la Revolución de las colonias norteamericanas, por supuesto, no porque la monarquía apoyara los vientos de libertad y republicanismo que allí soplaban, sino como parte de la política exterior signada por la rivalidad con Inglaterra. Esta ayuda provocó un endeudamiento externo violento del país. En todo caso, a este factor de la crisis fiscal debe agregarse otro elemento: los gastos excesivos de la gran nobleza y de la Corte, que costaba mucho, a lo cual debe agregarse la corrupción.

La gravísima crisis fiscal resultante afectaba el funcionamiento del Estado y su solución no podía ser otra que la obtención de nuevos ingresos. Ello solo podía lograrse con dos medidas: o se aumentaban los impuestos o se recurría a nuevos empréstitos (deuda pública). Esto último fue lo que sucedió en los años anteriores a la Revolución: hubo que recurrir a nuevos empréstitos para poder cubrir el déficit, pero ello había destruido prácticamente las finanzas reales.

Por supuesto, estaba la fórmula del aumento de impuestos; sin embargo, ello no era posible, políticamente hablando, pues en una sociedad estratificada los impuestos gravaban solo una parte de la población: la propiedad territorial y la burguesía. La nobleza y el clero estaban exentos de impuestos, eran clases privilegiadas, por lo que el aumento de los impuestos lo que podía provocar era la agravación de la situación social de pobreza por el aumento de precios de los bienes de consumo y la disminución del poder de compra de las personas.

El solo remedio que pudieron formular los ministros de finanzas, para obviar nuevos empréstitos y ante la imposibilidad de aumentar los impuestos, era el igualar la carga ante los impuestos, es decir, erigir en principio la igualdad ante los impuestos o cargas públicas. Así, era necesario que todas las provincias contribuyeran en forma igual (había diferencia en las contribuciones provinciales) y era necesario que todos los sujetos también contribuyeran igual. Pero como las clases privilegiadas estaban exentas, la igualdad implicaba que había que gravarlas también. En esa situación y ante una sociedad estratificada ¿qué ministro del rey osaría en proponer estas reformas que afectaban la propia nobleza y el clero? ¿Qué *Parlement,* representante de esa aristocracia, iba a registrar los edictos que plantearan estas reformas?

En realidad, no había otra solución que formular una reforma impositiva, y en ese sentido se orientaron las propuestas de los inspectores generales de finanzas de Luis XVI, Necker, Colonne, de Brienne y luego del mismo Necker entre 1776 y 1788, propuestas que encontraron la firme oposición de las clases privilegiadas. La situación mostró la lucha del poder real por imponer reformas para obtener más ingresos y solucionar la crisis fiscal, y la resistencia de la aristocracia representada en el *Parlement* de París y en los otros *Parlements,* para aprobar esas reformas. Y he aquí donde surge el papel protagónico de los *Parlements* en la víspera de la Revolución y en el proceso político francés entre 1787-1789.

3. La crisis institucional y la Revolución

A) *La revolución aristocrática a través de los Parlements*

En efecto, particularmente frente a la propuesta que formuló el interventor general de finanzas, de Brienne en 1787, de establecer un impuesto territorial proporcional al ingreso, sin excepciones y otros impuestos, los edictos respectivos encontraron la resistencia del *Parlement* de París, que se negó a registrarlos. Pero lo más grave de la actitud del *Parlement,* —y ello sería otro de los tantos detonantes de la Revolución—, es que la razón que adujo para no poder registrar esos edictos estableciendo nuevos impuestos, fue que supuestamente la única institución que en Francia podía consentir esas medidas eran los *États Généraux,* que, como se dijo, habían desaparecido de la historia desde comienzos del siglo XVII, es decir, hacía 175 años. La negativa del *Parlement,* por tanto, de registrar las leyes impositivas, se acompañó con el reclamo de que el rey convocara los *Etats Généraux* para que fueran estos los que aprobaran las reformas.

No por azar Condorcet (1743-1794) escribía, en 1789, en su libro *De l'influence de la révolution de Amérique sur l'Europe,* que uno de los derechos del hombre era, precisamente, "el derecho a contribuir, sea inmediatamente, sea por representación, a sancionar estas leyes y a todos los actos consumados en nombre de la sociedad".

En todo caso, en la lucha entre el rey y el *Parlement* de París, en 1787 hubo una tregua, al haber un entendimiento entre ambos en cuanto a la promulgación del edicto que creó las asambleas provinciales electivas, lo que, como lo afirmó de Tocqueville, significó una "extraña y total revolución del gobierno y de la sociedad", pues el establecimiento de estas asambleas provinciales "[C] ompletaba la total destrucción del viejo sistema político europeo. Sustituía de golpe lo que restaba del feudalismo por la república democrática, la aristocracia por la democracia, la realeza por la República".

En todo caso, la confrontación entre el rey y el *Parlement,* particularmente por el rechazo de las medidas relativas a los impuestos y empréstitos, amenazaba con paralizar la administración del Reino. Francia, como se dijo, entre otros aspectos, había quedado endeudada por el financiamiento que había prestado a la Revolución americana, y la administración requería de mayores ingresos. La situación, en todo caso, se agravó, pues en Francia existían doce *Parlements* que tenían su sede en cada una de las doce provincias judiciales, y si bien en general, estos solo discutían los asuntos que concernían a las respectivas provincias, en 1787 actuaron al unísono, negándose a registrar los nuevos impuestos atentatorios al derecho de propiedad, y pidieron la convocatoria de los *États Généraux.*

Por ello DE TOCQUEVILLE afirmó que "la unión de los *Parlements* no solo era el arma de la Revolución, sino su señal", calificando la situación como la de una "sedición judicial, más peligrosa para el gobierno que para cualquier otro".

En todo caso, la reacción real no se hizo esperar, y el 6 de agosto de 1787, el rey Luis XVI compareció ante el *Parlement* y conforme al poder que en definitiva tenía de imponer su voluntad, en *lit de justice* hizo que el *Parlement* de París registrase los edictos reales estableciendo nuevos impuestos.

Al día siguiente, sin embargo, el *Parlement* anuló su registro por ilegal. Nunca antes se había discutido el poder real en esta forma, por lo que la reacción real fue inmediata: como no podía destituir a los magistrados del *Parlement* pues, como se dijo, eran independientes, el rey lo que hizo, como se hacía en la época, fue exiliar a los magistrados, sacarlos fuera de París, y enviarlos a las provincias. Esto provocó —no se olvide que era necesario registrar los edictos en todos los doce *Parlements* de Francia— una agitación en todos los otros *Parlements* de las provincias, y una reacción y resistencia general de la aristocracia frente al rey. El interventor general de finanzas, de Brienne, tuvo que capitular en sus pretensiones, retirando los edictos. Así, se restablecieron los impuestos anteriores (4 de septiembre de 1787) y se eliminó el registro que se había hecho bajo la presión del rey. Retornaron los magistrados del exilio, habiendo fracasado la reforma fiscal impositiva por la reacción de la aristocracia, representada precisamente en estos magistrados.

Frente a este fracaso se imponían nuevas medidas para resolver la crisis fiscal, y de Brienne propuso una nueva reforma, basada en la obtención de nuevos empréstitos (aumentar la deuda externa) que también debía ser sometida al *Parlement.* La reacción del *Parlement,* de nuevo, fue de rechazo a registrar los edictos con nuevos empréstitos, planteando la necesidad de que se convocaran los *États Généraux.* Incluso el planteamiento de los magistrados fue una especie de chantaje al rey: el registro de los edictos solo se produciría si se convocaban a los *États Généraux.* En todo caso, ante el rechazo, el rey asistió a la sesión solemne del *Parlement,* en *lit de justice,* e impuso el registro de los edictos el 19 de noviembre de 1787. La lucha entre estas instituciones (los *Parlements*) y el monarca se resume en una frase que se atribuye al Duque de Orléans, que le dijo al rey en esa *lit de justice* donde el Rey impuso sus impuestos:

«*Sire, c'est illégal.*

C'est légal —replicó Luis XVI—, *parce que je le veux*».

La querella entre el rey y el *Parlement* se eternizó. El *Parlement* llegó a publicar, incluso, el 3 de mayo de 1788, una declaración sobre las "Leyes Fundamentales del Reino" de las cuales, por razones históricas, se decía guardián, siendo dicha declaración del *Parlement* la negación más absoluta del poder real, al proclamar particularmente, y en forma general, que el voto de los impuestos pertenecía a los *États Généraux,* es decir, a la Nación, además de formular otras declaraciones condenando los arrestos arbitrarios y defendiendo la inamovilidad de los magistrados. La reacción de la monarquía fue la formulación de propuestas para reformar la función judicial y frenar a los *Parlements,* lo que originó la resistencia abierta de estos.

La reacción de Luis XVI frente a esa actitud de los *Parlements* y particularmente del de París, fue la orden de arresto contra dos magistrados del *Parlement* (Duval d'Epremesnil y Goislard de Montsabert), quienes se habían refugiado en el propio edificio del *Parlement* de París, los días 5 y 6 de mayo de 1788, donde buscaron la protección de la ley. La reacción del rey fue la emisión de edictos, el 8 de mayo, quitándole todos los privilegios políticos a los magistrados, para quebrar su resistencia. Sin embargo, estos edictos contra la aristocracia parlamentaria también debían registrarse por el propio *Parlement,* lo que produjo una verdadera insurrección de los *Parlements* en toda Francia.

Así, fue la magistratura judicial la que reaccionó contra la monarquía, incontables veces con el apoyo popular. En muchas provincias se produjeron incidentes (Dijon, Toulouse, Pau) siendo el más importante el del Dauphine, donde ocurrió una verdadera revuelta popular, prefacio asimismo de la Revolución. El *Parlement* de esta provincia había rehusado registrar los edictos del 8 de mayo de 1788, lo que condujo a la orden de cesación del *Parlement.* Los magistrados, sin embargo, se reunieron y fueron exilados. El día fijado para la partida, el pueblo de Grenoble se sublevó, instigado, sin duda, por los auxiliares de justicia, lo que provocó la reinstalación del *Parlement* (*Journée des Tuilles*).

En Grenoble también se produjo un hecho que precipitó la crisis: se reunieron espontáneamente nobles, eclesiásticos y burgueses, convocando unos *Estados Provinciales* en el Delfinado a reunirse en el Castillo de Vizille para "dar al desorden un tono regular", pidiendo la reinstalación del *Parlement.* Según DE TOCQUEVILLE, esta "Asamblea de Vizille" en la cual el *Tiers* tuvo un número de representantes igual al de las otras dos órdenes, "fue la última vez que un hecho ocurrido fuera de París ejerciera marcada influencia sobre el destino general del país". En esta asamblea se pidió la convocatoria de los *États Généraux,* institución que se reconoció como la que debía acordar nuevos impuestos. La Asamblea, en definitiva, fue una alianza entre el *Tiers* y los estamentos privilegiados, en la cual se desafió el poder real.

En todo caso, el gobierno temió que el hecho fuese imitado en todas partes, por lo que Luis XVI despidió a sus ministros, abolió o suspendió los edictos, y convocó de nuevo a los *Parlements.* Estos, reasumieron sus funciones, castigaron a quienes habían osado reemplazarlos y persiguieron a quienes habían obedecido a estos. Los *Parlements,* sin embargo, "cuando se creían los dueños, descubrieron de pronto que ya no eran nada"; como lo afirmó DE TOCQUEVILLE, "su popularidad no tardó más tiempo en esfumarse de lo que se empleaba, en 1788, para llegar cómodamente desde las costas de Bretaña a París". Particularmente, la caída fue súbita y terrible para el *Parlement* de París, institución de la cual se vengó, desdeñosamente el poder real.

Pero en definitiva, como lo señaló DE TOCQUEVILLE, "La unión de los *Parlements* no solo fue el arma de la Revolución sino su señal", y esa unión, en 1788, en el conflicto entre la monarquía y el *Parlement,* condujo en definitiva, a una capitulación de la monarquía frente a estos organismos judiciales. El interventor general de finanzas, de Brienne, como lo habían reclamado los *Parlements,* el 5 de julio de 1788 prometió reunir los *États Généraux* y fijó de una vez, para el 1o de mayo de 1789, la apertura de esta gran Asamblea.

B) *La abdicación real al poder absoluto y la convocatoria de los État Généraux*

Con la convocatoria de los *États Généraux* puede decirse que se inició la revolución política de Francia, pues en definitiva se puso fin, por la propia monarquía, al gobierno absoluto, al aceptar el rey compartir el gobierno y el poder con un cuerpo de diputados electos que asumirían el Poder legislativo, que hasta ese momento era ejercido por el propio monarca. Por tanto, realmente, el 5 de julio de 1788, al convocarse y al fijarse la fecha de los *États Généraux,* el rey dictó la sentencia de muerte del Antiguo Régimen, de la Monarquía Absoluta, y de su propia vida.

Por otra parte, Necker fue llamado de nuevo en sustitución de Brienne para asumir la Inspección General de Finanzas, y a él correspondió terminar la capitulación de la monarquía, revocando la reforma judicial y restableciendo plenamente los *Parlements.*

Ahora bien, aceptadas y acordadas por el rey la convocatoria de *États Généraux,* la agitación política se volcó respecto a otro aspecto que era muy importante: la forma de la convocatoria y la forma de funcionamiento de dicha asamblea. Como se ha indicado, históricamente, los *États Généraux,* hasta 1614, constituían una asamblea de los tres órdenes de la sociedad: la nobleza, el clero y el resto o *Tiers;* tres órdenes que tenían, cada uno, un voto. Por tanto, los asuntos recibían tres votos y cada orden votaba por separado, con lo cual las clases privilegiadas (la nobleza y el clero), siempre dominaban y se imponían, porque tenían dos votos frente al *Tiers Etat.* Por tanto, la discusión política, a partir de septiembre de 1788, fue sobre la forma del voto en el sentido de si debía ser o no separado, y la forma en que debían reunirse los órdenes, en cuanto al número de sus representantes. El *Parlement* de París, incluso, que era el principal instrumento de la aristocracia, dictó una declaración el 21 de septiembre de 1788 indicando la forma elegida: cada orden tendría igual representación y voto separado. Con ello, sin duda, la aristocracia había triunfado, pero también había iniciado la verdadera revolución.

En realidad, el rey había convocado los *Estados Generales*, pero nadie sabía, después de 175 años de inactividad de estas asambleas, cómo funcionaban, en el sentido de determinar la forma de elección de los representantes y la forma de voto. Solo el rey podía decirlo, y no lo dijo. La imprecisión, incluso, había llevado a un hecho curioso antes de la declaración del *Parlement,* y fue la aceptación, por el monarca, de la propuesta de Brienne de convocar a un "concurso académico" invitando a todos los sabios y demás personas instruidas del Reino, y en particular a quienes componen la Academia de Bellas Letras, a dirigir a su Señoría, el ministro de Gracia y Justicia, toda clase de informes y memorias sobre esta cuestión.

De Tocqueville señaló sarcásticamente que "Ni más ni menos era como tratar la Constitución del país como una cuestión académica y sacarla a concurso". Y así fue. En el país más literario de Europa, por supuesto, una petición de ese tipo, en un momento de efervescencia política, provocó una inundación de escritos y de papeles. Todos deliberaron, todos reclamaron y pensaron en sus intereses y trataron de encontrar en las ruinas de los antiguos *États Généraux,* la forma más apropiada para garantizarlos. Este movimiento de ideas originó la lucha de clases, y propició la subversión total de la sociedad. Por supuesto, los antiguos *États Généraux* muchas veces fueron olvidados, y la discusión se tornó hacia otras metas y, en particular, a identificar el poder legislativo, a la separación de poderes, a nuevas formas de gobierno, y a las libertades individuales. La inundación de escritos provocó una subversión total de las ideas, y en ese proceso los escritos de Montesquieu y Rousseau fueron fundamentales.

Como se dijo, el propio *Parlement* también expresó su forma propia de pensar respecto a la forma de reunión de los *États Généraux,* en el sentido que debían reunirse igual que en 1614, es decir, cada orden un voto y votos separados, con lo cual siempre las clases privilegiadas iban a mantener el control de la asamblea. Con ello, el *Parlement* perdió definitivamente su pretensión de ser portavoz de libertades. De Brienne había cesado y ya Necker, de nuevo, estaba al frente de la Intervención General de Finanzas. Frente a la declaración del *Parlement,* hubo múltiples reacciones panfletarias, signadas por la reacción del *Tiers,* y según lo señala de Tocqueville, el rey le respondió:

"Nada tengo que responder a mi *Parlement* sobre sus súplicas. Es con la Nación reunida con quien concertaré las disposiciones apropiadas para consolidar para siempre el orden jurídico y la propiedad del Estado".

En esta forma, Luis XVI expresaba que era con la Nación con quien iba a consultar, y la Nación estaba representada, precisamente, en los *États Généraux.* Con ello, el rey, materialmente, consumó la Revolución, al renunciar al gobierno absoluto y aceptar compartirlo con los *États Généraux.* Con ello, el rey había firmado su condena y la del Antiguo Régimen.

En cuanto a los *Parlements,* DE TOCQUEVILLE resume su suerte así:

"Una vez vencido definitivamente el poder absoluto y cuando la Nación no necesitó ya un campeón para defender sus derechos, el *Parlement* volvió de pronto a ser lo que antes era: una vieja institución deformada y desacreditada, legado de la Edad Media; y al momento volvió a ocupar su antiguo sitio en los odios públicos. Para destruirlo, al rey le había bastado con dejarle triunfar".

Los estamentos u órdenes habían estado juntos en el proceso antes descrito, pero vencido el rey y convocados los *Estados Generales,* la lucha por el dominio de los mismos entre las clases comenzó, y con ello empezó a surgir la verdadera figura de la Revolución.

Así, la discusión que se centró sobre los *Estados Generales* fue respecto de quién debía dominar esta asamblea. Los *Estados Generales* no se habían reunido en Francia desde hacía 175 años (los últimos, en 1614), por lo que, como instituciones, no eran sino un vago recuerdo. Por ello, frente al esquema tradicional defendido por el *Parlement* y la aristocracia de que cada orden tenía un voto y los tres órdenes votaban por separado, con lo cual las clases privilegiadas tenían dos votos sobre uno, el punto esencial de la propaganda política general que fue defendido por la burguesía, planteaba que debía haber un doblamiento de los miembros del *Tiers État* en relación a los otros dos estamentos, y que el voto debía ser por cabeza de diputado y no por orden.

Ese fue el motivo central del debate público del Partido Patriótico y de toda la literatura escrita: el *Tiers État* debía tener, entonces, el doble de los diputados que los otros, es decir, igual a los de la nobleza y el clero sumados, y el voto debía ser por cabeza de diputado y no por orden por separado, con lo cual había posibilidad de tener un voto igual entre nobleza y clero y el *Tercer Estado,* dejando de dominar la Asamblea los dos primeros.

Como se dijo, la cuestión política fundamental se situó, entonces, en quién habría de dominar los *Estados Generales,* por lo que la lucha entre los estamentos se desató; multiplicándose los escritos contra los privilegios, la violencia contra la aristocracia, y la negación de los derechos de la nobleza. La igualdad natural, que había sido tema difundido por la propia nobleza en sus ratos de ocio, se convertiría en el arma más terrible dirigida contra ella, prevaleciendo la idea de que el gobierno debía representar la voluntad general, y la mayoría numérica debía dictar la ley. Por ello, la discusión política giró en torno a la representación del *Tercer Estado,* en el sentido de si debía o no ser más numerosa que la concedida a cada uno de los otros dos estamentos (nobleza y clero).

El 5 de diciembre de 1788, el Consejo Real decidió que el *Tercer Estado* tuviera un número igual a la suma de los otros dos estamentos, con lo que los duplicó. El Consejo Real, sin embargo, no se pronunció, por la forma del voto, si era por cabeza de diputado o por orden y por separado. Era evidente que aun cuando se doblara el número de los diputados del *Tiers État,* si el voto seguía siendo por orden, por separado, seguiría triunfando la aristocracia que tendría dos votos sobre uno de las clases no privilegiadas. Esto era, sin duda, primordial.

Por ello, el proceso político pre-revolucionario estuvo signado entonces por una revolución aristocrática que luego se volcó contra sí misma: la aristocracia, para defender sus privilegios frente al rey, provocó por medio de los *Parlements* la convocatoria de los *États Géněraux,* y por tanto, la disminución del poder absoluto de la monarquía. Para ello, incluso, se alió a la burguesía. Sin embargo, al defender posteriormente la integración tradicional de los *États Généraux,* que favorecía sus intereses y aseguraba sus privilegios, provocó la ruptura de su alianza con el *Tiers,* Por ello, el triunfo del *Tiers* en los *États Généraux* significó el fin de la aristocracia, que fue, en definitiva, la primera víctima de la Revolución que ella misma había comenzado desde 1787.

Ahora bien, aun sin resolverse el problema del voto, en enero de 1789 se publicó el Reglamento de Elecciones de los diputados, que estableció un sistema de elección indirecta, de dos grados en el campo y de tres grados en la ciudad. Las elecciones se realizaron en más de 40.000 circunscripciones o asambleas electorales en todo el país, que despertaron políticamente a Francia, produciéndose una movilización completa de la población y despertando emociones populares. En todas las asambleas locales se formularon los tradicionales cuadernos de reivindicaciones y peticiones (*cahiers des doléances*). En esa forma, todos los diputados, de todo el país, llegaron a Versalles en abril de 1789, cargados de peticiones y requerimientos de la nobleza, del clero y el pueblo, signadas por reacciones contra el absolutismo que buscaban limitar los poderes del rey; por el deseo de una representación nacional a la que le correspondiera votar las leyes impositivas y, en general, hacer las leyes; y por el deseo general de igualdad. Toda la efervescencia política, sin duda, se concretó en estos cuadernos de reivindicaciones, que a la usanza de los tradicionales *États Généraux,* los diputados debían entregar al rey el día de su instalación.

Como quedó previsto, el 5 de mayo de 1789 fueron inaugurados oficialmente por el rey los *États Généraux* y la discusión inicial se concretó respecto de cómo se iban a instalar, pues ello no había sido resuelto en la convocatoria real: si en una asamblea las tres órdenes juntas o si en tres asambleas separadas.

La burguesía urbana y profesional había acaparado la mayoría de los escaños entre los diputados del *Tercer Estado,* por lo que dominó las discusiones y las votaciones en las asambleas, lo que reforzó por la división imperante en los otros dos estamentos. En el mismo mes de mayo de 1789, el *Tercer Estado* insistió en la celebración conjunta de sesiones para considerar la validez de los mandatos de los diputados, negándose a la verificación en forma separada. La nobleza adoptó una posición diametralmente opuesta, considerando la votación separada como un principio de la constitución monárquica. El clero, dividido, si bien no aceptó celebrar sesiones conjuntas con el *Tiers,* se abstuvo de declararse como Cámara aparte.

C) *La Asamblea Nacional y la Revolución*

Un mes después, el 6 de junio de 1789, el *Tiers État se* reveló, se instaló, e incitó y convocó a los otros dos órdenes a una cesión conjunta, advirtiéndoles que si no asistían, actuaría solo, aún cuando el número de votos por *cabeza* de diputados fuera igual. En este proceso tuvo un papel importante el clero, que si bien era una de las clases privilegiadas de la sociedad estamental, no tenía una composición uniforme: había un alto clero, que formaba parte de la nobleza y había un bajo clero, más cerca de las clases populares y de la burguesía. Por ello, cuando se produjo la convocatoria por parte del *Tiers* a una asamblea general, primero fueron tres, después siete y al final dieciséis diputados del clero que se sumaron al *Tiers État,* en lo cual, sin duda, SIEYÈS cumplió un papel fundamental.

Este último elemento provocó que la asamblea se constituyera, siendo esto un triunfo del *Tiers,* arrogándose a sí misma el título de Asamblea. SIEYÈS, diputado por el clero, incluso propuso que el título fuera "Asamblea de representantes conocidos y verificados de la Nación Francesa". En todo caso, no había pasado mes y medio desde la instalación de los *États Généraux,* cuando el 17 de junio de 1789, el *Tiers,* con algunos diputados de las otras órdenes, adoptó la *Declaración de constitución de la Asamblea.*

Los diputados del *Tiers État,* dominados por la burguesía, por tanto, que además eran parte de los *États Généraux,* se erigieron en Asamblea Nacional y se atribuyeron a sí mismos, el poder de legislar y, por tanto, de consentir o no los impuestos. Este fue, sin duda, el primer acto revolucionario del *Tiers,* y de inicio, en 1789, de la Revolución francesa. Por eso, primero los *Parlements* y luego, los *États Généraux,* son los que hicieron la Revolución.

En junio de 1789, por tanto, Francia vio surgir una Asamblea en la cual la mayoría todopoderosa e incontenible que se atribuía la representación nacional, amenazaba y disminuía el poder real, ya desarmado. Por ello DE TOCQUEVILLE observó que en esa situación "El *Tiers État,* dominando la única Asamblea, no podía dejar de hacer, no una reforma, sino una revolución", y eso fue lo que hizo. De allí la propia afirmación que deriva del título de la famosa obra de SIEYÈS *Qu'est-ce que le tiers état*? (¿Qué es el Tercer Estado?): el *Tercer Estado* constituye la Nación completa, negando que las otras órdenes tuvieran algún valor.

La Asamblea dictó decretos, incluso sobre la forma de su propia disolución, quitándole poder al rey sobre ello. Sin embargo, los decretos fueron derogados por el rey, ordenando que se constituyeran los *États Généraux,* por separado, intimidando con la fuerza al *Tercer Estado.* Así apareció, por primera vez en la Revolución, el elemento popular.

En efecto, el hambre, el aumento del precio del pan por la escasez de cereales, particularmente ese año por razones climáticas, en fin, la pobreza, fue el combustible para la agitación y rebelión del pueblo, estimulado por los diputados del *Tiers État,* para lograr su supervivencia política frente al rey. Así, la Asamblea, con el apoyo popular, impidió su propia disolución y se impuso al rey. La turba parisina inclusive, fue en protesta a Versalles y en el Palacio, llegó a la antesala del rey. Esto provocó que el rey ordenase a los otros dos estamentos (nobleza y clero) a sumarse a la Asamblea, por lo que a partir de 27 de junio de 1789, por decisión real, se cambió radicalmente la estructura político-constitucional de Francia y de la monarquía absoluta.

En todo caso, tan rápido y violento había sido el proceso de rebelión política y popular, que el rey había llamado al Ejército para someter la Asamblea que desobedecía sus órdenes. La Asamblea Nacional, el 9 de julio de 1789 se había constituido en *Asamblea Nacional Constituyente* desafiando nuevamente el poder real. La presencia y acción represiva del Ejército en París produjo la exacerbación popular; el pueblo, bajo la arenga política, buscó armas para defenderse. Las obtuvo el 14 de julio en el asalto a la caserna militar de los Inválidos, donde la turba se apertrechó (4 cañones y 34.000 fusiles) y en ese proceso de búsqueda de armas, se produjo, ese mismo día, la toma de la Bastilla, prisión del Estado, símbolo de la arbitrariedad real. Allí, sin embargo, además de que no había sino siete detenidos, no había armas.

La revuelta, en todo caso, salvó a la Asamblea Nacional, la cual, reconocida por el rey e instalada definitivamente después de la toma de la Bastilla, a partir de agosto de 1789, comenzó a cambiar la faz constitucional francesa. El espíritu subversivo se esparció por todas las provincias, y los campesinos y el pueblo en armas se sublevaron contra los antiguos señores. La Asamblea Nacional tuvo que prestar atención inmediata al problema del privilegio fiscal, lo que llevó, el 5 de agosto, a que los diputados nobles y del clero renunciaran a sus derechos feudales y a sus inmunidades fiscales.

La Asamblea había recibido el 11 de julio un primer texto de una "Declaración de Derechos del Hombre y del Ciudadano", presentado por Lafayette. Suprimidas las rebeliones provinciales, dicha Declaración fue sancionada el 26-27 de agosto de 1789, y con ella, la Asamblea aprobó los artículos de una Constitución —19 artículos que preceden la Declaración—, con lo cual se produjo la primera manifestación constitucional de la Asamblea. En efecto, en estos artículos de Constitución, se recogieron los principios de organización del Estado: se proclamó que los poderes emanaban esencialmente de la

Nación (art. 1°); que el gobierno francés era monárquico, pero que no había autoridad superior a la de la ley, a través de la cual reinaba el rey, en virtud de la cual podía exigir obediencia (art. 2°); se proclamó que el poder legislativo residía en la Asamblea Nacional (art. 2°) compuesta por representantes de la Nación libre y legalmente electos (art. 9°), en una sola Cámara (art. 5°) y de carácter permanente (art. 4°); se dispuso que el poder ejecutivo residiría exclusivamente en las manos del rey (art. 16), pero que no podía hacer ley alguna (art. 17); y se estableció que el poder judicial no podía ser ejercido en ningún caso por el rey ni por el cuerpo legislativo, por lo que la justicia solo sería administrada en nombre del rey por los tribunales establecidos por la ley, conforme a los principios de la Constitución y según las formas determinadas por la ley (art. 19).

En cuanto al texto de la Declaración de 1789 es el siguiente:

"Los representantes del pueblo francés, constituidos en Asamblea Nacional, considerando que la ignorancia, el olvido o el desprecio de los derechos del hombre son las únicas causas de las desgracias públicas y de la corrupción de los gobiernos, han resuelto exponer en una declaración solemne los Derechos naturales, inalienables y sagrados del hombre, a fin de que esta declaración, presente constantemente a todos los miembros del cuerpo social, les recuerde sin cesar sus derechos y sus deberes; a fin de que los actos del poder legislativo y del poder ejecutivo, pudiendo ser en cada instante comparados con la finalidad de toda institución política, sean más respetados; a fin de que las reclamaciones de los ciudadanos, fundadas en adelante en principios simples e indiscutibles, contribuyan siempre al mantenimiento de la Constitución y a la felicidad de todos.

"En consecuencia, la Asamblea Nacional reconoce y declara, en presencia y bajo los auspicios del Ser Supremo, los siguientes derechos del Hombre y del Ciudadano.

"Artículo 1. Los hombres nacen y permanecen libres e iguales en derechos. Las distinciones sociales no pueden fundarse más que en la utilidad común.

"Artículo 2. La finalidad de toda asociación política es la conservación de los derechos naturales e imprescindibles del hombre. Estos derechos son la libertad, la propiedad, la seguridad y la resistencia a la opresión.

" Artículo 3. El principio de toda soberanía reside esencialmente en la Nación. Ningún cuerpo, ningún individuo puede ejercer una autoridad que no emane de ella expresamente.

"Artículo 4. La libertad consiste en poder hacer todo lo que no perjudica a otro; así, el ejercicio de los derechos naturales de cada hombre no tiene otros límites que los que garantizan a los demás miembros de la sociedad el goce de esos mismos derechos. Estos límites solo pueden ser determinados por la ley.

"Artículo 5. La ley no tiene derecho a prohibir sino las acciones perjudiciales para la sociedad. No puede impedirse nada que no esté prohibido por la ley, y nadie puede ser obligado a hacer lo que ella no ordena.

"Artículo 6. La ley es la expresión de la voluntad general. Todos los ciudadanos tienen derecho a participar personalmente, o a través de sus representantes, en su formación. Debe ser la misma para todos, así cuando protege, como cuando castiga. Todos los ciudadanos, siendo iguales a sus ojos, son igualmente admisibles a todas las dignidades, puestos y empleos públicos, según su capacidad, y sin otra distinción que la de sus virtudes y sus talentos.

"Artículo 7. Ningún hombre puede ser acusado, encarcelado ni detenido sino en los casos determinados por la ley, y según las formas por ella prescritas. Los que solicitan, dictan, ejecutan o hacen ejecutar órdenes arbitrarias, deben ser castigados; pero todo ciudadano llamado o detenido en virtud de la ley debe obedecer al instante: se hace culpable por la resistencia.

"Artículo 8. La ley no debe establecer más que penas estricta y evidentemente necesarias y nadie puede ser castigado sino en virtud de una ley establecida y promulgada anteriormente al delito, y legalmente aplicada.

"Artículo 9. Todo hombre se presume inocente mientras no haya sido declarado culpable; por ello, si se juzga indispensable detenerlo, todo rigor que no fuera necesario para asegurar su persona debe ser severamente reprimido por la ley.

"Artículo 10. Nadie debe ser inquietado por sus opiniones, incluso religiosas, siempre que su manifestación no altere el orden público establecido por la ley.

"Artículo 11. La libre comunicación de los pensamientos y de las opiniones es uno de los derechos más preciosos del hombre; todo ciudadano puede pues hablar, escribir, imprimir libremente, a reserva de responder del abuso de esta libertad, en los casos determinados por la ley.

"Artículo 12. La garantía de los derechos del Hombre y del Ciudadano hace necesaria una fuerza pública; esta fuerza se instituye pues en beneficio de todos, y no para la utilidad particular de aquellos a quienes les es confiada.

"Artículo 13. Para el mantenimiento de la fuerza pública, y para los gastos de la administración, es indispensable una contribución común; esta debe ser repartida por igual entre todos los ciudadanos, en razón de sus posibilidades.

"Artículo 14. Los ciudadanos tienen derecho a comprobar, por sí mismos o por sus representantes, la necesidad de la contribución pública, a consentir en ella libremente, a vigilar su empleo, y a determinar su cuota, su base, su recaudación y su duración.

"Artículo 15. La sociedad tiene el deber de pedir cuentas de su administración a todo funcionario público.

"Artículo 16. Toda sociedad en la que no está asegurada la garantía de los derechos, ni determinada la separación de los poderes no tiene Constitución.

"Artículo 17. Siendo la propiedad un derecho inviolable y sagrado, nadie puede ser privado de ella, salvo cuando lo exija evidentemente la necesidad pública, legalmente comprobada, y a condición de una indemnización justa y previa".

La Declaración de Derechos del Hombre y del Ciudadano, sancionada por la Asamblea, fue rechazada por el rey. Una nueva revuelta popular provocó el traslado de la Asamblea a París, y obligó a la sanción real de la Declaración, el 2 de octubre. La Asamblea conminó al rey a regresar a París el 5-6 de octubre, y el 2 de noviembre la Asamblea confiscó los bienes de la Iglesia y del clero, que se declararon bienes nacionales. La Asamblea, en pocos meses, hizo la Revolución jurídica, cambió todos los instrumentos que regían la Monarquía y, a partir de finales de 1789, comenzó a configurarse un nuevo Estado, por la voluntad de una Asamblea Legislativa que, el 22 de diciembre, creó los departamentos como demarcación territorial uniforme del nuevo Estado. Asimismo, antes, por decreto de 14 de diciembre de 1789 había organizado las municipalidades e institucionalizado el "poder municipal".

El proceso posterior a 1789 es historia conocida: la Revolución, originó las guerras de las monarquías europeas contra Francia, que se encontró amenazada en todas sus fronteras. La Revolución, por tanto, además de consolidarse internamente tuvo que protegerse externamente. En junio de 1791, el rey negoció con las potencias extranjeras e intentó huir; detenido, fue obligado a aceptar la Constitución del 13 de septiembre de 1791, que fue la primera Constitución europea moderna, configuradora, sin embargo, de un Estado monárquico, signado por la separación de poderes: el rey conservaba el poder ejecutivo, el poder legislativo lo asumía la Asamblea, y el poder judicial, los tribunales.

Los *Parlements* por supuesto, habían sido eliminados por la Revolución. Así, quienes hicieron la Revolución desaparecieron inmediatamente: los *États Généraux* y los *Parlements.*

Luis XVI, en virtud de la Constitución, dejó de ser "rey de Francia" y pasó a ser "rey de los franceses". Como soberano constitucional se esforzó en frenar la Revolución aplicando el veto suspensivo a la legislación, pero lo que logró fue aumentar el descontento político y popular contra él. Fue hecho prisionero por la Comuna insurrecta de París el 10 de agosto de 1792, encarcelado en la prisión del *Temple,* acusado de traición, juzgado por la Convención recién electa el 2 de septiembre de 1792, condenado a muerte, y ejecutado el 21 de enero de 1793.

A partir de la prisión del rey, el 22 de septiembre de 1792 se había proclamado la República. El 24 de junio de 1793, entró en vigencia la primera Constitución Republicana, ratificada por referéndum (Constitución del año I), que también estaba precedida de la Declaración de Derechos. El terror político y revolucionario se apoderó de Francia y el caos se generalizó, sobre todo por la coalición extranjera que se formó contra la Revolución (marzo 1793).

En 1795 (22 de agosto) se sancionó una nueva Constitución (Constitución del año III), también precedida de una Declaración de Derechos, concluyendo la Convención, el 26 de octubre de 1795. El 2 de noviembre del mismo año se instaló el Directorio. Bonaparte, quien en octubre de 1795 develó una revuelta de los realistas (13 *Vendémiaire*), fue nombrado jefe de la armada en Italia. Triunfante en 1795, el Directorio lo nombró comandante de la expedición en Egipto (1798), retornando a Francia en octubre de 1799, donde los moderados le confiaron la labor de eliminar el Directorio. Mediante un golpe de Estado, el 9-10 de noviembre de 1799 (*Brumaire,* año VIII) impuso al país una Constitución autoritaria y se inició el Consulado. Terminó así la Revolución francesa, cuyo proceso había durado solo diez años.

En 1802, Bonaparte, luego de reorganizar centralizadamente la justicia, la administración (con la creación de los prefectos) y la economía, se hizo designar Cónsul Vitalicio (1802) y luego, *Emperador de los Franceses* (1804), "por la gracia de Dios y la voluntad nacional". En todo caso, como Napoleón I, estableció una monarquía hereditaria con nobleza de Imperio, y continuó la reorganización y centralización de la Francia revolucionaria, adoptándose incluso, el Código Civil. La guerra, sin embargo, acaparó buena parte de su gobierno. Después de la retirada de Rusia (1812), vencido en Leipzig (1813) e invadida Francia por las potencias europeas, abdicó en 1814, siendo confinado a la isla de Elba. De allí se escapó de la vigilancia inglesa, regresó a Francia en marzo 1815 (los Cien días), y luego de ser vencido en Waterloo (18 de junio), el 22 de junio de 1815 abdicó por segunda vez, entregándose a los ingleses, quienes lo exilaron a la isla de Santa Helena, donde murió en 1821. Desde 1815, se reinstaló en Francia la monarquía, con Luis XVIII (1755-1824).

El republicanismo en Francia había durado doce años (1792-1804). Después de una breve reinstalación (II República) entre 1848 y 1852, solo fue a partir de 1870 cuando se reconstituyó, con la III República (1870-1940); la IVa República (1944-1958) y la Va República (1958 hasta el presente).

Las constituciones imperiales y luego monárquicas, a partir de 1804, habían pospuesto la República. Por otra parte, la Declaración de Derechos, a partir de 1804 solo podía considerarse como un texto histórico, sin consecuencias jurídicas precisas, si bien sus principios inspiraron los regímenes posteriores. Dicha Declaración solo readquirió valor de derecho positivo, en el ámbito constitucional, en virtud del Preámbulo de la Constitución de 1958. Con tal motivo solo en 1973 el Consejo Constitucional ha considerado expresamente que la Declaración de Derechos del Hombre y del Ciudadano de 1789 forma parte del bloque de la constitucionalidad.

4. Los aportes de la Revolución francesa al constitucionalismo moderno

Cuando se declaró la Independencia de Venezuela (1811) y se inició la Revolución de América Latina, por tanto, ni la República existía en Francia, ni la Declaración de Derechos tenía rango constitucional, y la Revolución francesa había cesado. Aquel proceso, sin embargo, marcó un cambio total al constitucionalismo moderno que, junto con los aportes de la Revolución americana, germinaron inicialmente, precisamente en América Latina durante el siglo XIX, a partir de 1811.

A) *La idea de Constitución*

La idea de Constitución, como documento escrito, de valor superior y permanente, que contiene las normas fundamentales de organización del Estado y la Declaración de los Derechos de los Ciudadanos fue, sin duda, como hemos dicho, el aporte fundamental de la Revolución americana al constitucionalismo moderno, plasmado en 1776, al declararse independientes las antiguas colonias inglesas en Norteamérica. En ese proceso nació la Constitución moderna, que contiene las Constituciones de las excolonias, tanto una parte orgánica relativa a la organización del Estado en base a los principios de la separación de poderes, como una parte dogmática, contentiva de una declaración de derechos fundamentales naturales del hombre. El elemento básico del constitucionalismo que proviene de la Revolución americana, en todo caso, es el del carácter de ley suprema y fundamental de la Constitución, ubicada por encima de los poderes del Estado y de los ciudadanos, y no modificable por el legislador ordinario.

Esta concepción se adoptó en Francia, desde el mismo momento de la Revolución, sin duda, bajo la influencia americana, pero con aproximaciones propias y una concepción formal más latina en su expresión y extensión, que fue la que influyó en América Latina. En efecto, al contrario de la Constitución norteamericana de 1787 que en un conjunto de 7 artículos reguló la parte orgánica y al contrario de las Constituciones de las antiguas colonias, no contuvo inicialmente una declaración de derechos, el primer acto constitucional de la Asamblea Nacional revolucionaria francesa en 1789, fue adoptar la *Declaración de los Derechos del Hombre y del Ciudadano,* la cual estaba precedida de unos artículos de la Constitución, en los cuales se recogieron los principios fundamentales de organización del Estado en base al principio de la separación de poderes ("El Poder legislativo reside en la Asamblea Nacional" —art. 8—; "El Poder Ejecutivo supremo reside exclusivamente en el rey" —art. 6—; y "El Poder Judicial no podrá en ningún caso ser ejercido por el rey ni por el cuerpo legislativo" —art. 17—).

Posteriormente, en 1791, la Asamblea dictó la primera Constitución, formalmente hablando, de Francia, la segunda en la historia constitucional del mundo moderno, regulando extensamente una monarquía constitucional, en cerca de 210 artículos, e incorporando al texto la Declaración de Derechos (17 artículos). El mismo esquema se siguió en las constituciones republicanas de 1793 (124 artículos) y 1795 (377 artículos).

La Constitución de 1791, concibió al rey como un delegado de la Nación, sujeto a la soberanía de la ley como expresión de la voluntad general. A partir de ese texto, en todo caso, el Estado ya no fue el rey, como monarca absoluto, sino el pueblo organizado en Nación sujeto a una Constitución.

El aporte del constitucionalismo francés en cuanto a la idea de Constitución, por tanto, es que no solo los textos revolucionarios de 1791, 1793 y 1795 se configuraron como Constituciones orgánicas sino como Constituciones dogmáticas, precedidas todas de una Declaración de Derechos que no contenía la Constitución norteamericana de 1787, y que solo se incorporaron a la misma, precisamente en 1789 y 1791, al sancionarse las primeras diez Enmiendas. La Declaración de Derechos de rango constitucional es, por tanto, el gran aporte a la idea de Constitución de la Revolución francesa.

Ahora bien, la primera de las constituciones latinoamericanas que es la Constitución venezolana de diciembre de 1811, recibió la influencia directa tanto de la Constitución francesa como de la Constitución americana. De la Constitución americana recibió la influencia de la forma federal del Estado, del presidencialismo como sistema de gobierno dentro del esquema de la separación de poderes, y del control de la constitucionalidad, como la garantía objetiva de la Constitución. Pero en cuanto a la redacción del texto constitucional de 1811, la influencia directa de la Constitución francesa es evidente, particularmente en la regulación detallada de la forma de elección indirecta de los representantes, en el reforzamiento de la separación de poderes, y en la extensa Declaración de Derechos fundamentales que contiene.

Con frecuencia se ha argumentado que el texto de la Constitución venezolana de 1811, provino de la Constitución norteamericana, lo que no es exacto, no solo por el contenido de ambas, sino por la extensión de los textos: 7 artículos —aun cuando extensos cada uno— en la Constitución americana de 1787 contra 228 artículos de la Constitución venezolana de 1811. En realidad, este texto se inspiró en principios de la Constitución americana y, a la vez, en la redacción del texto de las Constituciones francesas revolucionarias, tanto en su parte dogmática como en su parte orgánica.

Desde el punto de vista constitucional, por tanto, es evidente que la formación inicial del Estado venezolano no recibió influencia alguna de las instituciones españolas. No se olvide que en 1811, España era una monarquía invadida por las tropas napoleónicas, en plena guerra de independencia frente al invasor francés, y que es partir de 1812, con la Constitución de Cádiz, cuando comienza a recibir alguno de los aportes del constitucionalismo, como el principio de la separación de poderes. Sin embargo, España continuó siendo una monarquía durante todo el siglo XIX, en tanto que la evolución republicana de Venezuela que comienza en 1811, y con todos sus altibajos políticos, se desarrolló sin interrupciones hasta el presente. Venezuela, por tanto, al contrario de lo que sucedió en otros países de América Latina, no recibió inicialmente influencia alguna derivada de la Constitución de Cádiz, la cual solo rigió en parte de su territorio durante la confusión de la guerra de independencia, al contrario de lo que sucedió en otros países de América Latina, que al haber logrado su independencia más tarde, a comienzos del siglo XIX, recibieron la influencia de la Constitución gaditana.

B) *El principio de la soberanía nacional, el republicanismo y el gobierno representativo*

El segundo principio que surge del constitucionalismo revolucionario francés, es el de la soberanía nacional. En efecto, conforme al régimen del absolutismo, el soberano era el monarca, quien ejercía todos los poderes e, incluso, otorgaba la Constitución del Estado. Con la Revolución, el rey es despojado de su soberanía, como se dijo, deja de ser rey de Francia y comienza a ser rey de los franceses trasladándose la soberanía al pueblo. La noción de Nación surge entonces, para lograr privar al rey de su soberanía, pero como la soberanía existía solo en la persona que la podía ejercer, era necesaria una noción de "Nación", como personificación del pueblo, para reemplazar al rey en su ejercicio. Para usar las palabras de BERTHÉLEMY:

"Había una persona soberana que era el rey. Otra persona debía ser encontrada para oponérsele. Los hombres de la Revolución encontraron esa persona soberana en una persona moral: la Nación. Le quitaron la Corona al rey y la pusieron en cabeza de la Nación".

Pero la Nación en la teoría revolucionaria, fue identificada con lo que SIEYÈS estudió como el *Tercer Estado.* El *Tercer Estado* en los *Estados Generales,* comparado con los otros estamentos (nobleza y clero), era el estamento bajo, la Nación globalmente considerada. *Qu'est-ce que le Tiers?* fue la pregunta que se planteó SIEYÈS en su libro, y la respuesta que dio fue "todo", "toda la Nación". Las clases privilegiadas, así, fueron excluidas del concepto de Nación, en la cual tenía sin embargo cabida la burguesía.

La burguesía como lo señaló SIEYÈS, tenía "la modesta intención de tener en los Estados Generales o Asambleas una influencia igual a la de los privilegiados"; pero la situación real, particularmente por su poder económico y por la reacción contra los privilegios, llevó a la burguesía a acaparar el poder, por la Revolución, con apoyo popular. El pueblo, en realidad, apoyó al *Tercer Estado,* es decir, a la burguesía, pues no tenía otra alternativa, en el sentido de que no podía apoyar ni a la nobleza ni al clero, que representaban los privilegios. Por ello, la Revolución francesa ha sido considerada como la revolución de la burguesía, para la burguesía y por la burguesía, configurándose como un instrumento contra los privilegios y discriminaciones, buscando, al contrario, la igualdad de todos los hombres en el goce de sus derechos. De allí que, incluso, la Declaración de Derechos del Hombre y del Ciudadano haya sido calificada como "la expresión ideológica del triunfo de la burguesía".

De allí el principio de la soberanía atribuida a la Nación y no al rey o a los gobernantes, que surge del texto de la Declaración de los Derechos del Hombre y del Ciudadano: "El principio de toda soberanía reside esencialmente en la Nación. Ningún cuerpo, ningún individuo puede ejercer autoridad alguna que no emane de ella expresamente" (art. 3). La Declaración de Derechos que precedió la Constitución de 1793, señalaba: "La soberanía reside en el pueblo. Ella es una e indivisible, imprescriptible e inalienable" (art. 25), y la Declaración que precedió la Constitución de 1795, señaló: "La soberanía reside esencialmente en la universalidad de los ciudadanos. Ningún individuo, ninguna reunión parcial de ciudadanos puede atribuirse la soberanía".

Estos principios fueron recogidos en la Declaración venezolana de Derechos del Pueblo de 1811, cuyos primeros dos artículos de la Sección "Soberanía del pueblo" establecieron:

"La soberanía reside en el pueblo; y el ejercicio de ella en los ciudadanos con derechos a sufragio, por medio de sus apoderados legalmente constituidos" (art. 1);

"La soberanía es por su naturaleza y esencia, imprescriptible, inajenable e indivisible" (art. 2).

La Constitución de 1811, en todo caso, definió la soberanía popular conforme a la misma orientación:

"Una sociedad de hombres reunidos bajo unas mismas leyes, costumbres y gobiernos forma una soberanía" (art. 143).

La soberanía de un país, o supremo poder de reglar o dirigir equitativamente los intereses de la comunidad, reside, pues esencial y originalmente en la masa general de sus habitantes y se ejercita por medio de apoderados o representantes de estos, nombrados y establecidos conforme a la Constitución (art. 144).

Conforme a estas normas, por tanto, en las antiguas provincias coloniales de España que formaron Venezuela, la soberanía del monarca español cesó y comenzó la soberanía a ejercerse por el pueblo, que se dio a sí mismo una Constitución por medio de sus representantes electos. Por ello, la Constitución de 1811, comienza señalando:

"En nombre de Dios Todopoderoso, Nos, el pueblo de los estados de Venezuela, usando de nuestra soberanía [...] hemos resuelto confederarnos solemnemente para formar y establecer la siguiente Constitución, por la cual se han de gobernar y administrar estos estados".

La idea del pueblo soberano, por tanto, que no solo proviene de la Revolución francesa sino antes, de la Revolución americana, se arraiga en el constitucionalismo venezolano desde 1811, contra la idea de la soberanía monárquica que aún imperaba en España en ese momento.

Debe destacarse, además, que a pesar de su carácter monárquico, la Constitución francesa de 1791 fue representativa, desde el momento en que la Nación ejercía su poder a través de representantes. En todo caso, fue precisamente por el sistema que se estableció para la participación, como la Revolución tuvo una especial significación social vinculada a la burguesía, ya que conforme al sistema de sufragio que se estableció, un gran número de ciudadanos fue excluido de la actividad electoral.

En todo caso, después de la monarquía y ejecutado Luis XVI, la Constitución de 1793 estableció la República, en sustitución de la monarquía, como "única e indivisible" (art. 1). En consecuencia, el pueblo soberano, constituido por "la universalidad de los ciudadanos franceses", nombraba sus representantes en los cuales le delegaba el ejercicio de los poderes públicos (arts. 7 a 10). Estas ideas de la representatividad, sin embargo, en Francia se impusieron desde el momento mismo de la Revolución, en 1789, a pesar de que al inicio la forma del gobierno siguió siendo monárquica. Así, en la Constitución de 1791 se estableció:

"La Nación de la cual emanan todos los poderes, no los puede ejercer sino por delegación. La Constitución francesa es representativa: los representantes son el cuerpo legislativo y el rey" (art. 2, Tít. III).

Por tanto, incluso el rey se convirtió con la Revolución en representante de la Nación, hasta que fue decapitado, y con ello la monarquía convertida en República, fue completamente representativa.

Esta idea de representatividad republicana, por supuesto, también provino inicialmente de la Revolución americana, y se recogió en la Constitución venezolana de 1811, en la cual, como señalamos, se establece que la soberanía se ejercita solo "por medio de apoderados o representantes de estos, nombrados y establecidos conforme a la Constitución" (art. 144). Por ello, agrega la Constitución de 1811:

"Ningún individuo, ninguna familia, ninguna porción o reunión de ciudadanos, ninguna corporación particular, ningún pueblo, ciudad o partido, puede atribuirse la soberanía de la sociedad que es imprescindible, inajenable e indivisible, en su esencia y origen, ni persona alguna podrá ejercer cualquier función pública del gobierno si no la ha obtenido por la Constitución" (art. 146).

En definitiva, siendo el sistema de gobierno netamente republicano y representativo, conforme a la más exacta expresión francesa de la Declaración de 1789 (art. 6), la Constitución de 1811 estableció:

"La ley es la expresión libre de la voluntad general de la mayoría de los ciudadanos, indicada por el órgano de sus representantes legalmente constituidos" (art. 149).

C) *El principio de la separación de poderes*

La idea de la separación de poderes, debido a la formulación teórica de Locke y Montesquieu, fue expresada constitucionalmente, por primera vez, en las Constituciones de las colonias americanas de 1776, y luego imbuida en el texto de la Constitución norteamericana de 1787. El principio de la separación de poderes, sin embargo, en Francia, es materialmente el motivo fundamental de la Revolución, al punto que en la Declaración de Derechos del Hombre y del Ciudadano en 1789 se incluye, en el artículo XVI, la famosa proposición según la cual, "Toda sociedad en la cual la garantía de los derechos no esté asegurada, ni la separación de poderes determinada, no tiene Constitución".

Por lo tanto, en los artículos de la Constitución que siguieron a la Declaración de 1789, como primer acto constitucional revolucionario, se establecieron expresamente las consecuencias del principio, al establecer que "El poder legislativo reside en la Asamblea Nacional" (art. 8); que "El poder ejecutivo supremo reside exclusivamente en el rey" (art. 16), no pudiendo este poder "hacer ninguna ley" (art. 17), y que "El poder judicial no podrá en ningún caso, ser ejercido por el rey, ni por el cuerpo legislativo" (art. 17).

Este principio de la separación de poderes, de la esencia del proceso revolucionario francés, fue incorporado en forma expresa en la Constitución de 1791 en la cual se precisó (Título III):

"3. El poder legislativo es delegado a una Asamblea Nacional, compuesta de representantes temporales, libremente elegidos por el pueblo, para ser ejercido por ella, con la sanción del rey, de la manera que se determina en esta Constitución.

"4. El gobierno es monárquico: el poder ejecutivo es delegado en el rey, para ser ejercido bajo su autoridad, por los ministros y otros agentes responsables, de la manera que se determina en esta Constitución.

"5. El poder judicial es delegado a los jueces electos temporalmente por el pueblo".

Sin embargo, en el sistema francés de separación de poderes de 1791, se estableció un claro predominio del poder legislativo. Por ello, el rey no podía ni convocar, ni suspender ni disolver la Asamblea; solo tenía un poder de veto, solo de suspensión, pero no tenía iniciativa, aun cuando podía sugerir a la Asamblea tomar en consideración ciertos asuntos. La Asamblea, por su parte, no tenía control sobre el ejecutivo, ya que la persona del rey era sagrada e inviolable. Solo los ministros eran responsables penalmente. En todo caso, la Asamblea tenía importantes atribuciones ejecutivas, como el nombramiento de algunos funcionarios, la vigilancia de la administración, la declaración de la guerra y la ratificación de los tratados.

La consecuencia del principio de la separación de poderes, en un esquema en el cual el legislador tenía la supremacía, fue la prohibición impuesta a los poderes ejecutivo y al judicial de inmiscuirse en los asuntos de los otros poderes. Así, al regular las funciones de los administradores de departamento, la Constitución de 1791 precisó que "no podrán, ni inmiscuirse en el ejercicio del poder legislativo, o suspender la ejecución de las leyes, ni actuar en el orden judicial, ni sobre las disposiciones u operaciones militares" (art. 3°, cap. IV, Tít. IV). En cuanto al poder judicial, se estableció, que este "en ningún caso podría ser ejercido por el cuerpo legislativo ni por el rey" (art. 1, cap. V, Tít. III), pero se expresaba además que "los tribunales no pueden, ni inmiscuirse en el ejercicio del poder legislativo, o suspender la ejecución de las leyes, ni actuar en relación a los funcionarios administrativos, ni citar ante ellos a los administradores en razón de sus funciones" (art. 3, cap. V, Tít. III).

En materia judicial, esta concepción extrema de la separación de poderes tenía una razón histórica: los *Parlements,* que eran los tribunales del Antiguo Régimen, como hemos señalado, habían tenido un papel activo, como instrumentos de la aristocracia, para oponerse a las reformas impositivas. La Revolución había surgido, entonces, signada por una reticencia tal respecto del poder judicial, que la separación de poderes llegó allí al extremo de impedir no solo que los jueces pudiesen interpretar las leyes (por supuesto, jamás la posibilidad de anular leyes), sino la injerencia de los tribunales respecto de la Administración, lo que fue incluso consagrado expresamente en la ley 16-24 de agosto de 1790 sobre la reorganización del poder judicial, en la cual además de abolir la venalidad de las funciones judiciales y establecer la gratuidad de la justicia (Tít. II, art. 2), se estableció que "Las funciones judiciales son distintas y permanecerán siempre separadas de las funciones administrativas. Los jueces no podrán, so pena de prevaricación, perturbar, de la manera que sea, las operaciones de los cuerpos administrativos, ni citar ante ellos a los administradores en razón de sus funciones" (Tít. II, art. 13).

Fue este principio externo, el que llevó, casi cien años después, a la consolidación de la jurisdicción administrativa a cargo del Consejo de Estado para juzgar la Administración y para anular los actos administrativos (jurisdicción contencioso-administrativa) pero, por supuesto, en forma separada respecto del poder judicial. Es decir, la jurisdicción contencioso-administrativa en Francia, en definitiva, tuvo su origen en el acto revolucionario de expresión extrema de la separación de poderes, que prohibía a los jueces ordinarios juzgar a la Administración, lo que sigue teniendo vigor.

En materia de control de la legislación, la situación de abstención de los jueces era similar. Conforme a las enseñanzas de Montesquieu los jueces solo podían ser "la boca que pronuncia las palabras de la ley" por lo que incluso, como se señaló, la interpretación de la ley les era prohibida inicialmente, y mediante el procedimiento llamado del *referé legislatif,* los jueces estaban obligados a consultar a la Asamblea Nacional cuando tuviesen dudas sobre la interpretación de las leyes. En este esquema, los jueces no podían controlar la constitucionalidad de las leyes, lo que incluso condujo a que, a partir de la Constitución de 1958 en Francia, se hubiese creado un Consejo Constitucional, también separado del poder judicial, para juzgar dicha constitucionalidad, pero solo respecto de las leyes sancionadas por la Asamblea, pero aún no promulgadas.

El principio de la separación de poderes, por supuesto, también influyó en el constitucionalismo venezolano, pero no conforme a la interpretación extrema francesa, sino conforme a la modalidad adoptada en los Estados Unidos, y que se expresó en las Constituciones de las colonias de 1776, de las cuales proviene la siguiente expresión del Preámbulo de la Constitución de 1811:

"El ejercicio de la autoridad confiada a la Confederación no podrá jamás hallarse reunido en sus diversas funciones. El Poder Supremo debe estar dividido en legislativo, ejecutivo y judicial, y confiado a distintos cuerpos independientes entre sí y en sus respectivas facultades".

Sin embargo, el principio de la separación de poderes no se concibió como el establecimiento de compartimientos estancos, sino conforme a un sistema de pesos, contrapesos e interferencias constitucionales radicalmente distintos al sistema francés. En particular, entre ellas, resulta necesario destacar el papel del poder judicial en el control de los otros poderes respecto de su adecuación a la Constitución, y a la vigencia de la garantía objetiva de la Constitución, conforme a la influencia recibida del constitucionalismo americano.

De esta suerte, en Venezuela, desde el siglo XIX el poder judicial (la Corte Suprema) ejerce la jurisdicción contencioso-administrativa (control de la legalidad y constitucionalidad de las actividades administrativas) y la jurisdicción constitucional (control de la constitucionalidad de las leyes), y ello no puede considerarse ni nunca se ha considerado como una ruptura o violación del principio de la separación de poderes, sino como una consecuencia esencial del mismo.

En efecto, la Constitución de 1811 estableció expresamente el principio de la supremacía constitucional, con la consecuencia expresa de que "Las leyes que se expidan contra el tenor de ella no tendrán ningún valor sino cuando hubieren llenado las condiciones requeridas para una justa y legítima revisión y sanción" (art. 227).

En el mismo sentido, luego de la enumeración de los derechos fundamentales, la Constitución de 1811 precisó que dichos derechos:

"[E]stán exentos y fuera del alcance del poder general ordinario del gobierno y que, conteniendo o apoyándose sobre los indestructibles y sagrados principios de la naturaleza, toda ley contraria a ellos que se expida por la legislatura federal o por las provincias será absolutamente nula y de ningún valor" (art. 199).

En estos principios, sin duda, debe situarse el origen de la concepción venezolana del poder atribuido a la Corte Suprema de Justicia para declarar la nulidad de las leyes inconstitucionales, tan característico de nuestra tradición constitucional, e inexistente en Francia, salvo a partir de 1958 por lo que se refiere al control preventivo de la constitucionalidad de las leyes no promulgadas. En esos principios también debe situarse el origen del poder atribuido a todos los jueces para desaplicar las leyes que consideren inconstitucionales en los casos concretos que decidan (art. 20 Código de Procedimiento Civil) adoptado, sin duda, bajo la influencia del constitucionalismo norteamericano.

D) *El principio de la supremacía de la Ley: el principio de la legalidad*

La Revolución francesa estuvo signada por el principio de la supremacía del legislador, que representaba a la Nación. Al haber controlado el *Tercer Estado* la Asamblea Nacional en 1789, esta se convirtió en representante todopoderosa de la Nación. De allí que de acuerdo al postulado roussoniano de que la "ley es expresión de la voluntad general", habiendo la Asamblea asumido carácter de poder constituyente al momento de la Revolución, en la Constitución de 1791 se estableció que "No hay en Francia una autoridad superior a la de la ley. El Rey no reina sino por ella, y es en nombre de la ley que él puede exigir obediencia" (art. 3, cap. II, Tít. III).

La ley, entonces, como "expresión de la voluntad general" según lo indicó la Declaración de Derechos del Hombre y del Ciudadano (art. VI), adquirió en el constitucionalismo francés un rango superior, consecuencia de la primacía del propio poder legislativo.

Pero además, desde el punto de vista sustantivo, el principio de la supremacía de la ley se fundó sobre el de su generalidad, lo que a la vez fue garantía de la igualdad, uno de los postulados básicos de la Revolución. Las leyes de libertad, que tenían por objeto hacer posible el libre desenvolvimiento de los miembros del grupo social, fueron el instrumento de la Asamblea contra los privilegios que fueron abolidos.

En todo caso, siendo la ley expresión de la voluntad general, se consagró el derecho de todos los ciudadanos de "concurrir personalmente o por sus representantes" a la formación de la ley (art. VI), estableciéndose en los artículos de la Constitución que siguieron a la Declaración los siguientes principios:

"Ningún acto de los cuerpos legislativos podrá ser considerado como ley, si no ha sido hecho por los representantes de la Nación libremente elegidos y si no ha sido sancionado por el monarca" (art. 9).

"El poder ejecutivo no puede hacer ley alguna, incluso prioritaria, sino proclamar, conforme a las leyes, para ordenar o recordar su observación" (art. 16).

"El poder judicial será administrado por tribunales establecidos por la ley, según los principios de la Constitución y según las normas determinadas por la ley" (art. 19).

Por su parte, la ley de 16-24 de agosto de 1790, agregó: "Los tribunales no podrán tomar directa o indirectamente, parte alguna en el ejercicio del poder legislativo, ni suspender o impedir la ejecución de los decretos del cuerpo legislativo, sancionados por el rey, so pena de prevaricación" (art. 10, Tít. II).

Por otra parte, a la base de la concepción de la ley como expresión de la voluntad general, está la idea que emerge de la Revolución de que no solo no había autoridad superior a la de la ley, sino que era por medio de ella como se podía gobernar y exigir obediencia. Así, frente al poder absoluto del monarca en el Antiguo Régimen, emerge el principio de la legalidad y el Estado de derecho: solo se puede gobernar en virtud y con sujeción de las leyes.

La concepción de la ley como expresión de la voluntad general, fue recogida expresamente en la Declaración venezolana de Derechos del Pueblo de 1811, estableció:

"La ley se forma por la expresión libre y solemne de la voluntad general, y esta se expresa por los apoderados que el pueblo elige para que representen sus derechos" (art. 3, segunda sección).

Asimismo, en el texto de la Constitución de 1811 se estableció:

"La ley es la expresión libre de la voluntad general o de la mayoría de los ciudadanos, indicadas por el órgano de sus representantes legalmente constituidos. Ella se funda sobre la justicia y la utilidad común y ha de proteger la libertad pública e individual contra toda opresión o violencia" (art. 149).

La Constitución de 1811, sin embargo, no siguió el postulado tan radical de la supremacía de la ley y, en cambio, formuló el principio de la supremacía constitucional al declarar como "absolutamente nulas y sin ningún valor" las leyes contrarias a los derechos fundamentales (art. 199); y en general, al considerar sin "ningún valor" las leyes contrarias a la Constitución, la cual se declaró como la "Ley Suprema del Estado" (art. 227).

E) *La Declaración de Derechos*

Conforme a la más clásica concepción liberal, y a las enseñanzas de LOCKE, MONTESQUIEU y ROUSSEAU, la declaración de Derechos Fundamentales es una pieza clave del constitucionalismo francés y de la Revolución. En efecto, la Declaración de Derechos del Hombre y del Ciudadano, el producto más importante del inicio de la Revolución, sancionada por la Asamblea Nacional el 26 de agosto de 1789, contiene en 17 artículos los derechos fundamentales del hombre. En su redacción, sin duda, a pesar de la multiplicidad de fuentes que la originaron, tuvieron gran influencia los *Bill of Rights* de las colonias americanas particularmente en cuanto al principio mismo de la necesidad de una formal declaración de derechos. Una dilatada polémica se ha originado en cuanto a esa influencia americana desde comienzos de siglo, la cual puede decirse que incluso fue mutua entre los pensadores europeos y americanos.

Los filósofos franceses, comenzando por MONTESQUIEU y ROUSSEAU, eran estudiados en Norteamérica; la participación de Francia en la Guerra de Independencia norteamericana fue importantísima; Lafayette fue miembro de la Comisión redactora de la Asamblea Nacional que produjo la Declaración de 1789, y sometió a consideración su propio proyecto basado en la Declaración de Independencia Americana y en la Declaración de Derechos de Virginia; el *rapporteur* de la Comisión Constitucional de la Asamblea propuso "trasplantar a Francia la noble idea concebida en Norte América", y Jefferson estaba presente en París en 1789, habiendo sucedido a Benjamín Franklin como ministro americano en Francia. En todo caso, el objetivo central de ambas declaraciones fue el mismo: proteger a los ciudadanos contra el poder arbitrario y establecer el principio de la primacía de la ley.

Por supuesto, la Declaración de 1789 fue influenciada directamente por el pensamiento de ROUSSEAU y MONTESQUIEU: sus redactores tomaron de ROUSSEAU los principios que consideraban el rol de la sociedad como vinculado a la libertad natural del hombre, y la idea de que la ley, como expresión de la voluntad general adoptada por los representantes de la Nación, no podría ser instrumento de opresión. MONTESQUIEU deriva su desconfianza fundamental respecto del poder y consecuentemente, el principio de la separación de poderes.

Por supuesto, los derechos proclamados en la Declaración eran los derechos naturales del hombre, en consecuencia inalienables y universales. No se trataba de derechos que la sociedad política otorgaba, sino derechos que pertenecían a la naturaleza inherente del ser humano. La Declaración, por tanto, se configura como una formal adhesión a los principios de la Ley natural y a los derechos naturales con los que nace el hombre, por lo que la ley solo los reconoce y declara, pero en realidad no los establece. Por ello, la Declaración tiene un carácter universal. No fue una declaración de los derechos de los franceses, sino el reconocimiento por la Asamblea Nacional de la existencia de derechos fundamentales del hombre, para todos los tiempos y para todos los Estados. Por ello, DE TOCQUEVILLE comparó la revolución política de 1789 con una revolución religiosa, señalando que a la manera de las grandes religiones, la Revolución estableció principios y reglas generales, y adoptó un mensaje que se propagó más allá de las fronteras de Francia. Ello derivó del hecho de que los derechos declarados eran "derechos naturales" del hombre.

Esta concepción es clara en el texto de la Declaración adoptada por los representantes del pueblo francés, constituidos en Asamblea Nacional:

"Considerando que la ignorancia, el olvido o el desprecio de los derechos del hombre son las únicas causas de las desgracias públicas y de la corrupción de los gobiernos".

La Declaración fue, entonces, un recuerdo perpetuo de los "derechos naturales, inalienables y sagrados del hombre" (Preámbulo).

Así, la Declaración de los Derechos del Hombre y del Ciudadano comienza por proclamar que "El fin de toda asociación política es la conservación de los derechos naturales e imprescriptibles del hombre", que se enumeraron como "la libertad, la propiedad, la seguridad y la resistencia a la opresión" (art. 2). Además, la Declaración postuló como derecho fundamental, la igualdad, al inscribir en su primer artículo que "los hombres nacen y permanecen libres e iguales en sus derechos" y proclamar en su artículo 6 la igualdad ante la ley, así:

"Ella debe ser la misma para todos, sea que proteja o que castigue. Todos los ciudadanos siendo iguales ante sus ojos, son igualmente admisibles a todas las dignidades, cargos y empleos públicos, según su capacidad, y sin otra distinción que la de sus virtudes y talentos".

Esta Declaración de 1789, además de referir a los derechos naturales de todos los hombres, puede caracterizarse por otros aspectos: primero, sin duda, por la influencia de ROUSSEAU, se basa en la concepción de la bondad natural del hombre, lo que implícitamente es un rechazo a la idea del pecado original; por ello se señala que ha sido "la ignorancia, el olvido o el desprecio de los derechos del hombre las únicas causas de las desgracias públicas y de la corrupción de los gobiernos".

En segundo lugar, y esto es fundamental, desde el punto de vista legal y político, los poderes del Estado son limitados hasta el punto de que solo puede actuar dentro de los límites impuestos por los derechos declarados y consecuentemente, sometido a la soberanía de la ley, principio recogido en la Constitución de 1791.

Debe decirse, en todo caso, que entre la Declaración francesa de 1789 y las declaraciones americanas de 1776 se destaca una diferencia fundamental, en contenido y sentido. La Declaración de 1789 no tenía por objeto establecer un nuevo Estado sino que se adoptó como acto revolucionario, dentro del estado nacional y monárquico que ya existía. En las declaraciones americanas, en cambio, se trataba de manifestaciones para construir nuevos Estados, y por tanto, nuevos ciudadanos. En la Declaración de 1789, como se proclama en el Preámbulo, se buscaba recordar solemnemente a todos los miembros de la comunidad política sus derechos, por los que el nuevo principio de la libertad individual aparecía solo como una importante modificación en el contexto de una unidad política existente. En cambio, en las declaraciones americanas, la vigencia de los derechos era un importante factor en un proceso de independencia y, en consecuencia, en la construcción de nuevos Estados sobre nuevas bases, particularmente sobre el principio de la soberanía del pueblo con todo su contenido democrático y antimonárquico.

En todo caso, la declaración de 1789 marcó el hito de la transformación constitucional de Francia en los años subsiguientes, y así fue recogida en el texto de la Constitución del 13 de septiembre de 1791, en el de la Constitución de 1793 y en la Constitución del año III (promulgada el 1er *Vendémiaire* del año IV, es decir, el 23 de septiembre de 1795).

El aporte fundamental de la Revolución al proclamar los derechos naturales del hombre (no solo de los franceses), tuvo sus repercusiones inmediatas en Venezuela, donde la Sección Legislativa de la Provincia de Venezuela del Congreso General, el 1° de julio de 1811, adoptó la *Declaración de Derechos del Pueblo,* incluso, antes de la firma del Acta de la Independencia el 5 de julio de 1811. Se trata de la primera declaración de derechos fundamentales con rango constitucional, adoptada luego de la Declaración francesa, en la historia del constitucionalismo moderno, con lo cual se inició una tradición constitucional que ha permanecido invariable en Venezuela.

El texto de la Declaración de 1811, recogido y ampliado en la Constitución de ese mismo año puede decirse, que es la traducción de la Declaración de Derechos del Hombre y del Ciudadano que precedió la Constitución francesa de 1793, y que llegó a Venezuela antes de 1797, a través de José María Picornell y Gomilla, uno de los conjurados en la llamada "Conspiración de San Blas", de Madrid, de 1794, a quien, una vez esta fue descubierta se le deportó a las mazmorras españolas en el Caribe. En el puerto de La Guaira, en 1797, Picornell entró en contacto con los criollos Gual y España, y en la conspiración que llevaba el nombre de ambos, de ese año, también develada, circuló la traducción de los Derechos del Hombre. Ese texto fue el que, catorce años después, sirvió para la Declaración de Derechos del Pueblo de 1811 y luego para el capítulo respectivo de la Constitución de 1811. En ese texto, sin embargo, se incorporó una novedosa norma que no encuentra antecedentes ni en los textos constitucionales norteamericanos ni franceses, y es la que contiene la "garantía objetiva" de los derechos, y que declara "nulas y de ningún valor" las leyes que contrariaran la declaración de derechos, de acuerdo con los principios que ya se habían establecido en la célebre sentencia *Marbury v. Madison,* de 1803, de la Corte Suprema de los Estados Unidos.

F) *Los principios de la organización territorial del Estado*

El séptimo de los aportes al constitucionalismo revolucionario francés concierne a la organización territorial y, particularmente a la autonomía local, que tuvo una influencia directa en el mundo y, particularmente, en Venezuela. En efecto, el Antiguo Régimen era un régimen político altamente centralizado, en el cual no había poderes locales. Los intendentes eran la fuente única de poder en las provincias, y las autoridades locales que podía haber, eran delegados del intendente, sometidos a su control. No existía, por tanto, un poder municipal ni nada que se le pareciera.

Con motivo de las propuestas de reforma impositiva, en 1775, el ministro Turgot había planteado establecer municipalidades, pero ello no llegó a prosperar. En cambio, la Revolución cambió la faz territorial de Francia, y por los decretos de 14 y 22 de diciembre de 1789 eliminó los antiguos reinos y las antiguas e históricas circunscripciones territoriales, estableciendo una uniformización territorial general, al dividir el país en departamentos, estos en distritos, los distritos en cantones y estos en comunas, que eran las municipalidades, creándose así el poder municipal. En cada villa, burgo o parroquia, entonces, se constituyó una municipalidad o una comuna, generalizándose la institución municipal.

En efecto, la creación de municipios uniformes en todo el territorio de Francia, por tanto, condujo a la sustitución definitiva de las cartas, fueros y privilegios locales, de manera que como lo observó DE TOCQUEVILLE, producto de la Revolución, "Las instituciones deben ser las mismas para todas las partes del territorio y para todos los hombres que los habitan".

Debe insistirse en que las reformas del régimen municipal en Francia precedieron la Revolución, con la creación antes de 1787, a iniciativa de los ministros de Luis XVI, de las asambleas provinciales junto al intendente, y en cada pueblo, de un cuerpo municipal electivo que sustituiría a las antiguas asambleas parroquiales, y en la mayoría de los casos, al síndico. Contrario a las costumbres que existían, todos los poderes que se pretendieron crear fueron colectivos, y el intendente fue disminuido en su poder. Todo ello condujo a la parálisis de la administración, y, como lo apuntó DE TOCQUEVILLE, "Las asambleas, queriendo mejorarlo todo, acabaron por enredarlo todo", produciéndose entonces "una de las mayores perturbaciones que haya registrado jamás la historia de un gran pueblo", en la cual "Cada francés había experimentado una confusión particular. Nadie sabía ya ni a quien obedecer, ni a quién dirigirse"; y terminaba señalando DE TOCQUEVILLE, que "Perdido el equilibrio de las partes que componían la Nación, un último golpe bastó para hacerla oscilar y producir el más vasto trastorno y la más espantosa confusión que hayan tenido lugar jamás".

La Revolución quiso poner fin a esta situación, y en el mismo año de 1789, la Asamblea Nacional Constituyente definió un nuevo orden municipal uniforme, fragmentado, generalizado y de carácter electivo; el cual en definitiva, si bien complicó aún más la situación de la Administración, puso las bases para el régimen municipal del constitucionalismo moderno. Comenzó el 4 de agosto de 1789, con un decreto que declaró irrevocablemente abolidos "todos los privilegios particulares de provincias, principados, cantones, ciudades y comunidades de habitantes, sean pecuniarios o de cualquier otra naturaleza"; y al mismo lo siguieron los decretos de 14 y 22 de diciembre del mismo año 1789. En el primero se dispuso la supresión y abolición de "las municipalidades existentes en cada villa, burgo, parroquia o comunidad", con las denominaciones que tuvieren, y se agregó que serían sustituidas por "colectividades locales del Reino" tanto en las ciudades como en el campo, con la misma naturaleza y situadas en el mismo plano constitucional, con el nombre común de municipalidad, que tenían en su cabeza al alcalde.

En el segundo decreto se dividió el territorio francés de manera uniforme en departamentos, distritos y cantones, suprimiéndose los intendentes, y además se dispuso que "en cada villa, burgo, parroquia y comunidad del campo habrá una municipalidad". Este principio se consagró luego, expresamente, en la Constitución de 1791, al regular en su título "La división del Reino", que "El Reino es uno e indivisible: su territorio se distribuye en 83 departamentos, cada departamento en distritos, cada distrito en cantones".

De ello resultó que en 1791 en la Francia revolucionaria había 43.915 municipios, que comenzaron a llamarse comunas. Estas entidades municipales, además de las funciones propias de la Administración general que les podían ser delegadas, ejercían el "poder municipal", concepto que venía de los escritos de BENJAMIN CONSTANT y de las propuestas de reforma del ministro Turgot (1775), y que luego se arraigaría en el constitucionalismo iberoamericano, de manera que, por ejemplo, aparece en Venezuela, a partir de la Constitución de 1857 (arts. 6 y 85).

Con esta división territorial, como lo percibió BURKE en tiempos de la Revolución, "Es la primera vez que se ve a los hombres hacer pedazos su patria de una manera tan bárbara"; pero DE TOCQUEVILLE acotaría años después, que en realidad, si bien "Parecía, en efecto que se desagarraban cuerpos vivos [...] lo único que se hacía era despedazar cuerpos muertos". Sin embargo, lo cierto es que el sistema produjo la disolución del Estado al haber estallado Francia en cuarenta mil pedazos, cada uno con una especie de república soberana y anárquica que no tenían nexo alguno con el poder central en construcción.

Por ello, esta reforma solo duró cinco años, porque al tratar la Revolución de desmontar un sistema tan centralizado como el de la monarquía absoluta, en un sistema de división territorial donde se crearon más de 40.000 comunas o municipios, con poderes locales propios, lo que hizo fue desquiciar el Estado, por lo que fue la propia Asamblea la que tuvo, luego, que retroceder en la creación del poder municipal.

Por ello, de tal anarquía vinieron las reformas para tratar de controlar la acción municipal desde el poder central, como, por ejemplo, al atribuírsele en la Constitución de 1791 poderes anulatorios al rey, respecto de los actos municipales; al crearse en la ley del 14 de frimario del año II (4 de diciembre de 1793) unos agentes nacionales directamente conectados al centro (París) para ejercer la vigilancia sobre los municipios, y además, al pretender reducir el número de comunas en la Constitución del año III (5 fructuoso, 22 de agosto de 1795), reagrupándoselas en entidades locales, y estableciendo la subordinación de las comunas a las Administraciones departamentales, y estas a los ministros.

Pero el torbellino revolucionario que no había cesado, comenzó a producir su propia transformación con el golpe de Estado del 18 de brumario del año VIII (9 de noviembre de 1799), a raíz del cual Napoleón reimplantará la centralización que se había establecido en el Antiguo Régimen y que había quedado destrozada con la Revolución. Se estableció, así, un esquema de control centralizado sobre las más de 40.000 comunas que fueron restablecidas, creándose un sistema escalonado y jerarquizado de control sobre las mismas, donde serían esenciales las figuras del prefecto y subprefecto dependientes del poder central y controlando a los alcaldes, establecidos en la ley de 28 pluvioso del año VIII (17 de febrero de 1800).

La centralización administrativa por el establecimiento de esa rígida cadena institucional que unía ministro, prefecto, subprefecto y alcalde, y que dio origen al llamado control de tutela, sin duda fue uno de los aportes más importantes a la Administración municipal y local, y a la propia construcción del Estado centralizado. Como lo diría el presidente François Mitterand, casi doscientos años después, al proponer la reforma descentralizadora de 1981: "Francia tuvo que acudir a un poder fuerte y centralizado para hacerse. Hoy necesita un poder descentralizado para no deshacerse". Esta, entre tantas, fue precisamente una de las motivaciones de la sanción de la conocida Ley francesa de Libertad de las Comunas de 1982.

Tres principios configuraron el régimen municipal napoleónico: primero, el principio de la creación de un municipio por cada colectividad local —aún de dimensiones mínimas— abarcando desde el pequeño pueblo rural hasta el gran centro urbano; segundo, el principio de la uniformidad e igualdad formal del régimen de los municipios a pesar de la diversidad territorial, geográfica y demográfica de los mismos a lo largo y ancho de los territorios estatales, y tercero, las reglas generales de funcionamiento de la tutela, como instrumento de control sobre las entidades locales. Todo ello configuró un modelo de régimen municipal, sin duda que se extendió por toda Europa.

Hacia América, sin embargo, solo hicieron la travesía del Atlántico algunos aspectos del régimen de municipalización uniforme, pero ni el primero ni el último de los principios, es decir, el de la generalización de colectividades locales en el territorio y el del control de tutela, llegaron a nuestras costas; y al contrario, desde el inicio del siglo XIX, no solo el municipio se ubicó en niveles territoriales muy alejados de los pueblos sino que además, se implantó el principio de la autonomía municipal.

En todo caso, como se dijo, la idea del poder municipal penetró en América Latina, y en 1811, Venezuela recogió sus influencias, al igual que las de la Revolución americana, siendo como estaba el nuevo Estado constituido por provincias aisladas, descentralizadas y con gran autonomía, que venían del esquema colonial español. La forma de unir políticamente aquellas provincias en un solo Estado, realmente era el esquema federal, por lo que Venezuela lo tomó del federalismo de los Estados Unidos para estructurar el nuevo Estado, en provincias soberanas (equivalentes a los Estados miembros de la Federación).

Pero además, para organizar internamente a las provincias, los constituyentes venezolanos tomaron el esquema territorial francés, pero no en el texto de la Constitución de 1811 que organizaba una "confederación", sino en el de las Constituciones provinciales. No se olvide que conforme a la Constitución de 1811, las provincias eran "Estados soberanos", correspondiéndoles a ellos, en sus respectivas Constituciones, disponer la organización territorial interna. Por tanto, una vez dictada la Constitución de 21 de diciembre de 1811, las provincias comenzaron a dictar sus Constituciones regulándose en ellas, la organización territorial del país.

Es de destacar, así, por ejemplo, el esquema territorial establecido en la Constitución de la Provincia de Venezuela (enero 1811), cuyo territorio comprendía el área central del país, y que dividió la provincia en cinco departamentos, los departamentos en cantones, los cantones en distritos y estableció municipalidades en las capitales de distritos. Se creó así, el poder municipal en 1811, en la Constitución Provincial de Venezuela con los aportes de la propia tradición municipal que provenía de España. Sin embargo, desde el punto de vista de la organización territorial, el municipalismo venezolano puede considerarse que no tiene su origen en el español, sino más bien en la concepción francesa, que luego España recoge, con posterioridad, a partir de 1830.

Todos estos aportes del constitucionalismo francés fueron fundamentales para el desarrollo del derecho constitucional posterior del mundo moderno, por supuesto, con vicisitudes en el propio país que los originó, pues después de la Revolución, y del caos institucional que surgió de la misma, vino la dictadura napoleónica y la restauración de la monarquía a partir de 1815, por lo que Francia continuó siendo un país con régimen monárquico durante buena parte del siglo XIX, hasta 1870.

Sin embargo, los aportes al constitucionalismo moderno de la Revolución fueron, a tiempo, recogidos por otros países y sin la menor duda, en particular, por los países de América Latina. En estos, en particular, los principios de constitucionalismo tanto de la Revolución americana como de la Revolución francesa, encontraron de inmediato campo de cultivo, habiéndose desarrollado conforme a moldes propios, lo que significó un avance sustancial del derecho constitucional republicano durante el siglo XIX e inicios del siglo XX, cuando todavía la mayoría de los países europeos estaban regidos por monarquías.

La realidad de este proceso, en todo caso, fue que algunas antiguas colonias españolas en América Latina, como es el caso de Venezuela, no recibieron influencia alguna, para la Constitución de sus Estados independientes en 1811, del régimen político-constitucional español, que en ese momento era el propio del Antiguo Régimen, por lo demás, en crisis general por la invasión napoleónica. España, durante el siglo XIX, siguió siendo además una monarquía, en la cual ni siquiera una Declaración de Derechos se dictó, por lo que solo ha sido con la Constitución de 1978 como España entra, definitivamente, en los moldes del constitucionalismo moderno (declaración de derechos, control de la constitucionalidad de las leyes, Constitución como norma).

En consecuencia, fue la transformación constitucional de la Revolución americana y de la Revolución francesa la que tuvo mayor influencia directa en la construcción inicial del sistema constitucional venezolano, razón por la cual nunca llegaremos a entender, adecuadamente, nuestras propias instituciones sin en definitiva llegar y remontarnos a los aportes recibidos tanto de la Revolución francesa como de la Revolución americana, y que hemos intentado analizar someramente.

Parte tercera

LA REVOLUCIÓN HISPANOAMERICANA: CÁDIZ (1812) Y LOS ORÍGENES DEL CONSTITUCIONALISMO VENEZOLANO Y COLOMBIANO (1810-1812)

Veintidós años después de que ocurriera la Revolución francesa y treinta y cinco años después de la Revolución americana, comenzaron a producirse en España y en la América hispana los sucesos que dieron origen a la Revolución hispano americana, que se iniciaron constitucionalmente en paralelo con la sanción, primero, de la "Constitución Federal para los Estados de Venezuela" de 21 de diciembre de 1811, y segundo, de la "Constitución de la Monarquía Española" de Cádiz, de 19 de marzo de 1812. Esta revolución, junto con las dos primeras, pueden considerarse como las más importantes del mundo moderno, al transformar radicalmente el orden político constitucional imperante del antiguo régimen.

Las dos primeras Revoluciones, por supuesto, tuvieron una enorme importancia en la tercera, y particularmente tanto para Venezuela y Colombia como para España, pues sus instituciones fueron las primeras en recibir las influencias de aquellas y de sus consecuencias constitucionales. Esas influencias se recibieron en forma paralela, cuando los próceres de la Independencia de Venezuela se encontraban en la tarea de elaborar las bases de un nuevo sistema jurídico-estatal para un nuevo Estado independiente, que era el segundo en su género en la historia política del mundo moderno después de los Estados Unidos de Norte América; y cuando los constituyentes de Cádiz llevaban a cabo la tarea de transformar una monarquía absoluta en una monarquía parlamentaria constitucional, lo que antes había ocurrido como consecuencia de la Revolución francesa.

Tanto en España como en Venezuela y Colombia, por tanto, puede decirse que formularon sus instituciones bajo la influencia directa y los aportes al constitucionalismo de aquellas dos revoluciones, pero en Venezuela y Colombia ello ocurrió incluso antes de que se operaran los cambios constitucionales en España.

Ello, ciertamente, se configura como un hecho único en América Latina pues, al contrario, la mayoría de las antiguas colonias españolas que lograron su independencia después de 1811 y, sobre todo, entre 1820 y 1830, recibieron las influencias del naciente constitucionalismo español que había quedado plasmado en la Constitución de Cádiz de 1812[1]. Ello no ocurrió en el caso de Venezuela al formarse el Estado independiente, donde puede decirse que se construyó un nuevo Estado con un régimen constitucional moderno, mucho antes que el propio Estado español moderno[2].

Esos principios del constitucionalismo moderno que derivaron de las Revoluciones francesa y americana y que influyeron de una forma u otra entre 1810 y 1812 en los procesos constituyentes de Venezuela y de España, resumiendo lo que hemos expuesto en las dos primeras partes de este libro, fueron los siguientes:

En *primer lugar*, la idea de la existencia de una Constitución como carta política escrita, emanación de la soberanía popular, de carácter rígida, permanente, contentiva de normas de rango superior, inmutable en ciertos aspectos y que no solo organiza al Estado, es decir, no solo tiene una parte orgánica, sino que también tiene una parte dogmática, donde se declaran los valores fundamentales de la sociedad y los derechos y garantías de los ciudadanos.

Hasta ese momento, esta idea de Constitución no existía, y las Constituciones, a lo sumo, era cartas otorgadas por los monarcas a sus súbditos. La primera Constitución del mundo moderno, por tanto, después de las que adoptaron las antiguas colonias norteamericanas en 1776 fue la de los Estados Unidos de América de 1787, seguida de la de Francia de 1791. La tercera Constitución moderna, republicana, fue la de Venezuela de 1811, y la cuarta, la de la Monarquía parlamentaria de Cádiz de 1812.

En *segundo lugar*, de esos dos acontecimientos surgió también la idea política derivada del nuevo papel que a partir de esos momentos históricos se confirió al pueblo, es decir, el papel protagónico del pueblo en la constitucionalización de la organización del Estado. Con esas Revoluciones la Constitución comenzó a ser producto del pueblo, dejando de ser una mera emanación de un monarca. Por ello, en los Estados Unidos de América, las asambleas coloniales asumieron la soberanía, y en Francia, la soberanía se trasladó del monarca al

[1] Véase por ejemplo, Jorge Mario García Laguardia, Carlos Meléndez Chaverri, Marina Volio, *La Constitución de Cádiz y su influencia en América (175 años 1812-1987),* San José, 1987; Manuel Ferrer Muñoz, *La Constitución de Cádiz y su aplicación en la Nueva España,* México, UNAM, 1993; Ernesto de la Torre Villas y Jorge Mario García Laguardia, *Desarrollo histórico del constitucionalismo hispanoamericano,* México, UNAM, 1976.

[2] Véase Allan R. Brewer-Carías, *Los inicios del proceso constituyente hispano y americano. Caracas 1811 – Cádiz 1812* (Prólogo de Asdrúbal Aguiar), Caracas, Editorial bid & co. Editor, Colección Historia, 2012; *Sobre el constitucionalismo hispanoamericano pre-gaditano 1811-1812*, Colección Cuadernos de la Cátedra Fundacional Charles Brewer Maucó, sobre Historia del Derecho, Universidad Católica Andrés Bello, núm. 5, Caracas, Editorial Jurídica Venezolana, 2013; *Orígenes del constitucionalismo moderno en Hispanoamérica,* Colección Tratado de Derecho Constitucional, tomo II, Caracas, Fundación de Derecho Público, Editorial Jurídica Venezolana, 2014.

pueblo y a la Nación; y a través de la idea de la soberanía del pueblo, surgieron todas las bases de la democracia y el republicanismo.

Por ello, en España, la Junta Central Gubernativa del Reino estableció un régimen de elecciones para la formación de las Cortes de Cádiz en 1810 las cuales sancionaron la Constitución de 18 de marzo de 1812; y en Venezuela, la Junta Suprema conservadora de los derechos de Fernando VII constituida en 1810, entre los primeros actos constitucionales que adoptó, también estuvo la convocatoria a elecciones de un Congreso General con representantes de las provincias que integraban la antigua Capitanía General de Venezuela, cuyos diputados (de siete de las nueve provincias), en representación del pueblo, sancionaron la Constitución de 21 de diciembre de 1811, luego de haber declarado solemnemente la Independencia el 5 de julio del mismo año.

En *tercer lugar*, de esos dos acontecimientos políticos resultó el reconocimiento y declaración formal de la existencia de derechos naturales del hombre y de los ciudadanos, con rango constitucional y, por tanto, que debían ser respetados por el Estado. La libertad se constituyó, con esos derechos como un freno al Estado y a sus poderes, produciéndose, así, el fin del Estado absoluto e irresponsable. En esta forma, a las Declaraciones de Derechos que precedieron a las Constituciones de las colonias norteamericanas al independizarse en 1776, siguieron la Declaración de Derechos del Hombre y del Ciudadano de Francia de 1789, y las Enmiendas a la Constitución de los Estados Unidos del mismo año. La tercera de las declaraciones de derechos fundamentales en la historia del constitucionalismo moderno, fue la Declaración de Derechos del Pueblo adoptada el 1° de julio de 1811 por la sección de Caracas del Congreso General de Venezuela, texto que meses después se recogió ampliado, en el Capítulo VII de la Constitución de diciembre de 1811[3].

En *cuarto lugar*, además, dentro de la misma línea de limitación al poder público para garantizar la libertad de los ciudadanos, las Revoluciones francesa y americana aportaron al constitucionalismo la idea fundamental de la separación de poderes. Esta se formuló, en primer lugar, en la Revolución americana, razón por la cual la estructura constitucional de los Estados Unidos se montó, en 1787, sobre la base de la separación orgánica de poderes. El principio, por supuesto, se recogió aun con mayor fuerza en el sistema constitucional que resultó del proceso revolucionario francés, donde se le agregaron como elementos adicionales, el principio de la supremacía del legislador, resultado de la consideración de la ley como expresión de voluntad general, y el de la

[3] Véase ALLAN R. BREWER-CARÍAS, *Las declaraciones de derechos del pueblo y del hombre de 1811 (Bicentenario de la Declaración de "Derechos del Pueblo" de 1° de julio de 1811 y de la "Declaración de Derechos del Hombre" contenida en la Constitución Federal de los Estados de Venezuela de 21 de diciembre de 1811),* Prólogo de ROMÁN JOSÉ DUQUE CORREDOR), Caracas, Academia de Ciencias Políticas y Sociales, 2011.

prohibición a los jueces de interferir en cualquier forma en el ejercicio de las funciones legislativas y administrativas. La Constitución venezolana de diciembre de 1811, en esta forma, fue el tercer texto constitucional del mundo moderno, en establecer expresa y precisamente el principio de la separación de poderes, aun cuando más dentro de la línea del balance norteamericano que de la concepción extrema francesa, siendo la Constitución de Cádiz de 1812, la cuarta Constitución que adoptó el principio de separación de poderes, siguiendo más el esquema francés de la monarquía parlamentaria.

En *quinto lugar,* de esos dos acontecimientos políticos puede decirse que resultaron los sistemas de gobierno que han dominado en el mundo moderno: el presidencialismo, producto de la Revolución americana; y el parlamentarismo, como sistema de gobierno que dominó en Europa después de la Revolución francesa, aplicado en las monarquías parlamentarias. El presidencialismo se instaló en Venezuela a partir de 1811, inicialmente como un ejecutivo triunviral, y luego unipersonal a partir de 1819; y el parlamentarismo se instauró en España en 1812.

En *sexto lugar*, las Revoluciones americana y francesa trastocaron la idea misma de la función de impartir justicia, la cual dejaría de ser administrada por el monarca y comenzaría a ser impartida en nombre de la Nación por funcionarios independientes. Además, con motivo de los aportes de la Revolución americana, los jueces asumieron la función fundamental en el constitucionalismo moderno, de controlar la constitucionalidad de las leyes; es decir, la idea de que la Constitución, como norma suprema, tenía que tener algún control, como garantía de su supremacía, y ese control se atribuyó al poder judicial. De allí, incluso, el papel político que en los Estados Unidos de Norteamérica, adquirió la Corte Suprema de Justicia. En Francia, sin embargo, dada la desconfianza revolucionaria respecto de los jueces, frente a la separación absoluta de poderes, solo sería cien años después cuando se originaría la consolidación de la justicia administrativa, que aun cuando separada del poder judicial, controlaría a la Administración; y sería doscientos años después cuando se establecería un control de constitucionalidad de las leyes a cargo del Consejo Constitucional, creado también fuera del poder judicial. Tanto en la Constitución de Venezuela de 1811 como en la Constitución de Cádiz de 1812 se reguló un poder judicial autónomo e independiente, habiéndose desarrollado en Venezuela a partir de 1858 un control judicial de la constitucionalidad de las leyes que solo se instauró en España, efectivamente, a partir de 1978.

En *séptimo lugar*, de esos dos acontecimientos revolucionarios surgió una nueva organización territorial del Estado, antes desconocida. En efecto, frente a las monarquías absolutas organizadas conforme al principio del centralismo político y a la falta de uniformismo político y administrativo, esas Revoluciones dieron origen a nuevas formas de organización territorial del Estado, antes desconocidas, que originaron, por una parte, el federalismo, particularmente derivado de la Revolución americana con sus bases esenciales de gobierno local y, por la otra, el municipalismo, originado particularmente como consecuencia de la Revolución francesa. Venezuela, así, fue el primer país del mundo, 1811, en seguir el esquema norteamericano y adoptar la forma federal en la organización del Estado, sobre la base de la división provincial colonial; y a la vez, fue el primer país del mundo, en 1812, en haber adoptado la organización territorial municipal que legó la Revolución francesa. En España, la división provincial siguió en parte la influencia de la división territorial departamental de la post Revolución francesa, y se adoptaron los principios del municipalismo que también derivaron de la Revolución francesa.

Estos siete principios o aportes que resultan de la Revolución americana y de la Revolución francesa significaron, por supuesto, un cambio radical en el constitucionalismo, producto de una transición que no fue lenta sino violenta, aun cuando desarrollada en circunstancias y situaciones distintas. De allí que la contribución de la Revolución americana y de la Revolución francesa al derecho constitucional, aun en estas siete ideas comunes, hayan tenido raíces diferentes: en los Estados Unidos de Norte América se trataba de construir un Estado nuevo sobre la base de lo que eran antiguas colonias inglesas, situadas muy lejos de la metrópoli y de su Parlamento soberano, y que durante más de un siglo se habían desarrollado independientes entre sí, por sus propios medios y gozando de cierta autonomía. En el caso de Francia, en cambio, no se trataba de construir un nuevo Estado, sino dentro del mismo Estado unitario y centralizado, sustituir un sistema político constitucional monárquico, propio de una monarquía absoluta, por un régimen totalmente distinto, de carácter constitucional y parlamentario, e incluso luego, republicano. Puede decirse que, *mutatis mutandi,* en Venezuela ocurrió un fenómeno político similar al de Norteamérica, y en España un fenómeno político similar al de Francia.

Ahora bien, no debe olvidarse que cuando se inició el proceso constituyente en Cádiz y en Venezuela, a partir de 1810, ya la República no existía en Francia, ni la Declaración de Derechos tenía rango constitucional, y la Revolución francesa había cesado. Después de la Revolución y del caos institucional que surgió de ella, vino la dictadura napoleónica y la restauración de la monarquía a partir de 1815, por lo que Francia continuó siendo un país con régimen monárquico durante buena parte del siglo XIX, hasta 1870.

1. La crisis política de la monarquía española con motivo de la invasión napoleónica de España a partir de 1808, como elemento común del inicio de los procesos constituyentes en España y en América

A comienzos del siglo XIX, en Francia, la Revolución había sido consolidada, pero también había sido secuestrada por un régimen autoritario que en 1802 había hecho de Napoleón Cónsul vitalicio y en 1804 lo había proclamado

Emperador, por supuesto, también vitalicio conforme al principio hereditario. Toda Europa estaba amenazada y buena parte de ella había sido ocupada o sometida por el Emperador, quien conducía un Estado en guerra.

España, fronteriza, no escapó a las garras de Napoleón y al juego de su diplomacia continental[4]. En esta forma, como consecuencia del Tratado de Fontainebleau del 27 de octubre de 1807, suscrito entre representantes de la Corona española y del Imperio napoleónico, ambos Estados se habían acordado el reparto de Portugal, cuyos príncipes habían huido a América, previéndose incluso el otorgamiento a título hereditario del territorio del Algarve a Manuel Godoy, ministro favorito de Carlos IV. En una cláusula secreta del Tratado se disponía la invasión de Portugal por las tropas napoleónicas a través de España.

Pero la verdad es que las tropas napoleónicas ya se encontraban en España y habían atravesado la frontera portuguesa diez días antes de la firma del Tratado, lo que implicó que para marzo de 1808 más de 100.000 hombres de los ejércitos napoleónicos se encontraban en España. El rey ya había conocido de la conjura de su hijo para arrebatarle el trono y apresar a Godoy y supuestamente lo había perdonado. Desde febrero de 1808 ya había un regente en Portugal (Junot) que actuaba en nombre del embajador, con lo que el Tratado de Fontainebleau y el reparto de Portugal había quedado invalidado. Napoleón primero apostó a que la familia real española siguiera el ejemplo de la de Portugal y huyera a Cádiz y de allí a América; luego cambió de parecer e impuso como condición para el reparto del centro del Reino portugués a España, la entrega a Francia de todo el territorio de España al norte del Ebro, incluyendo los Pirineos.

La presencia de las tropas francesas en España y la concentración de las españolas en Aranjuez, originaron toda suerte de rumores, incluso la posible huida del monarca hacia Andalucía y América, lo que estaba descartado. Sin embargo, tales rumores tuvieron que ser aclarados por el monarca manifestando en proclama a los españoles, que la concentración de tropas en Aranjuez no tenía que defender a su persona ni acompañarle a un viaje "que la malicia os ha hecho suponer como preciso".

La concentración de tropas en Aranjuez, sin embargo, lo cierto es que era parte de una conspiración en marcha contra el gobierno de Godoy, que tenía como protagonistas, entre otros, al mismo Príncipe de Asturias, Fernando (futuro Fernando VII), quien buscaba también la abdicación de Carlos IV, con la complacencia de los agentes franceses y la ayuda del odio popular que se había generado contra Godoy por la ocupación francesa del Reino.

[4] Hemos consultado para la elaboración de estas notas los siguientes estudios: CARLOS ROJAS, *La vida y la época de Carlos IV,* Madrid, 1997; JOSÉ LUIS COMELLAS, *Historia de España contemporánea,* Madrid, 1999; JAVIER PAREDES (coord.), *Historia contemporánea de España,* Barcelona, 1998; JOSEPH FONTANA, *La crisis del antiguo Régimen 1808-1833,* Barcelona, 1992 y *Documentos de Historia Contemporánea de España,* Madrid, 1996.

En la noche del 18 de marzo de 1808 estalló el motín de Aranjuez[5], revuelta popular que condujo a la aprehensión de Godoy y el destrozo de sus dependencias por la turba y en fin, a la abdicación de Carlos IV en su hijo Fernando tal y como fue anunciada el 19 de marzo de 1808, como parte de las intrigas de este. En la misma noche, Carlos IV ya hablaba con sus criados de que no había abdicado, y a los dos días, el 21 de marzo de 1808 se arrepintió de su abdicación, aclarando en un manifiesto lo siguiente:

"Protesto y declaro que todo lo manifestado en mi decreto del 19 de marzo abdicando la Corona en mi hijo, fue forzado, por precaverse mayores males, y la efusión de sangre de mis queridos vasallos, y por tanto, de ningún valor".

También escribió a Napoleón, aclarándole la situación, diciéndole:

"Yo no cedí a favor de mi hijo. Lo hice por la fuerza de las circunstancias, cuando el estruendo de las armas y los clamores de la guarnición sublevada me hacían reconocer la necesidad de escoger la vida o la muerte, pues esta última habría sido seguida por la de la reina". A pesar de estas manifestaciones, no solo jamás recuperaría la Corona, sino que tres días después Fernando VII entraría triunfante en Madrid, iniciando un corto reinado de días, en el cual, mediante uno de sus primeros decretos ordenaba la requisa de los bienes de Godoy contra los cuales se volcó la saña popular en todo el territorio del reino.

Pero a las pocas horas de la entrada del nuevo rey, a Madrid también había llegado el 23 de marzo de 1808, el general Joaquín Murat, designado lugarteniente de Napoleón en España, quien ordenó salvar a Godoy de un seguro linchamiento al que se lo pretendía dejar someter. Murat, además, materialmente desconoció la presencia misma del nuevo rey en la ciudad que ya estaba ocupada por los franceses.

Por orden de Murat, el anterior monarca Carlos IV y su familia, fueron trasladados a El Escorial el 9 de abril de 1808 para luego ir a Bayona el 30 de abril de 1808 donde los esperaba Napoleón. A Bayona ya había llegado Fernando VII el 20 de abril y el mismo Godoy lo hizo el 26 de abril de 1808. Todos habían recurrido al Emperador en busca de apoyo y reconocimiento, con lo cual este había quedado convertido en el árbitro de la crisis política de la monarquía española.

Estando el Reino en sus manos, decidió apropiárselo: primero el 5 de mayo de 1808 obtuvo una nueva abdicación de Carlos IV, esta vez, en el mismo Napoleón; segundo, al día siguiente, el 6 de mayo de 1808, hizo que Fernando VII abdicara de la Corona en su padre Carlos IV, sin informarle lo que ya este

[5] Véase un recuento de los sucesos de marzo en Madrid y Aranjuez y todos los documentos concernientes a la abdicación de Carlos IV en J. F. Blanco y R. Azpúrua, *Documentos para la historia de la vida pública del Libertador*, tomo II, Caracas, Ediciones de la Presidencia de la República, 1983, págs. 91 a 153.

había hecho, y tercero, unos días después, el 10 de mayo de 1808, el mismo Fernando VII renunció sus derechos a la Corona española en el mismo Napoleón.

El hermano del Emperador, José Bonaparte, fue instalado en Madrid como rey de España, guardándose las formas políticas mediante el otorgamiento de un estatuto constitucional, conocido como la Constitución de Bayona de 1808.

En todo caso, el vacío de poder que se había originado en Madrid, por el fáctico secuestro de los monarcas españoles en territorio francés, había provocado una rebelión popular que estalló en Madrid el 2 de mayo de 1808, que precipitaron sangrientos hechos por la represión desatada por la guarnición francesa. El Emperador había jurado vengar a los muertos franceses, y sin duda el apoderamiento del Reino de España era parte de esa venganza; pero los muertos españoles por los trágicos fusilamientos del 3 de mayo, los vengó el pueblo español, al propagarse la rebelión por toda España, con el común denominador de la reacción contra las tropas francesas.

Como secuela del vacío de poder y de la rebelión generalizada, en España se multiplicó la formación de juntas provinciales y locales que asumieron el poder popular, integrados por los notables de cada lugar, y se inició la guerra de independencia. Para septiembre de 1808, la necesidad de formar una unidad de dirección de la guerra y de la política era imperiosa, lo que condujo a la formación de una junta central integrada por personalidades ilustradas, algunas de las cuales, incluso, habían formado parte del gobierno de Carlos IV.

La opción entre constituir una regencia o una junta central que se ocupara de la conducción de los asuntos del reino en ausencia de Fernando VII, terminó imponiendo la necesidad de convocar a las cortes, lo que se consultó al país en 1809. La junta central que funcionaba en Sevilla, ante el avance de las tropas francesas, tuvo que retirarse hacia la Isla de León (San Fernando), donde terminó por designar una Junta de Regencia el 29 de enero de 1810, poniendo fin a sus funciones y convocando paralelamente a la Nación a Cortes Generales, mediante elección de representantes conforme al Reglamento que se dictó al efecto por el Consejo de Regencia, que incluía también a representantes de los territorios de las colonias americanas, a las cuales se las quería integrar al reino.

Las Cortes se integraron con representantes electos y con no pocos suplentes designados en la propia Isla de León, de americanos residentes en la Península. Se reunieron el 24 de septiembre de 1810 y cinco meses después se trasladaron a Cádiz, reuniéndose en el oratorio de San Felipe Neri, donde se desarrollaron sus sesiones. El trabajo constituyente de las Cortes de Cádiz concluyó con la sanción de la Constitución de la Monarquía española de 18 de marzo de 1812, cuyo texto revolucionó a España, sentando las bases para el derrumbamiento del Antiguo Régimen y para el inicio del constitucionalismo moderno en España, plasmado en los principios de soberanía nacional, división de poderes, libertad de imprenta y en la abolición de los privilegios y de la inquisición.

Luego de celebrado en Valence un tratado secreto entre Napoleón y Fernando VII el 8 de diciembre de 1813, el primero renunciaba al trono de España y este último entró a España el 29 de marzo de 1814 con el propósito de jurar la Constitución que le había impuesto el Consejo de Regencia. Había pasado seis años en el exilio, y regresó no para seguir la obra de los constituyentes de Cádiz, sino para acabar con ella. El 4 de mayo de 1814 derogó las Cortes de Cádiz y anuló la Constitución de 1812, reinstaurando el absolutismo, y declarando reos de muerte a todos los que defendieran la Constitución anulada. El 1º de octubre de 1814 Carlos IV de nuevo, abdicaría por segunda vez en su hijo los derechos al trono de España y al Imperio de las Indias.

En todo caso, los mismos hechos que derivaron de la invasión napoleónica a España y la debilidad o inexistencia del gobierno en la península, envuelta en la guerra de independencia contra los franceses, provocaron la revolución de independencia de las provincias de Venezuela, con la creación de la Junta Suprema conservadora de los derechos de Fernando VII el 19 de abril de 1810, la convocatoria a elecciones del Congreso General de las provincias de Venezuela, la declaratoria solemne de la Independencia de Venezuela el 5 de julio de 1811 y la sanción de la Constitución Federal para los Estados de Venezuela de 21 de diciembre de 1811, con la cual se adoptaron los principios del constitucionalismo moderno, incluso antes que se plasmaran en la Constitución de Cádiz de 1812.

Ahora bien, unos años antes, para 1802 y durante el reinado de Carlos IV, puede decirse que la faz política del mundo ya había comenzado a cambiar. Carlos IV había iniciado su reinado a la muerte de su padre, el rey Carlos III, el 14 de diciembre de 1788, dos años después de que se había creado la Real Audiencia de Caracas (1786), con la cual las provincias de la Capitanía General de Venezuela estructurada en 1777 habían adquirido una completa integración.

Precisamente el inicio del reinado de Carlos IV habría de coincidir con los dos acontecimientos políticos antes mencionados, de la mayor importancia en el mundo moderno, como fueron la Revolución americana y la Revolución francesa; y además, con la difusión masiva de ambos acontecimientos y sus secuelas políticas, lo que contribuyó al resquebrajamiento de los cimientos del mismo Estado absoluto, y su penetración tanto en España como en las provincias americanas.

En efecto, en 1783, el mismo año en el cual nació SIMÓN BOLÍVAR, el Libertador, el Conde de Aranda, Ministro de Carlos III y Plenipotenciario para los ajustes entre España, Francia e Inglaterra, firmaba un tratado que obligaba a Inglaterra a reconocer la Independencia de sus colonias en Norte América y, con tal motivo, se dirigió al rey diciéndole que la firma de dicho tratado había dejado en su alma "una impresión dolorosa", que se veía obligado a manifestársela, pues consideraba que el reconocimiento de la independencia de las colonias inglesas era "un motivo de temor y de pesar"; y agregaba:

"Esta República Federal ha nacido pigmea, por decirlo así y ha necesitado el apoyo de la fuerza de dos Estados tan poderosos como la España y la Francia para lograr su independencia. Tiempo vendrá en que llegará a ser gigante, y aun coloso muy temible en aquellas vastas regiones. Entonces ella olvidará los beneficios que recibió de ambas potencias y no pensará sino en engrandecerse. Su primer paso será apoderarse de las Floridas para dominar el Golfo de México. Estos temores son, Señor, demasiado fundados y habrán de realizarse dentro de pocos años si aún no ocurriesen otros más funestos en nuestras Américas"[6].

Esos hechos "más funestos", precisamente, se sucedieron a los pocos años, y a ello contribuyeron, entre otros factores, los propios republicanos españoles que influyeron directamente en Venezuela.

Resumiendo, la consecuencia fue que a partir de 1808, tanto en España como en Caracas, se produjo una ruptura del orden político gubernativo existente en ese momento en ambas costas del Atlántico, lo que se materializó en el hecho político de que el poder de gobernar tanto en el Reino de España como en las provincias de la América meridional, fue asumido por órganos que se formaron *ex novo* para tales efectos, que no estaban previstos ni en el ordenamiento constitucional del Antiguo Régimen ni en el régimen político que regía en las colonias. Técnicamente, en esos años y en ambos confines, tanto en la Península como en América meridional, se produjo un golpe de Estado que sería el inicio de los procesos constituyentes que se desarrollaron en paralelo en ambos lados del Atlántico.

El 25 de septiembre de 1808, en efecto, luego de los sucesos de Aranjuez y de las abdicaciones de Bayona, precisamente en Aranjuez se instaló una *Junta Suprema Central y Gubernativa del Reino*, también llamada Junta Suprema o Junta Central Suprema. Este fue el órgano político que asumió el poder del Estado en ausencia del rey Fernando VII, durante la ocupación de España por los ejércitos napoleónicos, lo que se había iniciado desde marzo de 1808. Su constitución se produjo tras la victoria lograda por los ejércitos españoles en la batalla de Bailén el 19 de julio de 1808, en lo que sería la primera derrota en la historia que tuvo el ejército napoleónico. Esa constitución de la Junta, además, ocurrió después de que el Consejo de Castilla hubiese declarado nulas las abdicaciones que se habían producido de la Corona de España a favor de Napoleón, en Bayona, en mayo de ese mismo año, tanto de parte del rey Carlos IV como de parte de su hijo el rey Fernando VII. Esa Junta Central, formada inicialmente por representantes de las juntas provinciales que se habían constituido durante la guerra de independencia, ejerció el poder político del Reino durante año y medio, hasta el 30 de enero de 1810, cuando la Junta Central,

[6] Véase en J. F. Blanco y R. Azpúrua, *op. cit.*, tomo I, pág. 190.

luego de convocar a la elección de las Cortes, decidió disolverse y trasladar el poder del Reino a un Consejo de Regencia.

Por otra parte, ante las noticias de los mismos acontecimientos de las abdicaciones de Bayona de mayo de 1808, que llegarían a Caracas dos meses después, el Capitán General de Venezuela formuló una declaración solemne fechada el 18 de julio de 1808, expresando que en virtud de que "ningún gobierno intruso e ilegítimo puede aniquilar la potestad legítima y verdadera", con los hechos que habían acaecido en la Península "en nada se altera la forma de gobierno ni el reinado del señor don Fernando VII en este distrito"[7]. A ello se sumó, dos días después, el 27 de julio, la expresión del Ayuntamiento de Caracas, en el sentido de que "no reconocen ni reconocerán otra Soberanía que la suya [Fernando VII], y la de los legítimos sucesores de la casa de Borbón"[8].

En esa misma fecha, incluso, el Capitán General se dirigió al Ayuntamiento exhortándolo a que se erigiese en esa Ciudad "una Junta a ejemplo de la de Sevilla"[9], para cuyo efecto, el Ayuntamiento tomó conocimiento del acto del establecimiento de aquella[10] y acordó estudiar un "prospecto" cuya redacción encomendó a dos de sus miembros. El proyecto resultante incluso llegó a ser aprobado el 29 de julio de 1808, habiéndose pasado para su aprobación al "presidente, gobernador y capitán general"[11]. Este, sin embargo, nunca llegó siquiera a considerar la propuesta, a pesar incluso de la representación que el 22 de noviembre de 1808 le habían enviado las primeras notabilidades de Caracas que habían sido designadas para tratar con él sobre "la formación y organización de la Junta Suprema".

En todo caso, y siempre en medio de la incertidumbre derivada por lo que ocurría en la Península, lo que se acrecentaba por la distancia y lo tardío de las

[7] Véase en José Félix Blanco y Ramón Azpúrua, *Documentos para la historia de la vida pública del Libertador de Colombia, Perú y Bolivia. Puestos por orden cronológico y con adiciones y notas que la ilustran*, vol. III, Caracas, La Opinión Nacional, 1877, edición facsimilar; tomo II, Caracas, Ediciones de la Presidencia de la República, 1977, 1983, pág. 169.

[8] *Idem.*, pág. 169.

[9] *Idem.*, págs. 170-174. Caracciolo Parra Pérez, *Historia de la Primera República de Venezuela,* tomo I, Caracas, Biblioteca de la Academia Nacional de la Historia, 1959, págs. 311 y ss., y 318.

[10] Véase el acta del Ayuntamiento del 28-07-1808 en José Félix Blanco y Ramón Azpúrua, *Documentos para la historia...*, tomo II, pág. 171. Debe señalarse que en la misma línea de acción, Francisco de Miranda en carta enviada al Marqués del Toro el 20 de julio de 1808 expresaba la necesidad de que en Caracas, "reuniéndose en un cuerpo municipal representativo, tomen a su cargo el gobierno de esa provincia". Véase Giovanni Meza Dorta, *Miranda y Bolívar*, Caracas, bid&co. Editor, 2007 pág. 43

[11] Véase el texto del prospecto y su aprobación de 29-07-1809, en José Félix Blanco y Ramón Azpúrua, *Documentos para la historia...*, tomo II, págs. 172-174. Véase, Caracciolo Parra Pérez, *Historia de la Primera República...*, pág. 318.

comunicaciones, solo fue el 12 de enero de 1809, cuando el Ayuntamiento de Caracas llegó a reconocer, en las provincias de Venezuela, a la Junta Central como el gobierno supremo del Imperio[12].

Y fue días después cuando la Junta Suprema Central de España por real orden de 22 de enero de 1809, adoptaría la famosísima disposición según la cual, "Los vastos y preciosos dominios que la España posee en las Indias no son propiamente colonias o factorías, como los de otras naciones, sino una parte esencial e integrante de la monarquía española"[13].

Tres meses después, el 19 de abril de 1810, ante las noticias que se habían recibido el día anterior en el Ayuntamiento de Caracas sobre la material desaparición del gobierno supremo en España por la invasión napoleónica, y sobre el virtual confinamiento del recién constituido Consejo de Regencia por la disolución de la Junta Central, el 30 de enero de ese año, en la ciudad de Cádiz, en Caracas se consideró necesario constituir un gobierno que se hiciese cargo del gobierno de las provincias de Venezuela para asegurarlas contra los designios del emperador francés.

Fue así cuando el propio Cabildo de Caracas, contra la voluntad del gobernador quien lo presidía, se erigió en *Junta Suprema de Venezuela Conservadora de los Derechos de Fernando VII*, la cual, asumiendo el "mando supremo" o "suprema autoridad" de la Provincia, procedió a constituir "un nuevo gobierno", deponiendo al gobernador y capitán general del mando.

La motivación inmediata de este singular hecho político había sido la "total orfandad" en la cual se consideró había quedado el pueblo, después de la abdicación de los reyes, y luego, por la disolución de la Junta Suprema gubernativa de España que suplía la ausencia del monarca. Esa, como se dijo, había sido reconocida en Caracas, lo que no ocurrió respecto del consejo de regencia. La Junta Suprema de Caracas, en efecto, al constituirse, desconoció formalmente toda la autoridad que pretendía el Consejo de Regencia, al negarle representatividad alguna, considerando que el mismo no había "sido constituido por el voto de estos fieles habitantes, cuando han sido ya declarados, no colonos, sino partes integrantes de la corona de España, y como tales han sido llamados al ejercicio de la soberanía interna y a la reforma de la Constitución Nacional"[14].

[12] *Idem,* tomo II, pág. 305.

[13] Véase el texto en José Félix Blanco y Ramón Azpúrua, *Documentos para la historia...*, tomo II, págs. 230-231. Véase O. C. Stoetzer, *Las raíces escolásticas de la emancipación de la América española,* Madrid, 1982, pág. 271. En esa disposición se encargaba a los ayuntamientos a designar representantes ante la Junta Central, y en Venezuela, el Ayuntamiento designó a Joaquín Mosquera y Figueroa, regente de la Audiencia de Caracas; nombramiento que luego fue anulado por no ser nativo de la provincia y por incompatibilidad de cargos. Véase Juan Garrido Rovira, *La Revolución de 1810*, Caracas, Universidad Monteávila, 2009, pág. 79.

[14] Véase el texto del Acta de 19-04-1810 en Allan R. Brewer-Carías, *Las Constituciones de Venezuela*, tomo I, Caracas, Academia de Ciencias Políticas y Sociales, 2008, págs. 531-533.

Ello lo reiteraría la Junta Suprema de Caracas unas semanas después, el 5 de mayo de 1810, al dirigirse a la regencia cuestionándole su autoridad y representatividad, así como la de los eventuales diputados que pudieran elegirse para las Cortes que se habían convocado el mismo día de su constitución, elección que se había atribuido a los cabildos americanos, señalándole: "en una palabra, desconocemos el nuevo Consejo de Regencia"[15].

Con esos hechos, por tanto, en 1808 y 1810, tanto en España como en Hispanoamérica, puede decirse que se dio inicio a sendos procesos constituyentes de un nuevo orden político que desembocarían en la sanción, en Caracas, de la *Constitución Federal para los Estados de Venezuela* en 21 de diciembre de 1811, y unos meses después, el 19 de marzo de 1812, en la sanción, en Cádiz, de la *Constitución de la Monarquía Española.* Ello, sin duda, fue el producto de lo que puede denominarse como la revolución hispano americana, que se inició veintidós años después de la Revolución francesa, y treinta y cinco años después de la Revolución norteamericana.

Venezuela y España, por tanto, a comienzos del siglo XIX, fueron los primeros países en el mundo que recibieron directamente las influencias del constitucionalismo moderno derivadas de las mencionadas revoluciones del siglo XVIII[16]. Por ello, junto con ellas, la Revolución hispano americana también contribuyó a configurar el constitucionalismo moderno, iniciando la transformación radical del orden político constitucional que hasta entonces había sido el imperante en el Antiguo Régimen español y en las colonias españolas de América. Y ese proceso político ocurrió en forma paralela en Cádiz y en Caracas, precisamente cuando los próceres de la independencia de Venezuela, después del 19 de abril de 1810, se encontraban en la tarea de elaborar las bases del sistema jurídico-estatal que habría de regir un nuevo Estado independiente, que era el segundo en su género en la historia política del mundo moderno después de la creación de los Estados Unidos de Norte América, y cuando los constituyentes de Cádiz, después del proceso de recomposición del régimen monárquico que se había iniciado con los sucesos de Aranjuez y Bayona en 1808, llevaban a cabo la tarea de transformar una monarquía absoluta en una monarquía constitucional, lo que antes había ocurrido precisamente en Francia, como consecuencia de la Revolución.

[15] Véase *Textos Oficiales de la primera República de Venezuela,* tomo I, Caracas, Biblioteca de la Academia de Ciencias Políticas y Sociales, 1982, pág. 134.

[16] Véase en general ALLAN R. BREWER-CARÍAS, *Reflexiones sobre la Revolución americana (1776) y la Revolución francesa (1789) y sus aportes al constitucionalismo moderno,* Caracas, 1991. Una segunda edición ampliada de este libro se publicó como *Reflexiones sobre la Revolución norteamericana (1776), la Revolución francesa (1789) y la Revolución hispanoamericana (1810-1830) y sus aportes al constitucionalismo moderno*, Serie Derecho Administrativo núm. 2, Bogotá-Caracas, Universidad Externado de Colombia, Editorial Jurídica Venezolana, 2008.

Por ello puede decirse que la Constitución de Cádiz de 1812 no tuvo ni pudo tener influencia alguna en el proceso constituyente venezolano y neogranadino; lo que ciertamente, fue un hecho único en la América Hispana, pues al contrario, en la mayoría de las otras antiguas colonias americanas españolas que lograron su independencia particularmente después de 1820, las mismas, en la creación de los nuevos Estados si recibieron las influencias del naciente constitucionalismo español plasmado en la Constitución de Cádiz de 1812, sobre todo con motivo de su puesta en vigencia, de nuevo, en 1820[17].

Esos procesos constituyentes que originaron la sanción de las Constituciones de Venezuela y de Cádiz en 1811 y 1812, en todo caso, estuvieron a cargo de asambleas constituyentes que se concibieron y constituyeron al efecto, como instituciones representativas de la soberanía nacional, la cual ya se consideraba que había sido trasladada o asumida por el pueblo, integradas por diputados electos en procesos electorales indirectos desarrollados en las diversas demarcaciones territoriales de las provincias tanto del Reino de España para las Cortes, como de las provincias de la antigua Capitanía General de Venezuela, para el Congreso General de diputados. Así se integraron las Cortes de Cádiz en España, y en paralelo, la Junta o Congreso General de Diputación de las Provincias en Venezuela.

Con la convocatoria de estos cuerpos representativos, en ambos casos, se buscó salir de la crisis política en la cual se encontraban los países: en España, como hemos dicho, provocada, desde 1808, por el secuestro del rey y la invasión de la Península Ibérica por las tropas de Napoleón, lo cual en medio de la dura guerra de independencia desarrollada en las diversas provincias, había originado la constitución de juntas supremas conservadoras de los derechos de Fernando VII en las provincias más importantes, que luego formarían, entre ellas, la Junta Central de Gobierno para atender los asuntos del Reino. Fue esa Suprema Junta Central de España la que precisamente, el 30 de enero de 1810, pondría término a su función, delegándola en un Consejo de Regencia que la misma había nombrado, no sin antes disponer la convocatoria a Cortes para recomponer el Estado, estableciendo la forma de elección de los diputados.

En Caracas, como también se dijo, la crisis fue provocada igualmente desde 1808 por el sentimiento sostenido de orfandad política que acusaban las provincias debido al secuestro del monarca español en manos de un invasor extranjero, que no era querido, y la constitución, en 1810, de una Junta Suprema que había sustituido al cabildo de Caracas, convocando a su vez a elecciones

[17] Véase por ejemplo, JORGE MARIO GARCÍA LAGUARDIA, CARLOS MELÉNDEZ CHAVERRI, MARINA VOLIO, *La Constitución de Cádiz y su influencia en América (175 años 1812-1987),* San José, 1987; MANUEL FERRER MUÑOZ, *La Constitución de Cádiz y su aplicación en la Nueva España,* México, UNAM, 1993; ERNESTO DE LA TORRE VILLAS y JORGE MARIO GARCÍA LAGUARDIA, *Desarrollo histórico del constitucionalismo hispanoamericano,* México, UNAM, 1976.

de una Junta o Congreso General de diputados. Por ello, JUAN GERMÁN ROSCIO diría con razón en alguna ocasión: "La abdicación fue el principio de nuestra independencia"[18].

En ese contexto, ambos procesos constituyentes tenían objetivos precisos: en España se trataba de lograr la reconstitución política de un Estado preexistente como era el Estado monárquico, y lograr su transformación en un Estado monárquico constitucional; y en Venezuela, se trataba de la constitución de un nuevo Estado sobre las bases de lo que habían sido antiguas colonias españolas americanas que se habían declarado independientes. En ambos casos, además, el proceso constituyente tuvo siempre como común denominador inicial, la adopción del principio de la soberanía popular y la necesidad de reconstituir o constituir los gobiernos de los Estado sobre la base de la representación de sus habitantes, es decir, en cada extremo del imperio español, sendos procesos constituyentes que partieron de los principios de la ubicación de la soberanía en el pueblo, y de la representatividad democrática a los efectos de elegir un cuerpo político que redefiniera, o definiera, un nuevo régimen político como producto de la crisis política existente. Para ello, en ambos casos, tanto en la Península como en las provincias de Venezuela, el primer acto político que se adoptó para culminar esos procesos constituyentes fue la emisión en 1810 de sendos cuerpos normativos, instrucciones o reglamentos, destinados a convocar al pueblo para la elección de los diputados a Cortes en España, y de los diputados a un Congreso o Junta General en Venezuela, y a establecer el sistema y procedimiento para la elección de los diputados en forma indirecta. Ello lo hizo en la Península, la Suprema Junta Gubernativa de España e Indias el 1° de enero de 1810 al dictar la *Instrucción que deberá observarse para la elección de Diputados a Cortes*[19], y en Venezuela, seis meses más tarde, la Junta Suprema Conservadora de los Derechos de Fernando VII, el dictar el 11 de junio de 1810, el *Reglamento para elección y reunión de diputados que han de componer el Cuerpo Conservador de los Derechos del Sr. D. Fernando VII en las Provincias de Venezuela*[20]. En ambos casos se trató de los primeros estatutos electorales dictados en España y en América.

[18] En la sesión del Congreso General del 25 de junio de 1811. Véase *Libro de Actas del Segundo Congreso de Venezuela 1811-1812*, tomo I, Caracas, Academia Nacional de la Historia, 1959, pág. 82.

[19] Véase en Biblioteca Virtual Miguel de Cervantes, en http://www.cervantesvirtual .com/servlet/SirveObras/34695175432370530854679/p0000001.htm Véase además la "Comunicación que acompañó la Comisión de Cortes a la Instrucción que debía observarse para la elección de Diputados a Cortes al someterla a la aprobación de la Junta Central" de 8 de noviembre de 1809, *idem*.

[20] Véase en *Textos Oficiales de la Primera República de Venezuela*, tomo II, Caracas, Biblioteca de la Academia de Ciencias Políticas y Sociales, 1982, págs. 61 a 84. Véase también en ALLAN R. BREWER-CARÍAS, *Las Constituciones de Venezuela*, tomo I, Caracas, Academia de Ciencias Políticas y Sociales, 2008.

2. La convocatoria a Cortes en España y la instrucción para la elección de diputados de enero de 1810

En España, en efecto, en medio de la sangrienta guerra de independencia en la que se encontraba la Península, la Junta Suprema Gubernativa del Reino con fecha 22 de mayo de 1809 había emitido en Sevilla un decreto sobre el "restablecimiento y convocatoria de Cortes", haciendo, entre otros aspectos, una importante reflexión considerando que "los desastres que la Nación" padecía habían "nacido únicamente de haber caído en el olvido aquellas saludables instituciones que en tiempos más felices hicieron la prosperidad y la fuerza del Estado". Sobre ellas, la Junta consideró que "la ambición usurpadora de los unos, el abandono indolente de los otros, las fueron reduciendo a la nada", considerando que había llegado: "el tiempo de aplicar la mano a esta grande obra y de meditar las reformas que deben hacerse en nuestra administración asegurándolas en las leyes fundamentales de la monarquía, que solas pueden consolidarlas, y oyendo para el acierto, como ya se anunció al público, a los sabios que quieran exponer sus opiniones".

Ello sirvió a la Junta, a los efectos de que "la Nación española aparezca a los ojos del mundo con la dignidad debida a sus heroicos esfuerzos, resuelta a que los derechos y prerrogativas de los ciudadanos se vean libres de nuevos atentados, y a que las fuentes de felicidad pública, quitados los estorbos que hasta ahora las han obstruido, corran libremente luego que cese la guerra", a proceder a decretar que se restableciera "la representación legal y conocida de la Monarquía en sus antiguas Cortes", para lo cual procedió a convocarlas (art. 1°). Por supuesto, en este momento, se trataba de las Cortes estamentarias que eran las que hasta ese momento se conocían, donde tenían cabida específica y separada la nobleza y el clero. La Junta, a los efectos de su configuración, dispuso que ella misma se ocuparía "del modo, número y clase con que, atendidas las circunstancias del tiempo presente, se ha de verificar la concurrencia de los diputados a esta augusta Asamblea", nombrando una Comisión para preparar todos los trabajos y planes necesarios para tal convocatoria (art. 2°).

El decreto, además, estableció la necesidad de que la Junta fuese investigando sobre diversos aspectos de la política del Estado para "irlos proponiendo sucesivamente a la Nación junta en Cortes" entre los cuales se destacaban los medios y recursos para sostener la guerra en que se hallaba empeñada la Nación, y los medios para sostener el ejército y conservar la marina; las medidas para "asegurar la observancia de las leyes fundamentales del reino"; los medios de "mejorar nuestra legislación, desterrando los abusos introducidos y facilitando su perfección"; la recaudación, administración y distribución de las "rentas del Estado"; las reformas necesarias en "el sistema de instrucción y educación pública"; y la "parte que deban tener las Américas en las Juntas de Cortes" (art. 3°). Además, a los efectos de que se reuniesen los conocimientos necesarios para tal misión, se dispuso que la Junta consultaría "a los consejos, juntas superiores de las provincias, tribunales, ayuntamientos, cabildos, obispos y universidades, y oirá a los sabios y personas ilustradas" (art. 4)[21].

La secuela de esta decisión adoptada en mayo de 1809, fue la emisión por la Junta Gubernativa, cinco meses después, firmado igualmente en Sevilla el 28 de octubre de 1809, de un importante *Manifiesto* "fijando los días en que se han de convocar y celebrar las Cortes generales de la monarquía española", considerando que el "paso hacia la independencia" debía también ser un paso "hacia la libertad"; expresando que de una "tiranía inepta y ya decrépita" se había pasado al "despotismo francés" con promesas de "reformas de administración" y anuncios del "imperio de las leyes", pero con "una Constitución hecha a su antojo", refiriéndose sin duda a la Constitución de Bayona. Ello se consideró en el manifiesto como "una contradicción bárbara y absurda, ¡digna ciertamente de su insolencia!", el querer hacer creer a los españoles que se podía "sentar el edificio moral de la libertad y fortuna de una Nación sobre cimientos amasados con usurpación, iniquidad y alevosía". El pueblo español, se dijo, "pudo contestar a estos imprudentes legisladores que para él, no eran leyes los artificios de los intrigantes, ni los mandatos de los tiranos".

La consecuencia de todo ello, según se refería en el manifiesto, había sido la guerra, de la cual había resultado como efecto inmediato "la recomposición del Estado, dividido a la sazón en tantas fracciones como provincias". Ello, sin embargo, antes que la siembra del "mortífero germen de la anarquía" como lo pretendieron los franceses, por "el seso y la circunspección española [...] más poderosos que el maquiavelismo francés" originó el establecimiento de "una autoridad suprema" en manos de la Junta Central. Esta, se dijo en el manifiesto, si bien había anunciado como su "primer cuidado" la expulsión de los enemigos", consideró como la de principal importancia "la felicidad interior y permanente del Estado," a cuyo efecto cuando el: "torbellino de los sucesos militares se lo permitió, hizo resonar en vuestros oídos el nombre de vuestras Cortes, que para nosotros ha sido siempre el antemural de la libertad civil y el trono de la majestad nacional".

Luego de referirse a los horrores y heroicidades de la guerra, y considerar sobre esos hechos "que la historia escribirá con letras de oro algún día, para admiración y ejemplo de la posteridad", en el Manifiesto se consideró que un "pueblo tan magnánimo y generoso, no debe ya ser gobernado sino por

[21] Aparece firmado por el marqués de Astorga como presidente y por Martin de Garay. Véase el texto en Manuel Fernández Martín, *Derecho parlamentario español*, vol. II/ Contiene facsímil publicado en Madrid 1885-1900. Madrid: Congreso de los Diputados, 1992, págs. 559-561. Véase igualmente en http://humanidades.cc hs.csic.es/ih/paginas/jrug/ elecciones/index_ley.htm

verdaderas leyes; aquellas que elevan consigo el gran carácter del consentimiento público y de la utilidad común; carácter que solo puede darles el ser dimanadas de la augusta asamblea que ya se os ha anunciado".

A pesar de que la Junta en mayo de 1809 había propuesto la celebración de las Cortes para 1810 "o antes, si las circunstancias lo permitían", los sucesos de la guerra y las opiniones divergentes sobre "la organización del gobierno y restablecimiento de nuestras leyes fundamentales", llamaron de nuevo la atención de la Junta sobre estos temas, los cuales fueron precisamente los que se analizaron en el Manifiesto. Se había pretendido, dijo la Junta, que "el gobierno presente una Regencia de tres o cinco personas, y esta opinión se apoya en una de nuestras leyes antiguas aplicada a nuestra situación actual". Frente a ello, la Junta analizó dicha institución de la regencia en la situación derivada de la usurpación francesa al trono, hecho que consideró "singular en nuestra historia y no pudo ser previsto en nuestras instituciones". Se había producido una nueva "posición política", que había inspirado "formas y principios políticos absolutamente nuevos", considerando que: "Expeler a los franceses, restituir a su libertad y a su trono a nuestro adorado rey, y establecer bases sólidas y permanentes de buen gobierno con las máximas que dieron impulso a nuestra revolución, son las que las sostienen y dirigen, y aquel gobierno será mejor que más bien afiance y asegure estos tres votos de la Nación española".

El Manifiesto pasó entonces a analizar "la regencia de que habla aquella ley", y preguntarse si realmente prometía "esta seguridad", teniendo en cuenta todos los inconvenientes, peligros, divisiones, partidos y pretensiones ambiciosas de dentro y fuera del Reino, y además, el "descontento y cuán justo, en nuestras Américas llamadas ya a tomar parte en el gobierno actual". El Manifiesto concluía señalando que con la regencia, no se sabría "dónde irían a parar tal vez entonces nuestras Cortes, nuestra libertad, las dulces perspectivas de bien y gloria futura que se nos ponen delante" indicando que si se abrían los anales y se recorría "la historia de nuestras regencias" lo que se hallaría sería "el cuadro tan lastimoso como horrible de la devastación, de la guerra civil, de la depredación y de la degradación humana en la desventurada Castilla".

En el Manifiesto se constató, por otra parte, que "en los grandes Estados", sin duda, "el poder se ejerce por pocas manos más bien que por muchas", siendo "calidades precisas para el buen éxito de los actos gubernativos", el "secreto en las deliberaciones, la unidad de los planes, la actividad de las medidas, la celeridad de la ejecución". Por eso, se decía, la propia Junta Suprema acababa de "reconcentrar" su propia autoridad, designando una "Sección compuesta de seis individuos amovibles", para "intervenir y dirigir aquellas gestiones del poder ejecutivo que exigen por su naturaleza celeridad, secreto y energía". A renglón seguido, en el Manifiesto se discutieron las diversas posiciones sobre la regencia, considerando que la misma podía ser contraria a toda novedad que se intentase establecer en la forma política del Estado, pero a la vez se consideraba que si la convocatoria de las Cortes se hacía "como representación insuficiente si se celebran según las formalidades antiguas", es decir, por estamentos, las mismas podían ser inoportunas, arriesgadas, e incluso inútiles, "puesto que se supone que las juntas superiores creadas inmediatamente por el pueblo son sus verdaderos representantes". Frente a ello, en el manifiesto se afirmó que después de haber sido convocadas las Cortes por la Junta Central, debía considerarse "superfluo, por no decir malicioso, recelar que las Cortes venideras hayan de estar reducidas a las formas estrechas y exclusivas de nuestras Cortes antiguas".

Con ello, se apuntaba al abandono de la convocatoria por estamentos, anunciándose a los españoles, que efectivamente iban a "tener vuestras Cortes, y la representación nacional en ellas será tan completa y suficiente cual deba y pueda ser en una Asamblea de tan alta importancia y tan eminente dignidad".

Las Cortes se prometía que iban a ser convocadas "inmediatamente" de manera que "el pueblo español por medio de sus representantes, vote y decrete los recursos extraordinarios que una Nación poderosa tiene siempre en su seno para salvarse" y así vencer "el egoísmo de los unos y la ambición de los otros" que "debilitan y entorpecen la acción del gobierno". En fin, se pretendía evitar que se destruyera "por sus cimientos el principio esencial de la monarquía, que es la unidad; cuando la hidra del federalismo, acallada tan felizmente en el año anterior con la creación del poder central, osa otra vez levantar sus cabezas ponzoñosas, y pretende arrebatarnos a la disolución de la anarquía; cuando la astucia de nuestros enemigos está acechando el momento en que rompan nuestras divisiones para arrojarse a destruir el Estado".

Con base en ello, la Junta Suprema, que había reconocido "esta representación nacional como un derecho", procedió a convocar las Cortes generales de la monarquía, anunciadas en el decreto de 22 de mayo de 1809, para enero de 1810, para que comenzaran sus funciones desde el día 1° de marzo del mismo año. En ese día, la Junta indicó en el manifiesto que dirigiría "a los representantes de la Nación" cuando ya estuvieran reunidos "y reintegrados en toda la plenitud de vuestros derechos, al cabo de tres siglos que el despotismo y la arbitrariedad os disolvieron para derramar sobre esta Nación todos los raudales del infortunio y todas las plagas de la servidumbre".

Se argumentó, que las juntas provinciales habían sabido resistir y rechazar al enemigo en el primer ímpetu de su invasión, depositando en la Junta Suprema "la autoridad soberana, que momentáneamente ejercieron; para dar unidad al Estado y reconcentrar su fuerza", procediendo, a pesar de la guerra que se libraba, a decretar "la abolición del poder arbitrario al anunciar el restablecimiento de nuestras Cortes", siendo ello, al decir de la Junta en el manifiesto de octubre de 1809, el uso que habían hecho "de la autoridad y poder ilimitado, que se nos confió". La Junta anunciaba así que resignarían "el mando en las manos" que señalase la representación de la Nación, viendo volver "a su seno para su felicidad a Fernando VII y su desgraciada familia"[22].

El Manifiesto fue seguido por la emisión, el mismo día 28 de octubre de 1809, por el Consejo supremo, de la Real Cédula contentiva del decreto de convocatoria de Cortes, para darle legitimación a la representación nacional, fijándose la reunión de las mismas para el 1° de marzo de 1810, en la Isla de León[23]. En el decreto, la Junta consideró que la pronta reunión de Cortes generales eran lo "más a propósito para reunir las opiniones y las voluntades, y atajar cualquiera división que en grave perjuicio del Estado pudiera nacer de una disposición de ánimos menos conforme", de manera que "los españoles elevados a la dignidad de un Estado liberalmente constituido tengan más pronto a la vista la dulce perspectiva de los bienes que van a disfrutar, y se hagan más animosos y más grandes para defender su libertad e independencia, y salvar a su rey del injusto cautiverio que padece, restituyéndole a su trono". La convocatoria se hizo entonces "de las Cortes generales y extraordinarias de la Nación" para el 1° de enero de 1810 "en la forma y con la concurrencia de las personas que entonces se especificarán, y que estas Cortes estén reunidas para empezar solemnemente sus funciones el día 1° de marzo siguiente"[24].

Y precisamente, en dicha fecha (1° de enero de 1810), la Suprema Junta Gubernativa dictó la antes mencionada "Instrucción que deberá observarse para la elección de diputados a Cortes"[25], en la cual se convocaba a la integración de las mismas como cuerpo representativo del Reino, a los efectos de que fuera el órgano que tomase "las resoluciones y medidas para salvar la Patria, para restituir al trono a nuestro deseado monarca, y para restablecer y mejorar una Constitución que sea digna de la Nación española".

Al dictar la Instrucción, la Suprema Junta Gubernativa recordó, por otra parte, que habría habido previamente un "Real decreto expedido en Bayona

[22] Firmado por el Marqués de Astorga, presidente, y Pedro de Rivero, vocal secretario general. Véase en *Leyes electorales y proyectos de ley.* Madrid, Imprenta Hijos de J. A. García, 1906, págs. 1-10; y en http://humanidades.cchs.csic.es/ih/paginas/jru g/elecciones/index_ley.htm

[23] Véase el texto en José Félix Blanco y Ramón Azpúrua, *Documentos para la historia...*, tomo II, págs. 234-235.

[24] En la misma fecha y luego del Manifiesto, el Consejo Supremo de España e Indias dictó Real Cédula contentiva del decreto de convocatoria de Cortes. Véase en *Leyes electorales y proyectos de ley*, Madrid, Imprenta Hijos de J. A. García, 1906, págs. 11-12; http://humanidades.cchs.csic.es/ih/paginas/jrug/elecciones/index_ley.h tm

[25] Véase además la "Comunicación que acompañó la Comisión de Cortes a la Instrucción que debía observarse para la elección de Diputados a Cortes al someterla a la aprobación de la Junta Central" de 8-9-1809, en Biblioteca Virtual Miguel de Cervantes, en http://www.cervantesvirtual.com/servlet/SirveObras/3469517543237 0530854679/p0000001.htm

de Francia a cinco de mayo del año mil ochocientos ocho, para que se juntase la Nación en Cortes generales", el cual por los acontecimientos políticos subsiguientes "no se había podido publicar". En la Instrucción se consideraba, además, con razón, que la elección de diputados de Cortes era "de tanta gravedad e importancia, que de ella depende el acierto de las resoluciones y medidas para salvar la Patria, para restituir al trono a nuestro deseado monarca, y para restablecer y mejorar una Constitución que sea digna de la Nación española", recomendándose confiar la representación en "personas que por sus virtudes patrióticas, por sus conocidos talentos y por su acreditada prudencia" pudieran contribuir a "establecer las bases sobre que se ha de afianzar el edificio de la felicidad pública y privada". A tal efecto se estableció un sistema electoral indirecto que debía ser desarrollado en las Provincias de la Península, sin que se previera nada sobre la posible elección de diputados por las provincias americanas.

Sin hacerse mención a la forma y división histórica y estamentaria de las Cortes, en la Instrucción se previó la elección de tres tipos de diputados, todos en forma indirecta: en primer lugar, diputados electos por la voluntad popular en un sistema electoral de cuatro grados, fijos en número de 208, conforme al índice de un diputado por cada 50.000 almas que se previó, y de acuerdo al censo de población español publicado en 1797, estableciéndose el número de diputados que correspondían a cada provincia; en segundo lugar, diputados electos por las juntas supremas provinciales, y en tercer lugar, diputados electos por las ciudades de partido.

En cuanto a la *primera categoría de diputados* electos por votación popular, se dispuso que la elección de estos diputados correspondía a unas juntas provinciales electorales (cap. I, arts. 8° y 10), cuyos miembros "electores" eran a su vez designados por las juntas electorales de partido, designadas a su vez por los electores parroquiales escogidos por las juntas parroquiales de los pueblos de partido que estaban integradas por los vecinos (cap. I, art. 4°), es decir, por "todos los parroquianos que sean mayores de edad de 25 años, y que tengan casa abierta, en cuya clase son igualmente comprehendidos los eclesiásticos seculares" (cap. II, art. 2°). Se excluía de dichas juntas parroquiales, a "los que estuvieren procesados por causa criminal, los que hayan sufrido pena corporal aflictiva o infamatoria; los fallidos, los deudores a los caudales públicos, los dementes, los sordomudos. Tampoco podrán asistir los extranjeros, aunque estén naturalizados, cualquiera que sea el privilegio de su naturalización" (cap. II, art. 3°).

Las juntas parroquiales debían elegir "un elector para que vaya a la cabeza de su partido" (cap. II, art. 1°), sugiriéndose que "aunque los electores podrán elegir libremente para procuradores de Cortes a cualquiera de las personas que tengan las calidades prevenidas en esta instrucción", en virtud de la precariedad de recursos "encargará esta Junta a los electores que procuren nombrar a aquellas personas que, además de las prendas y calidades necesarias para desempeñar tan importante encargo, tengan facultades suficientes para servirle a su costa" (cap. I, art. 12). Para efectuar la elección, en las Juntas parroquiales, presididas por el Ayuntamiento o la Justicia (cap. II, art. 10), cualquier vecino podía "exponer alguna queja relativa a cohecho o soborno" respecto de alguna persona (cap. II, art. 12), y los parroquianos debían votar por uno para que fuera el "elector de la parroquia" (cap. II, art. 13). Para ello, de la votación debían escogerse los "doce sujetos" que hubiesen reunido mayor número de votos, los cuáles por ello, quedaban "elegidos para nombrar el elector que ha de concurrir a la cabeza del partido" (cap. II, art. 14). A tal efecto, estos doce electores debían reunirse "separadamente antes de disolverse la Junta, y conferenciando entre sí, procederán a nombrar el elector de aquella parroquia, cuya elección deberá recaer en aquel sujeto que reúna más de la mitad de los votos" (cap. II, art. 15), quien no podía excusarse del encargo (cap. II, art. 17).

Estas juntas electorales de partido, compuestas por los electores nombrados por las juntas parroquiales, reunidas en la cabeza de cada partido (cap. III, art. 1°), eran las llamadas a nombrar el elector o electores que debían concurrir a la capital del reino o provincia, para elegir la junta electoral provincial destinada, a su vez, a elegir los diputados de Cortes (cap. III, art. 2°). Ello debían hacerlo reunidos a puerta abierta en la sala consistorial, en reunión presidida por el corregidor y el obispo (cap. III, art. 5°), expresando cada elector ante la mesa respectiva, el sujeto que elige para elector del partido (cap. III, art. 11). En este caso, igualmente, se debía identificar "las doce personas que reúnen mayor número de votos, y estas quedarán elegidas para nombrar los electores de aquel partido" (cap. III, art. 12), debiendo dichas personas hacer el "nombramiento del elector o electores de aquel partido que han de asistir a la capital del reino o provincia para nombrar diputados de Cortes" (cap. III, art. 13) como miembros de las juntas electorales provinciales. Cada uno de estos electores de partido, debía reunir más de la mitad de los votos para que su elección fuese válida (cap. III, art. 15).

Las juntas electorales provinciales de cada reino o provincia eran por tanto las llamadas a nombrar a "los procuradores o diputados que en representación de aquel reino o provincia deben asistir a las Cortes generales de la Nación" (cap. IV, art. 1°). Las mismas, integradas por todos los electores de partido, debían reunirse en la capital del reino o provincia "en el edificio que se halle más a propósito para un acto tan solemne, que deberá ser a puerta abierta" (cap. IV, art. 4°) Ante esta junta también podían formularse "quejas relativas a cohecho o soborno" (cap. IV, art. 8°). Cuando debía comenzar la votación de los diputados, el presidente de la junta debía prevenir que la elección debía "recaer en persona natural de aquel reino o provincia, aunque no resida ni tenga propiedades en ella, como sea mayor de veinticinco años, cabeza de casa, soltero, casado o viudo, ya sea noble, plebeyo o eclesiástico secular, de buena opinión y fama, exento de crímenes y reatos que no haya sido fallido; ni sea deudor a los fondos públicos, ni en la actualidad doméstico asalariado de cuerpo o persona particular" (cap. IV, art. 9º). Cada elector debía entonces proceder a nombrar "el sujeto por quien vota" (cap. IV, art. 10), resultando de esta votación, que toda persona "que reúna más de la mitad de los votos quedará habilitada para entrar en el sorteo que se ha de hacer para diputados de Cortes" (cap. IV, art. 11). La instrucción precisa, que "por este mismo método se continuarán las votaciones hasta completar el número de tres personas, cada una de las cuales haya reunido más de la mitad de los votos" debiendo al final ponerse los nombres de estos tres sujetos en cédulas (papeles) separados, y puestos en una vasija, "se sacará por suerte una cédula, y la persona contenida en ella será diputado de Cortes. Estas votaciones y sorteos se han de repetir hasta completar el número de diputados que corresponde a la provincia. Las personas excluidas en el sorteo de la primera diputación, conservarán el derecho de ser elegidas y entrar en suerte para la diputación siguiente, y así sucesivamente en las demás" (cap. IV, art. 12). Por el mismo método se debían elegir los diputados suplentes para en el caso de que alguno de los electos muriese (cap. IV, art. 15).

La *segunda categoría de diputados* de Cortes fueron los electos por las Juntas Superiores de Observación y Defensa, las cuales debía nombrar cada una un diputado (cap. V, art. 1º), lo que debía hacerse "por votos en los mismos términos establecidos para la elección de diputados de Cortes que han de hacer las provincias" (cap. V, art. 2º), de manera que cada individuo de la junta electoral provincial debía votar "por la persona que le pareciese más a propósito, aunque no sea individuo de ella, la cual en este caso deberá ser natural del reino o provincia" (cap. V, art. 3º). Las personas que resultasen con más de la mitad de los votos, quedaban entonces "habilitadas para entrar en el sorteo", continuándose "las votaciones hasta elegir tres personas, cada una de las cuales haya tenido más de la mitad de los votos, y sus nombres se escribirán en cédulas separadas y meterán en una vasija, de donde se sacará una cédula, y el sujeto cuyo nombre esté escrito en ella será diputado de Cortes" (cap. V, art. 4º). La junta electoral provincial debía "dar noticia a la Suprema gubernativa del Reino de la persona que haya sido elegida" (cap. V, art. 6º).

La *tercera categoría de diputados* a Cortes fueron los llamados "diputados de las ciudades de voto en Cortes," cuya elección se atribuyó a "todas las ciudades que a las últimas Cortes celebradas en el año de 1789 enviaron diputados," otorgándoseles el derecho a enviar un diputado a las Cortes de 1810 (cap. VI, art. 1º). En esas ciudades, la elección correspondía a una junta reunida en la sala consistorial, bajo la presidencia del corregidor, e integrada además por los regidores, síndico, diputados del común y electores nombrados por el pueblo, quienes debían proceder al nombramiento de tres sujetos, cada uno de los cuales debía reunir más de la mitad de los votos. En este caso también debía elegirse por sorteo la persona que finalmente debía ser diputado de Cortes por la respectiva ciudad (cap. VI, art. 6º), elección que debía "recaer precisamente en una de las personas que componen esta Junta" (cap. VI, art. 7º).

Como antes se indicó, en la instrucción de enero de 1810 nada se previó sobre la elección de diputados por las provincias americanas, habiendo sido más de un mes después, cuando por instrucción del Consejo de Regencia de España e Indias de 14 de febrero de 1810, se declaró que las colonias americanas habrían dejado de ser colonias y que "eran parte integrante y esencial de la monarquía española". Con base en ello, el Consejo de Regencia en la misma fecha dirigió a los "españoles americanos" una "alocución" acompañada de un real decreto, disponiendo la concurrencia a las Cortes Extraordinarias, al mismo tiempo que de diputados de la Península, de diputados de los dominios españoles de América y de Asia[26].

La implementación de ese real decreto de la misma Junta Suprema Central, sin embargo, solo se logró de manera parcial e insuficiente y después de mucho debate, mediante el acuerdo del Consejo de Regencia adoptado solo quince días antes de la instalación de las Cortes, el día 8 de septiembre de 1810, en el cual se regularon unas normas para la designación de diputados "suplentes" tanto de las provincias peninsulares ocupadas por los franceses como de las provincias americanas, lo que, en estas últimas, provocó protestas, entre ellas, precisamente de Caracas.

En todo caso, conforme a la instrucción, a pesar del complejo proceso electoral que se reguló, y de la situación política general del reino, se eligieron los diputados a las Cortes y se designaron los 30 diputados suplentes americanos, con americanos residentes en Cádiz, así: siete por el Virreinato de México, dos por la Capitanía General de Guatemala, uno por la Isla de Santo Domingo, uno por la Isla de Cuba, uno por la Isla de Puerto Rico, dos por Filipinas, cinco por el Virreinato de Lima, dos por la Capitanía General de Chile, tres por el Virreinato de Buenos Aires, tres por el Virreinato de Santafé, y dos por la Capitanía General de Venezuela[27].

Con posterioridad, en los días antes de la instalación de las Cortes, el 20 de septiembre de 1810, y siguiendo la orientación que se vislumbraba del texto del Manifiesto de octubre de 1809, el Consejo de Regencia cambió formalmente las reglas históricas de su constitución, eliminando los "brazos de nobleza y clero". De ello resultó que el 24 de septiembre de 1810, las Cortes se instalaron en la Isla de León formando un solo cuerpo[28], prescindiendo de la antigua

[26] Véase el texto en José Félix Blanco y Ramón Azpúrua, *Documentos para la Historia...*, tomo II, págs. 272-275.

[27] Véase en Rafael M. de Labra y Martínez, *Los presidentes americanos de las Cortes de Cádiz*, Madrid, 1912 (reedición del Congreso de Diputados), Madrid, págs. 30-33.

[28] *Idem*, pág. 31.

división en estamentos, con 207 diputados. El primero de sus decretos fue para declarar "nula, de ningún valor ni efecto la cesión de la Corona que se dice hecha en favor de Napoleón", reconociendo a Fernando VII como rey[29]. Además, "no conviniendo queden reunidos el poder legislativo, el ejecutivo y el judiciario", las Cortes Generales se reservaron el poder legislativo, y atribuyeron al Consejo de Regencia el ejercicio del poder ejecutivo[30].

Pero, como se dijo, la designación en Cádiz de "suplentes americanos" a las Cortes, al contrario de lo que ocurrió en muchas otras provincias americanas, no fue aceptada en las provincias de Venezuela, las cuales desde el 19 de abril de 1810 ya habían comenzado su proceso político de independencia, desconociendo formalmente a la Regencia. Por ello, si bien en la sesión de instalación de las Cortes en la Isla de León habían concurrido dos diputados supuestamente "suplentes" por la provincia de Caracas, los señores Esteban Palacios y Fermín de Clemente quienes habían sido también reclutados en la Península[31], lo cierto es que los mismos no habían sido designados por Venezuela. Por ello, dado que ya en Venezuela se había iniciado el movimiento de independencia, esos diputados suplentes al pedir instrucciones a la Junta Suprema de Caracas, lo que recibieron fue la respuesta de esta de fecha 1° de febrero de 1811, en el sentido de que la reunión de las Cortes era "tan ilegal como la formación del Consejo de Regencia" y, por tanto, que "los señores Palacios y Clemente carecían de mandato alguno para representar las provincias de Venezuela", por lo que "sus actos como diputados eran y serían considerados nulos"[32]. Ya el 23 de enero de 1811, además, la Junta Suprema se había dirigido a los ciudadanos de la provincia rechazando el nombramiento de tales diputados suplentes, calificando a las Cortes como "las Cortes cómicas de España"[33].

[29] Véase José Félix Blanco y Ramón Azpúrua, *Documentos para la Historia..., op. cit.,* tomo II, pág. 657.

[30] Véase en Eduardo Roca Roca, *América en el ordenamiento jurídico de las Cortes de Cádiz,* Granada, 1986, pág. 193.

[31] Véase José Félix Blanco y Ramón Azpúrua, *Documentos para la Historia..., op. cit.,* tomo II, pág. 656. Véase además, Eduardo Roca Roca, *América en el ordenamiento jurídico..., op. cit.,* págs. 22 y 136.

[32] Véase el texto en *Gaceta de Caracas,* tomo II, martes 5-2-1811, Caracas, 1959, pág. 17. Véase además, Caracciolo Parra Pérez, *Historia de la Primera República..., op. cit.,* tomo I, pág. 484.

[33] "Nuestros antiguos tiranos tienden nuevos lazos para prendernos. Una misión vergonzosa y despreciable nos manda que ratifiquemos el nombramiento de los diputados suplentes que ellos aplicaron a Venezuela. Las Cortes cómicas de España siguen los mismos pasos que su madre la Regencia: ellas, más bien en estado de solicitar nuestro perdón por los innumerables ultrajes y vilipendios con que nos han perseguido, y reducidas a implorar nuestra protección generosa por la situación impotente y débil en que se encuentran, sostienen, por el contrario,

Con posterioridad a esa fecha, sin embargo, con la excepción de la mayoría de las provincias de la antigua Capitanía General de Venezuela y de las de la Nueva Granada, lo cierto fue que en el resto de las provincias americanas, fueron electos "diputados propietarios" a las Cortes. En ese proceso, sin embargo, en 1810, solo habían sido electos tres diputados propietarios por las provincias americanas, por Tlaxcala, Puebla de los Ángeles y Puerto Rico. Además, por lo que respecta a las antiguas provincias de la Capitanía General de Venezuela, se destaca que el 5 de mayo de 1812 se llegó a elegir un diputado por la Provincia de Maracaibo, la cual había sido de las pocas que había permanecido leal al lado realista[34].

Las Cortes concluyeron su labor constituyente con la sanción de la Constitución de la Monarquía Española de 19 de marzo de 1812, en la cual se siguieron los mismos principios constitucionales modernos que habían adoptado desde su instalación el 24 de septiembre de 1810, con los cuales se sentaron las bases del constitucionalismo español[35].

Ello fue así, incluso, a pesar de que la Constitución solo hubiera tenido un período muy corto de vigencia, hasta su anulación en 1814[36] y de que en ese lapso de dos años, haya tenido una dificultosa o casi nula aplicación. La Constitución y los principios adoptados por las Cortes de Cádiz, además, como antes se dijo, sobre todo después de 1820, sin duda, influyeron en el constitucionalismo de muchos países hispanoamericanos, independientemente de que en sus territorios hubiera podido haber tenido alguna aplicación, pues en general comenzaron sus procesos de independencia y de diseño constitucional, precisamente con posterioridad a la vigencia de la Constitución de Cádiz.

---

las hostilidades contra la América y apuran, impía y bárbaramente, todos los medios para esclavizarnos". Véase *Textos oficiales de la Primera República de Venezuela,* tomo II, Biblioteca de la Academia Nacional de la Historia, 1959, pág. 17.

[34] Véase en Rafael M. de Labra y Martínez, *Los presidentes americanos de las Cortes de Cádiz, cit.,* pág. 34.

[35] El texto de la Constitución de 1812 y de los diversos decretos de las Cortes de Cádiz los hemos consultado en *Constituciones españolas y extranjeras,* tomo I, edición de Jorge de Esteban, Madrid, Taurus, 1977, págs. 73 y ss. *Constitución Política de la Monarquía Española promulgada en Cádiz de 19 de marzo de 1812,* Prólogo de Eduardo García de Enterría, Madrid, Civitas, 1999. Véase en general, Allan R. Brewer-Carías, *La Constitución de Cádiz y el constitucionalismo hispanoamericano*, San José, Editorial Investigaciones Jurídicas C.A., 2012.

[36] En pleno proceso de configuración política de Venezuela y en plena guerra de independencia, el 11 de diciembre de 1813, España firmó el Tratado con Francia en el que se reconoció a Fernando VII como rey, y este, cinco meses después, el 4 de mayo de 1814, adoptó su célebre manifiesto sobre abrogación del régimen constitucional mediante el cual se restableció la autoridad absoluta del monarca, declarando "nulos y de ningún valor ni efecto, ahora, ni en tiempo alguno, como si no hubiesen pasado jamás..., y se quitasen de en medio del tiempo" la Constitución y los actos y leyes dictados durante el período de gobierno constitucional. Véase en *Constituciones españolas y extranjeras, op. cit.,* págs. 125 y ss.

3. La convocatoria al Congreso General de las Provincias de Venezuela y el reglamento para la elección de diputados de junio de 1810

Solo cinco meses después de la convocatoria a las Cortes en España, el día 11 de junio de 1810, y apenas transcurridos dos meses desde que se constituyera en Caracas la Junta Suprema Conservadora de los derechos de Fernando VII (19 de abril de 1810), la misma, en virtud del carácter poco representativo que consideraba que tenía en relación con las otras provincias de la Capitanía General de Venezuela, también procedió a dictar un "Reglamento para elección y reunión de diputados que han de componer el Cuerpo Conservador de los Derechos del Sr. D. Fernando VII en las provincias de Venezuela"[37], el cual, una vez electo, se configuró como un Congreso General de diputados de las provincias de Venezuela, para lo cual también se estableció un sistema de elección indirecta. Este reglamento, sin duda, debe haberse inspirado en la Instrucción para la elección de los diputados a las Cortes de 1810[38].

Este Reglamento estuvo precedido en su propio texto, de una serie de consideraciones en las cuales la Junta Suprema partió del reconocimiento de que los diputados provinciales que hasta ese momento la integraban, "solo incluía la representación del pueblo de la capital, y que aun después de admitidos en su seno los de Cumaná, Barcelona y Margarita quedaban sin voz alguna representativa las ciudades y pueblos de lo interior, tanto de esta como de las otras provincias."

De ello, la Junta consideró que "la proporción en que se hallaba el número de los delegados de Caracas con los del resto de la Capitanía General no se arreglaba, como lo exige la naturaleza de tales delegaciones, al número de los comitentes", razón por la cual consideró como una necesidad el convocar al pueblo de todas las provincias "para consultar su voto" y para que se escogiese "inmediatamente las personas que por su probidad, luces y patriotismo os parecieran dignas de vuestra confianza". Consideró la Junta Suprema que era imperioso establecer "otra forma de gobierno, que aunque temporal y provisorio, evitase los defectos inculpables del actual", pues los mismos defectos se habían acusado respecto de "la nulidad de carácter público de la Junta Central de España" que adolecía de la misma falta de representatividad. Dijo la Junta, en tal sentido, respecto de la situación en las provincias, que de no convocar a elección de representantes no le "hubiera sido dable desentenderse de los reclamos que no dejarían de dirigirle todos los distritos que careciesen de una voz representativa, o que no la tuviesen proporcionada a su importante política."

[37] Véase en *Textos oficiales de la primera república, cit.,* tomo II, págs. 61 a 84; y en Allan R. Brewer-Carías, *Las Constituciones de Venezuela, cit.,* tomo I, págs. 535-543.

[38] Véase en igual sentido Juan Garrido Rovira, *La revolución de 1810*, Caracas, Universidad Monteávila, 2009, págs. 218-219.

La determinación de convocar a la elección de representantes fue entonces provocada por "la necesidad de un poder central bien constituido", considerándose que había llegado "el momento de organizarlo", formando "una confederación sólida", con "una representación común", para lo cual se preguntaba:

"¿Cómo se podrían de otro modo trazar los límites de la autoridad de las juntas provinciales, corregir los vicios de que también adolece la constitución de estas, dar a las provincias gubernativas aquella unidad sin la cual no puede haber ni orden, ni energía; consolidar un plan defensivo que nos ponga a cubierto de toda clase de enemigos; formar, en fin, una confederación sólida, respetable, ordenada, que restablezca de todo punto la tranquilidad y confianza, que mejore nuestras instituciones y a cuya sombra podamos aguardar la disipación de las borrascas políticas que están sacudiendo al universo, conservar íntegros los derechos de nuestro desgraciado monarca y las leyes fundamentales de su Corona?".

A tal efecto, la Junta consideró que "Sin una representación común, vuestra concordia es precaria y vuestra salud peligra" y, llamando entonces al "ejercicio más importante de los derechos del pueblo que es aquel en que los transmite a un corto número de individuos, haciéndolos árbitros de la suerte de todos", procedió entonces a convocar a "todas las clases de hombres libres "al primero de los goces de ciudadano, que es el concurrir con su voto a la delegación de los derechos personales y reales que existieron originariamente en la masa común y que la ha restituido el actual interregno de la monarquía".

En su motivación, debe destacarse que la Junta de Caracas advirtió que las autoridades que accidentalmente se habían encontrado a la cabeza de la nación española tras la invasión napoleónica, debieron "solicitar que los pueblos españoles de ambos hemisferios eligiesen sus representantes"; pero no fue así, de manera que en lugar "de observar un principio tan conforme a la justicia natural" resultó "demasiado evidente que la Junta Central de España no representaba otra parte de la nación que el vecindario de las capitales en que se formaban las juntas provinciales, que enviaron sus diputados a componerla", de lo que resultó "que este cuerpo no pudo ser soberano sino durante el influjo de la necesidad, es decir, durante el tiempo que tardase en constituirse una verdadera representación nacional". Se consideró por tanto, en el reglamento que "la Junta Central no pudo transmitir al Consejo de Regencia un carácter de que ella misma carecía", de lo que había resultado "la concentración del poder en menor número de individuos escogidos, no por el voto general de los españoles de uno y otro mundo, sino por los mismos que habían sido vocales de la Central".

La Junta Suprema de Caracas, además, argumentaba ante esa situación, que los habitantes de la España americana "no pueden adherirse a una forma de representación tan parcial como la que se ha prescrito para las dos porciones de nuestro imperio, y que lejos de ajustarse a la igualdad y confraternidad que se nos decantan, solo está calculada para disminuir nuestra importancia natural y política".

Esto demostraba "suficientemente la necesidad de una representación particular para cada uno de los distritos americanos que se han habituado a relaciones interiores e imprescindibles, mientras llega quizá otra época de más consuelo y esperanzas, en que confederados todos los pueblos de la América tan estrechamente como lo permita la inmensidad del suelo que ocupan, y como lo prescribe la identidad de religión, idioma, costumbres e intereses, puedan acompañar a la justicia de sus reclamos la fuerza que resulte de su agregación".

La Junta Suprema, sin embargo, anunciaba que las provincias unidas de Venezuela, no solo acogerían "generosamente a los naturales de la Península que, huyendo de la tiranía y servidumbre francesa, busquen de buena fe el asilo y libertad de estos países", sino que "se conservarán fieles a su augusto Soberano, prontas a reconocerle en un gobierno legítimo y decididas a sellar con la sangre del último de sus habitantes el juramento que han pronunciado en aras de la lealtad y del patriotismo."

Sobre el papel que correspondía a "la delegación del pueblo de Venezuela" una vez electo el Congreso, ello comprendía "reformar en lo posible los vicios de la administración anterior, proteger el culto, fomentar la industria, remover las trabas que la han obstruido en cada provincia; extender las relaciones mercantiles, en cuanto lo permita nuestra situación política; definir las que debemos tener con las otras porciones del imperio español y las que podamos conceder a los negociantes de los pueblos aliados o neutrales; entenderse oportunamente con el gobierno legítimo que se constituya en la metrópoli, si llega a salvarse de los bárbaros que la tienen ya ocupada, con los que se establezcan en América sobre bases racionales y decorosas; pronunciar el voto de la mayoría de Venezuela en circunstancias de tanto momento; establecer la reciprocidad de auxilios y socorros que debemos mantener con los gobiernos de los países aliados; simplificar la administración de justicia y hacerla menos gravosa a los vecindarios; reprimir las tentativas de los espíritus que querrían llevar más adelante las innovaciones; estrechar los vínculos de las provincias y, en una palabra, disponer cuanto estime conveniente a estos importantes objetos: conservación de los derechos de nuestro augusto Soberano, declaración y goce de los nuestros, defensa de la religión que profesamos, felicidad y concordia general".

Debe destacarse en la larga motivación que precedió al Reglamento electoral de junio de 1810, que la Junta Suprema, al argumentar sobre "la necesidad de una delegación", advertía que era "necesario restringir de tal manera las funciones de vuestros delegados que no puedan mandar con arbitrariedad ni abusar de vuestra confianza". Por ello, consciente de que entre "las causas de las miserias que han minado interiormente la felicidad de los pueblos" siempre ha estado "la reunión de todos los poderes", dispuso en forma muy precisa el cometido de la Asamblea Constituyente que se proponía elegir, precisando que no asumiría ni el poder ejecutivo ni interferiría con el poder judicial.

Por tanto, el Congreso titular de la "delegación no tendrá parte en la ejecución de sus providencias", debiendo dirigirse sus primeros actos "a establecer un ramo ejecutivo bastante enérgico para la expedición de toda clase de negocios, conforme a las disposiciones adoptadas por ella, y suficientemente coartado para que haya la mayor pureza en el manejo de las rentas, y la mayor imparcialidad en la distribución de los empleos". Se precisaba además, que la representación "no deberá usurpar a los tribunales de justicia la espada destinada al castigo de los criminales. En una palabra, dando a todas las clases y todos los cuerpos las reglas necesarias para su conducta pública no se arrogará jamás las facultades ejecutivas que son propias de estos, y nunca olvidará que ella es la lengua, pero no el brazo de la ley".

Fue en esta forma como la Junta, "con la preocupación de establecer una separación bien clara y pronunciada entre el ramo ejecutivo y la facultad dispositiva o fuente provisoria de la ley; con la de renovar después de un período fijo la mitad de los diputados o todos ellos, reservando a sus poderdantes el reelegirlos cuando se hallen satisfechos de su desempeño", procedió a dictar las reglas de elección de los diputados al Congreso General para que tuvieran "parte en su elección todos los vecinos libres de Venezuela", estableciendo un sistema electoral indirecto, en dos grados, conforme al cual, los electores parroquiales que eran a su vez electos por los vecinos de cada parroquia, debían elegir un número de diputados a razón de uno por cada 20.000 almas.

A tal efecto, el voto se atribuyó en cada parroquia de la ciudad, villa y pueblo, a todos los vecinos, con exclusión de "las mujeres, los menores de veinticinco años, a menos que estén casados y velados, los dementes, los sordomudos, los que tuvieren causa criminal abierta, los fallidos, los deudores a caudales públicos, los extranjeros, los transeúntes, los vagos públicos y notorios, los que hayan sufrido pena corporal, aflictiva o infamatoria y todos los que no tuvieren casa abierta o poblada, esto es, que vivan en la de otro vecino particular a su salario y expensas, o en actual servicio suyo; a menos que, según la opinión común del vecindario, sean propietarios, por lo menos, de dos mil pesos en bienes muebles o raíces libres" (cap. I, art. 4º).

Los vecinos eran los que debían elegir los electores parroquiales, cuyo número se determinaba de acuerdo con la población sufragante, a razón de uno por cada quinientas almas (cap. I, art. 6º). Una vez hecho este cómputo, se debía notificar a los vecinos de la parroquia "el número de los electores que le corresponde; la naturaleza, objeto e importancia de estas elecciones y la necesidad de hacerlas recaer sobre personas idóneas, de bastante patriotismo y luces, buena opinión y fama, como que de su voto particular dependerá luego la acertada elección de los individuos que han de gobernar las provincias de

Venezuela y tomar a su cargo la suerte de sus habitantes en circunstancias tan delicadas como las presentes" (cap. I, art. 8°). El censo de los vecinos antes indicado correspondía levantarlo a los alcaldes de primera en la elección en las ciudades y villas y a los tenientes justicias mayores de los pueblos, quienes debían nombrar los comisionados necesarios a tal efecto (cap. I, arts. 1° y 2°). En el censo se debía especificar "la calidad de cada individuo, su edad, estado, patria, vecindario, oficio, condición y si es o no propietario de bienes raíces o muebles" (cap. I, art. 3°).

Una vez efectuada la elección de los electores parroquiales de cada partido capitular, estos debían reunirse en la ciudad o villa cabeza del mismo, para proceder a la elección de los diputados, en número equivalente a uno por cada veinte mil almas de población (cap. II, art. 1°), bastando para poder ser electos como tales, que los candidatos fueran vecinos de cualquier partido "comprendidos en las provincias de Venezuela que hayan seguido la justa causa de Caracas"; recomendándose a los electores tener "la mayor escrupulosidad en atender a las circunstancias de buena educación, acreditada conducta, talento, amor patriótico, conocimiento local del país, notorio concepto y aceptación pública, y demás necesarias para sostener con decoro la diputación y ejercer las altas facultades de su instituto con el mayor honor y pureza". La elección debía verificarse en la asamblea de electores, mediante voto oral y público (cap. II, art. 8°), en "una sala bastante capaz, a fin de que puedan presenciarla todas las personas del vecindario que quieran y se presenten en traje decente" (cap. II, art. 7°), en un acto que debía ser presidido por los alcaldes primeros de las ciudades y villas, haciendo en ellas de secretario el que lo fuere del ayuntamiento (cap. II, art. 5°). La elección se hacía por mayoría de sufragios obtenidos (cap. II, art. 9°).

Efectuada la elección, los diputados debían presentar sus credenciales a la Junta Suprema para su examen y, una vez aprobadas, "bien entendido que en llegando los dos tercios de su número total, se instalará el Cuerpo bajo el nombre de Junta General de Diputación de las provincias de Venezuela" (cap. III, art. 1°). Se dispuso, además, que mientras la Junta General de Diputación estuviere organizando la autoridad ejecutiva, la Suprema Junta como poder ejecutivo continuaría ejerciendo "el ramo ejecutivo, la administración de las rentas y el mando de la fuerza armada" (cap. III, art. 3°).

Esta convocatoria a elecciones en las provincias de Venezuela, en ese momento, por supuesto, se realizó contra de las autoridades que existían en España. Si bien, como se dijo, el 12 de enero de 1809 el Ayuntamiento de Caracas había reconocido a la Junta Central como el gobierno supremo del Imperio, ello se cambió rápidamente después de la revolución de 19 de abril de 1810, de manera que establecida la Junta Suprema de Venezuela, al convocarse la elección de diputados al Congreso General de Diputados en junio de 1810, la misma ya declaraba que era "demasiado evidente que la Junta Central de España no representaba otra parte de la nación que el vecindario de las capitales en que se formaban las juntas provinciales, que enviaron sus diputados a componerla" y, además, como se dijo, que "la Junta Central no pudo transmitir al Consejo de Regencia un carácter de que ella misma carecía", resultando, lo que se denunciaba, como "la concentración del poder en menor número de individuos escogidos, no por el voto general de los españoles de uno y otro mundo, sino por los mismos que habían sido vocales de la Central"[39].

Conforme al mencionado reglamento, en todo caso, se realizaron elecciones en siete de las nueve provincias de la Capitanía General de Venezuela[40], habiéndose elegido cuarenta y cuatro diputados en las provincias así: veinticuatro por Caracas; nueve por Barinas; cuatro por Cumaná; tres por Barcelona; dos por Mérida; uno por Trujillo; y uno por Margarita[41]. Esos fueron los diputados que integraron el Congreso General que al año siguiente declararía formalmente la Independencia de Venezuela. Las provincias de Guayana y Maracaibo, sin embargo, no participaron en dicho proceso y permanecieron controladas por las autoridades coloniales, y más bien, como se dijo, en 1812, en la provincia de Maracaibo se llegó a elegir un diputado propietario pero para las Cortes de Cádiz.

En todo caso, aquellos cuarenta y cuatro diputados electos en las provincias independientes fueron los que formaron la Junta o Congreso General que se instaló el 2 de marzo de 1811, momento a partir del cual la Junta Suprema de Caracas cesó en sus funciones. El Congreso había adoptado el principio de la separación de poderes para organizar el nuevo gobierno, reservándose el poder legislativo nacional, designando el 5 de marzo de 1811, a tres ciudadanos para ejercer el poder ejecutivo nacional, turnándose en la presidencia por períodos semanales, y constituyendo, además, una Alta Corte de Justicia.

A partir del 25 de junio de 1811, cuando comenzaron las sesiones del Congreso, quedó además claro que el objetivo del mismo era la redacción de una Constitución democrática, republicana y representativa, la cual en definitiva se sancionó el 21 de diciembre de 1811. La misma fue precedida, además, por la formal declaración de los Derechos del Pueblo el 1° de julio de 1811 y de la también formal declaración de la Independencia el 5 de julio de 1811[42].

[39] *Idem.*

[40] Participaron las provincias de Caracas, Barinas, Cumaná, Barcelona, Mérida, Trujillo y Margarita. Véase José Gil Fortoul, *Historia constitucional de Venezuela*, tomo primero, Berlín, 1908, pág. 223. Véase José Félix Blanco y Ramón Azpúrua, *Documentos para la historia de la vida pública del Libertador,* tomo II, Caracas, Ediciones de la Presidencia de la República, 1983, págs. 413 y 489.

[41] Véase Caracciolo Parra Pérez, *Historia de la Primera República de Venezuela,* tomo I, Caracas, Academia de la Historia, 1959, pág. 477.

[42] Véase los textos en Allan R. Brewer-Carías, *Las Constituciones de Venezuela, cit.*, tomo I, págs. 545 y ss.

Seguidamente, además, se sancionaron textos constitucionales en las diversas provincias (constituciones provinciales), en algunos casos antes de la sanción de la Constitución Federal de diciembre de 1811, como el Plan de Gobierno Provisional de la Provincia de Barinas de 26 de marzo de 1811, la Constitución Provisional de la Provincia de Mérida de 31 de julio de 1811 y el Plan de Constitución Provisional Gubernativo de la Provincia de Trujillo de 2 de septiembre de 1811; y en otros casos, después de sancionarse la Constitución Federal, como la Constitución Fundamental de la República de Barcelona Colombiana de 12 de enero de 1812 y la Constitución para el gobierno y administración interior de la Provincia de Caracas del 31 de enero de 1812[43].

Todo lo anterior ocurría antes de que incluso se hubiese promulgado la Constitución de Cádiz el 19 de marzo de 1812, y en paralelo a las reuniones de las Cortes de Cádiz que como se dijo, se habían instalado el 24 de septiembre de 1810, y en las cuales también se había comenzado a delinear una Constitución monárquica de democracia representativa.

De lo anterior resulta que el principio democrático representativo, que había sido elaborado como resultado de la experiencia de la Revolución norteamericana y de la Revolución francesa de finales del siglo XVIII, incluyó directamente en la Revolución hispano e hispanoamericana que se comenzó a desarrollar, en paralelo, a comienzos del siglo XIX, siendo su primer campo de experimentación, por una parte, la elección de los disputados a las Cortes de Cádiz conforme a la instrucción dictada por la Junta Suprema Gubernativa del Reino en enero de 1811 y, por la otra, la elección de los diputados al Congreso General de las provincias de Venezuela conforme al reglamento dictado por la Junta Suprema de Venezuela en junio de 1811.

En esta forma, con seis meses de diferencia, los principios de la democracia representativa se aplicaron por primera vez en el mundo hispano, en posiciones encontradas, para la elección de sendas asambleas constituyentes en España y en Hispanoamérica, partiendo del principio de que la soberanía correspondía al pueblo y de que el ejercicio de la misma solo era posible mediante el sufragio a través de órganos representativos. En ambas partes del Atlántico, así, y en forma encontrada, se eligieron dichas asambleas, las cuales desarrollaron su actividad constitucional desconociéndose mutuamente e, incluso, manteniendo posiciones políticas encontradas, resultando de ellas la sanción, en América, de la Constitución Federal para los Estados de Venezuela de 21 de diciembre de 1811, mediante la cual se creó un nuevo Estado sobre lo que antes habían sido colonias; y tres meses después, en España, de la Constitución de la Monarquía Española de 12 de marzo de 1812, mediante la cual se trasformó la vieja monarquía absoluta en una monarquía constitucional.

[43] Véase los textos en *Las Constituciones Provinciales* ("Estudio preliminar" por ÁNGEL FRANCISCO BRICE), Caracas, Academia Nacional de la Historia, 1959, págs. 334 y ss.

Ambas asambleas, para la redacción de las respectivas Constituciones, sin duda, tuvieron como punto de encuentro común, el hecho de que se nutrieron de los mismos principios del constitucionalismo moderno que se habían derivado de las Revoluciones norteamericana y francesa. Sin embargo, entre ellas, y en particular respecto del producto constitucional de su labor, se puede afirmar que por las circunstancias del desencuentro político que se produjo entre ambas asambleas, no hubo influencia alguna de la labor realizada en las mismas. En particular, y contrariamente a lo que ocurrió en la mayoría de los países hispanoamericanos, la Constitución de Cádiz de 1812, por supuesto, no tuvo ni pudo haber tenido influencia alguna la Constitución de Venezuela de 1811.

No puede afirmarse lo mismo, sin embargo, del texto normativo establecido para la elección de los diputados representantes para dichas asambleas, siendo muy probable que el texto de la *Instrucción que deberá observarse para la elección de Diputados a Cortes* dictada por la Suprema Junta Gubernativa de España e Indias el 1° de enero de 1810, si haya tenido alguna influencia en la redacción del texto del *Reglamento para elección y reunión de diputados que han de componer el Cuerpo Conservador de los Derechos del Sr. D. Fernando VII en las Provincias de Venezuela,* dictado seis meses más tarde, el 11 de junio de 1810, por la Junta Suprema Conservadora de los Derechos de Fernando VII de Caracas.

Parte cuarta

LA CONSTITUCIÓN DE CÁDIZ DE 1812 Y LOS PRINCIPIOS DEL CONSTITUCIONALISMO MODERNO: SU VIGENCIA EN EUROPA Y EN AMÉRICA

La "Constitución de la Monarquía Española" sancionada por las Cortes de Cádiz el 19 de marzo de 1812, inspirada, sin duda, en los principios del constitucionalismo moderno, buscó transformar una monarquía absoluta en una monarquía constitucional, lo que antes solo había ocurrido en Francia como consecuencia de la Revolución francesa[1].

La misma, a la vez, puede decirse que tuvo influencia en la gran mayoría de las antiguas colonias españolas que lograron su independencia después de 1820[2]. Incluso, en algunos casos, la propia Constitución de Cádiz que ya en 1824 había cesado en su vigencia en España, llegó a ser aplicada provisionalmente en las nacientes Repúblicas, como ocurrió en México donde los alcaldes juraron en 1824 "guardar la Constitución española, mientras se concluye la de la Nación mexicana"[3].

Sin embargo, esa influencia no se produjo en los iniciales movimientos de independencia, y en particular, en los que tuvieron lugar en las antiguas

[1] Véase Allan R. Brewer-Carías, "La Constitución de Cádiz de 1812 y los principios del constitucionalismo moderno: su vigencia en Europa y en América", conferencia en el *IV Simposio Internacional sobre la Constitución de Cádiz de 1812: Fuente del derecho europeo y americano. Relectura de sus principios fundamentales*, Cádiz, Ayuntamiento de Cádiz, 11 al 13 de junio de 2008. Publicado en Asdrúbal Aguiar (Coord.), *La Constitución de Cádiz de 1812, fuente del derecho europeo y americano. Relectura de sus principios fundamentales. Actas del IV Simposio Internacional Unión Latina,* Cádiz, Ayuntamiento de Cádiz, 2010, págs. 35-55; y en *Anuario Jurídico Villanueva*, III, Año 2009, Madrid, Villanueva Centro Universitario, Universidad Complutense de Madrid, 2009, págs. 107-127.

[2] Véase por ejemplo, Jorge Mario García Laguardia, Carlos Meléndez Chaverri, Marina Volio, *La Constitución de Cádiz y su influencia en América (175 años 1812-1987),* San José, 1987; Manuel Ferrer Muñoz, *La Constitución de Cádiz y su aplicación en la Nueva España,* México UNAM, 1993; Ernesto de la Torre Villas y Jorge Mario García Laguardia, *Desarrollo histórico del constitucionalismo hispanoamericano,* México, UNAM,1976.

[3] Véase *Diario de sesiones del Congreso* (México), 2 de mayo de 1824, pág. 586, citado por Demetrio Ramos, "Las Cortes de Cádiz y América" en *Revista de Estudios Políticos*, núm. 126, Madrid, Instituto de Estudios Políticos, 1962, nota 422, pág. 631.

provincias de Venezuela[4], contra las cuales, desde el 1° de agosto de 1810, el Consejo de Regencia de España e Indias había decretado el total bloqueo de sus costas y territorios, a lo que siguió un estado de guerra y beligerancia que no cesó durante todo el período de funcionamiento de las Cortes y que estas no se atrevieron a anular[5]. En aquellas colonias, en realidad, dicha Constitución de Cádiz, en lugar de ser un modelo, era el símbolo de la Monarquía contra la cual se luchaba.

Pero dejando aparte esta particular situación histórica constitucional de las antiguas Provincias de Venezuela, la Constitución de Cádiz fue un texto fundamental para el desarrollo de los principios del constitucionalismo moderno, habiendo servido, a pesar de su corta vigencia inicial (1812-1814), de modelo a muchos movimientos constitucionales en Europa y América.

Fue en dicho texto constitucional donde por primera vez en Europa se recogieron los principios del constitucionalismo moderno que habían legado las Revoluciones norteamericana y francesa, lo que implicó que con motivo de su nueva puesta en vigencia entre 1820 y 1824 a raíz del golpe de Estado que obligó al rey a jurarla, la Constitución de Cádiz adquiriera una importante connotación, particularmente porque en ese momento, en el mundo latino no había otro modelo constitucional que pudiera servir de fuente de inspiración para las ideas democrático liberales. No debe olvidarse que en 1812 y, luego, en 1820, las Constituciones francesas iniciales (1791, 1793) ya habían caído en un olvido histórico con el consiguiente desdibujamiento de su contenido, entre otros factores por el régimen revolucionario del Terror y de su producto inmediato, el Directorio, que se había constituido de acuerdo con la Constitución de 1795 (Año III); por el golpe de Estado que ya Bonaparte había dado en 1799 que, entre otros aspectos, condujo a la eliminación de la misma Declaración de los Derechos del Hombre y el Ciudadano de 1789, símbolo fundamental de la Revolución, del contenido de la Constitución de 1799 (Año VIII); por la creación del Consulado vitalicio, a cargo de Napoleón, con la Constitución de 1802 (Año X); por la formación del Imperio y la consagración de Napoleón Bonaparte como emperador vitalicio con la Constitución de 1804 (Año XII) y la posterior eliminación de la República (1808) y, finalmente, por la restauración de la Monarquía a partir de 1814, con la coronación de Luis XVIII, luego de la derrota de Napoleón por los aliados europeos, que veían en la Revolución francesa la fuente de todos los males políticos del momento.

[4] Véase ALLAN R. BREWER-CARÍAS, "El paralelismo entre el constitucionalismo venezolano y el constitucionalismo de Cádiz o de cómo el de Cádiz no influyó en el venezolano", en *Libro Homenaje a Tomás Polanco Alcántara*, Estudios de Derecho Público, Caracas, Universidad Central de Venezuela, 2005, págs. 101-189.

[5] Véase DEMETRIO RAMOS, "Las Cortes de Cádiz y América", en *Revista de Estudios Políticos*, núm. 126, Madrid, Instituto de Estudios Políticos, 1962, pág. 467.

Ante el vacío conceptual revolucionario que había resultado de todos esos factores, puede decirse que fue entonces la Constitución de Cádiz de 1812 la que sustituyó a las francesas como fuente de inspiración para los movimientos liberales, al haber incorporado en su texto, desde 1812, los principios del constitucionalismo que se había iniciado tanto en Norteamérica como en Francia.

1. Los principios de la Constitución de Cádiz de 1812

Esos principios del constitucionalismo moderno, como hemos visto, son los que giran en torno a la idea de Constitución; de la soberanía nacional y del gobierno representativo; de la declaración de derechos del hombre y del ciudadano; de la separación de poderes y de las formas de gobierno; del papel del poder judicial, y de la nueva organización territorial del Estado, y que han condicionado toda la historia constitucional del mundo moderno a partir del siglo XIX. Los mismos se comenzaron a arraigar en España precisamente a raíz de la convocatoria de las Cortes de Cádiz y desde su instalación, el 24 de septiembre de 1810, y fueron los que posteriormente se recogieron en el texto de la Constitución de la Monarquía Española de 19 de marzo de 1812[6].

Como es sabido, la Constitución solo tuvo un corto período inicial de vigencia de dos años hasta su anulación el 4 de mayo de 1814[7], período en el cual, además, tuvo una dificultosa o casi nula aplicación, al menos en las colonias americanas. Sin embargo, su texto fue el vehículo para que todos esos principios adoptados en la misma, influyeran en el constitucionalismo de muchos países hispanoamericanos y europeos, contribuyendo a la quiebra del Antiguo Régimen en Europa[8].

[6] El texto de la Constitución de 1812 y de los diversos decretos de las Cortes de Cádiz los hemos consultado en *Constituciones españolas y extranjeras,* tomo I, edición de Jorge de Esteban, Madrid, Taurus,1977, págs. 73 y ss.; *Constitución Política de la Monarquía Española promulgada en Cádiz de 19 de marzo de 1812,* prólogo de Eduardo García de Enterría, Madrid, Civitas, 1999.

[7] En pleno proceso de configuración política de Venezuela y en plena guerra de independencia, el 11 de diciembre de 1813, España firmó el Tratado con Francia en el que se reconoció a Fernando VII como rey, y este, cinco meses después, el 4 de mayo de 1814 adoptó su célebre manifiesto sobre abrogación del régimen constitucional mediante el cual se restableció la autoridad absoluta del Monarca, declarando “nulos y de ningún valor ni efecto, ahora, ni en tiempo alguno, como si no hubiesen pasado jamás [...], y se quitasen de en medio del tiempo” la Constitución y los actos y leyes dictados durante el período de gobierno constitucional. Véase *Constituciones españolas y extranjeras, op. cit.*, págs. 125 y ss.

[8] Véase en general, M. Artola (ed), *Las Cortes de Cádiz,* Madrid 1991; Rafael Jiménez Asensio, *Introducción a una historia del constitucionalismo español,* Valencia, 1993; J. F. Merino Merchán, *Regímenes históricos españoles,* Madrid, Tecnos, 1988; Jorge Mario García

A) *La Constitución como ley suprema producto de la soberanía popular*

El primero de esos principios fue la noción misma de Constitución como carta política escrita, emanación de la soberanía popular, de carácter rígida y permanente, contentiva de normas de rango superior, inmutables en ciertos aspectos, y que no solo organiza al Estado sino también una parte dogmática donde se declaran los valores fundamentales de la sociedad y los derechos y garantías de los ciudadanos.

Hasta el momento de producirse las Revoluciones norteamericana y francesa, esa idea de Constitución no existía, y las Constituciones, a lo sumo, eran cartas otorgadas por los monarcas a sus súbditos. Por tanto, la práctica de Constituciones escritas producto de la voluntad popular fue iniciada en las colonias inglesas de Norteamérica cuando se convirtieron en Estados independientes en 1776, dando nacimiento al concepto racional-normativo de Constitución como un documento escrito y sistemático que emana de la soberanía popular, referido a la organización política de la sociedad, estableciendo los poderes de los diferentes cuerpos estatales y generalmente precedidos por una lista de derechos inherentes al hombre.

Después de las Constituciones que adoptaron las antiguas colonias norteamericanas en 1776, la primera Constitución nacional del mundo moderno fue la de los Estados Unidos de América de 1787, la cual, sin embargo, no contuvo una declaración de derechos, que solo se incorporó a la misma en 1789, al sancionarse las primeras diez Enmiendas que entraron en vigencia en 1791.

La Constitución norteamericana fue seguida por la de Francia de ese mismo año de 1791, y luego por el texto constitucional revolucionario de 1793, una vez que Luis XVI fuera condenado por la Convención y ejecutado, y finalmente por la Constitución de 1795 (Año III), que integró el Directorio. Estos textos se configuraron no solo como Constituciones orgánicas sino como Constituciones dogmáticas, precedidas, todas, de una Declaración de Derechos, que con rango constitucional puede considerarse como el gran aporte de la Revolución francesa a la idea de Constitución moderna, que luego desapareció de las Constituciones históricas francesas a partir de la Constitución de 1799 (Año VIII) producto del golpe de Estado de Napoleón.

La tercera Constitución moderna nacional fue la republicana de Venezuela de 1811; y la cuarta, precisamente, la de la monarquía española adoptada por las Cortes de Cádiz en 1812, incluso en ausencia del monarca Fernando VII que estaba confinado en Francia.

LAGUARDIA "Las Cortes de Cádiz y la Constitución de 1812. Un aporte americano", en JORGE MARIO GARCÍA LAGUARDIA, CARLOS MELÉNDEZ CHAVERRI, MARINA VOLIO, *La Constitución de Cádiz y su influencia..., op. cit.,* págs. 13 y ss.

La Constitución de Cádiz estuvo imbuida de este principio de la Constitución como ley superior a la cual deben someterse los órganos del Estado, concebida como texto escrito y rígido para limitar el poder, producto de la soberanía nacional, por lo que con ella se inició el constitucionalismo moderno en España, y no con el Estatuto o Constitución de Bayona de 1808, que fue solo una Carta otorgada por Napoleón luego de oída una Junta Nacional. La Constitución de Cádiz, en cambio, fue emanación de la soberanía y concebida en forma muy rígida por los procedimientos para su reforma, con cláusulas de intangibilidad temporal y absoluta.

En particular, en cuanto a la rigidez de la Constitución, esta resultó de los procedimientos dispuestos para su reforma (arts. 376 a 384), así como por el principio general de su inmodificabilidad por un período de ocho años, durante los cuales se dispuso que no podía proponerse "alteración, adición ni reforma en ninguno de sus artículos" (art. 375).

Este carácter de la Constitución como norma suprema y de obligatorio cumplimiento se plasmó, además, en el Título X de la misma que estableció el régimen de "la observancia de la Constitución", en el cual se incorporaron normas como el derecho general de todos los españoles de elevar peticiones ante las Cortes o ante el rey, en una especie de acción popular, "para reclamar la observancia de la Constitución"(art. 373) y, además, la obligación general de toda persona que fuera a ejercer cargos públicos, civiles, militares o eclesiásticos, de prestar juramento, al tomar posesión de su destino, de guardar la Constitución" (art. 374). Igual obligación se previó para los individuos integrantes de los ayuntamientos y de las diputaciones provinciales (art. 337).

Además, la Constitución dispuso, en cuanto al plan general de enseñanza que el Estado debía concebir, que era preciso establecer la obligación de que "la Constitución Política de la Monarquía [se debía explicar] en todas las universidades y establecimientos literarios, donde se enseñen las ciencias eclesiásticas y políticas" (art. 368).

B) *La soberanía y representación popular*

El segundo de los principios del constitucionalismo moderno producto de los acontecimientos políticos de Norteamérica y Francia del siglo XVIII, fue la también nueva idea política del papel que a partir de esos momentos históricos se le confirió al pueblo en la constitucionalización del Estado, que se convirtió en soberano. Con esas Revoluciones, la Constitución comenzó a ser producto de la voluntad popular, dejando de ser una mera carta otorgada por un monarca, trasladándose la soberanía al pueblo.

Por ello, en los Estados Unidos de América, las asambleas coloniales asumieron la soberanía, y fueron los representantes de los nuevos Estados los que adoptaron la Constitución de 1787[9]. En Francia, en cambio, la soberanía se trasladó del monarca al pueblo y a la Nación, y a través de la idea de la soberanía del pueblo, surgieron todas las bases de la democracia y el republicanismo. Por ello, todas las Constituciones revolucionarias francesas de 1791, 1793, 1795, 1799 e incluso, las reformas imperiales de 1802 y 1804, fueron todas sometidas a aprobación popular, hasta que con la restauración de la monarquía en 1814, la Constitución pasó a ser de nuevo una Carta otorgada por el monarca, en ese caso por Luis XVIII.

La Revolución francesa, por tanto, ante todo había despojado al monarca de su soberanía; y como consecuencia de ello, el rey dejó de ser rey de Francia y dejó de otorgarle su Constitución; de manera que al serle trasladada la soberanía al pueblo, en 1791 había comenzado a ser solo rey de los franceses aun cuando efectivamente solo por escasos meses, hasta que fue suspendido al año siguiente. El concepto Nación surgió así, entonces, para privar al rey de su soberanía que, como personificación del pueblo, comenzó a reemplazar al rey en su ejercicio.

De allí el principio de la soberanía atribuida a la Nación y no al rey o a los gobernantes, que surgió del texto de la Declaración de los Derechos del Hombre y del Ciudadano, según la cual "El principio de toda soberanía reside esencialmente en la Nación. Ningún cuerpo, ningún individuo puede ejercer autoridad alguna que no emane de ella expresamente" (art. 3º)[10].

[9] Deba destacarse que a partir de la Constitución de 1787, la representación nacional se concentró en el Senado y la Cámara de Representantes, integrados por senadores electos en representación de los Estados, dado el régimen federal adoptado, y por representantes también electos, en un sistema electoral de dos grados. El bicameralismo, por tanto, se adoptó desde el inicio en Norteamérica, pero con representantes electos en ambas cámaras, a diferencia del sistema inglés, donde la nobleza siguió acaparando la Cámara de los Lores. Ese fue también el modelo que se siguió en Venezuela por la Junta Suprema conservadora de los derechos de Fernando VII que se constituyó en 1810, al prever entre los primeros actos constitucionales que adoptó como fue el Reglamento General de Elecciones de 11 de junio de 1810, para la conformación del Congreso General, que este sería un cuerpo unicameral con representantes de las provincias que integraban la antigua Capitanía General de Venezuela. Fueron los diputados de siete de las nueve provincias, los que en representación del pueblo, sancionaron la Constitución de 21 de diciembre de 1811, luego de haber declarado solemnemente la Independencia el 5 de julio del mismo año. Ese Congreso General, hasta 1999, fue el único órgano legislativo nacional de carácter unicameral en toda la historia constitucional de Venezuela, ya que en virtud del sistema federal que se adoptó desde 1811, la representación popular se atribuyó tanto a un Senado como a una Cámara de diputados, ambos cuerpos electos en un sistema electoral de dos grados conforme al modelo norteamericano. En la Constitución de 1999, sin embargo, se eliminó el Senado en Venezuela.

[10] La Declaración de Derechos que precedió la Constitución de 1793, en igual sentido señaló que "La soberanía reside en el pueblo. Ella es una e indivisible, imprescindible e inalienable" (art. 25). Para ese momento, además, ya la Convención que se había instalado en

De acuerdo con esos mismos principios, la soberanía nacional, como poder supremo de una comunidad, también pasó en España del monarca, quien antes la ejercía por la gracia de Dios, a la Nación española, con lo que se puso fin al principio de la soberanía absoluta del monarca que había sido lo característico del Antiguo Régimen.

Por ello, España entró en la corriente del constitucionalismo moderno, como se dijo, no con el Estatuto o Constitución de Bayona de 1808, la cual solo había sido una Carta otorgada por Napoleón para ocupar los territorios de España, luego de haber supuestamente oído una Junta Nacional, sino con la Constitución de Cádiz que fue emanación de la soberanía nacional, expresada por los diputados de las Cortes que habían sido electos mediante sufragio a dos niveles.

La Constitución de 1812 fue así decretada por "las Cortes generales y extraordinarias de la Nación española", es decir, por el cuerpo representativo de la Nación, declarándose expresamente en ella que "la soberanía reside esencialmente en la Nación" (art. 3). De ello derivó, entonces, que el rey tuviera un poder delegado, por la Nación conforme a la Constitución, habiendo dejado de ser solo rey "por la gracia de Dios", comenzando además a serlo por "la Constitución" (art. 173).

1792, el 21 de enero de 1793 había condenado y ejecutado al rey (Luis XVI), quien, por tanto, había dejado de ser representante de la Nación, quedando la conducción del Estado en manos de un gobierno revolucionario hasta que el poder ejecutivo fue delegado en el Directorio que se estableció en la Constitución de 1795. En esta, en la Declaración que la precedió, también se indicó que "La soberanía reside esencialmente en la universalidad de los ciudadanos. Ningún individuo, ninguna reunión parcial de ciudadanos puede atribuirse la soberanía". Con la Revolución, una Asamblea Nacional unicameral asumió la representación popular, incluso como poder constituyente, por lo que en la Constitución que dictó, que fue la de 1791, también se dispuso que correspondía a la Asamblea Nacional, igualmente unicameral, ser el órgano de la representación popular. Con ello, se consolidó el principio del unicameralismo que fue considerado como el más democrático al excluir cualquier otro tipo de representación y en particular, la de las órdenes estamentales (nobleza y clero, por ejemplo), el cual sin embargo, solo estaría vigente en Francia por pocos años, ya que en la Constitución de 1795 comenzó a ser cambiado por un régimen de Parlamento bicameral (Consejo de los Quinientos y Consejo de los Ancianos) el cual se consolidó a partir de la Constitución de 1799 (Senado y Asamblea Nacional), configurándose paulatinamente el Senado en un cuerpo no electo en el cual la nobleza comenzó a readquirir representación. En la Constitución de 1814, con la restauración de la Monarquía, por ello, el Senado fue configurado como un cuerpo no electo popularmente, integrado por miembros con cargos hereditarios. En España, al contrario de la evolución hacia el bicameralismo francés que se había establecido a partir de 1795, la Constitución de Cádiz de 1812, para asegurar la representación popular, siguió el esquema inicial francés y configuró a las Cortes conforme a la fórmula unicameral, lo cual ya se había dispuesto en el Reglamento de elecciones dictado por la Junta Central Gubernativa del Reino el 6 de octubre de 1809 para la elección misma de las Cortes, en las cuales la nobleza no encontró representación alguna.

Este principio de la soberanía nacional, en todo caso, ya antes se había esbozado en el decreto de las Cortes de Cádiz dictado el día de su constitución, el 24 de septiembre de 1810, al disponer la atribución del poder ejecutivo al Consejo de Regencia, para lo cual se llamó a sus miembros a prestar el siguiente juramento ante las Cortes:

"¿Reconocéis la soberanía de la nación representada por los diputados de estas Cortes generales y extraordinarias? ¿Juráis obedecer sus decretos, leyes y constitución que se establezca según los santos fines para que se han reunido, y mandar observarlos y hacerlos ejecutar?"[11].

Correspondiendo la soberanía a la Nación, la forma de ejercerla fue, por supuesto, mediante representantes electos, por lo que, los diputados electos popularmente a las Cortes fueron "representantes de toda la Nación, nombrados por los ciudadanos" (art. 27). Con ello se rompió la configuración estamental de la representación propia del Antiguo Régimen, conforme al cual se aseguraba la participación del clero, la nobleza y la burguesía, actuando cada estamento por separarlo, conforme a las instrucciones que recibían. El carácter unicameral de las Cortes eliminó toda posibilidad de representación de los estamentos en alguna otra cámara. La Constitución, sin embargo, incorporó la figura del Consejo de Estado que había sido creada por la Constitución francesa de 1795, en el cual, en cierta forma, quedó asegurada alguna representación a la nobleza.

En todo caso, como consecuencia del principio de la representación, la Constitución de Cádiz incorporó por primera vez en la historia constitucional de España un completo sistema de elecciones libres para la elección de los diputados a las Cortes, con una regulación detallada del sistema electoral. Se estableció, para ello, un procedimiento electoral indirecto, en cuatro fases de elección de compromisarios de parroquias, de partido y de provincia; conforme al cual estos últimos elegían los diputados a Cortes. El sufragio fue limitado, reservado a los hombres y censitario respecto de los elegidos.

C) *La declaración constitucional de derechos*

El tercer principio del constitucionalismo que derivó de las Revoluciones norteamericana y francesa fue el reconocimiento y declaración formal de la existencia de derechos naturales del hombre y de los ciudadanos, con rango constitucional que, por tanto, debían ser respetados por el Estado. La libertad se constituyó con esos derechos como un freno a los poderes del Estado, con lo que se ponía fin al Estado absoluto e irresponsable. En esta forma, a las Declaraciones de Derechos que precedieron a las Constituciones de las colonias norteamericanas cuando se independizaron en 1776, les siguió la

[11] RAFAEL FLAQUER MARTEQUI, "El Ejecutivo en la revolución liberal", en M. ARTOLA (ed.), *Las Cortes de Cádiz, op. cit.*, pág. 47.

Declaración de Derechos del Hombre y del Ciudadano de Francia de 1789. En ese mismo año, la ausencia en la Constitución de los Estados Unidos de Norteamérica de 1787 de una declaración de derechos, se suplió con la sanción de diez Enmiendas, en las cuales se formuló el *Bill of Rights.*

En Francia, sin embrago, como antes advertimos, el texto de la Declaración de Derechos que había permanecido en los textos constitucionales de 1791, 1793 y 1795, desapareció de las Constituciones a partir de la Constitución de 1799, que se dictó después del golpe de Estado de Bonaparte que originó el Consulado provisorio.

La tercera de las declaraciones de derechos fundamentales en la historia del constitucionalismo moderno, fue la Declaración de Derechos del Pueblo adoptada el 1° de julio de 1811 por la sección de Caracas del Congreso General de Venezuela, texto que meses después se recogió ampliado, en el Capítulo VII de la Constitución de diciembre de 1811.

En la Constitución de Cádiz, sin embargo, contrariamente a la fórmula de las Constituciones coloniales norteamericanas y de la Constituciones francesas, no se incorporó una declaración de derechos del hombre y el ciudadano pero se dispuso, sin embargo, como obligación general de la Nación, "conservar y proteger por leyes sabias y justas, la libertad civil, la propiedad y los demás derechos legítimos de todos los individuos que la componen" (art. 4º).

En virtud de esta declaración general, y en ausencia de otra declaración enumerativa de derechos, la Constitución, a lo largo de su articulado específicamente reguló muchos derechos de las personas, entre ellos, el derecho a la igualdad y prohibición de privilegios (arts. 172.9, 248); el derecho a la libertad personal (art. 172.11), de manera que solo podía decretarse la prisión por orden judicial luego de una información sumaria (art. 287), agregándose la exigencia de motivación de los autos de detención (art. 293), la limitación a la privación preventiva de libertad (art. 295), y la protección frente a detenciones arbitrarias (art. 299); el derecho de propiedad (art. 172.10); el derecho de las personas a terminar sus diferencias mediante árbitros elegidos por ambas partes (art. 280); el derecho a ser juzgado por los jueces naturales, es decir, "por ninguna comisión, sino por el tribunal competente determinado con anterioridad por la ley' (art. 247); con la garantía del derecho a ser oído (art. 290) mediante declaración sin juramento (art. 291), salvo en caso de haber sido arrestado *in fraganti* (art. 292), así como a ser informado de los cargos (arts. 300, 301); el derecho a no ser sometido a tormento (art. 303); el derecho a no ser sancionado con pena de confiscación de bienes (art. 304); el derecho a la inviolabilidad de la casa, la cual solo podía ser allanada "en los casos que determine la ley para el buen orden y seguridad del Estado" (art. 306); y el derecho de petición (art. 373).

Además, la Constitución de 1812 estableció la libertad de todos los españoles "de escribir, imprimir y publicar sus ideas políticas sin necesidad de licencia, revisión o aprobación alguna anterior a la publicación, bajo las restricciones y responsabilidad que establezcan las leyes" (art. 371); en particular las derivadas de la declaración del artículo 12 en el sentido de que "la religión de la nación española es y será perpetuamente la Católica Apostólica Romana, y la nación la protege por leyes sabias y justas y prohíbe el ejercicio de cualquier otra".

Por otra parte, en materia de impuestos se estableció el principio de la reserva legal (art 172.8).

Por último, deben destacarse las previsiones de la Constitución en materia de derechos sociales, al disponer que "en todos los pueblos de la monarquía se establecerán escuelas de primeras letras, en las que se enseñará a los niños a leer, escribir y contar, y el catecismo de la religión católica, que comprenderá también una breve exposición de las obligaciones civiles"(art. 366); y se "arreglará y creará el número competente de universidades y de otros establecimientos de instrucción, que se juzguen convenientes para la enseñanza de todas las ciencias, literatura y bellas artes" (art. 367).

D) *La separación de poderes*

El cuarto principio del constitucionalismo moderno, dentro de la misma línea de limitación al poder del Estado para garantizar la libertad de los ciudadanos, y que derivó de las Revoluciones francesa y americana fue la idea fundamental de la separación de poderes, la cual se formuló inicialmente en las Constituciones provinciales norteamericanas, como la de *Virginia* en 1776, en la cual se dispuso:

"Los Departamentos Legislativo, Ejecutivo y Judicial, deberán estar separados y distintos, de manera que ninguno ejerza los poderes pertenecientes a otro; ni persona alguna debe ejercer más de uno de esos poderes al mismo tiempo" (art. III).

Es cierto que en el articulado de la Constitución de los Estados Unidos de 1787 nada similar se estableció, sin embargo, ello no era necesario ya que su principal objetivo y contenido fue precisamente organizar la forma de gobierno dentro del principio de separación de poderes, pero permitiendo diversas interferencias entre ellos, en un sistema de frenos y contrapesos y, particularmente, regulando los poderes del ejecutivo en el Presidente de la Unión, lo que dio origen a una nueva forma de gobierno, el presidencialismo, como opuesto al parlamentarismo, y a una configuración particular del poder judicial como instrumento de control y balance entre el legislador y el ejecutivo, nunca antes conocida en la práctica constitucional.

El principio, por supuesto, se recogió aun con mayor fuerza en el sistema constitucional que resultó del proceso revolucionario francés, donde se le agregaron, como elementos adicionales, el principio de la supremacía del legislador resultado de la consideración de la ley como expresión de voluntad general; y el de la prohibición a los jueces de interferir en cualquier forma en el ejercicio de las funciones legislativas y administrativas. En cierta forma, incluso, puede decirse que el principio de la separación de poderes en Francia, fue materialmente el motivo fundamental de la Revolución, al punto de que en la Declaración de Derechos del Hombre y del Ciudadano en 1789 se incluyó, en el artículo XVI, la famosa proposición según la cual "Toda sociedad en la cual la garantía de los derechos no esté asegurada, ni la separación de poderes determinada, no tiene Constitución".

El principio de la separación de poderes comenzó a tener aplicación en España, en el decreto dictado por las Cortes de Cádiz el mismo día de su constitución, el 24 de septiembre de 1810, que partía del supuesto de que no convenía "queden reunidos el poder legislativo, el ejecutivo y el judiciario", declarando entonces que las propias Cortes, que venían de arrogarse la soberanía nacional, "se reservan el ejercicio del poder legislativo en toda su extensión". En cuanto al poder ejecutivo, el mismo, en ausencia del rey, se delegó al Consejo de Regencia; y en cuanto al poder judicial, las Cortes declararon que confirmaban "por ahora a todos los tribunales y justicias establecidas en el Reino, para que continúen administrando justicia según las leyes".

Como corolario de ello en la Constitución de Cádiz de 1812, también se adoptó el principio de separación de poderes, siguiendo más el esquema francés inicial, de la monarquía constitucional, al atribuirle el poder ejecutivo al monarca. Se trataba, por supuesto, de una Constitución de la monarquía, para lo cual declaró que "el Gobierno de la Nación española es una monarquía moderada hereditaria" (art. 14), posibilitando entonces la configuración del Estado conforme al principio de la separación de poderes y su limitación.

Conforme al mismo, las potestades estatales se distribuyeron así: la potestad de hacer las leyes se atribuyó a las Cortes con el rey (art. 15); la potestad de hacer ejecutar las leyes, al rey (art. 16); y la potestad de aplicar las leyes en las causas civiles y criminales, a los tribunales (art. 17). Esto último se ratificó en el artículo 242, al disponer que "La potestad de aplicar las leyes en las causas civiles y criminales pertenece exclusivamente a los tribunales".

En cuanto al rey, como poder ejecutivo, la Constitución de Cádiz estableció el principio de la inviolabilidad del rey disponiendo que no estaba sujeto a responsabilidad (art. 168). Ello motivó la regulación de los secretarios de Estado y del despacho (art. 222), que debían firmar todas las órdenes del rey (art. 225), de las cuales eran responsables ante las Cortes "sin que sirva de excusa hacerlo manado el rey" (art. 226). Este "refrendo" de los secretarios de Estado era condición de validez de las órdenes del rey (art. 225)[12].

[12] Debe mencionarse como antecedente de esta previsión en España, la disposición de la Constitución de Bayona (1808) respecto del secretario de Estado, quien con la calidad de mi-

En cuanto a las Cortes, estas se configuraron como un parlamento unicameral, con independencia respecto de los otros poderes del Estado, cuyos diputados eran inviolables por sus opiniones (art. 128), sin que el rey las pudiera disolver. Las Cortes, además, eran autónomas en cuanto a dictar sus propias normas y reglamentos internos (art. 127). Para asegurar la continuidad del trabajo legislativo, la Constitución creó la Diputación Permanente de Cortes que debía funcionar en el período entre las sesiones ordinarias de las Cortes (art. 159).

E) *El rol de la justicia*

El quinto principio del constitucionalismo que derivó de las Revoluciones americana y francesa se refirió al poder judicial y a la idea misma de la función de impartir justicia, la cual a partir de esos acontecimientos dejaría de ser administrada por el monarca y comenzaría a ser impartida, en nombre de la Nación, por funcionarios con alguna independencia. Además, con motivo de los aportes de la Revolución americana, los jueces asumieron la función fundamental en el constitucionalismo moderno de controlar la constitucionalidad de las leyes; es decir, la idea de que la Constitución, como norma suprema, tenía que tener algún control, como garantía de su supremacía, y ese control se atribuyó al poder judicial. De allí, incluso, el cometido político que en los Estados Unidos de Norteamérica adquirió la Corte Suprema de Justicia. En Francia, sin embargo, dada la desconfianza revolucionaria respecto de los jueces, frente a la separación absoluta de poderes, solo cien años después se originaría la consolidación de la justicia administrativa, la cual aun cuando separada del poder judicial, controlaría a la Administración; y sería doscientos años después cuando se establecería un control de constitucionalidad de las leyes a cargo del Consejo Constitucional, creado también fuera del poder judicial.

En cuanto al poder judicial, conforme al principio de la separación de poderes, la Constitución de Cádiz estableció específicamente su autonomía al garantizarse a los magistrados y jueces que "no podrán ser depuestos de sus destinos, sean temporales o perpetuos, sino por causa legalmente probada y sentenciada; ni suspendidos, sino por acusación legalmente intentada" (art. 252). Por otra parte, la Constitución dispuso que "ni las Cortes ni el rey podrán ejercer en ningún caso las funciones judiciales, avocar causas pendientes, ni mandar abrir los juicios fenecidos" (art. 243); y los tribunales "no podrán ejercer otras funciones que las de juzgar y hacer que se ejecute lo juzgado" (art. 245). Ello conllevaba la prohibición a los tribunales de "suspender la ejecución de las leyes, ni hacer reglamento alguno para la administración de justicia" (art. 246).

---

nistro, debía refrendar todos los decretos (art. 28); siendo además, los ministros, responsables de la ejecución de las leyes y órdenes del rey (art. 31).

Por otra parte, en relación con las funciones del Tribunal Supremo de Justicia (art. 259) para garantizar la Constitución, solo se le atribuyó competencia en el artículo 261, para "oír las dudas de los demás tribunales sobre la inteligencia de alguna ley, y consultar sobre ellas al rey con los fundamentos que hubiere, para que promueva la conveniente declaración en las Cortes".

F) *La organización territorial del Estado*

El sexto principio del constitucionalismo que derivó de los acontecimientos revolucionarios de Norteamérica y Francia se refirió a la configuración de una nueva organización territorial del Estado, antes desconocida, basada en principios de descentralización del poder[13].

Frente a las monarquías absolutas organizadas conforme al principio del centralismo político y a la falta de uniformismo político y administrativo, esas Revoluciones dieron origen a nuevas formas de organización territorial del Estado que originaron, por una parte, el federalismo, particularmente derivado de la Revolución americana con sus bases esenciales de gobierno local; y por la otra, el municipalismo, originado particularmente como consecuencia de la Revolución francesa[14]. Esos principios de organización territorial también penetraron en España, tanto en el ámbito provincial como municipal.

En cuanto a la división provincial, la Constitución de Cádiz la enunció y posteriormente, en particular a partir de 1833, la organización de las provincias siguió en parte la influencia de la división territorial departamental de la post Revolución francesa. En cuanto al régimen municipal, desde 1812 se adoptaron los principios del municipalismo que derivaron de la Revolución francesa.

En efecto, en materia de organización territorial del poder, la Constitución de Cádiz reguló en cierta forma un Estado unitario descentralizado[15], conforme a la cual la Constitución reguló el gobierno de las provincias y pueblos mediante la creación de diputaciones provinciales y ayuntamientos.

En esta forma, cuando el artículo 16 enumeró los ámbitos territoriales que comprendían el territorio español tanto en la Península como en la América septentrional y meridional, estaba enumerando las "provincias" las cuales, en cuanto a su gobierno interior, se regularon en los artículos 324 y siguientes de la Constitución. Allí se estableció que si bien el gobierno político de

[13] Véase Alfredo Gallego Anabitarte, "España 1812, Cádiz. Estado Unitario, en perspectiva histórica" en M. Artola (ed.), *Las Cortes de Cádiz, op. cit,* págs. 140 y ss.

[14] Venezuela fue el primer país del mundo, 1811, en seguir el esquema norteamericano y adoptar la forma federal en la organización del Estado, sobre la base de la división provincial que había quedado como legado colonial; y a la vez, fue el primer país del mundo, en 1812, en haber adoptado la organización territorial municipal que había legado la Revolución francesa.

[15] Véase Alfredo Gallego Anabitarte, "España 1812, Cádiz. Estado Unitario, en perspectiva histórica" en M. Artola (ed.), *Las Cortes de Cádiz, op. cit.* pág. 140 y ss.

las provincias residía en un jefe superior nombrado por el rey (art. 324); en cada una de ellas habría una Diputación llamada provincial para promover su prosperidad, presidida por el jefe superior (art. 325) pero integrada por siete individuos elegidos (art. 326) por los mismos electores de partido que debían nombrar los diputados de Cortes (art. 328). Esas provincias tenían amplísimas facultades atribuidas a las diputaciones en el artículo 335[16].

En realidad, las Cortes, al regular las diputaciones provinciales lo que hicieron fue institucionalizar la figura de las juntas provinciales que habían surgido al calor de la guerra de independencia frente a Francia, transformándolas en tales diputaciones a las cuales se atribuyó el cometido de representar el vínculo de unión intermedio, entre los ayuntamientos y el gobierno central, asumiendo tales diputaciones el control de tutela de estos (art. 323).

La división del territorio en estas provincias, se comenzó a concretar en España mediante el decreto de las Cortes de 23 de mayo de 1812, con el cual se restablecieron en diversas partes del territorio, diputaciones provinciales, mientras se llegaba "el caso de hacerse la conveniente división del territorio español"[17]. En esta forma, al regular las diputaciones provinciales, lo que habían hecho era conservar la figura de las Juntas Provinciales que habían surgido

[16] Dicha norma enumera las siguientes: "1) Intervenir y aprobar el repartimiento hecho a los pueblos de las contribuciones que hubieren cabido a la provincia. 2) Velar sobre la buena inversión de los fondos públicos de los pueblos y examinar sus cuentas, para que con su visto bueno recaiga la aprobación superior, cuidando de que en todo se observen las leyes y reglamentos. 3) Cuidar de que se establezcan ayuntamientos donde corresponda los haya, conforme a lo prevenido en el artículo 310. 4) Si se ofrecieren obras nuevas de utilidad común de la provincia, o la reparación de las antiguas, proponer al gobierno los arbitrios que crean más convenientes para su ejecución, a fin de obtener el correspondiente permiso de las Cortes. En Ultramar, si la urgencia de las obras públicas no permitiese esperar la solución de las Cortes, podrá la diputación con expreso asenso del jefe de la provincia usar desde luego de los arbitrios, dando inmediatamente cuenta al gobierno para la aprobación de las Cortes. Para la recaudación de los arbitrios la diputación, bajo su responsabilidad, nombrará depositario, y las cuentas de la inversión, examinadas por la diputación, se remitirán al gobierno para que las haga reconocer y glosar y, finalmente, las pase a las Cortes para su aprobación. 5) Promover la educación de la juventud conforme a los planes aprobados, y fomentar la agricultura, la industria y el comercio, protegiendo a los inventores de nuevos descubrimientos en cualquiera de estos ramos. 6) Dar parte al gobierno de los abusos que noten en la administración de las rentas públicas. 7) Formar el censo y la estadística de las provincias. 8) Cuidar de que los establecimientos piadosos y de beneficencia llenen su respectivo objeto, proponiendo al gobierno las reglas que estimen conducentes para la reforma de los abusos que observaren. 9) Dar parte a las Cortes de las infracciones de la Constitución que se noten en la provincia. 10) Las diputaciones de las provincias de Ultramar velarán sobre la economía, orden y progresos de las misiones para la conversión de los indios infieles, cuyos encargados les darán razón de sus operaciones en este ramo, para que se eviten los abusos: todo lo que las diputaciones pondrán en noticia del gobierno".

[17] Véase A. Posada, *Escritos municipalistas y de la vida local,* Madrid, IEAL, 1979, pág. 180; y *Evolución legislativa del régimen local en España 1812-1909,* Madrid, 1982, pág. 69.

al calor de la guerra de independencia frente a Francia, transformándolas en tales Diputaciones a las cuales se atribuyó el rol de representar el vínculo de unión intermedio entre los ayuntamientos y el gobierno central, asumiendo tales Diputaciones el control de tutela de aquellos (art. 323).

El esquema territorial provincial de Cádiz, en todo caso, fue efímero y solo fue por decreto de 22 de enero de 1822 cuando se intentó dar a la provincia una concreción territorial definida, estableciéndose lo que puede considerarse como la primera división regular del territorio español, en cierto número de provincias. Fue luego, por Real Decreto de 30 de noviembre de 1833, cuando se estableció en forma definitiva a la provincia como circunscripción administrativa del Estado unitario español[18].

En cuanto al régimen local, la Constitución dispuso la existencia de ayuntamientos en los pueblos, para su gobierno interior, compuestos por alcaldes, regidores y el procurador síndico (art. 309); todos electos (arts. 312, 313, 314). A tal efecto, el artículo 310 dispuso que "se pondrá ayuntamiento en los pueblos que no le tengan, y en que convenga le haya, no pudiendo dejar de haberle en los que por sí o con su comarca lleguen a mil almas, y también se les señalará término correspondiente". Se siguió en este aspecto la municipalización del territorio que había caracterizado al proceso francés después de la Revolución[19].

2. La influencia de la Constitución de Cádiz en Europa e Hispanoamérica, particularmente como consecuencia de la revolución española de 1820

Los anteriores principios o aportes al constitucionalismo que resultaron de la Revolución americana y de la Revolución francesa y que recogió la Constitución

[18] Véase Antonio María Calero Amor, *La división provincial de 1833. Bases y antecedentes,* Madrid, IEAL,1987; Luis Morell Ocaño, "Raíces históricas de la concepción constitucional de las Provincias", en *Revista Española de Derecho Administrativo,* núm. 42, Madrid, Civitas,1984, págs. 349 a 365.

[19] En el art. 321 se enumeraron ampliamente las competencias de los ayuntamientos así: 1) La policía de salubridad y comodidad. 2) Auxiliar al alcalde en todo lo que pertenezca a la seguridad de las personas y bienes de los vecinos, y a la conservación del orden público. 3) La administración e inversión de los caudales de propios y arbitrios conforme a las leyes y reglamentos, con el cargo de nombrar depositario bajo responsabilidad de los que le nombran. 4) Hacer el repartimiento y recaudación de las contribuciones, y remitirías a la tesorería respectiva. 5) Cuidar de todas las escuelas de primeras letras, y de los demás establecimientos que se paguen de los fondos del común. 6) Cuidar de los hospitales, hospicios, casas de expósitos y demás establecimientos de beneficencia, bajo las reglas que se prescriban. 7) Cuidar de la construcción y reparación de los caminos, calzadas, puentes y cárceles, de los montes y plantíos del común, y de todas las obras públicas de necesidad, utilidad y ornato. 8) Formar las ordenanzas municipales del pueblo, y presentarlas a las Cortes para su aprobación por medio de la diputación provincial, que las acompañará con su informe. 9) Promover la agricultura, la industria y el comercio según la localidad y circunstancias de los pueblos, y cuanto les sea útil y beneficioso.

de Cádiz significaron, por supuesto, un cambio radical en el constitucionalismo moderno, producto de una transición que no fue lenta sino violenta, desarrollada en circunstancias y situaciones distintas. No hay que olvidar que aun en las mencionadas ideas o principios comunes, la contribución de la Revolución americana y de la Revolución francesa al derecho constitucional tuvo raíces diferentes: en los Estados Unidos de Norte América se trataba de construir un Estado nuevo sobre la base de lo que eran antiguas colonias inglesas, situadas muy lejos de la metrópoli y de su Parlamento soberano, las cuales durante más de un siglo se habían desarrollado como entidades independientes entre sí, por sus propios medios y gozando de cierta autonomía. Esta fue la orientación que se siguió, luego, por ejemplo, en Venezuela en 1811 y luego en todo el continente americano.

En el caso de Francia, en cambio, no se trataba de construir un nuevo Estado, sino dentro del mismo Estado unitario y centralizado, sustituir un sistema político constitucional monárquico, propio de una monarquía absoluta, por un régimen totalmente distinto, de carácter constitucional e, incluso luego, republicano. Esta fue, por tanto, la orientación que se siguió en España a partir del constitucionalismo de Cádiz.

Los procesos posrevolucionarios norteamericano y francés, por otra parte, siguieron cursos diferentes, con influencias también diferentes en el mundo. Norteamérica siguió un proceso continuo de consolidación del nuevo Estado como Estado federal de régimen presidencial que sin solución de continuidad ha durado hasta nuestros días, y donde históricamente, en ausencia de un monarca y con la elección de los gobernantes asegurada democráticamente una vez estabilizado el sistema presidencial de gobierno, la lucha por el poder fue más bien de carácter vertical (federal, estadual, local) que horizontal, hasta la consolidación del federalismo cooperativo.

En cambio, en el caso de Francia, la lucha por el poder en el Estado, una vez que se había consolidado el municipalismo, fue más bien de carácter horizontal (ejecutivo/legislativo) hasta que se consolidó el régimen parlamentario a finales del siglo XIX.

En todo caso, para 1810, cuando se inició el proceso constituyente en Cádiz, como antes recordamos, ya la República francesa no existía, pues había sido suprimida en 1808; ni la Declaración de Derechos tenía rango constitucional, que había perdido en 1799; y la propia Revolución había cesado en 1795. Del caos institucional que surgió de la misma, vino la dictadura napoleónica, primero a través del Consulado provisorio (1799) y vitalicio (1802) y luego como Emperador (1804); y posteriormente a partir de 1814, ocurrió la restauración de la monarquía habiendo perdurado el régimen monárquico durante buena parte del siglo XIX.

La Constitución de Cádiz, por su parte, solo estuvo en vigencia en España y sus dominios durante dos escasos años, desde el 19 de marzo de 1812 hasta el 4 de mayo de 1814, cuando también fue anulada por el mismo Fernando VII, al restaurarse la monarquía absoluta, iniciándose la persecución política contra todos aquellos que habían colaborado en su sanción y ejecución.

Sin embargo, sus principios iniciaron en España el tránsito hacia el constitucionalismo e influyeron en el diseño constitucional de buena parte de los países latinoamericanos que declararon su independencia con posterioridad.

En cuanto a Europa, durante ese breve tiempo de vigencia, en todo caso, la Constitución fue tácitamente aceptada en los otros Estados, como un código constitucional que había sido sancionado en un momento de aguda crisis política luego de la guerra de independencia contra Francia, y que si bien se había concebido sin la monarquía, no la destruyó, sino más bien la constitucionalizó en un régimen democrático basado en la soberanía popular que representaban las Cortes y el monarca. La Constitución fue, en particular, reconocida como legítima por algunas potencias como Rusia (1812) y Prusia (1814), aun cuando no dejó de ser vista con recelo por los teóricos constitucionales monárquicos europeos, por su carácter democrático y limitativo de las prerrogativas reales[20].

En cuanto a las provincias de Ultramar, durante sus cortos años de vigencia inicial, la repercusión de la Constitución de 1812 fue muy limitada. En aquellas provincias que para 1812 ya habían declarado su independencia e, incluso, ya habían sancionado mediante congreso de representantes una Constitución, como fue la Constitución Federal para los Estados de Venezuela de 1811, la vigencia e influencia de la Constitución de Cádiz fue completamente nula. Es más, los intentos de publicarla en plena guerra de independencia en las provincias de Venezuela por Domingo Monteverde, no tuvieron repercusión alguna. Otro tanto debe decirse respecto de las provincias de Cundinamarca, donde el proceso independentista para esas fechas estaba también en marcha. No se olvide que durante el primer período de vigencia de la Constitución de Cádiz (1812-1814), en primer lugar, que desde 1810 ya se había declarado la independencia tanto en las provincias de Venezuela[21], como en las provincias de Nueva Granada[22]; en segundo lugar, que entre 1811 y 1812 ya se habían sancionado, en Venezuela, las Constituciones Provinciales de los Estados de Barinas (26-3-1811), Mérida (31-7-1811), Trujillo (2-9-1811), Barcelona

[20] Fue el caso por ejemplo de CARLOS LUIS DE HALLER, en *Sulla Costituzione* (1814-1820). Véase las referencias en JUAN FERRANDO BADÍA, "Proyección exterior de la Constitución de 1812", en M. ARTOLA (ed.), *Las Cortes de Cádiz, Ayer,* núm. 1-1991, Madrid, Marcial Pons, 1991, págs. 218-219.

[21] Caracas, 19-4-1810; Cumaná, 27-4-1810; Barinas, 5-5-1810; Mérida 16-9-1810; Trujillo 9-10-1810; La Grita 11-10-1810; Barcelona 12-10-1810 y San Cristóbal 28-10-1810.

[22] Cartagena, 22-5-1810; Cali, 3-7-1810; Pamplona, 4-7-1810; Socorro, 11-7-1810; Santafé, 20-7-1810.

(2-1-1812) y Caracas (31-1-1812)[23] y, que a partir de 1811, en Colombia se sancionaron las Constituciones Provinciales de Cundinamarca (4-4-1811)[24] ; Tunja (23-11-1811), Antioquia (24–3–1811), Cartagena de Indias (14-6-1812), Popayán (17-7-1814), Pamplona de Indias (17-5-1815), Mariquita (24-6-1815) y Neiva (31–8–1815)[25]; y en tercer lugar, que el 21 de diciembre de 1811 se había sancionado la Constitución Federal de los Estados de Venezuela[26], y que el 27 de noviembre de 1811 se había constituido la Confederación de las Provincias Unidas de la Nueva Granada.

En las otras provincias de América, sin embargo, es cierto que la Constitución comenzó a ser publicada y jurada a partir de septiembre de 1812, como por ejemplo ocurrió en la Nueva España. Sin embargo, su texto en verdad influyó muy poco en la administración de las colonias, y si bien en muchas de ellas se eligieron diputados para integrar las Cortes ordinarias de 1813, en las cuales efectivamente hubo representantes americanos, ese derecho duró pocos meses, al anularse la Constitución en 1814 y restaurarse la monarquía, de manera que a partir de ese año, las colonias españolas en América siguieron gobernadas desde la metrópoli a través de las autoridades coloniales como si la Constitución de Cádiz jamás se hubiese sancionado. Solo fue en la Constitución de Apatzingán, proclamada en octubre de 1814 por insurgentes de la Nueva España, donde puede encontrarse algún influjo del texto de la Constitución de Cádiz[27], la cual para esa fecha, sin embargo, ya no estaba en vigencia, fue en realidad seis años después de la anulación de la Constitución de Cádiz, en 1820, cuando su texto efectivamente comenzaría a tener repercusión como consecuencia de una revolución de origen militar que se desarrolló en España, y que impuso a Fernando VII el juramento de Constitución de Cádiz, la cual entonces volvió a entrar en vigencia, aun cuando por otro corto período de tres años y medio, desde el 10 de marzo de 1820 al 1° de octubre de 1823[28].

Recordemos que fue el 1° de enero de 1820 cuando estalló en el pueblo de Cabezas de San Juan una rebelión militar del cuerpo de expedicionarios que se había formado y que debía partir para América para sofocar las rebeliones que ya para esa fecha se habían generalizado en todo el Continente. La voz de

[23] Véase en el libro *Las Constituciones provinciales*, Biblioteca de la Academia Nacional de la Historia, Caracas 1959, págs. 151 y ss.

[24] Aún cuando esta fuera inicialmente una Constitución monárquica.

[25] Véase Carlos Restrepo Piedrahita, *Primeras Constituciones de Colombia y Venezuela 1811-1830,* Bogotá, Universidad Externado de Colombia,1996.

[26] Véase en Allan R. Brewer-Carías, *Las Constituciones de Venezuela, cit.,* págs. 285 y ss.

[27] Véase Juan Ferrando Badía, "Proyección exterior de la Constitución de Cádiz", en M. Artola (ed.), *Las Cortes de Cádiz, Ayer, 1-1991*, Madrid, Marcial Pons,1991, pág. 185

[28] Véase José F. Merino Merchán, *Regímenes históricos españoles*, Madrid, Tecnos, 1988, págs. 60 y 61.

la revolución se expresó con el pronunciamiento de coronel Rafael del Riego, quien, como dijo Juan Ferrando Badía, consideró "más importante proclamar la Constitución de 1812 que conservar el imperio español"[29].

En efecto, entre, por una parte, embarcarse para América para luchar contra un proceso independentista cuyos ejércitos ya habían derrotado, por ejemplo, a la expedición de Morillo de 1815 la cual había sido las más grande fuerza militar enviada a las colonias en toda su historia colonial; y por otra parte, la sublevación, el Ejército con la connivencia de sociedades secretas como la masonería, optó por lo segundo[30] e hizo la revolución, imponiendo al Rey la Constitución de 1812, quien la juró el 2 de marzo de 1820.

En este nuevo período de vigencia, a partir de 1820, la influencia de la Constitución se manifestó en América, en algunas provisiones de los textos constitucionales de los países en los cuales, para esa fecha, aún no se había proclamado la independencia, que eran la mayoría[31].

Sin embargo, la mayor repercusión de la Constitución española ocurrió en Europa, donde puede decirse que su influencia tuvo su origen, más en la revolución que la había impuesto al monarca en 1820, que por su texto aislado. Fue por tanto la decisión del rey de jurar la Constitución como consecuencia de la revolución, lo que consolidó a este movimiento como la primera revolución liberal europea.

Consecuencia de ello fue que los movimientos revolucionarios de Portugal y de Italia, en Nápoles y en el Piamonte, vieron en la Revolución española el ejemplo a seguir, imponiendo también a los monarcas su producto, que había sido, precisamente, la Constitución de Cádiz.

Los cambios que se habían producido en el gobierno de España por la revolución, como era lo usual, también se comunicaron a las potencias europeas, pero en esta oportunidad, contrario a lo que había sucedido en 1812, los go-

[29] Véase Juan Ferrando Badía, "Proyección exterior de la Constitución de Cádiz", en M. Artola (ed.), *Las Cortes de Cádiz, Ayer, 1-1991*, Madrid, Marcial Pons, 1991, pág. 207.

[30] Véase F. Suárez, *La crisis política del Antiguo Régimen en España (1800-1840)*, Madrid, 1950, pág. 38. Citado por Juan Ferrando Badía, *idem*, pág. 177.

[31] Véase por ejemplo, Manuel Ferrer Muñoz, *La Constitución de Cádiz y su aplicación en la Nueva España*, México, UNAM, 1993. La excepción, como se dijo, la constituyeron las provincias de Venezuela y de Colombia, donde meses antes, en 1819, ya se había adoptado la Constitución política de Venezuela de Angostura, la cual rigió también en las antiguas provincias de Cundinamarca; y en el mismo se dictó, en 1821, la Ley constitucional de la Unión de los pueblos de Colombia, en la cual se dispuso que el Congreso de Colombia debía formar la constitución conforme a "los principios liberales que ha consagrado la sabia práctica de otras naciones" (art. 7); y como consecuencia, se sancionó la Constitución de Cúcuta de 1821 con la que se conformó la República de Colombia, comprendiendo las provincias de Venezuela, Cundinamarca y Ecuador.

biernos no la aceptaron y más bien reaccionaron adversamente, porque de lo que se trataba, más que de reconocer una nueva Constitución, era de reconocer una revolución de origen militar y liberal, lo que luego de la Restauración era materialmente inaceptable para las monarquías europeas.

Así, por ejemplo, Rusia pidió a los demás países que no reconocieran a Fernando VII como rey constitucional de España, y condenasen la sedición militar que había originado el juramento que el monarca había hecho de la Constitución[32].

Pero lo cierto es que la revolución española y la Constitución de Cádiz, que se basaron en el principio de la soberanía nacional limitando las potestades del rey y del estamento aristocrático, en todo caso, se convirtieron en un mito político que movilizó a las élites europeas contra los monarcas. Por ello, el hecho político de que mediante una revolución se hubiera impuesto a un monarca una Constitución que limitaba sus poderes y prerrogativas, fue lo que provocó, en definitiva, la reacción de las potencias europeas contra España y la convocatoria de la Santa Alianza para condenar la revolución y buscar restablecer el orden institucional en la Península, todo lo cual se precipitó por las repercusiones que la revolución española tuvo a partir del mismo año 1820, en el inicio de los movimientos revolucionarios en Portugal e Italia, los cuales tomaron la Constitución de Cádiz como modelo para los mismos, en sustitución de la Constitución francesa de 1791.

La chispa se propagó por el trabajo de las sociedades secretas, específicamente la masonería, y hubo pronunciamientos en diversos países. Por una parte, fue el caso de Portugal, donde seis meses después de los acontecimientos españoles, el 24 de agosto de 1820, y como consecuencia de una revolución militar iniciada en Oporto con apoyo de sociedades secretas, se constituyó una junta de gobierno que veinte días más tarde se sumaría a la Junta de Lisboa. De ello resultó la constitución, con apoyo español, de la Junta Provisional del Supremo Gobierno del Reyno, la cual convocó a elecciones de diputados a las Cortes Generales Extraordinarias y Constituyentes de la nación portuguesa, precisamente conforme al modelo de la Constitución de Cádiz. De ello resultó la promulgación de una nueva Constitución de Portugal, dos años después, el 22 de septiembre de 1822, siguiendo la línea de la Constitución española, aun cuando más democratizadora[33]. Esa Constitución fue jurada el 1° de octubre de

[32] Véase Juan Ferrando Badía, "Proyección exterior de la Constitución de Cádiz", en M. Artola (ed.), *Las Cortes de Cádiz, Ayer, 1-1991*, Madrid, Marcial Pons, 1991, pág. 208.

[33] *Idem*, pág. 228. Véase además, Jorge Martins Ribeiro, "La importancia de la ideología y de los artículos de la Constitución de Cádiz para la eclosión de la revolución de 1820 en Oporto y la Constitución portuguesa de 1822", en Alberto Ramos Santana y Alberto Romero Ferrer (ed.), *Cambio político y cultural en la España de entre siglos*, Cádiz, Universidad de Cádiz, 2008, págs. 79 y ss.

ese mismo año por el rey Juan VI luego de que este regresara de Brasil donde se había refugiado (1807) como consecuencia de la invasión napoleónica[34].

Los gobiernos europeos, por supuesto, destacaron la influencia de España en la revolución de Portugal, y dada las presiones de la Santa Alianza, luego de que la Reina de Portugal se negara a jurar la Constitución y los movimientos contrarrevolucionarios prevalecieran, el rey Juan VI, el 4 de junio de 1824, derogaría la Constitución de 1822.

Para esa fecha, por otra parte, ya España había sido invadida de nuevo por los ejércitos franceses (los llamados Cien Mil Hijos de San Luis) pero esta vez por cuenta de la Santa Alianza, tal y como se había acordado en el Congreso de Verona (1823), ejército que amenazaba llegar a Portugal. El ensayo revolucionario fracasó y la nueva Constitución portuguesa solo tendría dos años de vigencia, aun cuando luego, en 1836, entraría de nuevo en vigor.

En Italia, la revolución española y la Constitución de Cádiz serían la bandera que adoptarían las sociedades secretas, La Carbonaria y los Federados, tanto en el sur como en el norte de la Península[35]. En el Reino de las Dos Sicilias, los carbonarios napolitanos no solo tenían a la revolución de Riego, en España, como el ejemplo que se debía seguir, sino que consideraban a la Constitución de Cádiz como la más democrática de todos los Estados europeos, que mostraba un punto de equilibrio entre los derechos del pueblo y las prerrogativas de los monarcas.

En esta forma, un mes antes que se hubieran desencadenado los acontecimientos revolucionarios de Portugal, en julio de 1820, en una alianza de

[34] Antes de que llegaran las tropas francesas que desde noviembre de 1807 ya habían invadido España, a la frontera con Portugal, el Príncipe Juan de Braganza, quien era regente del Reino de Portugal por enfermedad de su madre la Reina María, y su Corte, se refugiaron en Brasil, instalándose el gobierno real el Río de Janeiro en marzo de 1808. Ocho años después, en 1816, el príncipe Juan asumió la Corona del Reino Unido de Portugal, Brasil y Algaves (con capital en Río de Janeiro), como Juan VI. En la península, Portugal quedaba gobernado por una Junta de regencia que estaba dominada por el comandante de las fuerzas británicas. Una vez vencido Napoleón en Europa, Juan vi regresó a Portugal dejando como regente del Brasil a su hijo Pedro. A pesar de que las Cortes devolvieron al territorio del Brasil a su status anterior y requirieron el regreso a la Península al regente Pedro, este, en paralelo a las Cortes portuguesas, convocó también a una Asamblea Constituyente en Brasil, proclamando la independencia del Brasil en septiembre de 1822, donde el 12 de octubre de ese mismo año fue proclamado Emperador del Brasil (Pedro I de Braganza y Borbón). En 1824 se sancionó la Constitución Política Imperial del Brasil. Dos años después, en 1826, el Emperador brasileño regresaría a Portugal a raíz de la muerte de su padre Juan VI, para asumir el Reino portugués como Pedro IV, aun cuando por corto tiempo. Véase, FÉLIX A. MONTILLA ZAVALÍA, "La experiencia monárquica americana: Brasil y México", en *Debates de Actualidad,* Asociación Argentina de Derecho Constitucional, Año XXIII, núm. 199, enero/abril 2008, págs. 52 y ss.

[35] Véase JUAN FERRANDO BADÍA, "Proyección exterior de la Constitución de Cádiz", en M. ARTOLA (ed.), *Las Cortes de Cádiz, Ayer, 1-1991*, Madrid, Marcial Pons, 1991, pág. 241.

los carbonarios con el Ejército y la burguesía, obligaron al rey Fernando I a otorgar la Constitución de Cádiz, lo cual hizo por Edicto de 7 de julio de ese año, pasando a ser dicha Constitución, la del Reino de las Dos Sicilias "salvo las modificaciones que la representación nacional, constitucionalmente convocada, creerá oportuno adoptar para adaptarla a las circunstancias particulares de los reales dominios"[36].

La reacción de la Santa Alianza, en este caso, tampoco se hizo esperar, y en el mismo año de 1820, en octubre, en el Congreso de Troppau las potencias condenaron la revolución napolitana que amenazaba el principio monárquico, y además, en dicho Congreso, particularmente Austria, Rusia y Prusia también condenaron a la revolución portuguesa, y a la que había inspirado a todas, que no era otra que la revolución española.

Las potencias europeas decidieron reunirse nuevamente en enero de 1821 en el Congreso de Laybach, resolviendo esta vez anular el régimen constitucional napolitano, autorizando la invasión del Reino de las Dos Sicilias para la restauración del principio monárquico, quedando en este caso, Austria, encargada de ejecutar las resoluciones. Para abril de 1821, ya la Santa Alianza triunfaba en Italia.

Pero en esos mismos días, la Constitución de Cádiz también sería el estandarte que junto con los carbonarios, los revolucionarios piamonteses utilizarían en el Reino de Cerdeña para obligar por la fuerza al Príncipe Carlos Alberto a otorgar la Constitución de Cádiz, lo que ocurrió el 13 de marzo de 1821. Sin embargo, dos días después, el 15 de marzo el rey Víctor Manuel, quien había abdicado por la revolución, proclamó la anulación de lo actuado por la Regencia y apeló al auxilio de las potencias europeas que aún estaban reunidas en el Congreso de Laybach. El Congreso también envió en auxilio del rey a las tropas austriacas, de manera que para el 8 de abril, la rebelión había sido apaciguada y el ejército constitucional piamontés había sido derrotado. La Constitución, en definitiva, solo había tenido menos de un mes de vigencia[37].

Finalmente, como se dijo, la Santa Alianza se había vuelto a reunir en el Congreso de Verona en octubre de 1822, agrupando a Austria, Prusia y Rusia, el Reino de las dos Sicilias y de Módena y representantes de Francia e Inglaterra, en el cual, entre los asuntos fundamentales a considerar, estuvo no solo la situación de Italia sino la de la revolución española.

Sobre lo primero se autorizó la permanencia de los ejércitos austriacos en Italia hasta 1823 y respecto de España, se condenó la imposición que mediante una revolución se había hecho a Fernando VII de la Constitución de 1812, solicitándole al gobierno español cambiar su régimen político y reponer a Fernando VII como monarca absoluto, bajo amenaza de guerra.

[36] *Idem*, pág. 237.

[37] *Idem*, pág. 242.

Este Congreso de Verona concluyó sus sesiones el 4 de diciembre de 1822 con la resolución de la Santa Alianza de formularle a España un ultimátum, encargando a Francia el asegurar la restitución del régimen monárquico que se reclamaba; y así fue como en abril de 1823, como se dijo, el ejército francés de nuevo invadió a España, esta vez con los Cien Mil Hijos de San Luis, acción que por supuesto fue rechazada por las Cortes.

Ante la invasión, las Cortes, como había ocurrido diez años atrás, pero esta vez junto con el rey, se retiraron a Andalucía, y luego, en junio de 1823, de nuevo, a Cádiz. Aquí sesionaron hasta agosto de ese año, de manera que la Constitución de Cádiz y sus Cortes, no solo nacieron en esta ciudad suelo de hombres libres, sino que fue aquí donde también cesaron.

Luego de la derrota del ejército constitucional en la batalla de Trocadero, cerca de Cádiz (agosto 1823), el rey se plegó a las exigencias francesas, y el 1° de octubre de 1823, nuevamente, por segunda vez, anuló la Constitución de Cádiz, restaurando la monarquía. Fue así como "los Congresos de Troppau, Laibach y Verona dieron muerte oficial a la Constitución de 1812 en España y en Italia"[38] y, además, en Portugal.

Quedó, en todo caso, como el primer texto constitucional latino europeo que a comienzos del siglo XIX había recogido los principios del constitucionalismo moderno que habían legado las Revoluciones norteamericana y francesa del siglo XVIII, de lo que deriva su importancia singular, y la influencia directa que tuvo, tanto en los nuevos movimientos revolucionarios liberales europeos, como en la conformación de las Constituciones de muchas naciones latinoamericanas. Como tal, sin duda, sus principios tuvieron importante vigencia en Europa y en América, tanta que doscientos años después seguimos estudiándola.

[38] Como lo destacó JUAN FERRANDO BADÍA, *idem*, pág. 247.

Parte quinta

EL PROCESO CONSTITUYENTE EN LAS PROVINCIAS DE VENEZUELA (1811-1812)

1. La revolución de Caracas de 1810 y los inicios del constitucionalismo venezolano

A) *Antecedentes del proceso constituyente del Estado venezolano*

Como se ha dicho, a diferencia de lo ocurrido en la mayoría de los países latinoamericanos en los cuales, de una manera u otra, la Constitución de Cádiz contribuyó a la formación del constitucionalismo; puede decirse que en Venezuela dicho texto no tuvo influencia alguna y su conocimiento, incluso, fue escasísimo. La razón fue que el constitucionalismo venezolano, montado también sobre la base de los antes indicados principios que derivaron de las Revoluciones americana y francesa, se comenzó a formular antes de la instalación de las Cortes de Cádiz y aun antes de que entrara en vigencia la Constitución de Cádiz.

En efecto, cinco meses antes de la instalación de las Cortes de Cádiz el 24 de septiembre de 1810, en Caracas, el 19 de abril de 1810, el Ayuntamiento de la capital de la Provincia de Venezuela había dado un golpe de Estado[1], iniciándose un proceso constituyente que concluyó con la sanción de la Constitución Federal para los Estados de Venezuela del 21 de diciembre de 1811, dictada también, tres meses antes de la sanción de la Constitución de Cádiz el 18 de marzo de 1812.

Por ello, puede decirse que el constitucionalismo moderno se inició en América Latina, en unas de las provincias más relegadas del imperio español, aquellas que solo, en 1777, habían sido agrupadas en la Capitanía General de Venezuela. Hasta entonces habían sido Provincias aisladas sometidas, algunas, a la Audiencia de Santa Fe, en el Nuevo Reyno de Granada, y otras, a la Audiencia de Santo Domingo, en lo que había sido la Isla *La Hispagniola.* La re-

[1] Véase Allan R. Brewer-Carías y Enrique Viloria Vera, *La Revolución de Caracas de 1810* (En coautoría con), con prólogo de Guillermo Morón, Colección Salamanca, Historia, Educación y Geografía (Biblioteca Guillermo Morón) 44, Caracas, Centro de Estudios Ibéricos y americanos de Salamanca, 2011.

volución contra la monarquía española, en América, por tanto, puede decirse que no se inició en las capitales virreinales ni en las provincias ilustradas del Nuevo Mundo, sino en una de las más pobres del Continente Americano, la Provincia de Caracas o Venezuela, donde incluso por su ubicación en la parte septentrional de Sur América, en el mar Caribe, penetraron más rápidamente las ideas de la Revolución francesa.

En efecto, la Declaración de los Derechos del Hombre y del Ciudadano proclamada por la Revolución francesa, había sido prohibida en América por el Tribunal de la Inquisición de Cartagena de Indias en 1789[2]. Antes que conociera divulgación alguna en el Nuevo Mundo, en 1790, incluso los virreyes del Perú, México y Santa Fe, así como el presidente de Quito, alguna vez, y varias el capitán general de Venezuela, habían participado a la Corona de Madrid:

"Que en la cabeza de los americanos comenzaban a fermentar principios de libertad e independencia peligrosísimos a la soberanía de España"[3].

Y fue precisamente en la última década del siglo XVIII cuando comenzó a desparramarse por los ilustrados criollos el fermento revolucionario e independentista, a lo cual contribuyeron diversas traducciones de la prohibida Declaración de los Derechos del Hombre y del Ciudadano, entre las cuales debe destacarse la realizada por Antonio Nariño en Santa Fe de Bogotá, en 1792, que circuló en 1794[4], y que fue objeto de una famosísima causa en la cual fue condenado a diez años de presidio en África, a la confiscación de todos sus bienes y a extrañamiento perpetuo de la América, mandándose quemar por mano del verdugo el libro de donde había sacado los Derechos del Hombre[5].

Por esa misma época, el secretario del Real y Supremo Consejo de Indias había dirigido una nota de fecha 7 de junio de 1793 al capitán general de Venezuela, llamando su atención sobre los designios del gobierno de Francia y de algunos revolucionarios franceses, como también de otros promovedores de la subversión en dominios de España en el Nuevo Mundo, que —decía— "Envían allí libros y papeles perjudiciales a la pureza de la religión, quietud pública y debida subordinación de las colonias"[6].

Pero un hecho acaecido en España iba a tener especial significación en todo este proceso: el 3 de febrero de 1796, día de San Blas, en Madrid debía estallar una conspiración planeada para establecer la República en sustitución de la Monarquía, al estilo de lo que había acontecido años antes en Francia. Los conjurados, capitaneados por Juan Bautista Mariano Picornell y Gomilla,

[2] Véase P. GRASES, *La conspiración de Gual y España y el ideario de la Independencia,* Caracas, 1978, pág. 13.

[3] Véase en J. F. BLANCO y R. AZPÚRUA, *op. cit.,* tomo I, pág.177.

[4] *Idem.,* pág. 286.

[5] Véase los textos en *idem.,* págs. 257-259.

[6] *Idem.,* pág. 247.

mallorquín de Palma, fueron apresados la víspera de la Revolución. Conmutada la pena de muerte por intervención del Agente francés, se les condenó a reclusión perpetua en los Castillos de Puerto Cabello, Portobelo y Panamá, en tierras americanas[7]. La fortuna revolucionaria llevó a que de paso a sus destinos en esos "lugares malsanos de América"[8], los condenados fueran depositados en las mazmorras del Puerto de La Guaira, donde en 1797 se encontrarían de nuevo reunidos. Allí, los conjurados de San Blas, quienes se fugarían ese mismo año de 1797[9], entraron en contacto con los americanos de La Guaira, provocando la conspiración encabezada por Manuel Gual y José María España, de ese mismo año, considerada como "el intento de liberación más serio en Hispano América antes del de Miranda en 1806"[10].

Sin embargo, como se dio cuenta en el largo "Resumen" que sobre esa conspiración se presentó al Gabinete de Madrid:

"Se descubrió esta conspiración por un mulato oficial de barbero, el cual se presentó al provisor, este al teniente del rey, y ambos al gobernador con la noticia de haber oído este mulato al comerciante de aquella ciudad don Manuel Montesinos, las palabras siguientes: Ya somos todos iguales"[11].

La revolución, por supuesto, como todas, se creía estaba lista, y había adoptado entre sus señas un soneto que decía:

"En Santa Fe se cree ya todo listo,
en España no se duda,
y los anuncios previstos,
no dejan la menor duda"[12].

Sin embargo, ello no fue así. La Revolución fracasó, y habría de pasar otra década para que se iniciara la Revolución hispanoamericana. Pero el legado de esa conspiración fue un conjunto de papeles que habrían de tener la mayor influencia en el proceso constitucional de Hispanoamérica, entre los que se destaca una obra sobre los *Derechos del Hombre y del Ciudadano*, prohibida por la Real Audiencia de Caracas el 11 de diciembre de ese mismo año 1797, la cual la consideró como una obra que llevaba:

"[T]oda su intención a corromper las costumbres y hacer odioso el real nombre de su majestad y su justo gobierno; que a fin de corromper las cos-

[7] Véase P. Grases, *op. cit.,* pág. 20.

[8] *Idem,* págs. 14 y 17.

[9] Véase en J. F. Blanco y R. Azpúrua, *op. cit.,* tomo I, pág. 287; P. Grases, *op. cit.,* pág. 26.

[10] P. Grases, *op. cit.*, pág. 27.

[11] Véase en J. F. Blanco y R. Azpúrua, *op. cit.,* tomo I, pág. 332.

[12] *Idem.*, pág. 313.

tumbres, siguen sus autores las reglas de ánimos cubiertos de una multitud de vicios, y desfigurados con varias apariencias de humanidad"[13].

El libro, con el título *Derechos del Hombre y del Ciudadano con varias máximas Republicanas y un Discurso preliminar dirigido a los americanos,* probablemente impreso en Guadalupe, en 1797, en realidad contenía una traducción de la Declaración francesa que procedió el Acta Constitucional de 1793[14]. Por tanto, no era una traducción de la Declaración de los Derechos del Hombre y del Ciudadano de 1789, incorporada a la Constitución Francesa de 1791, que era la que había sido la traducida por Nariño en Bogotá; sino de la Declaración del texto constitucional de 1793, mucho más amplio y violento pues correspondió a la época del Terror, constituyendo una invitación a la revolución activa[15].

Pues bien, este texto tiene una importancia capital, para el constitucionalismo de Venezuela, pues influyó directamente en la ordenación jurídica de la República, cuyo Congreso General en su sección de la Provincia de Caracas, después del proceso de independencia iniciado en 1810, aprobó solemnemente la "Declaración de Derechos del Pueblo" el 1° de julio de 1811[16], la cual, después de las declaraciones norteamericanas y de la francesa, puede considerarse como la tercera de las Declaraciones de derechos fundamentales en la historia del constitucionalismo moderno, recogida, notablemente ampliada, en la Constitución del 21 de diciembre del mismo año 1811[17].

Pero después de la conspiración de Gual y España, y declarada la guerra entre Inglaterra y España (1804), otro acontecimiento importante influiría también en la independencia de Venezuela, y fueron los desembarcos y proclamas de Francisco de Miranda en las costas de Venezuela (Puerto Cabello y Coro), en 1806, los que se han considerado como los más importantes acontecimientos relativos a la emancipación de América Latina antes de la

[13] P. Grases, *op. cit.*, pág. 30.

[14] *Idem,* págs. 37 y ss.

[15] *Idem.*

[16] Véase Allan R. Brewer-Carías, *Las Constituciones de Venezuela,* Madrid, 1985, págs. 175 y ss.; *Los Derechos Humanos en Venezuela. Casi 200 años de Historia,* Caracas, 1990, págs. 71 y ss.; y *Las declaraciones de derechos del pueblo y del hombre de 1811 (Bicentenario de la Declaración de "Derechos del Pueblo" de 1° de julio de 1811 y de la "Declaración de Derechos del Hombre" contenida en la Constitución Federal de los Estados de Venezuela de 21 de diciembre de 1811),* Prólogo de Román José Duque Corredor), Caracas, Academia de Ciencias Políticas y Sociales, 2011.

[17] Esas Declaraciones de derechos, que influyeron en el proceso constitucional posterior, sin duda, como lo ha demostrado el profesor Pedro Grases, tuvieron su principal base de redacción en el mencionado documento, traducción de Picornell, vinculado a la conspiración de Gual y España, principal promotor de la conspiración de San Blas. Véase, P. Grases, *op. cit.,* págs. 27 y ss.

abdicación de Carlos IV y los posteriores sucesos de Bayona[18]. MIRANDA, por ello, ha sido considerado como el Precursor de la Independencia del continente americo-colombiano, a cuyos pueblos dirigió sus proclamas independentistas basadas en la formación de una federación de cabildos libres[19], lo cual luego se pondría en práctica, en Venezuela, entre 1810 y 1811.

B) *Los motivos del inicio del proceso constituyente en la Provincia de Venezuela*

Como hemos dicho, el proceso constituyente venezolano tuvo sus antecedentes en los mismos hechos que originaron el proceso constituyente de Cádiz, los cuales sin embargo, tuvieron repercusiones más graves, en América, entre otras cosas, por lo lento y difícil de las comunicaciones entre la Metrópolis y las provincias americanas. Un hecho inicial pone esto en evidencia: solo fue el día 15 de julio de 1808 cuando el Ayuntamiento de Caracas abrió la Real Cédula del 20 de abril de ese mismo año, mediante la cual se comunicaba a la Provincia de Venezuela que el 18 de marzo de 1808, el rey Fernando VII había accedido al trono.

Sin embargo, para el momento en el cual el Cabildo de Caracas se enteró de ese acontecimiento, como se ha dicho, muchas otras cosas ya habían sucedido en España, que hacían totalmente inútil la noticia inicial: el 1° de mayo de 1808, dos meses antes, ya Fernando VII había dejado de ser Rey por renuncia de la Corona, en su padre Carlos IV; y este ya había cedido a Napoleón sus derechos al Trono de España y de las Indias, lo que había ocurrido el 5 de mayo de 1808. Incluso, una semana antes de recibir tan obsoleta noticia, ya José Napoleón, proclamándose "Rey de las Españas y de las Indias", había decretado la Constitución de Bayona, el 6 de julio de 1808.

No es de extrañar, por tanto, los efectos políticos que tuvieron en Venezuela las tardías noticias sobre las disputas políticas reales entre padre e hijo; sobre la abdicación forzosa del Trono provocada por la violencia de Napoleón, y sobre la ocupación del territorio español por los ejércitos del Emperador.

Desde el 25 de mayo de 1808, Napoleón también había nombrado al Gran Duque de Berg, como lugar-teniente general del Reyno, y anunciaba a los españoles su misión de renovar la Monarquía y mejorar las instituciones, prometiendo, además, otorgarles "Una constitución que concilie la santa y saludable autoridad del soberano con las libertades y el privilegio del Pueblo"[20].

[18] O. C. STOETZER, *Las raíces escolásticas de la emancipación de la América española,* Madrid, 1982, pág. 252.

[19] FRANCISCO DE MIRANDA, *Textos sobre la Independencia,* Caracas, Biblioteca de la Academia Nacional de la Historia, 1959, págs. 95 y ss., y 115 y ss.

[20] Véase en J. F. BLANCO y R. AZPÚRUA, *op. cit.,* tomo II, pág. 154.

Esa Constitución prometida, precisamente, iba a ser la de Bayona, la cual sin embargo, no dio estabilidad institucional alguna al Reino, pues antes de su otorgamiento, en el mes de mayo de 1808, ya España había iniciado su guerra de Independencia contra Francia, en la cual los ayuntamientos tuvieron un papel protagónico al asumir la representación popular por fuerza de las iniciativas populares[21]. Por ello, a medida que se generalizó el alzamiento, en las villas y ciudades, se fueron constituyendo Juntas de Armamento y Defensa, encargadas de la suprema dirección de los asuntos locales y de sostener y organizar la resistencia frente a los franceses.

Esas Juntas, aun cuando constituidas por individuos nombrados por aclamación popular, tuvieron como programa común la defensa de la monarquía simbolizada en la persona de Fernando VII, por lo que siempre obraron en nombre del Rey. Sin embargo, con ello puede decirse que se produjo una revolución política, al sustituirse el sistema absolutista de gobierno por un sistema municipal, popular y democrático, completamente autónomo[22]. La organización de tal gobierno provocó la estructuración de juntas municipales las cuales a la vez concurrieron, mediante delegados, a la formación de las juntas provinciales, las cuales representaron a los municipios agrupados en un determinado territorio.

El 17 de junio de 1808, por ejemplo, la Junta Suprema de Sevilla explicaba a los dominios españoles en América los "principales hechos que han motivado la creación de la Junta Suprema de Sevilla que en nombre de Fernando VII gobierna los Reinos de Sevilla, Córdoba, Granada, Jaén, provincias de Extremadura, Castilla la Nueva y las demás que vayan sacudiendo el yugo del Emperador de los franceses"[23].

Pero, como antes se dijo, solo fue un mes después, el 15 de julio de 1808, cuando en el Ayuntamiento de Caracas, se conoció formalmente, la Real Cédula de proclamación de Fernando VII[24]; y fue al día siguiente, el 16 de julio, cuando llegó al mismo Ayuntamiento la noticia de la renuncia de Fernando VII, de la cesión de los derechos de la Corona por parte de Carlos IV a Napoleón y del nombramiento del lugar-teniente del Reino[25]. El correo para

[21] Véase A. Sacristán y Martínez, *Municipalidades de Castilla y León,* Madrid, 1981, pág. 490.

[22] Cfr. O. C. Stoetzer, *op. cit.,* pág. 270.

[23] Véase el texto de la manifestación "de los principales hechos que han motivado la creación de la Junta Suprema de Sevilla que en nombre de Fernando VII gobierna los Reinos de Sevilla, Córdoba, Granada, Jaén, provincias de Extremadura, Castilla la Nueva y las demás que vayan sacudiendo el yuyo del Emperador de los franceses" del 17 de junio de 1808 en J. F. Blanco y R. Azpúrua, *op. cit.,* tomo II, págs. 154-157.

[24] *Idem,* pág. 127.

[25] *Idem,* pág. 148.

el conocimiento tardío de estas noticias, en todo caso, había correspondido a sendos emisarios franceses que habían llegado a Caracas, lo que contribuyó a agravar la incertidumbre.

Ante esas noticias, el Capitán General de Venezuela formuló la declaración solemne del 18 de julio de 1808, expresando que en virtud de que "ningún gobierno intruso e ilegítimo puede aniquilar la potestad legítima y verdadera [...] en nada se altera la forma de gobierno ni el Reinado del Señor Don Fernando VII en este Distrito"[26]. A ello se sumó, el 27 de julio, el Ayuntamiento de Caracas al expresar que "no reconocen ni reconocerán otra Soberanía que la suya (Fernando VII), y la de los legítimos sucesores de la Casa de Borbón"[27].

En esa misma fecha, el capitán general se dirigió al Ayuntamiento de Caracas exhortándolo a que se erigiese en esta ciudad "una Junta a ejemplo de la de Sevilla"[28], para cuyo efecto, el Ayuntamiento tomó conocimiento del acto del establecimiento de aquella[29] y acordó estudiar un "Prospecto" cuya redacción encomendó a dos de sus miembros, y que fue aprobado el 29 de julio de 1808, pasándolo para su aprobación al "presidente, gobernador y capitán general"[30].

Este, sin embargo, nunca llegó a considerar la propuesta, incluso a pesar de la representación que el 22 de noviembre de 1808 le habían enviado las personas más notables de Caracas designadas para tratar con él sobre "la formación y organización de la Junta Suprema". En dicha representación se constataba la instalación de juntas con el nombre de supremas en las capitales de las provincias de la Península, sobre las cuales se dijo:

"Ha descansado y descansa el noble empeño de la nación por la defensa de la religión, del rey, de la libertad e integridad del Estado, y estas mismas le sostendrán bajo la autoridad de la Soberana Central, cuya instalación se asegura haberse verificado. Las provincias de Venezuela no tienen ni menos lealtad ni menos ardor, valor ni constancia, que las de la España europea".

Por ello le expresaron que creían que era:

"De absoluta necesidad se lleve a efecto la resolución del Sr. presidente, gobernador y capitán general comunicada al Ilustre Ayuntamiento, para la formación de una Junta Suprema, con subordinación a la Soberana de España que

[26] *Idem,* pág. 169.

[27] *Idem,* pág. 169.

[28] *Idem,* págs. 170-174. *Cf.* C. PARRA PÉREZ, *Historia de la Primera República de Venezuela,* tomo I, Caracas, Biblioteca de la Academia Nacional de la Historia, 1959, págs. 311 y ss., y 318.

[29] Véase el acta del Ayuntamiento del 28-7-1808 en J. F. BLANCO y R. AZPÚRUA, *op. cit.,* tomo II, pág. 171.

[30] Véase el texto del prospecto y su aprobación de 29-7-1809, *idem,* págs. 172-174. *Cf.* C. PARRA PÉREZ, *op. cit.,* pág. 318.

ejerza en esta ciudad la autoridad suprema, mientras regresa al trono nuestro amado rey Fernando VII"[31].

A tal efecto, para "precaver todo motivo de inquietud y desorden" decidieron nombrar "representantes del pueblo" para que tratasen con el presidente, gobernador y capitán general "de la organización y formación de la dicha Junta Suprema"[32]. Ante esto, el presidente, gobernador y capitán, general Juan de Casas, quien desde el año anterior (1807) había asumido del cargo a la muerte del titular, a pesar de que había manifestado sobre la conveniencia de la constitución de la Junta de Caracas, no solo no accedió a la petición que se le formuló, sino que la consideró como un atentado contra el orden y seguridad públicas, por lo cual persiguió y juzgó a los peticionarios[33].

Se comenzó, así, a afianzar el sentimiento popular de que el gobierno de la provincia era probonapartidista lo cual se achacó también al mariscal de campo, Vicente de Emparan y Orbe, nombrado por la Junta Suprema Gubernativa como gobernador de la Provincia de Venezuela, en marzo de 1809[34].

Esta Junta Suprema Central y Gubernativa del Reino se había constituido en Aranjuez el 25 de septiembre de 1808, y se había trasladado luego a Sevilla el 27 de diciembre de 1809, integrada por mandatarios de las diversas provincias del Reino, la cual tomó la dirección de los asuntos nacionales[35]. Fue por ello por lo que el 12 de enero de 1809, el Ayuntamiento de Caracas reconoció en Venezuela a dicha Junta Central, como gobierno supremo del imperio[36].

Días después, la Junta Suprema Central por Real Orden de 22 de enero de 1809, dispuso:

"Los vastos y preciosos dominios que la España posee en las Indias no son propiamente colonias o factorías, como los de otras naciones, sino una parte esencial e integrante de la monarquía española"[37].

Como consecuencia de esta importantísima declaración se consideró que las provincias de América debían tener representación y constituir parte de la Junta Suprema Central, a cuyo efecto se dispuso la forma cómo habrían de elegirse los diputados y vocales americanos, los cuales, por supuesto, de

[31] Véase el texto, J. F. BLANCO y R. AZPÚRUA, *op. cit.,* págs. 179-180; cfr. C. PARRA PÉREZ, *op. cit.,* pág. 133.

[32] Véase en J. F. BLANCO y R. AZPÚRUA, *op. cit.,* págs. 179-180.

[33] *Idem,* págs. 180-181. *Cf.* L. A. SUCRE, *Gobernadores y capitanes generales de Venezuela,* Caracas, 1694, págs. 312-313.

[34] *Cf.* L. A. SUCRE, *op. cit.,* pág. 314.

[35] Véase el texto en J. F. BLANCO y R. AZPÚRUA, *op. cit.,* tomo II, págs. 174 y 179.

[36] *Cf.* C. PARRA PÉREZ, *op. cit.,* tomo II, pág. 305.

[37] Véase el texto en J. F. BLANCO y R. AZPÚRUA, *op. cit.,* tomo II, págs. 230-231. *Cf.* O. C. STOETZER, *op. cit.,* pág. 271.

haber sido electos, habrían representado una absoluta minoría en relación a los representantes peninsulares[38].

En todo caso, para comienzos de 1809, ya habían aparecido en la Península manifestaciones adversas a la Junta Suprema Central y Gubernativa, a la cual se había acusado de usurpadora de autoridad. Ello condujo, en definitiva, a la convocatoria a Cortes para darle legitimación a la representación nacional, lo que la Junta hizo por decretos de 22 de mayo y 15 de junio de 1809, fijándose la reunión de las Cortes para el 1° de marzo de 1810, en la Isla de León[39]. En dichas Cortes, en todo caso, debían estar representadas las provincias americanas, pero con diputados designados en forma supletoria[40].

Ahora bien, en mayo de 1809, como se dijo, ya había llegado a Caracas el nuevo presidente, gobernador y capitán general de Venezuela, Vicente Emparan; y en ese mismo mes, la Junta Suprema Gubernativa advertía a las provincias de América sobre los peligros de la extensión de las maquinaciones del Emperador a las Américas[41].

El temor que surgió en Caracas respecto del subyugamiento completo de la Península, sin duda, provocó que comenzara la conspiración por la independencia de la Provincia de Venezuela de lo cual, incluso, estaba en conocimiento Emparan antes de llegar a Caracas[42]. Su acción de gobierno, por otra parte lo llevó a enemistarse incluso con el clero y con el Ayuntamiento, lo que contribuyó a acelerar la reacción criolla.

Así, ya para fines de 1809 en la Provincia había un plan para derribar el gobierno en el cual participaban los más destacados jóvenes caraqueños, entre ellos, Simón Bolívar, quien había regresado de España en 1807, todos amigos del capitán general[43]. Este adoptó diversas providencias al descubrir al plan, pero fueron débiles, provocando protestas del Ayuntamiento[44].

Paralelamente, el 29 de enero de 1810, luego de los triunfos franceses en Andalucía, la Junta Central Gubernativa del Reino había resuelto reconcentrar la autoridad del mismo, nombrando un Consejo de Regencia asignándole el poder supremo, aun cuando limitado por su futura sujeción a las Cortes que

[38] Ello fue protestado en América. Véase por ejemplo el Memorial de Agravios de C. Torres de 20-11-1809 en J. F. Blanco y R. Azpúrua, *op. cit.,* tomo II, págs. 243-246; *Cf.* O. C. Stoetzer, *op. cit.,* pág. 272.

[39] Véase el texto en J. F. Blanco y R. Azpúrua, *op. cit.,* tomo II, págs. 234-235

[40] Véase E. Roca Roca, *América en el Ordenamiento jurídico de las Cortes de Cádiz,* Granada, 1986, pág. 21 *Cf.* J. F. Blanco y R. Azpúrua, *op. cit.,* tomo II, págs. 267-268.

[41] Véase el texto en J. F. Blanco y R. Azpúrua, *op. cit.,* tomo II, págs. 250-254.

[42] *Cf.* G. Morón, *Historia de Venezuela,* tomo III, Caracas, 1971, pág. 205.

[43] C. Parra Pérez, *op. cit.,* tomo I, págs. 368-371.

[44] *Idem,* pág. 371.

debían reunirse meses después[45]. Se anunciaba, así, la disposición de que "las Cortes reducirán sus funciones al ejercicio del poder legislativo, que propiamente les pertenece; confiando a la Regencia el del poder ejecutivo"[46].

El Consejo de Regencia, en ejercicio de la autoridad que había recibido, el 14 de febrero de 1810 dirigió a los españoles americanos una "alocución" acompañada de un Real Decreto en el que disponía la concurrencia a las Cortes Extraordinarias, al mismo tiempo que de diputados de la Península, de diputados de los dominios españoles de América y de Asia[47].

Entre tanto, en las provincias de América se carecía de noticias sobre los sucesos de España, cuyo territorio, con excepción de Cádiz y la Isla de León, estaba en poder de los franceses. Estas noticias y la de la disolución de la Junta Suprema Central y Gubernativa por la constitución del Consejo de Regencia, solo se llegaron a confirmar en Caracas el 18 de abril de 1810[48].

La idea de la desaparición del Gobierno Supremo en España, y la necesidad de buscar la constitución de un gobierno para la Provincia de Venezuela, para asegurarse contra los designios de Napoleón, sin duda, fue el último detonante del inicio de la revolución de independencia de América.

C) *El golpe de Estado del 19 de abril de 1810 y la Junta Suprema de Venezuela conservadora de los derechos de Fernando VII*

El Ayuntamiento de Caracas, en efecto, en su sesión del 19 de abril de 1810, al día siguiente de conocerse la situación política de la Península, depuso a la autoridad constituida y se erigió, a sí mismo, en Junta Suprema de Venezuela conservadora de los derechos de Fernando VII[49].

Con este acto se dio un golpe de Estado habiendo recogido el Acta de la sesión del Ayuntamiento de Caracas, el primer acto constitucional de un nuevo gobierno y el inicio de la conformación jurídica de un nuevo Estado[50].

En efecto, la decisión adoptada por el Ayuntamiento de Caracas de deponer al gobernador Emparan del mando de la Provincia de Venezuela, consistió en

[45] Véase J. F. Blanco y R. Azpúrua, *op. cit.,* tomo II, págs. 265-269.

[46] *Idem,* tomo II, pág. 269.

[47] Véase el texto en *idem,* tomo II, págs. 272-275.

[48] *Cf. Idem,* tomo II, págs. 380 y 383.

[49] Véase el libro *El 19 de abril de 1810,* Caracas, Instituto Panamericano de Geografía e Historia, 1957.

[50] Véase en general T. Polanco, "Interpretación jurídica de la Independencia", en *El movimiento emancipador de Hispanoamérica, Actas y Ponencias,* tomo IV, Caracas, 1961, págs. 323 y ss.; Allan R. Brewer-Carías y Enrique Viloria Vera, *La Revolución de Caracas de 1810*, con prólogo de Guillermo Morón, Caracas, Colección Salamanca, Historia, Educación y Geografía (Biblioteca Guillermo Morón) 44, Centro de Estudios Ibéricos y Americanos de Salamanca, 2011

la asunción del "mando supremo" o "suprema autoridad" de la Provincia[51], "por consentimiento del mismo pueblo"[52].

Se estableció, así, un "nuevo gobierno" que fue reconocido en la capital, al cual quedaron subordinados "todos los empleados del ramo militar, político y demás"[53]. El Ayuntamiento, además, procedió a destituir las antiguas autoridades del país y a proveer a la seguridad pública y conservación de los derechos del monarca cautivo, y ello lo hizo "reasumiendo en sí el poder soberano"[54].

La motivación de esta Revolución se expuso en el texto del Acta, en la cual se consideró que por la disolución de la Junta Suprema Gubernativa de España, que suplía la ausencia del monarca, el pueblo había quedado en "total orfandad", razón por la cual se estimó que: "El derecho natural y todos los demás dictan la necesidad de procurar los medios de conservación y defensa y de erigir en el seno mismo de estos países un sistema de gobierno que supla las enunciadas faltas, ejerciendo los derechos de la soberanía, que por el mismo hecho ha recaído en el pueblo".

Para adoptar esa decisión, por supuesto, el Ayuntamiento tuvo que desconocer la autoridad del Consejo de Regencia[55], considerando que: "No puede ejercer ningún mando ni jurisdicción sobre estos países, porque *ni ha sido*

[51] Véase el texto del Acta del Ayuntamiento de Caracas de 19 de abril de 1810 en ALLAN R. BREWER-CARÍAS, *Las Constituciones de Venezuela, cit.*, pág. 157.

[52] Así se establece en la "Circular" enviada por el Ayuntamiento el 19 de abril de 1810 a las autoridades y corporaciones de Venezuela. Véase J. F. BLANCO y R. AZPÚRUA, *op. cit.*, tomo II, págs. 401-402. Véase también en *Textos oficiales de la Primera República de Venezuela,* tomo I, Biblioteca de la Academia Nacional de la Historia, 1959, pág. 105.

[53] *Idem.*

[54] Así se indica en el oficio de la Junta Suprema al inspector general Fernando Toro el 20 de abril de 1810. Véase en J. F. BLANCO y R. AZPÚRUA, *op. cit.*, tomo II, pág. 403 y tomo I, pág. 106, respectivamente.

[55] Lo que afirma de nuevo, en comunicación enviada al propio Consejo de Regencia de España explicando los hechos, razones y fundamentos del establecimiento del nuevo gobierno. Véase J. F. BLANCO y R. AZPÚRUA, *op. cit.*, tomo II, pág. 408; y *Textos oficiales, op. cit.*, tomo I, págs. 130 y ss. En particular, en comunicación del 3 de mayo de 1810, la Junta Suprema de Caracas se dirigió a la Junta Suprema de Cádiz y a la Regencia, cuestionando la asunción por esas corporaciones "que sustituyéndose indefinidamente unas a otras, solo se asemejan en atribuirse todas una delegación de la soberanía que, no habiendo sido hecha ni por el monarca reconocido, ni por la gran comunidad de españoles de ambos hemisferios, no puede menos de ser absolutamente nula, ilegítima, y contraria a los principios sancionados por nuestra legislación" (*idem*, pág. 130); y agregaba "De poco se necesitará para demostrar que la Junta Central carecía de una verdadera representación nacional; porque su autoridad no emanaba originariamente de otra cosa que de la aclamación tumultuaria de algunas capitales de provincias, y porque jamás han tenido en ellas los habitantes del nuevo hemisferio la parte representativa que legítimamente les corresponde. En otras palabras, desconocemos al nuevo Consejo de Regencia" (*idem*, pág. 134).

constituido *por el voto de estos fieles habitantes*, cuando han sido ya declarados, no colonos, sino partes integrantes de la corona de España, y, como tales han sido llamados al ejercicio de la *soberanía* interna y a la reforma de la Constitución Nacional".

En todo caso, el Ayuntamiento estimó que aun cuando pudiera prescindirse de lo anterior, dicho Consejo de Regencia, por las circunstancias de la guerra y de la conquista y usurpación de las armas francesas en la Península, era impotente y sus miembros no podían valerse a sí mismos.

De allí que en el cabildo extraordinario, al ser forzado el presidente, gobernador y capitán general a renunciar, el mando quedó depositado en el Ayuntamiento. Así se expresó, además, en el Acta de otra sesión del Ayuntamiento, del mismo 19 de abril de 1810, con motivo del "establecimiento del nuevo gobierno" en la cual se dispuso que los nuevos empleados debían prestar juramento ante el cuerpo prometiendo:

"Guardar, cumplir y ejecutar, y hacer que se guarden, cumplan y ejecuten todas y cualesquiera ordenes que se den *por esta Suprema Autoridad soberana de estas provincias,* a nombre de nuestro rey y señor don Fernando VII"[56].

Se estableció, así, en Caracas, "una Junta Gubernativa de estas provincias, compuesta del Ayuntamiento de esta Capital y de los vocales nombrados por el voto del pueblo"[57], y en un manifiesto donde se hablaba de "la revolución de Caracas" y se refería a "la independencia política de Caracas", la Junta Gubernativa prometió:

"Dar al nuevo gobierno la forma provisional que debe tener, mientras una Constitución aprobada por la *representación nacional legítimamente constituida,* sanciona, consolida y presenta con dignidad política a la faz del universo la provincia de Venezuela organizada, y gobernada de un modo que haga felices a sus habitantes, que pueda servir de ejemplo útil y decoroso a la América"[58].

La Junta Suprema de Venezuela comenzó por asumir en forma provisional, las funciones legislativas y ejecutivas, definiendo en el bando del 25 de abril de 1810, los siguientes órganos del Poder Judicial: "El Tribunal Superior de apelaciones, alzadas y recursos de agravios se establecerá en las casas que antes tenía la audiencia", y el Tribunal de Policía "encargado del fluido vacuno y la administración de justicia en todas las causas civiles y criminales estará a cargo de los corregidores"[59].

[56] Véase el texto en *Idem.,* J. F. BLANCO y R. AZPÚRUA, *op. cit.,* tomo I, pág. 393.

[57] Así se denomina en el manifiesto del 1° de mayo de 1810. Véase en *Textos oficiales..., cit.,* tomo I, pág. 121.

[58] Véase el texto en J. F. BLANCO y R. AZPÚRUA, *op. cit.,* tomo II, pág. 406, y en *Textos oficiales..., cit.,* tomo I, pág. 129.

[59] *Textos oficiales de la Primera República de Venezuela,* tomo I, págs. 115-116.

En todo caso, este movimiento revolucionario iniciado en Caracas en abril de 1810, meses antes de la instalación de las Cortes de Cádiz, indudablemente que siguió los mismos moldes de la Revolución francesa y tuvo además la inspiración de la Revolución norteamericana[60], de manera que incluso, puede considerarse que fue una Revolución de la burguesía, de la nobleza u oligarquía criolla, la cual, al igual que el tercer estado en Francia, constituía la única fuerza activa nacional[61].

No se trató, por tanto, inicialmente, de una revolución popular, pues los pardos, a pesar de constituir la mayoría de la población, apenas comenzaban a ser admitidos en los niveles civiles y sociales como consecuencia de la Cédula de "Gracias, al Sacar", vigente a partir de 1795 y que, con toda la protesta de los blancos, les permitía a aquellos adquirir mediante el pago de una cantidad de dinero, los derechos reservados hasta entonces a los blancos notables[62].

Por ello, teniendo en cuenta la situación social preindependentista, sin duda que puede calificarse de "insólito" el hecho de que en el Ayuntamiento de Caracas, transformado en Junta Suprema, se le hubiera dado representación no solo a estratos sociales extraños al Cabildo, como los representantes del clero y los denominados del pueblo, sino a un representante de los pardos[63].

[60] Véase José Gil Fourtoul, *Historia constitucional de Venezuela,* tomo I, *Obras completas,* vol. I, Caracas, 1953, pág. 209.

[61] *Cf.* José Gil Fortoul, *op. cit.*, tomo I, pág. 200; Pablo Ruggeri Parra, *Historia política y constitucional de Venezuela,* tomo I, Caracas, 1949, pág. 31.

[62] Véase sobre la Real Cédula de 10 de febrero de 1795 sobre "gracias al sacar" en J. F. Blanco y R. Azpúrua, *op. cit.,* tomo I, págs. 263 a 275. *Cf.* Federico Brito Figueroa, *Historia económica y social de Venezuela. Una estructura para su estudio*, tomo I, Caracas, 1966, pág. 167; y L. Vallenilla Lanz, *Cesarismo democrático,* Caracas, 1952, págs. 13 y ss. En este sentido, debe destacarse que en la situación social preindependentista había manifestaciones de luchas de clase entre los blancos o mantuanos que constituían el 20 por ciento 100 de la población y los pardos y negros 61 por ciento, que luego van a aflorar en la rebelión de 1814. *Cf.* F. Brito Figueroa, *op. cit.,* tomo I, págs. 160 y 173. *Cf.* Ramón Díaz Sánchez, "Evolución social de Venezuela (hasta 1960)", en M. Picón Salas y otros, *Venezuela Independiente 1810-1960,* Caracas, 1962, pág. 193.

[63] Véase Gil Fortoul, *op. cit.,* tomo I, págs. 203, 208 y 254. Es de tener en cuenta, como señala A. Grisanti, que "El Cabildo estaba representado por las oligarquías provincianas extremadamente celosas de sus prerrogativas políticas, administrativas y sociales, y que detentaban el Poder por el predominio de contadas familias nobles o ennoblecidas, acaparadoras de los cargos edilicios...". Véase Ángel Grisanti, Prólogo al libro *Toma de razón, 1810 a 1812,* Caracas, 1955. El cambio de actitud del Cabildo caraqueño, por tanto, indudablemente que se debe a la influencia que sus miembros ilustrados recibían del igualitarismo de la Revolución francesa: *Cf.* L. Vallenilla Lanz, *Cesarismo democrático, cit.*, pág. 36. Este autor insiste en relación a esto de la manera siguiente: "Es en nombre de la Enciclopedia, en nombre de la filosofía racionalista, en nombre del optimismo humanitario de Condorcet y de Rousseau como los revolucionarios de 1810 y los constituyentes de 1811, surgidos en su totalidad de las altas clases sociales, decretan la igualdad política y civil de todos los hombres libres" (*op. cit.*, pág. 75).

D) *La Revolución en las otras Provincias de la Capitanía General de Venezuela*

Luego de la Revolución de Caracas del 19 de abril de 1811, la Junta Suprema de Venezuela envió emisarios a las principales ciudades de las otras provincias que integraban la Capitanía General de Venezuela para invitarlas a adherirse al movimiento de Caracas. Se desarrolló, en consecuencia, en todas esas provincias con excepción de Coro y Maracaibo[64], ante la creencia de que la metrópoli estaba gobernada por Napoleón y había sido disuelto el Gobierno Supremo, y un proceso revolucionario provincial con manifiestas tendencias autonomistas, constituyéndose juntas en Cumaná (27 de abril), Barcelona (27 de abril), Margarita (1° de mayo), una Junta Superior de Gobierno y Conservación, en Barinas (5 de mayo), y la Junta Superior de Guayana (11 de mayo)[65].

En particular, el 27 de abril de 1810, en Cumaná, el ayuntamiento asumió la representación de Fernando VII, y "su legítima sucesión".

El 5 de julio de 1810, el Ayuntamiento de Barinas decidió proceder a formar "una Junta Superior que recibiese la autoridad de este pueblo que la constituye mediante ser una provincia separada".

El 16 de septiembre de 1810, el Ayuntamiento de Mérida decidió "en representación del pueblo", adherirse a la causa común que defendían las juntas supremas y superiores que ya se habían constituido en Santa Fe, Caracas, Barinas, Pamplona y Socorro, y resolvió, con representación del pueblo, se erigiese una Junta "que asumiese la autoridad soberana". A la Junta de Mérida se adhirieron, el 11 de octubre, la ciudad de la Grita; el 14 de octubre, la Parroquia de Bailadores; el 21 de octubre, la parroquia de San Antonio del Táchira, y el 28 de octubre, la ciudad de San Cristóbal.

El Ayuntamiento de Trujillo convino en instalar "una Junta Superior conservadora de nuestra Santa Religión, de los derechos de nuestro amadísimo, legítimo, soberano Don Fernando VII y su Dinastía y de los derechos de la Patria"[66].

El 12 de octubre de 1811, en la Sala Consistorial de la Nueva Barcelona se reunieron "las personas visibles y honradas del pueblo de Barcelona" y

[64] Véase las comunicaciones de la Junta Suprema respecto de la actitud del Cabildo de Coro y del Gobernador de Maracaibo, en *Textos oficiales...*, *cit.*, tomo I, págs. 157 a 191. Véase además los textos que publican J. F. Blanco y R. Azpúrua, *op. cit.*, tomo II, pág. 248 a 442, y 474 a 483.

[65] Véase en Daniel Gutiérrez Ardila, *Un Nuevo Reino. Geografía política, pactismo y diplomacia durante el interregno en Nueva Granada (1808-1816)*, Bogotá, Universidad Externado de Colombia, 2010, pág. 211.

[66] Véase Tulio Febres Cordero (Comp.), *Actas de Independencia. Mérida, Trujillo, Táchira en 1810*, Mérida, El Lápiz Ed., 2008.

resolvieron declarar la independencia de la Provincia y unirse con Caracas y Cumaná, creándose al día siguiente, una Junta Provincial para que representara los derechos del pueblo[67].

E) *El Congreso General de Venezuela de 1811*

Como secuela del rápido y expansivo proceso revolucionario de las provincias de Venezuela, ya para junio de 1810 se comenzaba a hablar oficialmente de la "Confederación de Venezuela"[68], y la Junta de Caracas con representantes de Cumaná, Barcelona y Margarita, ya venía actuando como Junta Suprema pero, por supuesto, sin ejercer plenamente el gobierno en toda la extensión territorial de la Capitanía General. De allí la necesidad que había de formar un "poder central bien constituido" es decir, un gobierno que uniera las provincias, por lo que la Junta Suprema estimó que había "llegado el momento de organizarlo" a cuyo efecto, convocó: "A todas las clases de hombres libres al primero de los goces del ciudadano, que es el de concurrir con su voto a la delegación de los derechos personales y reales que existieron originariamente en la masa común".

En esta forma, la Junta llamó a elegir y reunir a los diputados que habían de formar "la Junta General de Diputación de las provincias de Venezuela", para lo cual dictó, el 11 de junio de 1810, el reglamento de elecciones de dicho cuerpo[69], en el cual se previó, además, la abdicación de los poderes de la Junta Suprema en la Junta General, quedando solo como Junta Provincial de Caracas[70]. Este reglamento de elecciones, sin duda, fue el primero de todos los dictados en materia electoral en el mundo hispanoamericano.

El mismo mes en el cual la Junta Suprema dictó el Reglamento de Elecciones, continuando la política exterior iniciada al instalarse, los comisionados Simón Bolívar, Luis López Méndez y Andrés Bello viajaron a Londres con la misión de estrechar relaciones con Inglaterra, y solicitar auxilios inmediatos para resistir la amenaza de Francia. Los comisionados lograron, básicamente, esto último que se concretizó en el compromiso de Inglaterra de defender al gobierno de Caracas "contra los ataques o intrigas del tirano de Francia"[71].

[67] Véase las Actas de la Independencia de las diversas ciudades de la Capitanía General de Venezuela en *Las Constituciones Provinciales,* Academia Nacional de la Historia, 1959, págs. 339 y ss.

[68] Véase la "refutación a los delirios políticos del Cabildo de Coro, de orden de la Junta Suprema de Caracas" de 1° junio 1810 en *Textos oficiales..., op. cit.,* tomo I, pág. 180.

[69] Véase el texto en *Textos oficiales..., op. cit.,* tomo II, págs. 61-84; y en Allan R. Brewer-Carías, *Las Constituciones de Venezuela, op. cit.*, págs. 161 a 169.

[70] Cap. III, art. 4°.

[71] Véase la circular dirigida el 7 de diciembre 1810 por el ministro Colonial de la Gran Bretaña a los jefes de las Antillas Inglesas, en J. F. Blanco y R. Azpúrua, *op. cit.,* tomo II,

Los comisionados venezolanos, como lo señaló Francisco de Miranda con quien se relacionaron en Londres, habían continuado lo que el Precursor había iniciado "desde veinte años a esta parte [...] en favor de nuestra emancipación o independencia"[72]. En todo caso, Bolívar y Miranda regresaron a Caracas en diciembre de 1810.

Paralelamente, en la Península continuaba el proceso para la instalación de las Cortes que había convocado la Junta de Regencia, las cuales se instalaron, finalmente como se dijo, en la Isla de León, el 24 de septiembre de 1810. El decreto 1 de las Cortes de esa fecha, declaró "nula, de ningún valor ni efecto la cesión de la Corona que se dice hecha en favor de Napoleón" y reconocieron a Fernando VII como Rey[73].

En la sesión de instalación de las Cortes en la Isla de León concurrieron 207 diputados, entre ellos 62 americanos, y entre ellos, dos por la Provincia de Caracas, los señores Esteban Palacios y Fermín de Clemente, quienes habían sido designados como suplentes, reclutados en la Península[74]. Debe recordarse que solo quince días antes (8 de setiembre de 1810), el Consejo de Regencia había dictado normas para la elección de esos diputados suplentes.

Los diputados suplentes que habían sido designados por Venezuela pidieron instrucciones a la Junta Suprema de Caracas, la cual respondió, el 1° de febrero de 1811, que consideraba la reunión de las Cortes "tan ilegal como la formación del Consejo de Regencia" y, por tanto, que "los señores Palacios y Clemente carecían de mandato alguno para representar las provincias de Venezuela", por lo que "sus actos como diputados eran y serían considerados nulos[75]. Ya en enero de 1811, la Junta Suprema se había dirigido a los ciudadanos rechazando el nombramiento de tales diputados suplentes, calificando a las Cortes como "las Cortes cómicas de España"[76].

Por su parte, el 1° de agosto de 1810, el Consejo de Regencia había declarado en estado de riguroso bloqueo a la Provincia de Caracas, por haber sus habitantes "Cometido el desacato de declararse *independientes* de la

---

pág. 519. Asimismo, la nota publicada en la *Gaceta de Caracas* del viernes 26 de octubre de 1810 sobre las negociaciones de los comisionados. Véase en J. F. Blanco y R. Azpúrua, *op. cit.,* tomo II, pág. 514.

[72] Véase la carta de Miranda a la Junta Suprema de 3 de agosto 1810 en J. F. Blanco y R. Azpúrua, *op. cit*., tomo II, pág. 580.

[73] *Idem,* tomo II, pág. 657.

[74] *Ibidem,* tomo II, págs. 656. Véase además, Eduardo Roca Roca, *América en el ordenamiento jurídico de las Cortes de Cádiz,* Granada 1986, págs. 22 y 136.

[75] Véase el texto en *Gaceta de Caracas,* martes 5 de febrero de 1811, tomo II, Caracas, 1959, pág. 17. Véase además, C. Parra Pérez, *Historia de la Primera República de Venezuela,* tomo I, Caracas, Biblioteca de la Academia Nacional de la Historia, 1959, pág. 484.

[76] Véase *Textos Oficiales de la Primera República,* Caracas 1959, tomo II, pág. 17.

metrópoli, y creando una junta de gobierno para ejercer la pretendida *autoridad independiente*"[77].

Los acontecimientos de Caracas habían sido los de una auténtica revolución política, con un golpe de Estado dado contra las autoridades españolas por el cabildo metropolitano, el cual había asumido el poder supremo de la provincia, desconociendo toda autoridad en la Península, incluyendo el Consejo de Regencia y las propias Cortes de Cádiz. Estas, como se dijo, se tildaban de ilegítimas y cómicas, rechazándose en ellas toda representación de las provincias de Venezuela, que se pudiera atribuir a cualquiera.

Por ello, la ruptura constitucional derivada de la independencia de Venezuela no solo se había operado de parte de la Junta Suprema de Caracas en relación con la regencia y las Cortes, sino también de parte de las autoridades de la Península respecto del nuevo gobierno de la Provincia de Venezuela, proceso en el cual las Cortes se involucraron directamente. Así fue que, por ejemplo, las Cortes "premiaron" a las provincias de la antigua Capitanía General de Venezuela que no se habían sumado al movimiento independentista (Maracaibo, Coro, Guayana). Por ello, mediante el decreto CXXXIII de 6 de febrero de 1812, las Cortes concedieron a la ciudad de Guayana el adorno de su escudo de armas con trofeos de cañones, balas, fusiles, bandera y demás insignias militares, como premio por haber apresado a los rebeldes de Nueva Barcelona en la acción del 5 de septiembre de 1811, y por decreto CCXII de 8 de diciembre de 1812 le concedió el título de "muy noble y muy leal", con motivo de los sucesos de Venezuela ocurridos del 15 al 16 de marzo de 1812.

Por su parte, las Cortes distinguieron a la ciudad de Coro, por decreto CCXXXVII de 21 de marzo de 1813, con el título de "muy noble y leal" y escudo alusivo, otorgándose la distinción de "Constancia de Coro" a favor de los capitulares por el comportamiento de la ciudad en las turbulencias que habían "inflingido a varias provincias de Venezuela" y su defensa frente a los insurgentes de Caracas en 28 de noviembre de 1812.

En cuanto a la ciudad de Maracaibo, por decreto CCXXXVIII de 21 de marzo de 1813 recibió el título de "muy noble y leal" por las mismas razones de Coro, otorgándose a los miembros del Ayuntamiento la "Constancia de Maracaibo".

Como se dijo, estos reconocimientos de las Cortes derivaban del hecho de que las provincias de Maracaibo y Guayana y la ciudad de Coro, no se habían sumado a la revolución de Independencia, ni habían integrado el Congreso General que en 1811 sancionó la Constitución Federal para los Estados de Venezuela[78].

[77] Véase en J. F. BLANCO y R. AZPÚRUA, *op. cit.,* tomo II, pág. 571. El bloqueo lo ejecutó el Comisionado Regio Cortabarría desde Puerto Rico, a partir del 21 de enero de 1811. Cfr. en J. F. BLANCO y R. AZPÚRUA, *op. cit.,* tomo III, pág. 8; C. PARRA PÉREZ, *op. cit.,* tomo I, pág. 484.

[78] Véase el texto de los decretos en EDUARDO ROCA ROCA, *América en el ordenamiento jurídico de las Cortes de Cádiz,* Granada 1986, págs. 79-80

En todo caso, en medio de la situación de ruptura total entre las provincias de Venezuela y la Metrópoli, se realizaron las elecciones del Congreso General de Venezuela, en las cuales participaron siete de las nueve provincias que para finales de 1810 existían en el territorio de la Capitanía General de Venezuela[79], habiéndose elegido 44 diputados por las provincias de Caracas (24), Barinas (9), Cumaná (4), Barcelona (3), Mérida (2), Trujillo (1) y Margarita (1)[80].

Las elecciones se efectuaron siguiendo la orientación filosófica del igualitarismo de la Revolución francesa, consagrándose el sufragio universal para todos los hombres libres[81].

El Reglamento General de Elecciones de 10 de junio de 1810 había reconocido el derecho del sufragio, con las siguientes excepciones:

"Las mujeres, los menores de 25 años, a menos que estuviesen casados y velados, los dementes, los sordomudos, los que tuviesen una causa criminal abierta, los fallidos, los deudores a caudales públicos, los extranjeros, los transeúntes, los vagos públicos y notorios, los que hubiesen sufrido pena corporal aflictiva o infamatoria y todos los que tuviesen casa abierta o poblada, esto es, que viviesen en la de otro vecino particular a su salario y expensas o en actual servicio suyo, a menos que según la opinión común del vecindario fuesen propietarios por lo menos de dos mil pesos en bienes, muebles o raíces libres".

En esta forma, puede decirse que dichas elecciones configuraron las primeras elecciones relativamente universales que se desarrollaron en Venezuela y en América Latina, en el siglo XIX. La elección fue indirecta y en dos grados, y los diputados electos en segundo grado formaron la "Junta General de Diputados de las Provincias de Venezuela"[82] la cual declinó sus poderes en un Congreso Nacional en el cual se constituyeron los representantes. El 2 de marzo de 1811, los diputados se instalaron en Congreso Nacional, con el siguiente juramento:

"Juráis a Dios por los sagrados Evangelios que váis a tocar, y prometéis a la patria conservar y defender sus derechos y los del Señor F. VII, sin la menor relación a influjo de la Francia, independiente de toda forma de gobierno de la península de España, y sin otra representación que la que reside en el Congreso General de Venezuela"[83].

[79] Participaron las provincias de Caracas, Barinas, Cumaná, Barcelona, Mérida, Trujillo y Margarita, *Cf.* JOSÉ GIL FORTOUL, *op. cit.,* tomo I, pág. 223. *Cf.* J. F. BLANCO y R. AZPÚRUA, *op. cit.,* tomo II, págs. 413 y 489.

[80] Véase C. PARRA PÉREZ, *Historia de la Primera República de Venezuela*, Caracas, Academia de la Historia, 1959, Tomo I, pág. 477.

[81] Véase en ALLAN R. BREWER-CARÍAS, *Las Constituciones de Venezuela, op. cit.*, pág. 166.

[82] Véase GIL FORTOUL, *op. cit.,* tomo I, pág. 224.

[83] GIL FORTOUL, tomo I, pág. 138

El Congreso se instaló, para defender y conservar además de los derechos de la Patria:

"[Y] los del Señor D. Fernando VII, sin la menor relación o influjo de la Francia, independientes de toda forma de gobierno de la península de España, y sin otra representación que la que reside en el Congreso General de Venezuela"[84].

Desde la instalación del Congreso General se comenzó a hablar en todas las provincias de la "Confederación de las Provincias de Venezuela", las cuales conservaron sus peculiaridades políticas propias, a tal punto que al mes siguiente, en la sesión de 06 de abril de 1812, el Congreso General resolvió exhortar a las "Legislaturas provinciales" que acelerasen la formación de sus respectivas Constituciones[85].

En todo caso, el Congreso había sustituido a la Junta Suprema y había adoptado el principio de la separación de poderes para organizar el nuevo gobierno, designando el 5 de marzo de 1811, a tres ciudadanos para ejercer el Poder Ejecutivo Nacional, turnándose en la presidencia por períodos semanales, y constituyendo, además, una Alta Corte de Justicia.

El 28 de marzo de 1811, el Congreso nombró una comisión para redactar la Constitución de la Provincia de Caracas, la cual debía servir de modelo a las demás provincias de la Confederación. Esta comisión tardó mucho en preparar el proyecto, por lo que algunas provincias, como se indica más adelante, procedieron a dictar las suyas para organizarse políticamente. El 1° de julio de 1811, el Congreso ya había proclamado los Derechos del Pueblo[86], declaración que puede considerarse como la tercera declaración de derechos de rango constitucional en el constitucionalismo moderno.

El 5 de julio de 1811, el Congreso aprobó la Declaración de Independencia, pasando a denominarse la nueva nación, como Confederación Americana de Venezuela[87]; y en los meses siguientes, bajo la inspiración de la Constitución norteamericana y la Declaración francesa de los Derechos del Hombre[88], redactó

[84] *Idem*, tomo II, pág. 16.

[85] Véase *Libro de Actas del Supremo Congreso de Venezuela 1811-1812*, tomo II, Caracas, Biblioteca de la Academia Nacional de la Historia, 1959, pág. 401.

[86] Véase ALLAN R. BREWER-CARÍAS, *Las Constituciones de Venezuela, op. cit.*, págs. 175 a 177.

[87] Véase el texto de las sesiones del 5 de julio de 1811 en *Libro de Actas..., cit.*, págs. 171 a 202. Véase el texto del Acta de la Declaración de la Independencia, cuya formación se encomendó a Juan Germán Roscio, en P. RUGGERI PARRA, *op. cit.*, apéndice, tomo I, págs. 79 y ss. Asimismo en FRANCISCO GONZÁLEZ GUINÁN, *Historia contemporánea de Venezuela*, Caracas, 1954, tomo I, págs. 26 y ss.; y en ALLAN R. BREWER-CARÍAS, *Las Constituciones de Venezuela, cit.*, págs. 171 y ss.

[88] *Cf.* JOSÉ GIL FORTOUL, *op. cit.*, tomo I, págs. 254 y 267.

la primera Constitución de Venezuela y la de todos los países latinoamericanos, la cual se aprobó el 21 de diciembre de 1811[89], con clara inspiración en los aportes revolucionarios de Norteamérica y Francia.

En cuanto a la influencia francesa, debe recordarse que el texto traducido de la Declaración de los Derechos del Hombre y del Ciudadano en la versión de la Constitución francesa de 1793, era el que había sido motor fundamental de la conspiración de Gual y España de 1797[90]. Por lo que respecta a la influencia de Norteamérica, la Constitución de 1787 y las Enmiendas de 1789, habían sido traducidas del inglés al español en 1810 por Joseph Manuel Villavicencio[91] natural de la Provincia de Caracas. Además, las obras de Thomas Paine, conocidas por la elite venezolana, habían sido traducidas y publicadas numerosas veces desde 1810 en Venezuela, Perú y en Filadelfia, desde donde se distribuyeron copiosamente por los restantes países de América Latina. Una de las más importantes obras de Paine fue la que tradujo Manuel García de Sena, titulada *La Independencia de la Costa Firme justificada por Thomas Paine treinta años ha. Extracto de sus obras,* publicada en 1811 en la imprenta que T. y J. Palmer tenían en Filadelfia. Este libro, de 288 páginas, contiene fragmentos de las obras de Paine *De Common Sense, De Disertation on the First-Principles of Government* y otras, y además los siguientes textos legales norteamericanos: Declaración de Independencia de 4 de julio de 1776; Artículos de Confederación y Perpetua Unión de 8 de julio de 1778, Constitución de Massachussets, Relación de la Constitución de Connecticut, Constitución de Nueva Jersey, Constitución de la República de Pennsylvania y la Constitución de Virginia[92]. Esta obra, también traducida en 1810, llevó una dedicatoria del propio García de Sena, la cual tenía el propósito de "ilustrar principalmente a sus conciudadanos sobre la legitimidad de la Independencia y sobre el beneficio que de ella debe desprenderse, tomando como base la situación social, política y económica de los Estados Unidos[93]. En 1811 García de Sena también

[89] Véase el texto de la Constitución de 1811, en *La Constitución Federal de Venezuela de 1811 y documentos afines* (Estudio preliminar de C. Parra Pérez), Caracas, 1959, págs. 151 y ss., y en Allan R. Brewer-Carías, *Las Constituciones de Venezuela, cit.*, págs. 179 y ss.

[90] Véase las referencias en el libro de Pedro Grases, *La conspiración de Gual y España y el ideario de la Independencia*, Caracas 1978.

[91] *Constitución de los Estados Unidos de América*, Philadelphia, Imprenta Smiht & M'Kennie, 1810.

[92] Una moderna edición de esta obra es *La Independencia de la Costa Firme, justificada por Thomas Paine*, traducido del inglés al español por don Manuel García de Sena, con prólogo del profesor Pedro Grases, Comité de Orígenes de la Emancipación, núm. 5, Instituto Panamericano de Geografía e Historia, Caracas, 1949.

[93] *Ibidem,* en el prólogo de Grases, pág. 10. Grases subraya con mucha atingencia el fenómeno de difusión de las nuevas ideas hechas desde Venezuela. Cuando se realice una investigación tan acuciosa en otros países, podrá comprenderse mejor el fenómeno. No

tradujo la obra de John M'Culloch, *Historia concisa de los Estados Unidos desde el descubrimiento de América hasta el año 1807*[94].

Estas obras tuvieron enorme repercusión en Venezuela y en América Latina en general[95]. En Caracas, en los tiempos de la Independencia, circulaban de mano en mano, siendo su lectura de moda. Incluso, en la *Gazeta de Caracas,* en los números de los días 14 y 17 de enero de 1812, se publicó parte del libro de García de Sena contentivo de la traducción de la obra de Paine[96].

Fue precisamente por medio de esas traducciones de Picornell, de Villavicencio y de García de Sena, como los textos producto de las Revoluciones americana y francesa penetraron en Venezuela e influenciaron directamente en los redactores de las Constituciones Provinciales en Venezuela y la Constitución de 1811[97].

2. Las constituciones provinciales anteriores a la Constitución federal de diciembre de 1811

Mientras el Congreso General funcionaba en Caracas y antes de la sanción de la Constitución Federal de diciembre de 1811, en varias de las provincias

hay duda, como lo hemos asentado en otras páginas, que las Gacetas hispanoamericanas, principalmente la de Caracas, esparcieron por toda América buena parte de los modernos principios. De otra obra de Paine existe una traducción por Santiago Felipe Puglia, a quien tanto se debe en la difusión de obras de carácter político; esta es la siguiente: Thomas Paine. *El derecho del hombre para el uso y provecho del género humano,* traducido del inglés por Santiago Felipe Puglia, Imprenta de H. C. Carey e Hijos, Filadelfia, 1822. En ella Paine hace una glosa de varios de los principios constitucionales norteamericanos y de su teoría política y filosófica. Numerosas ideas que después van a encontrarse expresadas en la Constitución de 1814 aparecen señaladas en este estudio.

[94] Editada en Philadelphia en la misma imprenta de T. Y. J. Palmer, 1812.

[95] *Cf.* en general, Pedro Grases, *Libros y libertad,* Caracas, 1974 y "Traducción de interés político cultural en la época de la Independencia de Venezuela" en *El movimiento emancipador de Hispano América, Actas y ponencias,* Caracas, Academia Nacional de la Historia, 1961, tomo II, págs. 105 y ss.; Ernesto de la Torre Villas y Jorge Mario Laguardia, *Desarrollo histórico del constitucionalismo hispanoamericano,* México, UNAM, 1976, págs. 38-39.

[96] Véase Pedro Grases "Manuel García de Sena y la Independencia de Hispanoamérica" en la edición del libro de García de Sena, que realizó el Ministerio de Relaciones Interiores, Caracas 1987, pág. 39.

[97] Véase *La independencia y el Estado constitucional en Venezuela, como obra de civiles (19 de abril de 1811, 5 de julio de 1811, 2 de diciembre de 1811),* Allan R. Brewer-Carías, Enrique Viloria Vera y Asdrúbal Aguiar (Coord.), Cátedra Mezerhane sobre Democracia, Estado de Derecho y Derechos Humanos, Colección Anales núm. 2, Miami, Ediciones EJV International, 2018; 1ª reimp., Colección Cuadernos de la Cátedra Fundacional Charles Brewer Maucó sobre Historia del Derecho en Venezuela, Caracas, Universidad Católica Andrés Bello, Editorial Jurídica Venezolana, 2018.

de la antigua Capitanía General de Venezuela conforme al llamado a la independencia, se comenzaron a desarrollar procesos constituyentes llegándose incluso a sancionar sendas Constituciones provinciales, como ocurrió en las provincias de Barinas, Mérida y Trujillo[98]. Otras Provincias dictarían sus Constituciones con posterioridad, en 1812, como ocurrió en Barcelona y en Caracas[99].

Estas Constituciones provinciales de las provincias de Venezuela, al igual de las que se sancionaron en las provincias de la Nueva Granada, tienen suma importancia porque formaron el segundo grupo de Constituciones provinciales que se sancionaban en la historia del constitucionalismo moderno, después de las que se habían adoptado en 1776 en las trece antiguas colonias inglesas en Norteamérica y que luego formaron los Estados Unidos de América, y que fueron las Constituciones o formas de gobierno de New Hampshire, Virginia, South Carolina, New Jersey Rhode Island, Connecticut, Maryland, Virginia, Delaware, New York y Massachusetts[100].

En la Provincia de Caracas, aun cuando la Constitución provincial se sancionó un mes después de la sanción de la Constitución Federal de 21 de diciembre de 1811, en julio de 1811 se sancionó la ya mencionada e importante Declaración de derechos del pueblo que también hay que destacar.

A) *El Plan de Gobierno Provisional de la Provincia de Barinas de 26 de marzo de 1811*

El 26 de marzo de 1811, habiendo transcurrido veinticuatro días de la instalación del Congreso General, y cuatro días antes del nombramiento de la Comisión para la redacción de lo que sería el modelo de las Constituciones provinciales, la Asamblea Provincial de Barinas adoptó un "Plan de Gobierno"[101]

[98] Véase en general, CARLOS RESTREPO PIEDRAHITA, *Primeras Constituciones de Colombia y Venezuela 1811-1830,* Bogotá, Universidad Externado de Colombia, 1996, págs. 37 y ss.

[99] Véase el libro *Las Constituciones Provinciales* (Estudio preliminar por ÁNGEL FRANCISCO BICE), Biblioteca de la Academia Nacional de la Historia,1959; ALLAN R. BREWER-CARÍAS, *Historia constitucional de Venezuela*, tomo I, Caracas, Editorial Alfa, 2008, págs. 239 ss.

[100] El texto de casi todas estas Constituciones se conocía en Caracas a partir de 1810 por la traducción que hizo MANUEL GARCÍA DE SENA, en la obra *La Independencia de la Costa Firme, justificada por Thomas Paine treinta años ha*, editada en Filadelfia en 1810. Véase la edición, con prólogo de PEDRO GRASES, del Comité de Orígenes de la Emancipación, núm. 5, Caracas, Instituto Panamericano de Geografía e Historia, 1949. El texto de la Constitución de los Estados Unidos de América también se conocía por la traducción contenida en dicho libro, y por la que hizo JOSEPH MANUEL VILLAVICENCIO, *Constitución de los Estados Unidos de América*, Filadelfia, Imprenta Smith & M'Kennie, 1810.

[101] Véase *Las Constituciones Provinciales* ("Estudio preliminar" de ÁNGEL FRANCISCO BRICE), Caracas, Academia Nacional de la Historia, 1959, págs. 334 y ss.

de 17 artículos, conforme al cual se constituyó una Junta Provincial o Gobierno Superior compuesto por cinco miembros a cargo de toda la autoridad en la Provincia, hasta que el Congreso de todas las provincias venezolanas dictase la Constitución Nacional (art. 17).

En este Plan de Gobierno, sin embargo, no se estableció una adecuada separación de poderes en cuanto al poder judicial, que se continuó atribuyendo al cabildo al cual se confió, además, la atención de los asuntos municipales (art. 4°). En el Plan se regularon las competencias del cabildo en materia judicial, como tribunal de alzada respecto de las decisiones de los juzgados subalternos (art. 6°). Las decisiones del Cuerpo Municipal podían ser llevadas a la Junta Provincial por vía de súplica (art. 8°).

B) *La Constitución provisional de la Provincia de Mérida de 31 de julio de 1811*

En Mérida, el Colegio Electoral formado con los representantes de los pueblos de los ocho partidos capitulares de la Provincia (Mérida, La Grita y San Cristóbal y de las Villas de San Antonio, Bailadores, Lobatera, Ejido y Timotes), adoptó una "Constitución provisional que debe regir esta Provincia, hasta que, con vista de la General de la Confederación, pueda hacerse una perpetua que asegure la felicidad de la provincia"[102].

El texto de esta Constitución, con 148 artículos, se dividió en doce capítulos, en los cuales se reguló lo siguiente:

En el *Primer capítulo*, se dispuso la forma de "gobierno federativo por el que se han decidido todas las provincias de Venezuela" (art. 1°), atribuyéndose la legítima representación provincial al Colegio Electoral, representante de los pueblos de la Provincia (art. 2°). Para la organización del gobierno este se dividió en tres poderes: legislativo, ejecutivo y judicial, correspondiendo el primero al Colegio Electoral; el segundo a un cuerpo de cinco individuos encargados de las funciones ejecutivas, y el tercero a los tribunales de justicia de la Provincia (art. 3°). La Constitución declaró, además, que "Reservándose esta Provincia la plenitud del Poder Provincial para todo lo que toca a su gobierno, régimen y administración interior, deja en favor del Congreso General de Venezuela aquellas prerrogativas y derechos que versan sobre la totalidad de las provincias confederadas, conforme al plan que adopte el mismo Congreso en su Constitución General" (art. 6°).

En el *Segundo capítulo* se reguló la religión católica, apostólica y romana como religión de la Provincia (art. 1°), prohibiéndose otro culto público

[102] *Idem,* págs. 253-294. Véase sobre esta Constitución los comentarios en el libro: *Actas de Independencia. Mérida, Trujillo y Táchira en 1810*, halladas y publicadas por Tulio Febres Cordero, 450 Años de la Fundación de Mérida, 1558-2008, Mérida, 2007.

o privado (art. 2°). Se precisó, en todo caso, que "la potestad temporal no conocerá en las materias del culto y puramente eclesiásticas, ni la potestad espiritual en las puramente civiles, sino que cada una se contendrá dentro de sus límites" (art. 4°).

En el *Tercer capítulo* se reguló el Colegio Electoral, como "legítima representación Provincial" con poderes constituyentes y legislativos provinciales (arts. 1°, 2° y 35); su composición por ocho electores (art. 3°) y la forma de la elección de los mismos, por sistema indirecto (arts. 3° a 31), señalándose que se debía exigir a los que fueran a votar, que "depongan toda pasión e interés, amistad, etc., y escojan sujetos de probidad, de la posible instrucción y buena opinión pública" (art. 10). Entre las funciones del Colegio Electoral estaba el "residenciar a todos los funcionarios públicos luego que terminen en el ejercicio de su autoridad" (art. 36).

En el *Cuarto capítulo* se reguló al poder ejecutivo, compuesto por cinco individuos (art. 1°), en lo posible escogidos de vecinos de todas las poblaciones de la provincia y no solo de la capital (art. 2°); con término de un año (art. 3°); sin reelección (art. 4°). En este capítulo se regularon las competencias del poder ejecutivo (arts. 14 a 16) y se prohibió que "tomara parte ni se introdujera en las funciones de la administración de justicia" (art. 20). Se precisó, además, que la Fuerza Armada estaría "a disposición del poder ejecutivo" (art. 23), correspondiéndole además "la general intendencia de los ramos Militar, Político y de Hacienda" (art. 24).

El *Capítulo quinto* de la Constitución provisional de la Provincia de Mérida, dedicado al poder judicial, comenzó señalando que "No es otra cosa el poder judicial que la autoridad de examinar las disputas que se ofrecen entre los ciudadanos, aclarar sus derechos, oír sus quejas y aplicar las leyes a los casos ocurrentes" (art. 1°); atribuyéndose el mismo a todos los jueces superiores e inferiores de la Provincia, y particularmente al Supremo Tribunal de apelaciones de la misma (art. 2°), compuesto por tres individuos, abogados recibidos (art. 3°). En el capítulo se regularon, además, algunos principios de procedimiento y las competencias de los diversos tribunales (arts. 4° a 14).

En el *Capítulo sexto* se reguló el "jefe de las armas" atribuyéndose a un gobernador militar y comandante general de las armas sujeto inmediatamente al poder ejecutivo, pero nombrado por el Colegio Electoral (art. 1°) y a quien correspondía "la defensa de la Provincia" (art. 4°). Se regularon, además, los empleos de gobernador político e intendente, reunidos en el gobernador militar para evitar sueldos (art. 6°), con funciones jurisdiccionales (arts. 7° a 10), teniendo el gobernador político el carácter de presidente de los cabildos (art. 11) y de juez de paz (art. 12).

El *Capítulo séptimo* se destinó a regular "los cabildos y jueces inferiores"; se atribuyó a los cabildos, la "policía" (art. 2°); y se definieron las competencias municipales, englobadas en el concepto de policía (art. 3°). Se reguló la administración de justicia a cargo de los alcaldes de las ciudades y villas (art. 4º), con apelación ante el Tribunal Superior de Apelaciones (art. 5º).

En el *Capítulo octavo* se reguló la figura del "juez consular", nombrado por los comerciantes y hacendados (art. 1º), con la competencia de conocer los asuntos de comercio y sus anexos con arreglo a las Ordenanzas del consulado de Caracas (art. 3º) y apelación ante el Tribunal Superior de Apelación (art. 4º).

En el *Capítulo noveno* se reguló la "milicia," estableciéndose la obligación de toda persona de defender a la Patria cuando esta fuera atacada, aunque no se le pague sueldo (art. 2º).

El *Capítulo décimo* reguló el "erario público", como "el fondo formado por las contribuciones de los ciudadanos destinado para la defensa y seguridad de la Patria, para la sustentación de los ministros y del culto divino y de los empleados de la administración de justicia, y en la colectación y custodia de las mismas contribuciones y para las obras de utilidad común" (art. 1º). Se estableció también el principio de legalidad tributaria al señalarse que "toda contribución debe ser por utilidad común y solo el Colegio Electoral las puede poner" (art. 3º), y la obligación de contribuir al indicarse que "ningún ciudadano puede negarse a satisfacer las contribuciones impuestas por el gobierno" (art. 4º).

El *Capítulo undécimo* estaba destinado a regular "los derechos y obligaciones del hombre en sociedad", los cuales también se regulan en el *Capítulo duodécimo y último* que contiene "disposiciones generales".

Esta declaración de derechos, dictada después de que el 1º de julio del mismo año 1811 la Sección Legislativa del Congreso General para la Provincia de Caracas hubiera emitido la *Declaración de Derechos del Pueblo,* siguió las mismas líneas de esta, conforme al libro *Derechos del Hombre y del Ciudadano con varias máximas republicanas y un discurso preliminar dirigido a los americanos* atribuido a PICORNELL, y que circuló en la Provincia con motivo de la Conspiración de Gual y España de 1797[103].

C) *El Plan de Constitución Provisional Gubernativo de la Provincia de Trujillo de 2 de septiembre de 1811*

Los representantes diputados de los distintos pueblos, villas y parroquias de la Provincia de Trujillo, reunidos en la Sala Constitucional aprobaron un "Plan de Constitución Provincial Gubernativo"[104] el 2 de septiembre de 1811, que constaba de 9 títulos y 63 artículos, en la siguiente forma:

[103] Véase la comparación en PEDRO GRASES, *La Conspiración de Gual y España y el Ideario de la Independencia,* Caracas, 1978, págs. 71 y ss.

[104] Véase *Las Constituciones Provinciales*, cit., págs. 297-320. Véase sobre esta Constitución los comentarios en el libro: *Actas de Independencia. Mérida, Trujillo y Táchira en 1810,* halladas y publicadas por TULIO FEBRES CORDERO, 450 Años de la Fundación de Mérida, 1558-2008, Mérida, 2007.

El *Primer título* estaba dedicado a la religión católica, como religión de la Provincia, destacándose, sin embargo, la separación entre el poder temporal y el poder eclesiástico.

El *Título segundo* reguló el "poder provincial", representado por el Colegio de Electores, electos por los pueblos. Este Colegio Electoral se reguló como poder constituyente y a él correspondía residenciar a todos los miembros del Cuerpo Superior del Gobierno.

El *Título tercero* reguló la "forma de gobierno", estableciéndose que la representación legítima de toda la Provincia residía en el prenombrado Colegio Electoral, y que el Gobierno particular de la misma residía en dos cuerpos: el Cuerpo Superior de Gobierno y el municipal o cabildo.

El *Título cuarto* reguló, en particular, el "Cuerpo Superior de Gobierno", integrado por cinco vecinos, al cual se atribuyeron funciones ejecutivas de gobierno y administración.

El *Título quinto*, reguló el "Cuerpo Municipal o de Cabildo" como cuerpo subalterno, integrado por cinco individuos: dos alcaldes ordinarios, dos magistrados (uno de ellos juez de policía y otro como juez de vigilancia pública), y un síndico personero.

El *Título sexto*, relativo al "Tribunal de apelaciones", atribuyó al Cuerpo Superior de Gobierno el carácter de tribunal de alzada.

El *Título séptimo* reguló las "milicias", a cargo de un gobernador y comandante general de las armas de la Provincia, nombrado por el Colegio Electoral, pero sujeto inmediatamente al Cuerpo Superior de Gobierno.

El *Título octavo*, reguló el juramento que deben prestar los diversos funcionarios, y el *Título Noveno*, relativo a los "establecimientos generales", reguló algunos de los derechos de los ciudadanos.

D) *Declaración de Derechos del Pueblo en la Provincia de Caracas de 1° de julio de 1811*

Por acuerdo del Congreso General de las Provincias de Venezuela, el 1° de junio de 1811 se instaló en Caracas en la misma sede del Congreso, la llamada "Sección Legislativa de la Provincia de Caracas." Para ese momento, menos la Provincia de Caracas, todas las provincias que habían formado la Capitanía General de Venezuela se habían sumado al proceso independentista y tenían sus propias legislaturas. Por ello, por residir en su capital el Congreso General, y dada la necesidad de que la Provincia tuviera su propia Asamblea Legislativa para que, entre otros aspectos se "declaren los derechos del ciudadano", el Congreso General precisamente decretó que se formara una "sección legislativa" del Congreso para la Provincia, compuesta de los diputados de la Provincia que se hallaban en el Congreso[105].

[105] Véase P. Grases, *La Conspiración de Gual y España y el Ideario de la Independencia*, Caracas, 1978, pág. 81, nota 3.

Instalada esta sección legislativa, materialmente el primer acto que adoptó el 1° de julio de 1811 fue la declaración de "Derechos del Pueblo"[106], considerada por Pedro Grases, como "la declaración filosófica de la Independencia"[107]. La redacción del texto se debe a Juan Germán Roscio, quien para ello debió haber usado la edición del libro de Juan Bautista Mariano Picornell y Gomilla, *Derechos del Hombre y del Ciudadano con varias máximas republicanas y un discurso preliminar dirigido a los americanos* que circuló en Caracas en 1797, a raíz de la conspiración de Gual y España, y que apareció publicado de nuevo en Caracas en 1811, en la Imprenta de J. Baillio[108].

El texto de esta importante Declaración contiene 43 artículos divididos en cuatro secciones: "Soberanía del pueblo", "Derechos del hombre en sociedad", "Deberes del hombre en sociedad", y "Deberes del cuerpo social", precedidos de un *Preámbulo* [109]. En términos generales los derechos declarados en el documento fueron los siguientes:

Sección primera: Soberanía del pueblo. La soberanía (arts. 1°-3°); usurpación de la soberanía (art. 4°); temporalidad de los empleos públicos (art. 5°); proscripción de la impunidad y castigo de los delitos de los representantes (art. 6°); igualdad ante la ley (art. 7°).

Sección segunda: Derechos del Hombre en Sociedad. Fin de la sociedad y el gobierno (art. 1°); derechos del hombre (art. 2°); la ley como expresión de la voluntad general (art. 3°); libertad de expresión del pensamiento (art.

[106] Véase el texto en Allan R. Brewer-Carías, *Las Constituciones de Venezuela, op. cit,* tomo I, págs. 549-551.

[107] Véase P. Grases, *La Conspiración de Gual y España...,* cit., pág. 81. En otra obra dice Grases que la declaración "Constituye una verdadera declaración de independencia, anticipada al 5 de julio". Véase en Pedro Grases, "Estudio sobre los 'Derechos del Hombre y del Ciudadano'", en el libro *Derechos del Hombre y del Ciudadano* (Estudio preliminar por Pablo Ruggeri Parra y Estudio histórico-crítico por Pedro Grases), Caracas, Academia Nacional de la Historia, 1959, pág. 165. La que usó Roscio fue básicamente la edición del libro de Picornell que apareció publicado de nuevo en Caracas en 1811, en la Imprenta de J. Baillio.

[108] Pedro Grases catalogó este libro como "digno candidato a 'primer libro venezolano'". Véase en Pedro Grases, "Estudio sobre los 'Derechos del Hombre y del Ciudadano'," en el libro *Derechos del Hombre y del Ciudadano* (Estudio preliminar por Pablo Ruggeri Parra y Estudio histórico-crítico por Pedro Grases), Caracas, Academia Nacional de la Historia, 1959, pág. 162.

[109] Véase Allan R. Brewer-Carías, *Las Constituciones de Venezuela, op. cit.,* tomo I, págs. 549-551. Véase las referencias en el libro de Pedro Grases, *La conspiración de Gual y España y el ideario de la Independencia,* Caracas, 1978. Véase sobre esta declaración: Allan R. Brewer-Carías, *Las declaraciones de derechos del pueblo y del hombre de 1811 (Bicentenario de la Declaración de "Derechos del Pueblo" de 1° de julio de 1811 y de la "Declaración de Derechos del Hombre" contenida en la Constitución Federal de los Estados de Venezuela de 21 de diciembre de 1811)* (Prólogo de Román José Duque Corredor), Caracas, Academia de Ciencias Políticas y Sociales, 2011.

4°); objetivo de la ley (art. 5°); obediencia de la ley (art. 6°); derecho a la participación política (art. 7°); derecho al sufragio (arts. 8°-10); debido proceso (art. 11°); proscripción de actos arbitrarios, responsabilidad funcionarial, y protección ciudadana (arts. 12-14); presunción de inocencia (art. 15); derecho a ser oído (art. 16); proporcionalidad de las penas (art. 17); seguridad (art. 18); propiedad (art. 19); libertad de trabajo e industria (art. 20); garantía de la propiedad y contribuciones solo mediante representantes (art. 21); derecho de petición (art. 22); derecho a resistencia (art. 23); inviolabilidad del hogar (art. 24), y derechos de los extranjeros (arts. 25-27).

Sección tercera: Deberes del Hombre en Sociedad. Los límites a los derechos de otros (art. 1°); deberes de los ciudadanos (art. 2°); el enemigo de la sociedad (art. 3°); el buen ciudadano (art. 4°) y el hombre de bien (art. 5°).

Sección cuarta: Deberes del cuerpo social: La garantía social (art. 1°); límites de los poderes y responsabilidad funcionarial (art. 2°); seguridad social y socorros públicos (art. 3°); instrucción pública (art. 4°).

Este texto, como se dijo, está básica y directamente inspirado en los textos franceses comenzando con la *Déclaration des Droits de l'Homme et du Citoyen* votada por la Asamblea Nacional Francesa los días 20-26 de agosto de 1789; aun cuando la mayor influencia para su redacción procede del texto de la Declaración que precede la Constitución Francesa de 1793 conforme al texto publicado en español como *Derechos del Hombre y del Ciudadano con varias máximas republicanas, y un discurso preliminar dirigido a los americanos* de 1797, vinculado a la Conspiración de Gual y España[110]. En adición, sin embargo, también se puede encontrar la influencia directa del texto de la *Déclaration des Droits et Devoirs de l'Homme et du Citoyen* que precede el texto de la Constitución de 1795[111], particularmente en la sección de los Deberes del Hombre en Sociedad.

Por otra parte, el orden dado a los artículos y la sistematización de la Declaración de 1811, fue distinta a los textos franceses; siendo la subdivisión de su articulado en cuatro secciones original del texto venezolano de 1811, en algún caso inspirada en los trabajos de WILLIAM BURKE, como por ejemplo el título de la sección sobre "Derechos del hombre en Sociedad"[112]. En todo caso, las Declaraciones francesa de 1789 y de 1793 no tenían subdivisiones,

[110] Véase P. GRASES, *La Conspiración...*, cit., pág. 147. En dicha obra puede consultarse el texto del Documento, comparándolo con el de la Declaración de 1811 y la Constitución de 1811. Igualmente en PEDRO GRASES, "Estudio sobre los 'Derechos del Hombre y del Ciudadano'", en el libro *Derechos del Hombre y del Ciudadano* (Estudio preliminar por PABLO RUGGERI PARRA y Estudio histórico-crítico por PEDRO GRASES), Caracas, Academia Nacional de la Historia, 1959, págs. 168 ss.

[111] Véase los textos en J. M. ROBERTS y J. HARDMAN, *French Revolution Documents,* Oxford, 1973, 2 vols.

[112] WILLIAM BURKE utilizó en uno de sus escritos en la *Gaceta de Caracas* en 1811, la expresión "Derechos del hombre en sociedad" que recogió la Declaración de 1811. Véase en

y solo fue en la Declaración de 1795 en la cual se incluyó una subdivisión en dos secciones: Deberes y Derechos.

Una observación adicional debe formularse y es que, si bien la influencia fundamental en la redacción de la Declaración de 1° de julio de 1811 provino del texto de las Declaraciones francesas, ello no ocurrió con el propio *título* del documento que no se refiere a los "Derechos del Hombre y del Ciudadano," sino a los "Derechos del Pueblo", expresión que no se encuentra en los textos franceses. Esta expresión (traducción de la expresión *people* en inglés) en realidad, puede decirse que proviene de los textos firmados por William Burke publicados en la *Gaceta de Caracas* en 1811 y de Thomas Paine traducidos en el libro de Manuel García de Sena, igualmente en 1811.

En los trabajos firmados por William Burke, recogidos luego en el libro *Derechos de la América del Sur y México,* al argumentarse sobre los derechos del hombre en la Constitución norteamericana también se utilizó constantemente la expresión "derechos del pueblo,"[113] refiriendo que "El pueblo es, en todos los tiempos, el verdadero y legítimo soberano. En él residen y de él traen su origen todos los elementos de supremacía"[114]. Refiriéndose a las constituciones de los Estados Unidos, indicó que "declaran positiva y particularmente, que la soberanía reside esencial y constantemente en el pueblo"; que "por medio del sistema de *representación* asegura el pueblo real y eficientemente su derecho de soberanía; [...] principio que forma la principal distinción entre los gobiernos autoritarios y libres, tanto que se puede decir que el pueblo goza de libertad a proporción del uso que hace de la representación"[115].

Por otra parte, en el libro de García de Sena con la traducción de la obra de Paine, *La Independencia de la Costa Firme justificada por Thomas Paine treinta años ha,* la expresión "derechos del pueblo" también fue utilizada por Paine en su argumentación destinada a distinguir las dos formas de gobierno posibles: "el gobierno por sucesión hereditaria" y "el gobierno por elección y representación", y que optando por el representativo basado en la soberanía del pueblo, argumentó lo siguiente:

"Las Revoluciones que se van extendiendo ahora en el Mundo tienen su origen en el estado de este caso; la presente guerra es un conflicto entre el sistema representativo fundado en los derechos del pueblo, y el hereditario, fundado en la usurpación"[116].

William Burke, *Derechos de la América del Sur y México,* Caracas, Academia Nacional de la Historia, 1959, vol. I, pág. 107.

[113] Véase, William Burke, *Derechos de la América del Sur y México, op. cit,* vol. I, págs. 118, 123, 127,141, 157,162,182, 202, 205, 241.

[114] *Idem*, pág. 113.

[115] *Idem*, págs. 119, 120.

[116] Expresado por Paine en su Disertación sobre los primeros principios del gobierno que escribió en los tiempos de la Revolución francesa. Véase en Manuel García de Sena,

Seguía su argumentación PAINE indicando que "El carácter de las Revoluciones del día se distingue muy definitivamente por fundarse en el sistema del gobierno representativo en oposición al hereditario. Ninguna otra distinción abraza más completamente sus principios" y concluía señalando que: "El sistema representativo es la invención del Mundo moderno"[117]. Además, al referirse al gobierno representativo, PAINE lo identificaba como aquel en el cual el poder soberano estaba en el Pueblo. Partía para ello de la siguiente consideración:

"Todo gobierno (sea cual fuere su forma) contiene dentro de sí mismo un principio común a todos, que es el de un poder soberano, o un poder sobre el cual no hay autoridad alguna, y que gobierna a todos los otros [...] En las monarquías despóticas [ese poder] está colocado en una sola persona, o Soberano; [...] en las Repúblicas semejantes a la que se halla establecida en América, el poder soberano, o el poder sobre el cual no hay otra autoridad, y que gobierna a todos los demás, está donde la naturaleza lo ha colocado, en el Pueblo; porque el Pueblo en América es el origen del poder. Él está allí como un principio de derecho reconocido en las Constituciones del país, y el ejercicio de él es constitucional y legal. Esta Soberanía es ejercitada eligiendo y diputando un cierto número de personas para representar y obrar por él todo, las cuales no obrando con rectitud, pueden ser depuestas por el mismo poder que las colocó allí, y ser otras elegidas y diputadas en su lugar"[118].

De estos conceptos de PAINE, que sin duda influyeron en la concepción de la *Declaración de los Derechos del Pueblo* de 1811, se comprende porqué la misma se inicia en la Sección primera con las previsiones sobre la soberanía como poder que radica en el pueblo, el cual la ejerce mediante representantes, apartándose así del orden de las Declaraciones francesas donde los artículos sobre la soberanía no están al inicio de las mismas.

3. LA CONSTITUCIÓN FEDERAL PARA LAS PROVINCIAS DE VENEZUELA DE 21 DE DICIEMBRE DE 1811 Y EL INICIO DE LA "ERA COLOMBIANA" EN AMÉRICA

A) *La elección del Congreso General de Venezuela y la Constitución Federal de 1811*

Como se dijo, a las pocas semanas de que la Junta Suprema de Caracas asumió el poder supremo, el 10 de junio de 1810 dictó el Reglamento Gene-

La Independencia de Costa Firme justificada por Thomas Paine treinta años ha, Caracas, Edición del Ministerio de Relaciones Exteriores,1987, pág. 90. La expresión también la utilizo en otros Discursos, págs. 111, 112.

117 *Idem,* pág. 90.

118 *Idem,* págs. 118, 119.

ral de Elecciones para constituir el Congreso de las Provincias de Venezuela, reconociendo el derecho del sufragio, con las siguientes excepciones:

"Las mujeres, los menores de 25 años, a menos que estuviesen casados y velados, los dementes, los sordomudos, los que tuviesen una causa criminal abierta, los fallidos, los deudores a caudales públicos, los extranjeros, los transeúntes, los vagos públicos y notorios, los que hubiesen sufrido pena corporal aflictiva o infamatoria y todos los que tuviesen casa abierta o poblada, esto es, que viviesen en la de otro vecino particular a su salario y expensas o en actual servicio suyo, a menos que según la opinión común del vecindario fuesen propietarios por lo menos de dos mil pesos en bienes, muebles o raíces libres".

En esta forma, puede decirse que dichas elecciones configuraron las primeras elecciones relativamente universales que se desarrollaron en Venezuela y en América Latina en el siglo XIX. La elección fue indirecta y en dos grados, y los diputados electos en segundo grado formaron la Junta General de Diputados de las Provincias de Venezuela[119], que declinó sus poderes en un Congreso Nacional en el cual se constituyeron los representantes. El 2 de marzo de 1811, los diputados se instalaron en Congreso Nacional, con el siguiente juramento:

"Juráis a Dios por los sagrados Evangelios que váis a tocar, y prometéis a la patria conservar y defender sus derechos y los del Señor F. VII, sin la menor relación a influjo de la Francia, independiente de toda forma de gobierno de la península de España, y sin otra representación que la que reside en el Congreso General de Venezuela"[120].

Desde la instalación del Congreso General en todas las Provincias se comenzó a hablar sobre la "Confederación de las Provincias de Venezuela", las cuales conservaron sus peculiaridades políticas propias, a tal punto que al mes siguiente, en la sesión del 6 de abril de 1812, el Congreso General resolvió exhortar a las "legislaturas provinciales" para que acelerasen la formación de sus respectivas Constituciones[121].

En todo caso, el Congreso al sustituir a la Junta Suprema, había adoptado el mismo principio de la separación de poderes para organizar el nuevo gobierno, designando a tres ciudadanos el 5 de marzo de 1811, para ejercer el poder ejecutivo nacional, turnándose en la presidencia por períodos semanales —el primero en presidir la Junta fue Cristóbal Hurtado de Mendoza, Cristóbal Mendoza (1772-1829)— y constituyendo, además, una Alta Corte de Justicia.

El 28 de marzo de 1811, el Congreso nombró una comisión para redactar la Constitución de la Provincia de Caracas, la cual debía servir de modelo a

[119] Véase GIL FORTOUL, *Historia Constitucional de Venezuela, op. cit.*, tomo I, pág. 224.

[120] *Idem*, tomo I, pág. 138

[121] Véase *Libro de Actas del Supremo Congreso de Venezuela 1811-1812*, tomo II, Caracas, Biblioteca de la Academia Nacional de la Historia, 1959, pág. 401.

las demás provincias de la Confederación. Esta comisión tardó mucho en preparar el proyecto, por lo que algunas provincias, como se indica más adelante, procedieron a dictar las suyas para organizarse políticamente. El 1° de julio de 1811, el Congreso ya había proclamado los *Derechos del Pueblo*[122], declaración que puede considerarse como la tercera declaración de derechos de rango constitucional en el constitucionalismo moderno.

El 5 de julio de 1811, el Congreso integrado por los representantes de las provincias de Margarita, Mérida, Cumaná, Barinas, Barcelona, Trujillo y Caracas, aprobó la *Declaración de Independencia*, pasando a denominarse la nueva nación, como Confederación Americana de Venezuela[123]; y en los meses siguientes, bajo la inspiración de la Constitución norteamericana y la Declaración francesa de los Derechos del Hombre[124], redactó la primera *Constitución Federal para los Estados de Venezuela* y la de todos los países latinoamericanos, fue sancionada el 21 de diciembre de 1811[125]. En ella, se consagró expresamente la división del poder supremo en tres categorías: legislativo, ejecutivo y judicial[126], con un sistema de gobierno presidencial; estableciéndose

[122] Véase ALLAN R. BREWER-CARÍAS, *Las Constituciones de Venezuela, op. cit.*, tomo I, págs. 549-551. Véase las referencias en el libro de PEDRO GRASES, *La conspiración de Gual y España y el ideario de la Independencia*, Caracas, 1978. Véase sobre esta declaración: ALLAN R. BREWER-CARÍAS, *Las declaraciones de derechos del pueblo y del hombre de 1811, op. cit.*, Caracas, 2011.

[123] Véase el texto de las sesiones de 5 de julio de 1811 en *Libro de Actas..., cit.*, págs. 171 a 202. Véase el texto Acta de la Declaración de la Independencia, en ALLAN R. BREWER-CARÍAS, *Las Constituciones de Venezuela, cit.*, tomo I, págs. 545-548.

[124] Véase JOSÉ GIL FORTOUL, *Historia constitucional de Venezuela, op. cit.*, tomo I, págs. 254 y 267.

[125] Véase *Libro de Actas del Supremo Congreso de Venezuela 1811-1812, op. cit.*, 2 vols. Caracas, 1959. Véase el texto en ALLAN R. BREWER-CARÍAS, *Las Constituciones de Venezuela, op. cit.*, tomo I, págs. 555-579. Además, en *La Constitución Federal de Venezuela de 1811 y documentos afines,* Caracas, Biblioteca de la Academia Nacional de la Historia,1959; y en el libro *El pensamiento constitucional hispanoamericano hasta 1830,* tomo V, Caracas, Academia Nacional de la Historia, 1961, págs. 45-103. Véase además, JUAN GARRIDO ROVIRA, "La legitimación de Venezuela (El Congreso Constituyente de 1811)", en ELENA PLAZA y RICARDO COMBELLAS (coord.), *Procesos constituyentes y reformas constitucionales en la Historia de Venezuela: 1811-1999*, tomo I, Caracas, Universidad Central de Venezuela, 2005, págs. 13-74.

[126] En el *Preliminar* de la Constitución se señala expresamente, que "El ejercicio de esta autoridad confiada a la Confederación no podrá jamás hallarse reunido en sus diversas funciones. El Poder Supremo debe estar dividido en legislativo, ejecutivo y judicial, y confiado a distintos cuerpos independientes entre sí, y en sus respectivas facultades". Además, el art. 189 insistía en que "los tres departamentos esenciales del gobierno, a saber: el legislativo, el ejecutivo y el judicial, es preciso que se conserven tan separados e independientes el uno del otro cuanto lo exija la naturaleza de un gobierno libre lo que es conveniente con la cadena de conexión que liga toda fábrica de la Constitución en un modo indisoluble de Amistad y Unión".

la supremacía de la ley como "la expresión libre de la voluntad general"[127], y la soberanía que residiendo en los habitantes del país, se ejercía por los representantes[128]. Sus 228 artículos, agrupados en nueve capítulos, estuvieron destinados a regular el poder legislativo (arts. 3° a 71), el poder ejecutivo (arts. 72 a 109), el poder judicial (arts. 110 a 118), las provincias (arts. 119 a 134) y los derechos del hombre que debían ser respetados en toda la extensión del Estado (arts. 141 a 199)[129].

La Constitución Federal de 1811 fue, así, la tercera Constitución republicana del mundo moderno, después de las Constituciones de los Estados Unidos y de Francia de finales del siglo XVIII, y fue la primera Constitución moderna en el mundo hispanoamericano[130]. La misma se inspiró en los principios desarrollados como consecuencia de las Revoluciones norteamericana y francesa, estableciéndose la igualdad como uno de los "derechos del hombre en sociedad" (estos eran conforme al art. 151, la libertad, la igualdad, la propiedad y la seguridad) derivados del "pacto social". Esta concepción pactista encontró su expresión en el propio texto constitucional, al expresar sus artículos 141 y 142, lo siguiente:

"Después de constituidos los hombres en sociedad han renunciado a aquella libertad limitada y licenciosa a que fácilmente los conducían sus pasiones, propias solo del estado salvaje. El establecimiento de la sociedad presupone la renuncia de esos derechos funestos, la adquisición de otros más dulces y pacíficos, y la sujeción a ciertos deberes mutuos" (art. 141).

[127] "La Ley es la expresión libre de la voluntad general o de la mayoría de los ciudadanos, indicada por el órgano de sus representantes legalmente constituidos. Ella se funda sobre la justicia y la utilidad común, y ha de proteger la libertad pública e individualidad contra toda opresión o violencia". "Los actos ejercidos contra cualquier persona fuera de los casos y contra las formas que la Ley determina son inicuos, y si por ellos se usurpa la autoridad constitucional o la libertad del pueblo serán tiránicos" (arts. 149 y 150).

[128] "Una sociedad de hombres reunidos bajo unas mismas leyes, costumbres y gobierno forma una soberanía". La soberanía de un país, o supremo poder de reglar o dirigir equitativamente los intereses de la comunidad reside pues, esencial y originalmente, en la masa general de sus habitantes y se ejercita por medio de apoderados o representantes de estos, nombrados y establecidos conforme a la Constitución". "Ningún individuo, ninguna familia particular, ningún pueblo, ciudad o partido puede atribuirse la soberanía de la sociedad, que es imprescindible, inalienable e indivisible en su esencia y origen, ni persona alguna podrá ejercer cualquier función pública del gobierno, si no lo ha obtenido por la Constitución" (art. 143, 144 y 145).

[129] Véase el texto en ALLAN R. BREWER-CARÍAS, *Las Constituciones de Venezuela*, *op. cit.*, tomo I, págs. 555-579.

[130] Véase ALLAN R. BREWER-CARÍAS, *Reflexiones sobre la Revolución norteamericana (1776), la Revolución francesa (1789) y la Revolución hispanoamericana (1810-1830) y sus aportes al constitucionalismo moderno*, 2ª ed. ampliada, Serie Derecho Administrativo núm 2, Bogotá-Caracas, Universidad Externado de Colombia - Editorial Jurídica Venezolana, 2008.

"El pacto social asegura a cada individuo el goce y posesión de sus bienes, sin lesión del derecho que los demás tengan a los suyos" (art. 142).

Esta Constitución, como sucedió con la Constitución de Cádiz no tuvo vigencia real superior a un año debido a las guerras de independencia, puede decirse que condicionó la evolución de las instituciones políticas y constitucionales venezolanas hasta nuestros días; habiendo recogido los aportes esenciales del constitucionalismo norteamericano y francés[131].

B) *La Confederación de las Provincias*

La Constitución estuvo precedida de un "Preliminar" contentivo de las "Bases del pacto federativo que ha de constituir la autoridad general de la Confederación", en las cuales se precisó el sistema de distribución de poderes y facultades entre la Confederación y las provincias o Estados confederados, adoptándose la forma federal del Estado, lo que también ocurrió por primera vez en el constitucionalismo moderno después de su creación en la Constitución de los Estados Unidos de Norteamérica.

Dicho sistema de distribución del poder se basó en el principio de la atribución general de poderes a las provincias, de manera que: "En todo lo que por el pacto federal no estuviere expresamente delegado a la autoridad general de la Confederación, conservará cada una de las provincias que la componen su Soberanía, Libertad e Independencia; en uso de ellas tendrán el derecho exclusivo de arreglar su gobierno y administración territorial bajo las leyes que crean convenientes, con tal que no sean de las comprendidas en esta Constitución ni se opongan o perjudiquen a los pactos federativos que por ella se establecen".

En cuanto a las competencias de la Confederación "en quien reside exclusivamente la representación Nacional", se dispuso que estaba encargada de: "Las relaciones extranjeras, de la defensa común y general de los Estados Confederados, de conservar la paz pública contra las conmociones internas o los ataques exteriores, de arreglar el comercio exterior y el de los Estados entre sí, de levantar y mantener ejércitos, cuando sean necesarios para mantener la libertad, integridad e independencia de la Nación, de construir y equipar bajeles de guerra, de celebrar y concluir tratados y alianzas con las demás naciones, de declararles la guerra y hacer la paz, de imponer las contribuciones indispensables para estos fines u otros convenientes a la seguridad, tranquilidad y felicidad común, con plena y absoluta autoridad para establecer las leyes generales de la Unión y juzgar y hacer ejecutar cuanto por ellas quede resuelto y determinado".

[131] Véase Allan R. Brewer-Carías, *Documentos constitucionales de la Independencia/ Constitutional Documents of the Independence 1811,* Colección Textos Legislativos núm. 52, Caracas, Editorial Jurídica Venezolana, 2012.

Debe señalarse en cuanto a la organización territorial del Estado, que en la Constitución de 1811 se optó por la de un Estado Federal dividido en provincias, precisamente delimitadas sobre las antiguas provincias coloniales que configuraron la Capitanía General de Venezuela, en las cuales existían legislaturas provinciales (la denominación de "diputaciones provinciales", que fue su equivalente, apareció en la Constitución de Cádiz del año siguiente), a las cuales correspondía dictar la Constitución propia de cada provincia, siendo el ejemplo más acabado la Constitución de la Provincia de Caracas de 31 de enero de 1812 (sancionada dos meses antes que la de Cádiz), con 328 artículos[132].

En cada provincia, el gobernador era electo en la forma establecida en la Constitución provincial. Además, cada provincia regulaba su propia división territorial, por lo que, por ejemplo, el territorio de la Provincia de Caracas se dividió en departamentos, cantones y distritos conforme a la terminología francesa (art. 2º).

A la base de la confederación estuvo, por supuesto, la Declaración solemne de la Independencia de Venezuela de 5 de julio de 1811,que se había formulado por los representantes de las "Provincias Unidas de Caracas, Cumaná, Barinas, Margarita, Barcelona, Mérida y Trujillo, que forman la confederación Americana de Venezuela en el Continente Meridional", reunidos en Congreso[133]; y esos mismos representantes, reunidos en "Congreso General", fueron los que elaboraron la "Constitución Federal para los Estados Unidos de Venezuela", sancionada el 21 de diciembre de 1811[134]. Ese fue, en definitiva, el origen de que como Estado independiente, Venezuela se hubiese configurado como una federación de provincias y se estructuró sobre la base de la división provincial que había legado el régimen político de la monarquía española.

No hay que olvidar que durante todo el proceso español de conquista y colonización en América, desde comienzos del siglo XVI hasta el inicio del siglo XIX, la *provincia* se configuró como la estructura territorial básica para lo militar, la administración y el gobierno y la administración de justicia en los territorios de Ultramar. Estas provincias, como unidades territoriales básicas, giraban en torno a una ciudad que con sus autoridades locales (ayuntamiento o cabildo) hacía de cabeza de provincia.

La provincia, así, durante todo el período del dominio español en América hasta comienzos del siglo XIX, fue una institución territorial creada y desarrollada por la monarquía española especialmente para el gobierno y la administración de los territorios de América, no existiendo en esos tiempos en

[132] Véase ALLAN R. BREWER-CARÍAS, *La Constitución de la Provincia de Caracas de 31 de enero de 1812. Homenaje al bicentenario* (Prólogo de ALFREDO ARISMENDI),Caracas, Academia de Ciencias Políticas y Sociales, Colección Estudios, núm. 100, 2011.

[133] Véase en ALLAN R. BREWER-CARÍAS, *Las Constituciones de Venezuela, op. cit.*, pág. 171.

[134] *Idem,* pág. 179

la Península una institución territorial similar; al punto que el término mismo de provincia no tenía, en la metrópoli, hasta los tiempos de Cádiz, ni siquiera un significado definido.

En efecto, en las leyes del Reino de Castilla, las cuales en el inicio de la conquista fueron las que básicamente se aplicaron en América, el término "provincia" no se refería a una división administrativa o política organizada, sino más bien se usaba como equivalente de región, comarca o distrito e incluso de tierra sin régimen político o administrativo estable o fijo[135]. En ese mismo sentido se siguió utilizando con posterioridad, hasta el punto de que las provincias que existían en la Península para fines del siglo XVIII, tenían más realidad en los diferentes estudios que se habían elaborado por la Corona para uniformar la Administración territorial del Estado, que en la organización política existente[136].

En todo caso, fue solo a partir de la Constitución de Cádiz de 1812, dictada después del establecimiento del Estado venezolano como Estado independiente, cuando la Administración Provincial comenzó a implantarse en el Estado de la España peninsular, uniformizada luego a partir de las reformas de 1833 que, siguiendo el esquema francés de los departamentos, dividió la totalidad del territorio español en provincias[137].

La provincia hispano-americana, en cambio, como se ha dicho, fue anterior a la provincia peninsular, y su concepción durante la conquista y colonización, siguió los trazos de la institución que con el mismo nombre se desarrolló en el Imperio Romano para el gobierno y administración de los territorios conquistados por el ejército romano fuera de Italia (ultramar) y que estaban a cargo de un gobernador (*propetor, procónsul o legati*)[138].

Esas provincias que habían sido agrupadas en la Capitanía General de Venezuela en 1777, precisamente fueron las que se confederaron en 1811.

C) *Bases constitucionales del Pacto Federativo*

a) *El principio de la separación de poderes*. En el Preliminar de la Constitución también se formuló, como principio fundamental del constitucionalismo, la separación de poderes en esta forma:

[135] Véase JOAQUÍN CERDÁ RUIZ-FUNES, "Para un estudio sobre los adelantados mayores de Castilla (siglo XIII-XV), *Actas del II Symposium Historia de la Administración,* Madrid, 1971, pág. 191

[136] T. CHIOSSONE, *Formación jurídica de Venezuela en la Colonia y la República,* Caracas, 1980, pág. 74, nota 69.

[137] Véase el real decreto de 30 de noviembre de 1833, que manda hacer la división del territorio español en la Península e Islas adyacentes, en 49 provincias, en T. R. FERNÁNDEZ y J. A. SANTAMARÍA, *Legislación administrativa española del siglo XIX*, Madrid, 1977, págs. 115 y ss.

[138] A. POSADA. *Escritos municipalistas y de la vida local,* Madrid, 1979, pág. 284. *Cf.* VICENTE DE LA VALLINA VELARDE, *La provincia, entidad local en España*, Oviedo, 1964, págs. 20 y ss; J. ARIAS, *Manual de derecho romano,* Buenos Aires, 1949, pág. 58; F. GUTIÉRREZ ALVIZ, *Diccionario de Derecho Romano,* Madrid, 1948, pág. 504; T. CHIOSSONE, *op. cit.,* pág. 74, nota 69.

"El ejercicio de esta autoridad confiada a la Confederación no podrá jamás hallarse reunido en sus diversas funciones. El Poder Supremo debe estar dividido en legislativo, ejecutivo y judicial, y confiado a distintos cuerpos independientes entre sí y en sus respectivas facultades".

Además, el artículo 189 insistía:

"Los tres departamentos esenciales del gobierno, a saber: el legislativo, el ejecutivo y el judicial, es preciso que se conserven tan separados e independientes el uno del otro cuanto lo exija la naturaleza de un gobierno libre lo que es conveniente con la cadena de conexión que liga toda fábrica de la Constitución en un modo indisoluble de Amistad y Unión".

En el orden jurídico-político, la Constitución de 1811 no solo consagró expresamente la división del Poder Supremo en las tres ramas señaladas con un sistema de gobierno presidencial, sino que además consagró la supremacía de la ley como "la expresión libre de la voluntad general" conforme al texto de la Declaración Francesa de 1789, y la soberanía que residiendo en los habitantes del país, se ejercía por los representantes[139], es decir, mediante los principios de la democracia representativa. Para tal efecto, los artículos 149 y 150 de la Constitución dispusieron:

"La ley es la expresión libre de la voluntad general o de la mayoría de los ciudadanos, indicada por el órgano de sus representantes legalmente constituidos. Ella se funda sobre la justicia y la utilidad común, y ha de proteger la libertad pública e individualidad contra toda opresión o violencia" (art. 149).

"Los actos ejercidos contra cualquier persona fuera de los casos y contra las formas que la ley determina son inicuos, y si por ellos se usurpa la autoridad constitucional o la libertad del pueblo serán tiránicos" (art. 150).

En todo caso, todo el mecanismo de separación de poderes con un acento de debilidad del poder ejecutivo configuró, en los primeros años de la vida republicana de Venezuela, todo un sistema de contrapesos de poderes para evitar la formación de un poder fuerte, a lo que se atribuyó la caída de la Primera República[140], y condicionó la vida republicana en las décadas posteriores.

[139] "Una sociedad de hombres reunidos bajo unas mismas leyes, costumbres y gobierno forma una soberanía" (art. 143) "La soberanía de un país, o supremo poder de reglar o dirigir equitativamente los intereses de la comunidad reside, pues, esencial y originalmente, en la masa general de sus habitantes y se ejercita por medio de apoderados o representantes de estos, nombrados y establecidos conforme a la Constitución" (art. 144). "Ningún individuo, ninguna familia particular, ningún pueblo, ciudad o partido puede atribuirse la soberanía de la sociedad, que es imprescindible, inalienable e indivisible en su esencia y origen, ni persona alguna podrá ejercer cualquier función pública del gobierno, si no lo ha obtenido por la Constitución" (art. 145).

[140] Cfr. C. Parra Pérez, *Historia de la Primera República de Venezuela,* tomo II, Caracas, 1959, págs. 7 y ss.; Augusto Mijares, "La evolución política de Venezuela (1810-1960)",

b) *La religión católica.* El *Capítulo I* de la Constitución de 1811 se destinó a regular la Religión, proclamándose a la Religión Católica, Apostólica y Romana como la religión del Estado y la única y exclusiva de los habitantes de Venezuela (art. 1°).

c) *El poder legislativo.* El *Capítulo II* tuvo por objeto regular al poder legislativo atribuido al Congreso General de Venezuela, el cual fue dividido en dos Cámaras, una de Representantes y un Senado (art. 3°).

En dicho Capítulo se reguló el proceso de formación de las leyes (arts. 4° a 13); la forma de elección de los miembros de la Cámara de Representantes y del Senado (arts. 14 a 51) con una regulación detallada del proceso de elección de manera indirecta en congregaciones parroquiales (art. 26) y en congregaciones electorales (art. 28); sus funciones y facultades (arts. 52 a 66); el régimen de sus sesiones (arts. 67 a 70); y sus atribuciones especiales (art. 71).

La Constitución, siguiendo la tendencia general, restringió el sufragio al consagrar requisitos de orden económico para poder participar en las elecciones[141] reservándose entonces el control político del naciente Estado a la aristocracia criolla y a la naciente burguesía parda.

d) *El poder ejecutivo.* El *Capítulo III* reguló el poder ejecutivo, el cual se dispuso que residiría en la ciudad federal "depositado en tres individuos elegidos popularmente" (art. 72) por las congregaciones electorales (art. 76), por listas abiertas (art. 77). En el Capítulo no solo se reguló la forma de elección del triunvirato (arts. 76 a 85), sino también la forma como se definieron las atribuciones del poder ejecutivo (arts. 86 a 99) y sus deberes (arts. 100 a 107).

De acuerdo con la forma federal de la Confederación, se reguló la relación entre los poderes ejecutivos provinciales y el gobierno federal, indicándose que aquellos eran, en cada provincia, "los agentes naturales e inmediatos del poder ejecutivo federal para todo aquello que por el Congreso General no estuviere cometido a empleados particulares en los ramos de Marina, Ejército y Hacienda Nacional" (art. 108).

e) *El poder judicial.* El *Capítulo IV* estuvo destinado a regular el poder judicial de la Confederación depositado en una Corte Suprema de Justicia

---

en M. Picón Salas y otros, *Venezuela independiente,* cit., Caracas, 1962, pág. 31. De ahí el calificativo de la "Patria Boba" que se le da a la Primera República. Cfr. R. Díaz Sánchez, "Evolución social de Venezuela (hasta 1960), en *idem,* págs. 199 y s.

141 Cfr. R. Díaz Sánchez, "Evolución social de Venezuela (hasta 1960) ", en M. Picón Salas y otros, *Venezuela independiente 1810-1960,* Caracas, 1962, pág. 197, y C. Parra Pérez, Estudio preliminar a la *Constitución Federal de Venezuela de 1811*, pág. 32. Es de destacar, por otra parte, que las restricciones al sufragio también se establecieron en el sufragio pasivo, pues para ser representante se requería gozar de "una propiedad de cualquier clase" (art. 15) y para ser senador, gozar de "una propiedad de seis mil pesos" (art. 49). Cfr. J. Gil Fortoul, *Historia constitucional de Venezuela*, tomo I, Obras completas, Caracas, 1953, pág. 259.

(arts. 110 a 114) con competencia originaria entre otros, en los asuntos en los cuales las provincias fueren parte interesada y competencia en apelación en asuntos civiles o criminales contenciosos (art. 116).

f) *Las provincias*. El *Capítulo V* reguló las provincias, estableciéndose límites a su autoridad, en particular, que no podían "ejercer acto alguno que corresponda a las atribuciones concedidas al Congreso y al poder ejecutivo de la Confederación" (art. 119). "Para que las leyes particulares de las Provincias no puedan nunca entorpecer la marcha de los federales —agregó el artículo 124— se someterán siempre al juicio del Congreso antes de tener fuerza y valor de tales en sus respectivos departamentos, pudiéndose, entre tanto, llevar a ejecución mientras las revisa el Congreso".

El Capítulo, además, reguló aspectos relativos a las relaciones entre las provincias y sus ciudadanos (arts. 125 a 127), y al aumento de la Confederación mediante la incorporación eventual de Coro, Maracaibo y Guayana que no formaron parte del Congreso (arts. 128 a 132).

En cuanto al gobierno y administración de las provincias, la Constitución de 1811 (art. 133) remitió a lo dispuesto en las *Constituciones Provinciales*, indicando el siguiente límite:

"El gobierno de la Unión asegura y garantiza a las provincias la forma de gobierno republicano que cada una de ellas adoptare para la administración de sus negocios domésticos, sin aprobar Constitución alguna que se oponga a los principios liberales y francos de representación admitidos en esta, ni consentir que en tiempo alguno se establezca otra forma de gobierno en toda la confederación".

g) *La rigidez constitucional*. Los Capítulos VI y VII se refirieron a los procedimientos de revisión y reforma de la Constitución (arts. 135 y 136) y a la sanción o ratificación de la Constitución (arts. 138 a 140).

h) *Los Derechos del Hombre*. El Capítulo VIII se dedicó a los "Derechos del Hombre que se reconocerán y respetarán en toda la extensión del Estado", distribuidos en cuatro secciones: Soberanía del pueblo (art. 141 a 159), Derechos del hombre en sociedad (arts. 151 a 191), Deberes del hombre en sociedad (arts. 192 a 196) y Deberes del cuerpo social (arts. 197 a 199).

En este Capítulo se recogieron, enriquecidos, los artículos de la Declaración de los Derechos del Pueblo de 1811, y en su redacción se recibió la influencia directa del texto de las Declaraciones de las antiguas colonias norteamericanas, de las Enmiendas a la Constitución de los Estados Unidos de América, de la Declaración francesa y en relación con esta última, de los documentos de la conspiración de Gual y España de 1797[142].

[142] Véase ALLAN R. BREWER-CARÍAS, *Los derechos humanos en Venezuela: casi 200 años de Historia,* Caracas,1990, págs: 101 y ss.

En particular, debe destacarse entre estas normas, las relativas al igualitarismo civil derivadas del principio de igualdad, como uno de los "derechos del hombre en sociedad" derivados, a su vez, del "pacto social" (arts. 141, 142). Los derechos del hombre en sociedad, de acuerdo con el texto constitucional, eran la libertad, la igualdad, la propiedad y la seguridad (arts. 151 y ss.), y el artículo 154 de la Constitución, en esta forma, dispuso:

"La igualdad consiste en que la ley sea una misma para todos los ciudadanos, sea que castigue o que proteja. Ella no reconoce distinción de nacimiento ni herencia de poderes"

En la Primera sección sobre "Soberanía del pueblo," se precisaron los conceptos básicos que en la época originaban una república, comenzando por el "pacto social," a cuyo efecto los artículos 141 y 142 de la Constitución dispusieron:

"Después de constituidos los hombres en sociedad han renunciado a aquella libertad ilimitada y licenciosa a que fácilmente los conducían sus pasiones, propia solo del estado salvaje. El establecimiento de la sociedad presupone la renuncia de esos derechos funestos, la adquisición de otros más dulces y pacíficos, y la sujeción a ciertos deberes mutuos" (art. 141). "El pacto social asegura a cada individuo el goce y posesión de sus bienes, sin lesión del derecho que los demás tengan de los suyos" (art. 142).

La Sección continuaba con el concepto de soberanía (art. 143) y de su ejercicio mediante representación (arts. 144-146), el derecho al desempeño de empleos públicos en forma igualitaria (art. 147), con la proscripción de privilegios o títulos hereditarios (art. 148), la noción de la ley como expresión de la voluntad general (art. 149) y la nulidad de los actos dictados en usurpación de autoridad (art. 150).

En la Segunda sección sobre "Derechos del hombre en sociedad", al definirse la finalidad del gobierno republicano (art. 151), se enumeraron como tales derechos a la libertad, la igualdad, la propiedad y la seguridad (art. 152), y a continuación se detalla el contenido de cada uno, definiéndose la libertad y sus límites solo mediante ley (arts. 153-156), la igualdad (art. 154), la propiedad (art. 155) y la seguridad (art. 156).

Además, en esta sección se regularon los derechos al debido proceso: el derecho a ser procesado solo por causas establecidas en la ley (art. 158), el derecho a la presunción de inocencia (art. 159), el derecho a ser oído (art. 160), el derecho a juicio por jurados (art. 161). Además, se reguló el derecho a no ser objeto de registro (art. 162), a la inviolabilidad del hogar (art. 163) y los límites de las visitas autorizadas (art. 164), el derecho a la seguridad personal y a ser protegido por la autoridad en su vida, libertad y propiedades (art. 165), el derecho a que los impuestos solo se establecieran mediante ley dictada por los representantes (art. 166), el derecho al trabajo y a la industria (art. 167), el derecho de reclamo y petición (art. 168), el derecho a la igualdad respecto de los extranjeros (art. 169), la proscripción de la irretroactividad de la ley (art. 170), la limitación a las penas y castigos (art. 171) y la prohibición respecto de los tratos excesivos y la tortura (arts. 172-173), el derecho a la libertad bajo fianza (art. 174), la prohibición de penas infamantes (art. 175), la limitación del uso de la jurisdicción militar respecto de los civiles (art. 176), la limitación a las requisiciones militares (art. 177), el régimen de las milicias (art. 178), el derecho a portar armas (art. 179), la eliminación de fueros (art. 180) y la libertad de expresión de pensamiento (art. 181). La Sección concluía con la enumeración del derecho de petición de las legislaturas provinciales (art. 182) y el derecho de reunión y petición de los ciudadanos (arts. 183-184), el poder exclusivo de las legislaturas de suspender las leyes o detener su ejecución (art. 185), el poder de legislar atribuido al poder legislativo (art. 186), el derecho del pueblo a participar en la legislatura (art. 187), el principio de la alternabilidad republicana (art. 188), el principio de la separación de poderes entre el legislativo, el ejecutivo y el judicial (art. 189), el derecho al libre tránsito entre las provincias (art. 190), el fin de los gobiernos y el derecho ciudadano de abolirlos y cambiarlos (art. 191).

En la Sección tercera sobre "Deberes del hombre en sociedad", se estableció la interrelación entre derechos y deberes (art. 192), la interrelación y limitación entre los derechos (art. 193), los deberes de respetar las leyes, mantener la igualdad, contribuir a los gastos públicos y servir a la patria (art. 194), con precisión de lo que significa ser buen ciudadano (art. 195), y de lo que significaba violar las leyes (art. 196).

En la Sección cuarta sobre "Deberes del cuerpo social", donde se precisa las relaciones y los deberes de solidaridad social (arts. 197-198), y se establece, en el artículo 199, la declaración general sobre la supremacía y constitucional y vigencia de estos derechos, y la nulidad de las leyes contrarias a los mismos, así:

"Para precaver toda trasgresión de los altos poderes que nos han sido confiados, declaramos: que todas y cada una de las cosas constituidas en la anterior declaración de derechos, están exentas y fuera del alcance del poder general ordinario del gobierno y que conteniendo y apoyándose sobre los indestructibles y sagrados principios de la naturaleza, toda ley contraria a ellas que se expida por la Legislatura federal o por las provincias, será absolutamente nula y de ningún valor".

i) *Disposiciones generales.* Por último, el Capítulo IX, en unos Dispositivos generales estableció normas sobre el régimen de los indígenas (art. 200) y su igualdad (art. 201), la ratificación de la abolición del comercio de negros (art. 202), la igualdad de los pardos (art. 203) y la extinción de títulos y distinciones (art. 204).

En particular, en cuanto a la igualación social las normas de la Constitución conllevaron a la eliminación de los "títulos"[143] y la restitución de los derechos "naturales y civiles" a los pardos[144], y con ello, el elemento que iba a permitir a estos incorporarse a las luchas contra la oligarquía criolla. Se debe destacar, por otra parte, que a pesar de que el texto constitucional declaró abolido el comercio de esclavos[145], la esclavitud como tal no fue abolida y se mantuvo hasta 1854, a pesar de las exigencias del Libertador en 1819[146].

Se reguló, además, el juramento de los funcionarios (arts. 206 a 209), la revocación del mandato (art. 209 y 210), las restricciones sobre reuniones de sufragantes y de congregaciones electorales (arts. 211 a 214), la prohibición a los individuos o grupos de arrogarse la representación del pueblo (art. 215), la disolución de las reuniones no autorizadas (art. 216), el tratamiento de "ciudadano" (art. 226), y la vigencia de la Recopilación de las Leyes de Indias mientras se dictaban el Código Civil y el Código Criminal acordados por el Congreso (art. 228).

j) *La supremacía constitucional.* Por último, debe destacarse la cláusula de supremacía de la Constitución contenida en el artículo 227, así:

"La presente Constitución, las leyes que en consecuencia se expidan para ejecutarla y todos los tratados que se concluyan bajo la autoridad del gobierno de la Unión serán la Ley Suprema del Estado en toda la extensión de la Confederación, y las autoridades y habitantes de las provincias estarán obligados a obedecerlas religiosamente sin excusa ni pretexto alguno; pero las leyes que

[143] "Quedan extinguidos todos los títulos concedidos por el anterior gobierno y ni el Congreso, ni las legislaciones provinciales podrán conceder otro alguno de nobleza, honores o distinciones hereditarias". (art. 204). Por otra parte, la Constitución de 1811, expresamente señalaba que: "Nadie tendrá en la Confederación de Venezuela otro título ni tratamiento público que el de *ciudadano*, única denominación de todos los hombres libres que componen la Nación" (art. 236), expresión que ha perdurado en toda nuestra historia constitucional.

[144] "Del mismo modo, quedan revocadas y anuladas en todas sus partes las leyes antiguas que imponían degradación civil a una parte de la población libre de Venezuela conocida hasta ahora bajo la denominación de *pardos*; estos quedan en posesión de su estimación natural y civil y restituidos a los imprescindibles derechos que les corresponden como a los demás ciudadanos" (art. 203)

[145] "El comercio inicuo de negros prohibido por decreto de la Junta Suprema de Caracas en 14 de agosto de 1810, queda solemne y constitucionalmente abolido en todo el territorio de la Unión; sin que puedan de modo alguno introducirse esclavos de ninguna especie por vía de especulación mercantil" (art. 202).

[146] Cfr. Parra Pérez, "Estudio preliminar", *loc. cit.*, pág. 32. En su discurso de Angostura de 1819, Simón Bolívar imploraba al Congreso "la confirmación de la libertad absoluta de los esclavos, como imploraría por mi vida y la vida de la República", considerando a la esclavitud como "la hija de las tinieblas". Véase el Discurso de Angostura en J. Gil Fortoul, *op. cit.*, Apéndice, tomo II, págs. 491 y 512.

se expiden contra el tenor de ella no tendrán ningún valor sino cuando hubieren llenado las condiciones requeridas para una justa y legítima revisión y sanción".

Esta cláusula de supremacía y la garantía objetiva de la Constitución se ratificó en el Capítulo VIII sobre los Derechos del Hombre, al prescribirse en su último artículo (art. 199), lo siguiente:

"Para precaver toda transgresión de los altos poderes que nos han sido confiados, declaramos: Que todas y cada una de las cosas constituidas en la anterior declaración de derechos están exentas y fuera del alcance del poder general ordinario del gobierno y que conteniendo o apoyándose sobre los indestructibles y sagrados principios de la naturaleza, toda ley contraria a ellos será absolutamente nula y de ningún valor".

D) *La vocación "colombiana" de la Constitución federal de Venezuela de 1811*

Como lo observó CARACCIOLO PARRA PÉREZ, la República creada con la Constitución de 1811 tuvo "su era propia, la era colombiana que empieza en 1811",[147] en el sentido que FRANCISCO DE MIRANDA le había dado a la expresión al referirse a toda la América hispana como el "continente colombiano," lo que quedó expresamente manifestado en su artículo 233, al indicarse que en todos los actos públicos se usaría la indicación de "la *Era Colombiana*" (además de la "vulgar Cristiana") que comenzaría a contarse "a partir de 1811 que será el primero de nuestra independencia."

Y ello fue así, al punto que no solo se respetó en el texto de la Constitución de la República de Venezuela de Angostura de 1821, que fue firmada en "el palacio del soberano Congreso, capital de Guayana, a quince de agosto de mil ochocientos diecinueve, *nono de la Independencia",* sino en el de la Ley Fundamental de la República de Colombia que se firmó "en el Palacio del Soberano Congreso de Venezuela, en Angostura a 17 de diciembre de 1819.- *9º*;" en el de la Ley Fundamental de la Unión de los Pueblos de Colombia firmada "en el Palacio del Congreso general de Colombia, en la Villa del Rosario de Cúcuta, a 12 de julio del año del Señor de mil novecientos veintiuno, *undécimo de la Independencia*", y en el de la Constitución de la República de Colombia "dada en el primer Congreso general de Colombia y firmada por todos los diputados presentes, en la villa del Rosario de Cúcuta a treinta de agosto del año del Señor de mil ochocientos veintiuno, undécimo de la Independencia".

La referencia a los años de la Independencia en los documentos constitucionales de Venezuela y Colombia, después de la separación de 1830, se siguió haciendo en Colombia, en la Constitución de 1830, "dada en la sala de

[147] Véase CARACCIOLO PARRA PÉREZ, *Historia de la primera República de Venezuela*, tomo II, *op. cit.*, pág. 173.

las sesiones del Congreso Constituyente en Bogotá a veinte y nueve de abril de mil ochocientos treinta, *vigésimo de la Independencia*", y en Venezuela, en la Constitución del mismo año 1830 "dada en el Congreso constituyente y firmada con general asentimiento por todos los diputados presentes en la ciudad de Valencia a 22 del mes de septiembre del año del Señor 1830. *Veinteavo de la Independencia.*" Esa "Era" a partir de la Independencia sin duda comenzó, como lo dijo su texto, con la Constitución de Venezuela de 21 de diciembre de 1811 sancionada después de la declaración de Independencia de 5 de julio del mismo año de 1811.

Adicionalmente, en el último artículo de la Constitución de 1811 (art. 228) se manifestó la vocación colombiana con la cual la sancionaron los constituyentes, al expresar que lo hacían inspirados en "la amistad y unión [...] con los demás habitantes del *Continente Colombiano* que quieran asociársenos para defender nuestra religión, nuestra Soberanía natural y nuestra Independencia".

Por ello expresaron, además, que si bien como "pueblo de Venezuela" habían "ordenado con entera libertad la Constitución precedente que contiene las reglas, principios y objetos de vuestra Confederación y alianza perpetua", se obligaban y comprometían a cumplirla, sin perjuicio de que la misma podía ser alterada "conforme a la mayoría de los *pueblos de Colombia* que quieran reunirse en un Cuerpo nacional para la defensa y conservación de su libertad e independencia política, modificándolas, corrigiéndolas y acomodándolas oportunamente y a pluralidad y de común acuerdo entre nosotros mismos en todo lo que tuviere relaciones directas con los intereses generales de los referidos pueblos y fuere convenido por el órgano de sus legítimos representantes reunidos en un *Congreso general de Colombia* o de alguna parte considerable de ella y sancionado por los comitentes constituyéndonos entre tanto en esta Unión todas y cada una de las provincias que concurrieren a formarla, garantes las unas de las otras de la integridad de nuestros respectivos territorios y derechos esenciales [...]".

Se adoptó, así, como se dijo, desde el primer texto constitucional de ámbito nacional que se sancionó en toda la América hispana, la denominación de *Colombia* para el Continente hispano americano, tal como lo había concebido FRANCISCO DE MIRANDA desde que en 1788, en Europa (carta al Príncipe C. L. de Hesse) y en 1792 para América (carta a Alexander Hamilton), lo comenzó a calificar con tal denominación, además de la de "Continente colombiano"[148]. MIRANDA, incluso, en el Proyecto de Gobierno federal que ideó para el Continente colombiano, en el cual incluso propuso que la ciudad federal que podía estar ubicada en el Ismo de Panamá se denominara *Colombo*, escribió en 1801:

[148] Véase FRANCISCO DE MIRANDA, *América espera*, edición J. L. Salcedo Bastardo, cit., págs. 93-94; 124 y 223.

"Si se adopta el nombre de Colombia para designar a la nueva república, sus habitantes deberán llamarse Colombianos, este nombre es más sonoro y majestuoso que Colombinos" [149].

Después de la caída de la República de 1811, BOLÍVAR en 1813, antes de comenzar su Campaña Admirable por la liberación de las provincias de Venezuela invadidas por las fuerzas militares españolas, se refirió a "Colombia" en el mismo sentido de MIRANDA, al definir la empresa de liberar a las provincias de Venezuela como "la libertad de Colombia", y se refirió a Venezuela, como la "cuna de la independencia colombiana"[150] y en 1814, en proclama dirigida a los valerosos habitantes de la ciudad de La Victoria en Venezuela, la calificó como "esa inmortal ciudad, la primera que dio el ejemplo de la libertad en el hemisferio de Colombia"[151].

E) *La precaria vigencia de la Constitución de diciembre de 1811 y la caída de la primera República*

En 1812, a los pocos meses de sancionada la Constitución Federal de las provincias de Venezuela, la extraordinaria labor de construcción del Estado independiente que se había comenzado quedó a medio hacer, pues apenas se instaló el gobierno republicano en la "capital federal" de Valencia, el 1° de marzo de 1812, la reacción realista contra el nuevo Estado se comenzó a sentir con la invasión de las fuerzas militares españolas al mando del Capitán de fragata Domingo de Monteverde, la cual fue facilitada por los efectos devastadores del terremoto que desoló a Caracas el 24 del mismo mes de marzo de 1812, que los frailes y el arzobispo de Caracas atribuyeron a un castigo de Dios por la revolución de Caracas[152].

La amenaza de Monteverde y la necesidad de defender la República llevaron al Congreso, el 4 de abril de 1812, a delegar en el poder ejecutivo todas las facultades necesarias[153], y este, el 23 de abril de 1812, nombró Generalísimo a FRANCISCO DE MIRANDA con poderes dictatoriales. En esta forma, la guerra contra la invasión española del territorio de las provincias independientes

[149] *Idem*, pág. 292.

[150] Véase SIMÓN BOLÍVAR, "Manifiesto de Cartagena", en *Escritos fundamentales*, Caracas, 1982, págs. 62 ss. Véase además, las referencias en CARLOS RESTREPO PIEDRAHITA, *Primeras Constituciones de Colombia y Venezuela*, Bogotá, Universidad Externado de Colombia,1993, págs. 299-300.

[151] Véase SIMÓN BOLÍVAR, *Discursos y proclamas*, Edic. Ayacucho, 2007, p. 182.

[152] Véase J. F. BLANCO y R. AZPÚRUA, *Documentos para la Historia de la Vida Pública del Libertador..., op. cit.*, tomo III, págs. 614 y ss.

[153] Véase *Libro de Actas del Congreso de Venezuela 1811-1812,* tomo II, Caracas, Biblioteca de la Academia Nacional de la Historia,1959, págs. 397 a 399.

obligó, con razón, a dejar de lado la Constitución. Como secretario de Guerra, José de Sata y Bussy (quien había sido Diputado de San Fernando de Apure en el Congreso General) se lo informó al teniente General FRANCISCO DE MIRANDA en correspondencia dirigida a ese mismo día 23 de abril de 1812:

"Acaba de nombraros el poder ejecutivo de la Unión, General en Jefe de las armas de toda la Confederación Venezolana con absolutas facultades para tomar cuantas providencias juzguéis necesarias a salvar nuestro territorio invadido por los enemigos de la libertad Colombiana; y bajo este concepto no os sujeta ley alguna ni reglamento de los que hasta ahora rigen estas Repúblicas, sino que al contrario no consultareis más que la Ley suprema de salvar la patria; y a este efecto os delega el Poder de la Unión sus facultades naturales y las extraordinarias que le confirió la representación nacional por decreto de 4 de este mes, bajo vuestra responsabilidad"[154].

En la sesión de 4 de abril de 1812, se había acordado que "la medida y regla" de las facultades concedidas al poder ejecutivo fuera la salud de la Patria; y que siendo esa la suprema ley, "debe hacer callar las demás"[155] pero a la vez, se acordó participar a las "legislaturas provinciales" la vigencia de la Constitución Federal sin perjuicio de las facultades extraordinarias al poder ejecutivo[156].

El Congreso, el 4 de abril de 1812, además, había exhortado a las mismas "legislaturas provinciales" que obligaran y apremiasen a los diputados de sus provincias a que sin excusa ni tardanza alguna se hallaren en la ciudad de Valencia para el 5 de julio de 1812, para determinar lo que fuera más conveniente a la causa pública[157]. Esta reunión nunca se pudo realizar.

En efecto, debe recordarse que el comandante General del Ejército de s. m. Católica, Domingo de Monteverde, había llegado desde Puerto Rico a las costas de Venezuela por Coro en febrero de ese mismo año 1812[158], por las mismas costas en la cuales seis años antes también había desembarcado FRANCISCO DE MIRANDA en una fallida expedición independentista desde Nueva York.

Con Monteverde en Venezuela, a partir del mes siguiente, luego del terrible terremoto de Caracas, 23 de marzo de 1812, que devastó física y moralmente

[154] Véase *Archivo del General Miranda, op. cit*, tomo XXIX, págs. 396 y 397.

[155] Véase *Libro de Actas del Congreso de Venezuela..., op. cit.,* pág. 398.

[156] *Idem,* pág. 400.

[157] *Ibidem,* págs. 398-399.

[158] Véase los documentos en *Archivo del General Miranda*, tomo XXIV, La Habana, 1950, págs. 509 a 530. Además, en JOSÉ FÉLIX BLANCO y RAMÓN AZPÚRUA, *Documentos para la historia de la vida pública del Libertador de Colombia, Perú y Bolivia. Puestos por orden cronológico y con adiciones y notas que la ilustran, op. cit*, tomo IV, págs. 679 y ss. Además, en JOSÉ DE AUSTRIA, *Bosquejo de la historia militar de Venezuela,* tomo I, Biblioteca de la Academia Nacional de la Historia, Caracas, 1960, págs. 340 y ss.

a la Provincia, se produjo la total devastación institucional de la misma. El orden republicano que se había comenzado a construir fue totalmente demolido, abrogándose por supuesto la Constitución Federal de 1811, e ignorándose además el texto de la misma Constitución de Cádiz que debía jurarse en las provincias ocupadas, recomenzando así en las provincias, trescientos años después del Descubrimiento, la aplicación de la "ley de la conquista", y además, buscándose la destrucción de la memoria histórica con el saqueo de los Archivos de la Provincia, y la destrucción y desaparición de los propios documentos de la independencia.

Abrogada la Constitución de 1811 por la fuerza militar, las autoridades invasoras debían procurar la publicación en Venezuela de la Constitución de Cádiz, recién sancionada cuando estos acontecimientos ocurrían, para lo cual el Capitán General Fernando Mijares recién nombrado gobernador de la antigua Provincia de Venezuela, cargo que materialmente no llegó a ejercer efectivamente jamás, el 13 de agosto de 1812 le remitió a Monteverde, desde Puerto Cabello, veinte ejemplares del texto constitucional monárquico, con las correspondientes órdenes y disposiciones que habían dado las Cortes para su publicación y observancia[159].

Monteverde, sin embargo, lo que hizo fue retrasar de hecho la jura de la Constitución, aclarándole incluso posteriormente a la Audiencia que si se había diferido su publicación no había sido por descuido, ni omisión ni capricho, sino por "circunstancias muy graves", que impedían su aplicación en provincias como las de Venezuela, "humeando todavía el fuego de la rebelión más atroz y escandalosa", considerando a quienes la habitaban como "una sociedad de bandoleros, alevosos y traidores", indicando que si publicaba la Constitución no respondería "por la seguridad y tranquilidad del país"[160].

Monteverde finalmente procedería a la jura de la Constitución, pero "a la manera militar" sugerida el 21 de noviembre de 1812, asumiendo sin embargo un poder omnímodo contrario al texto constitucional gaditano[161]. Sobre la Constitución de Cádiz, o más bien, sobre su no aplicación en Venezuela, el mismo Monteverde informaría al gobierno de la Metrópoli con toda hostilidad diciéndole que si había llegado a publicar la Constitución de Cádiz,

[159] Véase José de Austria, *Bosquejo de la historia militar...*, *op. cit.*, tomo I, pág. 364.

[160] Véase carta de Monteverde a la Audiencia de 29 de octubre de 1812, citada en Alí Enrique López y Robinzon Meza, "Las Cortes españolas y la Constitución de Cádiz en la Independencia de Venezuela (1810-1823)", en José Antonio Escudero (dir.), *Cortes y Constitución de Cádiz. 200 años*, tomo III, Madrid, Espasa Libros, 2011, págs. 613 - 623.

[161] Véase Manuel Hernández González, "La fiesta patriótica. La Jura de la Constitución de Cádiz en los territorios no ocupados (Canarias y América) 1812-1814", en Alberto Ramos Santana y Alberto Romero Ferrer (ed.), *1808-1812: Los emblemas de la libertad*, Cádiz, Universidad de Cádiz, 2009, págs. 104 y ss.

había sido: "por un efecto de respeto y obediencia, no porque consideré a la provincia de Venezuela merecedora todavía de que participase de los efectos de tan benigno código"[162].

De estos acontecimientos relativos a la no aplicación de la Constitución de Cádiz en Venezuela, por lo demás, dio cuenta SIMÓN BOLÍVAR al año siguiente en Cartagena en su "Exposición sucinta de los hechos del comandante español Monteverde, durante el año de su dominación en las provincias de Venezuela", de 20 de septiembre de 1813, en la cual escribió:

"Pero hay un hecho, que comprueba mejor que ninguno la complicidad del Gobierno de Cádiz. Forman las Cortes la constitución del Reino, obra por cierto de la ilustración, conocimiento y experiencia de los que la compusieron. La tuvo guardada Monteverde como cosa que no importaba, o como opuesta a sus ideas y las de sus consejeros. Al fin resuelve publicarla en Caracas. La publica ¿y para qué? No solo para burlarse de ella, sino para insultarla y contradecirla con hechos enteramente contrarios. Convida a todos, les anuncia tranquilidad, les indica que se ha presentado el arca de paz, concurren los inocentes vecinos, saliendo muchos de las cavernas en que se ocultaban, le creen de buena fe y, como el fin era sorprender a los que se le habían escapado, por una parte se publicaba la Constitución española, fundada en los santos derechos de libertad, propiedad y seguridad, y por otra, el mismo día, andaban partidas de españoles y canarios, prendiendo y conduciendo ignominiosamente a las bóvedas, a los incautos que habían concurrido a presenciar y celebrar la publicación.

"Es esto un hecho tan notorio, como lo son todos los que se han indicado en este papel, y se explanarán en el manifiesto que se ofrece. En la provincia de Caracas, de nada vale la Constitución española; los mismos españoles se burlan de ella y la insultan. Después de ella, se hacen prisiones sin sumaria información; se ponen grillos y cadenas al arbitrio de los comandantes y jueces; se quita la vida sin formalidad, sin proceso"[163].

F) *Las provincias, entre la "ley de la conquista" y la "ley marcial"*

En Venezuela, en 1812, la situación institucional era de orden fáctico pues el derrumbe del gobierno constitucional republicano fue seguido, en paralelo, por el desmembramiento de las propias instituciones coloniales bajo la autoridad militar. Por ello, Monteverde, durante su campaña en Venezuela (1812 y 1813), desconoció la exhortación que habían hecho las propias Cortes de Cádiz en octubre de 1810, sobre la necesidad de que en las provincias de Ultramar donde se hubiesen manifestado conmociones (solo era el caso de Caracas), si se producía el "reconocimiento a la legítima autoridad soberana" estable-

[162] Véase JOSÉ DE AUSTRIA, *Bosquejo de la historia militar..., op. cit.*, tomo I, pág. 370.

[163] Véase *Idem*, tomo II, págs. 111 a 113.

cida en España, debía haber "un general olvido de cuanto hubiese ocurrido indebidamente"[164]. Nada de ello ocurrió en las provincias de Venezuela.

La reacción de los patriotas contra la violación por parte de Monteverde de la Capitulación que había firmado FRANCISCO DE MIRANDA el 25 de julio de 1812, llevó al mismo Monteverde a afirmar, en representación que dirigió a la Regencia el 17 de enero de 1813, que:

"Desde que entré en esta Capital y me fui imponiendo del carácter de sus habitantes, conocí que la *indulgencia era un delito* y que la tolerancia y el disimulo hacían insolentes y audaces a los hombres criminales"[165].

Agregaba su apreciación sobre "la frialdad que advertí el día de publicación de la Constitución y la falta de concurrencia a actos públicos de alegría", lo que supuestamente lo habría apartado de sus intentos de gobernar con "dulzura y afabilidad". Convocó a una Junta que, en consecuencia, ordenó "la prisión de los que se conocían adictos a la revolución de 1810", y se rebeló contra la propia Real Audiencia que "había puesto en libertad algunos mal vistos del pueblo que irritaban demasiado mis fueros", ordenando a los comandantes militares que no liberaran los reos a la justicia.[166]

Por ello, el 30 de diciembre de 1812 en oficio dirigido al Comandante militar de Puerto Cabello, Monteverde, en desprecio del Tribunal de la Real Audiencia y rebelándose contra el mismo, le ordenaba:

"Por ningún motivo pondrá usted en libertad hombre alguno de los que estén presos en esa plaza por resulta de la causa de infidencia, sin que preceda orden mía, aun cuando la Real Audiencia determine la soltura, en cuyo caso me lo participará Ud. para la resolución que corresponde"[167].

La Real Audiencia acusó a Monteverde de infractor de las leyes, por lo que decía en su representación que "se me imputa que perturbo estos territorios, los inquieto y pongo en conmoción, violando las leyes que establecen su quietud"[168].

Monteverde concluyó su representación declarando su incapacidad de gobernar la Provincia, y afirmó:

"Así como Coro, Maracaibo y Guayana merecen estar bajo la protección de la Constitución de la Monarquía, Caracas y demás que componían su Capitanía

[164] Véase el decreto V, 15 de octubre de 1810, en EDUARDO ROCA ROCA, *América en el ordenamiento jurídico de las Cortes de Cádiz,* Granada, 1986, pág. 199

[165] Véase el texto en J. F. BLANCO y R. AZPÚRUA, *Documentos para la historia de la vida pública del Libertador..., op. cit.,* tomo IV, pág. 623-625

[166] *Idem*, págs. 623-625

[167] Véase el texto en JOSÉ DE AUSTRIA, *Bosquejo de la historia militar..., op. cit.,* tomo I, págs. 365 y 366.

[168] Véase en J. F. BLANCO y R. AZPÚRUA, *Documentos para la historia de la vida pública del Libertador..., op. cit.,* tomo IV, págs. 623- 625.

General, no deben por ahora participar de su beneficio hasta dar pruebas de haber detestado su maldad, y bajo este concepto deben ser tratadas por la *ley de la conquista*; es decir, por la dureza y obras según las circunstancias; pues de otro modo, todo lo adquirido se perderá"[169].

En esos años, entre 1812 y 1814, por tanto, la situación en Venezuela fue de guerra total, de guerra a muerte, no habiendo tenido aplicación efectiva ni la Constitución Federal de 1811 ni la Constitución de Cádiz de 1812. Monteverde comandó una dictadura militar[170], represiva y despiadada contra los que habían tomado partido por la revolución de 1810. Por ello, la respuesta de los patriotas se puede resumir en aquella terrible proclama de SIMÓN BOLÍVAR, desde Mérida, el 8 de julio de 1813:

"Las víctimas serán vengadas: los verdugos exterminados. Nuestra bondad se agotó ya, y puesto que nuestros opresores nos fuerzan a una guerra mortal, ellos desaparecerán de América, y nuestra tierra será purgada de los monstruos que la infestan. Nuestro odio será implacable, y la guerra será a muerte"[171].

En las provincias de Venezuela, en consecuencia, no había Constitución alguna y solo rigió el mando militar de realistas y patriotas. Monteverde gobernó con la más brutal ley de la conquista, y BOLÍVAR y los patriotas gobernaron con la ley marcial o dictatorial del "plan enérgico", del "poder soberano" de quien había sido proclamado Libertador, y que, como decía BOLÍVAR, "tan buenos sucesos me ha proporcionado"[172].

Lo cierto fue, como lo dijo el arzobispo de Caracas, Narciso Coll y Prat en un edicto circular de 18 de diciembre de 1813, al recomendar la observancia de la "ley de la Independencia" adoptada el 5 de julio de 1811:

"Esta ley estuvo sin vigor, mientras las armas españolas ocuparon estas mismas provincias, mas al momento que vencieron las de la República, y a su triunfo se unió la aquiescencia de los pueblos, ella recobró todo su imperio, y ella es la que hoy preside en el Estado venezolano"[173].

Pero las Cortes de Cádiz opinaban distinto. Ellas habían felicitado mediante Orden de 21 de octubre de 1812, a Domingo Monteverde y a las tropas bajo su mando, "por los importantes y distinguidos servicios prestados en la pacificación de la Provincia de Caracas"[174]. Meses después, el 15 de diciembre

[169] *Idem.*

[170] Véase J. GIL FORTOUL, *Historia constitucional de Venezuela*, Obras completas, tomo I, Caracas, 1953 pág. 214.

[171] *Idem*, tomo I, pág. 216.

[172] Véase J. GIL FORTOUL, *Historia constitucional de Venezuela, op. cit.*, tomo I, pág. 221.

[173] Véase J. F. BLANCO y R. AZPÚRUA, *Documentos para la historia de la vida pública del Libertador..., op. cit.*, tomo IV, pág. 726.

[174] Véase en EDUARDO ROCA ROCA, *América en el ordenamiento jurídico..., op. cit.*, pág. 81.

del mismo año de 1812, Bolívar daría al público su famoso Manifiesto de Cartagena o "Memoria dirigida a los ciudadanos de la Nueva Granada por un caraqueño"[175], en la cual expuso las causas de la pérdida de Venezuela, atribuyéndoselas a la debilidad del régimen político adoptado en la Constitución de 1811.

G) *Los principios del constitucionalismo moderno en la Constitución de Venezuela de 1811 y la influencia francesa y norteamericana (Recapitulación)*

En todo caso, y a pesar de su poca vigencia efectiva, la Constitución de 1811, sin duda, como se puede apreciar de su contenido general, los principios del constitucionalismo derivados tanto de la Revolución americana como de la Revolución francesa encontraron de inmediato un campo de cultivo, habiéndose sin embargo desarrollado conforme a moldes propios, no habiendo recibido influencia alguna inicial del régimen político-constitucional español moderno, que al momento de sancionarse la Constitución (1811), también sentaba las bases para la remoción del Antiguo Régimen, en medio de la crisis general por la invasión napoleónica. Esos principios encajaron en el proceso constituyente venezolano de 1811, meses antes de la sanción de la Constitución de Cádiz.

En efecto, la Constitución de 1811 recibió de la Constitución americana la influencia de la forma federal del Estado, del presidencialismo como sistema de gobierno dentro del esquema de la separación de poderes, y del control de la constitucionalidad, como secuela de la garantía objetiva de la Constitución. Pero en cuanto a la redacción del texto constitucional de 1811, la influencia directa de la Constitución francesa es evidente, particularmente en la regulación detallada de la forma de elección indirecta de los representantes, en el reforzamiento de la separación de poderes, y en la extensa Declaración de Derechos fundamentales que contiene.

Con frecuencia se ha argumentado que lo básico del texto de la Constitución venezolana de 1811 provino de la Constitución norteamericana, lo que no es exacto, no solo por el contenido de ambas, sino por la extensión de los textos: 7 artículos —aun cuando extensos cada uno— en la Constitución norteamericana de 1787, contra 228 artículos de la Constitución venezolana de 1811. En realidad, este texto se inspiró en los principios de la Constitución americana y, a la vez, de la redacción del texto de las Constituciones revolucionarias francesas, tanto en su parte dogmática como en su parte orgánica[176].

[175] Véase Simón Bolívar, *Escritos fundamentales*, Caracas, Monte Ávila Editores, 1982, págs. 57 y ss.; y en *Proclamas y discursos del Libertador*, Caracas, 1939, págs. 11 y ss.

[176] Véase en general Allan R. Brewer-Carías, *Reflexiones sobre la Revolución americana (1776) y la Revolución francesa (1789) y sus aportes al constitucionalismo moderno,*

Desde el punto de vista constitucional, por tanto, es evidente que la formación inicial del Estado venezolano no recibió influencia alguna de las instituciones españolas que en paralelo se estaban constituyendo. Recordemos de nuevo que en 1811, España aún era una Monarquía invadida por las tropas napoleónicas, en plena guerra de independencia frente al invasor francés, y que fue a partir de 1812, con la Constitución de Cádiz, cuando comenzó a recibir los aportes del constitucionalismo moderno, como el principio de la separación de poderes. Sin embargo, España continuó siendo una Monarquía durante todo el siglo XIX, en tanto que la evolución republicana de Venezuela que comenzó en 1811, con todos sus altibajos políticos, se desarrolló sin interrupciones hasta el presente. Venezuela, por tanto, al contrario de lo que sucedió en otros países de América Latina, no recibió inicialmente influencia alguna derivada de la Constitución de Cádiz, la cual solo rigió en parte de su territorio durante la confusión de la guerra de independencia, al contrario de lo que sucedió en otros países de América Latina, que al haber logrado su independencia más tarde a comienzos del siglo XIX, recibieron la influencia de la Constitución gaditana.

a) *La idea de Constitución.* Ya hemos señalado que la idea de Constitución como documento escrito, de valor superior y permanente que contiene las normas fundamentales de la organización del Estado y una Declaración de los Derechos de los Ciudadanos fue, sin duda, el aporte fundamental de la Revolución americana al constitucionalismo moderno. Luego, en 1791, la Asamblea Nacional francesa sancionó la segunda Constitución en la historia constitucional del mundo moderno, regulando extensamente una monarquía constitucional, e incorporando al texto la Declaración de Derechos (17 artículos) de rango constitucional, la cual, por tanto, fue el gran aporte a la idea de Constitución de la Revolución francesa.

La Constitución de Venezuela de 1811 también adoptó, como se ha dicho, la noción de la supremacía de la Constitución la cual, además, para 1803 ya había sido desarrollada por el presidente de la Corte Suprema de los Estados Unidos, el juez Marshall, en el famoso caso *Marbury vs. Madison*[177]. Por ello, incluso, en el propio texto de la Constitución de 1811 se estableció expresamente el principio de la supremacía constitucional, en el referido artículo 227 que siguió la orientación de la cláusula de supremacía de la Constitución norteamericana (art. 4), pero con mucho mayor alcance.

Además, luego de establecer y declarar los derechos fundamentales, la Constitución de 1811 agregó, en su artículo 199, que "Toda ley contraria a ellas

---

Caracas,1991. Las consideraciones que se hacen en las páginas siguientes siguen lo expuesto en dicho libro. *Cf.* ALLAN R. BREWER-CARÍAS, *La formación del Estado venezolano,* separata del libro *Paramillo*, San Cristóbal, UCAT, 1996, págs. 201 a 359.

[177] *Marbury v. Madison,* S.V.S. (1 Cranch) 137. Véase los comentarios en ALLAN R. BREWER-CARÍAS, *Judicial Review in Comparative Law,* Cambrigde, 1989, págs. 101 y ss.

que se expida por la legislatura federal o por las provincias será absolutamente nula y de ningún valor".

b) *La democracia, el republicanismo y la soberanía del pueblo.* El segundo de los principios desarrollados en la práctica constitucional y política en el mundo moderno, influido también por el constitucionalismo norteamericano, es el de la democracia y el republicanismo basado en el concepto de soberanía del pueblo. Con la Revolución norteamericana, el principio tradicional de la legitimidad monárquica del Estado fue sustituido definitivamente. La soberanía no correspondió más a un monarca, sino al pueblo y, por ende, con la Revolución americana puede decirse que la práctica del gobierno democrático fue iniciada en el mundo moderno. El mismo principio fue luego recogido por la Revolución francesa, pero duró en la práctica constitucional muy poco, debido a la restauración de la Monarquía a partir de 1815.

Estos principios fueron recogidos en la Declaración venezolana de Derechos del Pueblo de 1811, cuyos primeros dos artículos de la Sección *Soberanía del Pueblo* establecieron:

"La soberanía reside en el pueblo; y el ejercicio de ella en los ciudadanos con derecho a sufragio, por medio de sus apoderados legalmente constituidos" (art. 1º),

"La soberanía, es por su naturaleza y esencia, imprescindible, inajenable e indivisible" (art. 2º).

La Constitución de 1811, en todo caso, definió la soberanía popular conforme a la misma orientación:

"Una sociedad de hombres reunidos bajo unas mismas leyes, costumbres y gobiernos forma una soberanía" (art. 143).

"La soberanía de un país o supremo poder de reglar o dirigir equitativamente los intereses de la comunidad, reside, pues, esencial y originalmente en la masa general de sus habitantes y se ejercita por medio de apoderados o representantes de estos, nombrados y establecidos conforme a la Constitución" (art. 144).

Conforme a estas normas, por tanto, en las antiguas provincias coloniales de España que formaron Venezuela, la soberanía del monarca español había cesado. Incluso, desde el 19 de abril de 1810, la soberanía había comenzado a ejercerse por el pueblo, que se dio a sí mismo una Constitución a través de sus representantes electos. Por ello, la Constitución de 1811, dispuso:

"En nombre de Dios Todopoderoso, *Nosotros, el pueblo* de los Estados de Venezuela, usando de nuestra soberanía [...] hemos resuelto confederarnos solemnemente para formar y establecer la siguiente Constitución, por la cual se han de gobernar y administrar estos Estados".

La idea del pueblo soberano, por tanto, que no solo provino de la Revolución francesa sino, antes, de la Revolución americana, y se arraigó en el constitucionalismo venezolano desde 1811 contra la idea de la soberanía monárquica que aún imperaba en España en ese momento.

La idea de representatividad republicana, por supuesto, también se recogió en la Constitución venezolana de 1811, en la cual se estableció que la soberanía se ejercitaba solo "por medio de apoderados o representantes de estos, nombrados y establecidos conforme a la Constitución" (art. 144). Por ello, agregó la Constitución de 1811:

"Ningún individuo, ninguna familia, ninguna porción o reunión de ciudadanos, ninguna corporación particular, ningún pueblo, ciudad o partido, puede atribuirse la soberanía de la sociedad que es imprescindible, inajenable e indivisible, en su esencia y origen, ni persona alguna podrá ejercer cualquier función pública del gobierno si no la ha obtenido por la constitución" (art. 146).

En definitiva, siendo el sistema de gobierno netamente republicano y representativo, conforme a la más exacta expresión francesa de la Declaración de 1789 (art. 6), la Constitución de 1811 estableció que:

"La Ley es la expresión libre de la voluntad general de la mayoría de los ciudadanos, indicada por el órgano de sus representantes legalmente constituidos" (art. 149).

En todo caso, la democracia como sistema político buscada, lograda o mantenida, es la segunda tendencia en el constitucionalismo moderno y contemporáneo, inspirada por el proceso constitucional norteamericano y el proceso de la Revolución francesa. Todas las constituciones en el mundo la establecieron como un componente básico de sus sistemas políticos, y es el símbolo de nuestro tiempo, aun cuando su conservación no ha sido siempre asegurada.

Por supuesto, este dogma de la soberanía del pueblo y de la democracia republicana fue recogido de inmediato en América Latina, a raíz de la Independencia, y para darse cuenta de ello, basta leer los motivos de la Junta Suprema de Venezuela en 1810 para convocar a elecciones, al adoptar el Reglamento de las mismas, que ponía de presente la falta de representatividad de las provincias en el gobierno de Caracas, lo que debía remediarse constituyéndose un poder central[178]. La Junta, así, al dirigirse a los habitantes de Venezuela señaló:

"Sin una representación común, vuestra concordia es precaria, y vuestra salud peligra. Contribuid a ella como debéis y como desea el gobierno actual.

"El ejercicio más importante de los derechos del pueblo es aquel en que los transmite a un corto número de individuos, haciéndolos árbitros de la suerte de todos".

De allí, el llamamiento de la Junta:

"Todas las clases de hombres libres son llamadas al primero de los goces de ciudadano, que es el concurrir con su voto a la delegación de los derechos

[178] Véase el texto en J. F. Blanco y R. Azpúrua, *op. cit.*, tomo II, págs. 504 y ss.

personales y reales que existieron originariamente en la masa común y que le ha restituido el actual interregno de la Monarquía".

El Congreso formado por los diputados electos, e instalado a comienzos de 1811, entonces, no solo declaró los Derechos del Pueblo (1° de julio) y la Independencia (5 julio), sino que sancionó la Constitución que a la usanza del texto de la Constitución norteamericana de 1787, está precedida por la siguiente declaración:

"*Nosotros, el pueblo* de los Estados Unidos de Venezuela, usando de nuestra soberanía y deseando establecer entre nosotros la mejor administración de justicia, procurar el bien general, asegurar la tranquilidad interior, proveer en común la defensa exterior, sostener nuestra libertad e independencia política, conservar pura e ilesa la sagrada religión de nuestros mayores, asegurar perpetuamente a nuestra posteridad el goce de estos bienes y estrechados mutuamente con la más inalterable unión y sincera amistad, hemos resuelto confederarnos solemnemente para formar y establecer la siguiente Constitución, por la cual se han de gobernar y administrar estos estados".

El republicanismo y asambleísmo, en todo caso, fue una constante en toda la evolución constitucional de la naciente República, por lo que desde las campañas por la independencia de SIMÓN BOLÍVAR, el empeño por legitimar el poder por el pueblo reunido o a través de elecciones, fue siempre una constante en nuestra historia política[179].

c) *La distribución vertical de los poderes del Estado.* Debe mencionarse:

a') *El Estado federal, la descentralización política y el gobierno local del constitucionalismo americano.* Otro de los aportes fundamentales de la Revolución norteamericana fue la introducción de la forma del "Estado federal", como fórmula para hacer posible la existencia de estados independientes compatibles con un poder central con suficientes atribuciones para actuar por sí solo en un nivel federal, inmediatamente seguida en Venezuela, en 1811, y décadas después, por los grandes países latinoamericanos (México, Argentina, Brasil).

Pero la forma de Estado Federal en nuestros países, como se ha dicho, a pesar de la influencia norteamericana, no fue una copia mecánica y artificial de la recién creada forma federal de los Estados Unidos de América. Al contrario, la adopción de la forma federal en América Latina obedeció a la realidad político territorial que nos había legado la colonización española y lusitana, de manera que la federación vino a ser la solución institucional para formar Estados independientes, particularmente en las áreas coloniales compuestas por una gran extensión territorial (Argentina, México, Brasil, Venezuela) y múltiples demarcaciones territoriales coloniales.

[179] Véase ALLAN R. BREWER-CARÍAS, "Ideas centrales sobre la organización del Estado en la obra del Libertador y sus proyecciones contemporáneas", en *Boletín de la Academia de Ciencias Políticas y Sociales,* núms. 95-96, Caracas 1984, págs. 137 y ss.

El primer país que adoptó el federalismo como forma de Estado en el mundo moderno, después de su implantación en los Estados Unidos de Norteamérica, fue entonces Venezuela, al constituirse como Estado independiente de la metrópoli española. Ello tuvo su razón de ser en el hecho de que en América Latina, en la época colonial, España había formado un sistema de gobierno y administración altamente descentralizado, organizado en virreinatos, capitanías generales, provincias, corregimientos y gobernaciones, como antes había ocurrido con todos los grandes imperios históricos. La provincia así, conforme al concepto romano, era la unidad colonial básica de Ultramar, especialmente establecida para el gobierno colonial, hasta el punto de que para la organización político territorial de la propia España peninsular en provincias, solo se adoptó en 1830, pero conforme al modelo napoleónico de Estado centralizado.

Desde comienzos del siglo XVI, en cambio, como se ha dicho, la Provincia fue la unidad territorial básica de las colonias en América Latina, integrándose políticamente en torno a centros poblados (política de poblamiento), con sus cabildos y gran autonomía. Así surgió, en un proceso de 300 años, un sistema de ciudades-Estados coloniales diseminado en nuestros países.

Al estallar el proceso independentista en 1810, en los Estados latinoamericanos se produjo un proceso similar al que años antes había sucedido en Estados Unidos, signado por un doble objetivo: por una parte, la independencia respecto de la Metrópoli y por la otra, la unión de las diversas provincias distantes, aisladas y autónomas que integraban unidades organizativas superiores. En ese proceso, cabe preguntarse: ¿cuál podía ser la forma de Estado que podían adoptar nuestros países, de entre los esquemas existentes en el mundo?

No debe olvidarse que el mundo europeo del momento, lo único que mostraba, como forma de Estado, era el monárquico, siendo este el sistema de integración tanto de grandes como de pequeñas entidades territoriales. La revolución de independencia en América Latina se inició contra la monarquía, por lo que era inconcebible construir los nuevos Estados inventando un régimen monárquico criollo (quedaron como excepciones, sin embargo, los "imperios" de los Estados más extensos territorialmente, Brasil y México, de corta duración). No habiendo monarquías, por tanto, el esquema de distribución vertical del poder propio de la forma federal resultaba perfectamente adecuado a nuestras realidades y a nuestra dispersión territorial. Ese fue el caso de Venezuela, donde al convocarse elecciones, en 1810, para la constitución de un Congreso General, la Junta Suprema de Caracas lo hizo partiendo del supuesto de que había "llegado el momento de organizar un poder central bien constituido"[180], preguntándose en su proclama:

"¿Cómo se podrían de otro modo trazar los límites de las autoridades de las juntas provinciales, corregir los vicios de que también adolece la Consti-

[180] Véase el texto en J. F. BLANCO y R. AZPÚRUA, *op. cit.,* tomo II, págs. 504 y ss.

tución de estas, dar a las provincias gubernativas aquella unidad sin la cual no puede haber ni orden, ni energía; consolidar un plan defensivo que nos ponga a cubierto de toda clase de enemigos; formar, en fin, una confederación sólida, respetable, ordenada, que restablezca de todo punto la tranquilidad y confianza, que mejore nuestras instituciones y a cuya sombra podamos aguardar la disipación de las borrascas políticas que están sacudiendo al Universo".

Por ello, el Congreso General, en definitiva dictó en diciembre de 1811, la "Constitución Federal para los Estados de Venezuela". Pero el Poder Central Federal constituido, como había sucedido inicialmente en Estados Unidos, estaba estructurado con grandes signos de debilidad, estando el poder fundamental en las provincias constituidas como estados soberanos. Esta debilidad ya la había apuntado De Tocqueville, en su observación sobre el sistema norteamericano; y debe observarse que ella siempre se ha considerado como una de las principales causas del fracaso de la Primera República en 1812.

Sin embargo, un hecho es evidente del esquema colonial español en América Latina, conforme al cual, sin haber logrado la autonomía de las colonias inglesas en Norteamérica producto de la inexistencia de un esquema global de organización territorial manejado desde la metrópoli, como sí lo hubo en España (Casa de Contratación de Sevilla, Consejo de Indias, virreinatos, audiencias, capitanías generales, provincias, gobernaciones y corregimientos), había provocado el desarrollo de una intensa vida municipal en los cabildos compuestos en su mayoría por criollos. Por ello, fueron los cabildos los que hicieron la independencia y los que la proclamaron, iniciando el proceso el Cabildo de Caracas, el 19 de abril de 1810, al asumir el poder político autonómico. Y no podía ser otra la institución política colonial que asumiera en ese momento facultades soberanas, pues dentro del contexto histórico político, se trataba de cuerpos realmente representativos de los diversos estratos sociales libres que reflejaban legítimamente los derechos populares. Por ello, Venezuela, como República independiente, tuvo su origen en un Cabildo representativo y participativo, por lo que en su estructuración política posterior, en las Constituciones provinciales a partir de 1812, se reguló en forma detallada el poder municipal. En todo caso, desde 1811 se adoptó la forma federal del Estado que aún rige en nuestros días.

b') *Los principios de la organización territorial del Estado del constitucionalismo revolucionario francés*. Otro de los aportes del constitucionalismo revolucionario francés al constitucionalismo moderno fue el relativo a la organización territorial y a la autonomía local, que como se ha dicho, tuvo una influencia directa en el mundo y, particularmente, en Venezuela.

La idea del poder municipal penetró en América Latina, y en 1811, Venezuela recogió sus influencias, al igual que las de la Revolución americana. Siendo como estaba constituido el nuevo Estado por provincias, para organizarlas internamente, los constituyentes venezolanos tomaron el esquema territorial francés, pero no en el texto de la Constitución de 1811 que organizaba una Confederación, sino en el de las Constituciones Provinciales. No se olvide que conforme a la Constitución de 1811, las Provincias eran Estados Soberanos, correspondiéndoles disponer, en sus respectivas Constituciones, la organización territorial interna. Por tanto, una vez dictada la Constitución de 21 de diciembre de 1811, las provincias comenzaron a dictar sus Constituciones regulándose, en ellas, la organización territorial del país.

Es de destacar, así, por ejemplo, el esquema territorial establecido en la Constitución de la Provincia de Venezuela (enero 1811)[181], cuyo territorio comprendía el área central del país, y que dividió la Provincia en cinco departamentos, los departamentos en cantones, los cantones en distritos y estableció municipalidades en las capitales de distrito. Se creó así, en 1811, el poder municipal en la Constitución Provincial de Venezuela, con los aportes de la propia tradición municipal que provenía de la España colonial. Sin embargo, desde el punto de vista de la organización territorial, el municipalismo venezolano puede considerarse que no tiene su origen en el español, sino más bien en la concepción francesa, que luego recogió España, con posterioridad, a partir de 1830.

d) *El principio de la separación de poderes.* En la Constitución de los Estados Unidos de 1787, y previamente en las distintas Constituciones de las antiguas colonias, el cuarto de los principios del constitucionalismo moderno fue el principio de separación orgánica de poderes, que fue expresado formalmente por primera vez dentro de la más ortodoxa doctrina de la época, en la Constitución de Virginia en 1776 (art. III).

La separación de poderes y el sistema presidencialista de gobierno, en todo caso, fue seguido posteriormente en todas las Repúblicas latinoamericanas, después de la Independencia o después de la experiencia de gobiernos monárquicos, como los que hubo en algunos países; y en todo caso, fue bajo la inspiración de estos principios como se redactó la Constitución de 1811, en la cual se consagró expresamente la división del poder supremo en tres: legislativo, ejecutivo y judicial "confiado a distintos cuerpos independientes entre sí y en sus respectivas facultades" (Preámbulo), configurándose un sistema de gobierno presidencial. De allí la siguiente expresión del Preámbulo de la Constitución de 1811:

"El ejercicio de la autoridad confiada a la Confederación no podrá jamás hallarse reunido en sus diversas funciones. El poder supremo debe estar dividido en legislativo, ejecutivo y judicial, y confiado a distintos cuerpos independientes entre sí y en sus respectivas facultades".

[181] Véase el libro *Las Constituciones provinciales,* Caracas, Biblioteca de la Academia Nacional de la Historia, 1959, págs. 61 y ss.

Sin embargo, el principio de la separación de poderes no se concibió como el establecimiento de compartimientos estancos, sino conforme a un sistema de pesos, contrapesos e interferencias constitucionales radicalmente distintos al sistema francés. De este, sin embargo, se siguió la concepción de la ley como expresión de la voluntad general, recogida expresamente en la Declaración venezolana de Derechos del Pueblo de 1811, al establecer que:

"La ley se forma por la expresión libre y solemne de la voluntad general, y esta se expresa por los apoderados que el pueblo elige para que representen sus derechos" (art. 3 Segunda sección).

Asimismo, en el texto de la Constitución de 1811 se estableció:

"La ley es la expresión libre de la voluntad general o de la mayoría de los ciudadanos, indicadas por el órgano de sus representes legalmente constituidos. Ella se funda sobre la justicia y la utilidad común y ha de proteger la libertad pública e individual contra toda opresión o violencia" (art. 149).

La Constitución de 1811, sin embargo, no siguió el postulado tan radical francés de la supremacía de la ley, y en cambio formuló el principio de la supremacía constitucional al declarar como "absolutamente nulas y sin ningún valor" las leyes contrarias a los derechos fundamentales (art. 199), y en general, al considerar sin "ningún valor" las leyes contrarias a la Constitución, la cual se declaró como la "Ley Suprema del Estado" (art. 227).

Por otra parte, como se ha dicho, entre las instituciones constitucionales nacidas en Norteamérica, la que tal vez tuvo la más distinguida originalidad, fue el papel asignado al poder judicial en el sistema de separación de poderes, con la fundamental competencia de controlar la constitucionalidad y legalidad de los actos de los demás poderes, lo que fue inconcebible en los orígenes del constitucionalismo francés.

Ese cometido fundamental del poder judicial se comenzó a esbozar en América Latina, al establecerse en la Constitución de Venezuela de 1811, expresamente en su texto, el principio de la supremacía constitucional y de la garantía objetiva de la Constitución (arts. 199 y 227) —que en Estados Unidos había sido creación de la jurisprudencia de la Corte Suprema a partir de 1803—, con lo cual se abrió paso al desarrollo futuro del control de constitucionalidad de las leyes, establecido como sistema mixto en Venezuela y Colombia, desde el siglo XIX, a la vez difuso y concentrado.

e) *La declaración de los derechos y libertades fundamentales.* La sexta contribución más importante del constitucionalismo norteamericano al derecho constitucional moderno, fue la práctica de establecer declaraciones formales y escritas de derechos y libertades fundamentales del hombre. La primera declaración moderna de este tipo, se dictó en las colonias norteamericanas el mismo año de la Declaración de la Independencia, siendo en ese sentido famosa la Declaración de Derechos de Virginia de 1776, seguida por la Declaración de Derechos del Hombre y del Ciudadano de Francia (1789).

Este aporte fundamental al constitucionalismo tuvo repercusiones inmediatas en Venezuela, donde la sección legislativa de la Provincia de Venezuela del Congreso General, el 1° de julio de 1811, adoptó la *Declaración de Derechos del Pueblo,* incluso, antes de la firma del Acta de la Independencia el 5 de julio de 1811.

Se trató, como se ha dicho, de la primera declaración de derechos fundamentales con rango constitucional, adoptada luego de la Revolución francesa, en la historia del constitucionalismo moderno, con lo cual se inició una tradición constitucional que ha permanecido invariable en Venezuela.

El texto de la Declaración de 1811 fue recogido y ampliado en el Capítulo de los Derechos reconocidos en la República de la Constitución de 1811, cuyo contenido puede decirse, que fue la traducción de la Declaración de Derechos del Hombre y del Ciudadano que precedió la Constitución francesa de 1793, y que, como se ha dicho, llegó a Venezuela antes de 1797, gracias a José María Picornell y Gomilla. Ese texto, catorce años después, sirvió para la redacción de la Declaración de Derechos del Pueblo de 1811 y luego para el Capítulo respectivo de la Constitución de 1811.

En ese texto, sin embargo, se incorporó una novedosa norma que no encuentra antecedentes ni en los textos constitucionales norteamericanos ni franceses, y es la que contiene la "garantía objetiva" de los derechos, y que declara "nulas y de ningún valor" las leyes que contrariaran la declaración de derechos, de acuerdo con los principios que ya se habían establecido en la célebre sentencia *Marbury vs. Madison*, de 1803, de la Corte Suprema de los Estados Unidos.

4. Las Constituciones provinciales en Venezuela posteriores a la Constitución federal de diciembre de 1811

Luego de la sanción de la Constitución Federal de los Estados de Venezuela de diciembre de 1811, y una vez que en ese mismo año se habían dictado las Constituciones o Planes de Gobierno en las provincias de Barinas, Trujillo y Mérida, conforme a sus propias normas se dictaron las Constituciones Provinciales de Barcelona y Caracas. Para ello, la Constitución de 21 de diciembre de 1811, al regular el Pacto Federativo, dejó claramente expresado que las provincias conservaban su soberanía, libertad e independencia, y que "en uso de ellas tendrán el derecho exclusivo de arreglar su gobierno y administración territorial bajo las leyes que crean convenientes, con tal que no sean de las comprendidas en esta Constitución ni se opongan o perjudiquen a los pactos federativos que por ella se establecen".

En virtud de ello, las provincias conservaron la potestad ya ejercida por algunas con anterioridad en el marco de la Confederación que se formaba, para dictar sus Constituciones. Como se dijo, las Constituciones provinciales dictadas después de la promulgación de la Constitución Federal fueron las de Barcelona y Caracas: la primera puede decirse que ya estaba redactada cuando se promulgó la Constitución Federal, y la segunda, se adaptó más a lo que sus redactores pensaban que debía ser una Constitución provincial en el seno de la Federación que se estaba formando, y que se elaboró precisamente como "Constitución modelo" para la educación de las Constituciones provinciales[182].

A) *La Constitución Fundamental de la República de Barcelona Colombiana de 12 de enero de 1812*

En efecto, a los pocos días de promulgada la Constitución Federal de 21 de diciembre de 1811, el pueblo barcelonés, por la voz de sus asambleas primarias, por la de sus colegios electorales y por la de sus funcionarios soberanos, proclamó la Constitución fundamental de la República de Barcelona Colombiana[183], verdadero Código Constitucional de 19 títulos y 343 artículos.

Este texto fue redactado por Francisco Espejo y Ramón García de Sena[184], hermano de Manuel García de Sena traductor en 1810 de las obras de Thomas Paine y de los textos constitucionales norteamericanos, y por ello tiene gran importancia histórica, pues fue por medio de ella como esos textos fueron conocidos en la América española y no solo en Venezuela.

En todo caso, su firma aparece al final de la Constitución, como Ministro del nuevo gobierno de Barcelona[185]. Por ello, debe presumirse, que para enero de 1811, García de Sena ya tenía preparada su traducción y de allí la influencia que los textos franceses y norteamericanos tuvieron en la Constitución Provincial de Barcelona, sin dejar de mencionar el texto de los *Derechos del Hombre y del Ciudadano* de 1977, de Picornell.

El *Título primero* de la Constitución contiene los "Derechos de los habitantes de la República de Barcelona Colombiana", y sus 38 artículos son copia casi exacta de los *Derechos del Hombre y del Ciudadano* de 1789, correspondiendo a Francisco Espejo la redacción de este Título[186].

El Título termina con la proclamación del principio de separación de poderes entre el legislativo, ejecutivo y judicial, a la usanza de las Declaraciones de las colonias norteamericanas, así:

182 Véase Allan R. Brewer-Carías, *Evolución histórica del Estado,* tomo I, Instituciones políticas *y* constitucionales, *op. cit.,* págs. 280 y ss.

183 Véase en *Las Constituciones provinciales, op. cit.,* págs. 151 y ss.

184 Véase Ángel Francisco Brice, "Estudio preliminar" al libro *Las Constituciones Provinciales, op. cit.,* pág. 39.

185 *Idem,* nota 2.

186 *Idem,* pág. 150, nota 1.

"38. Siendo la reunión de los poderes el germen de la tiranía, la República declara que la conservación de los derechos naturales y civiles del hombre, de la libertad y tranquilidad general, depende esencialmente de que el poder legislativo jamás ejerza el ejecutivo o judicial, ni aún por vía de *excepción*. Que el ejecutivo en ningún caso ejerza el legislativo o judicial y que el judicial se abstenga de mezclarse en el legislativo o ejecutivo, conteniéndose cada uno dentro de los límites que les prescribe la Constitución, a fin de que se tenga el gobierno de las leyes y no el gobierno de los hombres".

El *Título segundo* estaba destinado a regular la organización territorial de la "República de Barcelona", como única e indivisible (art. 1º), pero dividida en cuatro departamentos (art. 2º), los cuales comprendían un número considerable de pueblos, en los cuales debía haber una magistratura ordinaria y una parroquia para el régimen civil y espiritual de los ciudadanos (art. 3º).

El *Título tercero* reguló a los "ciudadanos", con una clasificación detallada respecto de la nacionalidad, siendo los patricios, los ciudadanos barceloneses, es decir, "los naturales y domiciliados en cualesquiera de los departamentos del Estado, bien procedan de padres originarios de la República de extranjeros". Se reguló detalladamente al *status* de los extranjeros.

El *Título cuarto,* se refirió a la soberanía con normas como las siguientes: "la soberanía es la voluntad general unida al poder de ejecutarla"; ella "reside en el pueblo; es una, indivisible, inalienable e imprescriptible; pertenece a la comunidad del Estado; ninguna, sección del pueblo, ni individuo alguno de este puede ejercerla". "La Constitución barcelonesa es representativa. Los representantes son las Asambleas primarias: los Colegios electorales y los poderes supremos, legislativo, ejecutivo y judicial". "El gobierno que establece es puramente popular y democrático en la rigurosa significación de esta palabra".

El *Título quinto* reguló en detalle las asambleas primarias y sus facultades, y las condiciones para ser elector y el acto de votación. Estas asambleas primarias debían ser convocadas por las municipalidades, y su objeto era "constituir y nombrar entre los parroquianos un determinado grupo de electores que concurran a los colegios electorales a desempeñar sus funciones".

El *Título sexto*, por su parte, reguló los "colegios electorales y sus facultades". Correspondía a los colegios electorales la elección de los funcionarios de la Sala de Representantes y de los senadores de la Legislatura Provincial; la elección del presidente y vicepresidente del Estado; los miembros de la municipalidad en cada departamento; y las Justicias mayores y jueces de paz.

El *Título séptimo* se refería al poder legislativo, el cual "se deposita en una Corte General nombrada de Barcelona, compuesta de dos Cámaras, la una de representantes, y la otra de senadores". En este Título se reguló extensamente el régimen de elección de los miembros de dichas Cámaras, su funcionamiento, facultades comunes y privativas, régimen parlamentario y el procedimiento de formación de las leyes. Entre las funciones que se asignaban a esta Corte

General, además de dictar leyes, se precisó que bajo este nombre general de ley se comprendían los actos concernientes a "la formación de un Código Civil, Criminal y Judicial, en cuya ampliación ocupará principalmente sus atenciones". Llama la atención la utilización en este texto, de la palabra "Corte" para denominar el cuerpo legislativo de la provincia.

El *Título octavo* reguló el poder ejecutivo, a cargo del presidente de la República de Barcelona, sus condiciones, atribuciones y poderes, y el *Título noveno* reguló todo lo concerniente al vicepresidente como suplente del presidente.

El *Título décimo* se refirió al Poder Judicial. Allí se reguló el poder judicial supremo confiado a un tribunal de justicia, con sus competencias en única instancia y en apelación, y sus poderes de censura de la conducta y operaciones de los jueces ordinarios.

El *Título decimoprimero*, reguló las municipalidades, con la precisión de que: "En cada una de las cuatro ciudades actualmente existentes en el territorio de la República (Barcelona, Aragua, Pao y San Diego de Cabrutica) y en todas las demás ciudades y villas que en adelante se erigieren, habrá un cuerpo municipal compuesto de dos corregidores de primera y segunda nominación y seis regidores".

Según la votación obtenida en su elección, el regidor que hubiere obtenido mayor número de votos era considerado como alguacil mayor, el que más se le acercaba, como fiel ejecutor y el que menos, síndico general. Correspondía a la municipalidad el Registro Civil y la Policía.

El *Título decimosegundo* reguló las justicias mayores, que además de jueces de policía en las ciudades, villas y pueblos, eran los presidentes natos de la municipalidad y jueces ordinarios de primera instancia en las controversias civiles y criminales.

El *Título decimotercero* reguló los jueces de paz con competencia para "trazar y componer las controversias civiles de los ciudadanos antes que las deduzcan en juicio, procurándoles cuantos medios sean posibles de acomodamiento entre sí".

El *Título decimocuarto* estaba destinado a regular el culto, estableciéndose a la Religión Católica y Apostólica como "la única que se venera y profesa públicamente en el territorio de la República, y la que esta protege por sus principios constitucionales". El obispo, conforme a este Título, se elegía en la misma forma que se elegía al presidente del Estado, con la única diferencia de que en los colegios electorales tendrían voto los eclesiásticos.

El *Título decimoquinto* reguló la fuerza pública; el *Título decimosexto* reguló la Hacienda; el *Título decimoséptimo* reguló la sanción del Código Constitucional; el *Título decimoctavo,* estableció el régimen de Revisión del Código Constitucional; y el *Título decimonoveno*, el régimen del juramento constitucional.

B) *La Constitución para el Gobierno y Administración interior de la Provincia de Caracas del 31 de enero de 1812*

Apenas instalado el Congreso General, en marzo de 1811, como ya se indicó, se había designado una comisión de diputados para redactar la Constitución de la Provincia de Caracas, para que sirviera de modelo a las demás de la Confederación.

El trabajo no pudo hacerse rápidamente, por lo que no solo muchas provincias dictaron, antes y después, sus cartas constitucionales, sino que incluso, la Sección Legislativa del Congreso General establecida para la Provincia de Caracas dictó, el 1° de julio de 1811, la Declaración de Derechos del Pueblo.

Esta misma Sección Legislativa solo concluyó su tarea de redactar la Constitución Provincial luego de la sanción de la Constitución Federal, aprobándose un texto de 328 artículos agrupados en catorce capítulos destinados, como la indica su Preámbulo, a regular el gobierno y administración interior de la Provincia[187].

Más que la Constitución de una república soberana, como había sido el caso de la Constitución Provincial de Barcelona, este texto se acomoda al que correspondía a una provincia en el marco de una Confederación. Por ello, la Constitución Provincial de Caracas hizo especial énfasis en la necesidad de "organizar equitativamente la distribución y la representación del pueblo en la legislatura provincial, procediendo a regular, como lo indica su Preámbulo, el gobierno y administración interior de la Provincia[188], y que fueron los siguientes:

El Capítulo primero referido a la Religión declarándose que "la Religión Católica, Apostólica y Romana que es la de los habitantes de Venezuela hace el espacio de tres siglos, será la única y exclusiva de la Provincia de Caracas, cuyo gobierno la protegerá" (art. 1°).

El Capítulo segundo reguló detalladamente "la división del territorio". Allí se precisó que "el territorio de la Provincia de Caracas se dividirá en departamentos, cantones y distritos" (arts. 2° a 4°). Los distritos debían ser un territorio con más o menos 10.000 habitantes y los cantones, con más o menos 30.000 habitantes (art. 5°). Los departamentos de la Provincia eran los siguientes: Caracas, San Sebastián, los Valles de Aragua (capital La Victoria), Barquisimeto y San Carlos (art. 6°), y en la Constitución se precisó al detalle cada uno de los cantones que integraban cada departamento, y sus capitales (arts. 7° a 11), así como cada uno de los distritos que formaban cada cantón, con los pueblos y villas que abarcaban (arts. 12 a 23).

[187] Véase ALLAN R. BREWER-CARÍAS, *La Constitución de la Provincia de Caracas de 31 de enero de 1812. Homenaje al Bicentenario* (Prólogo de ALFREDO ARISMENDI), Caracas, Academia de Ciencias Políticas y Sociales, Colección Estudios núm. 100, 2011.

[188] Véase en *Las Constituciones provinciales*, *op. cit.*, págs. 63-146.

El Capítulo tercero estaba destinado a regular "los sufragios parroquiales y congregaciones electorales", es decir, el sistema electoral indirecto en todo detalle, en relación con la forma de las elecciones y a la condición del elector (arts. 24 a 30). Por cada mil almas de población en cada parroquia debía haber un elector (art. 31). Los electores, electos en los sufragios parroquiales, formaban en cada distrito congregaciones electorales (art. 32). También debían elegirse electores para la escogencia en cada parroquia de los agentes municipales (art. 24). Estas congregaciones electorales eran las que elegían los representantes de la Provincia para la Cámara del gobierno federal; a los tres miembros del poder ejecutivo de la Unión; al senador o senadores por el Distrito, para la Asamblea General de la Provincia; al representante por el Distrito, para la Cámara del Gobierno Provincial, y al elector para la nominación del poder ejecutivo de la provincia (art. 33). Los electores electos en cada distrito, para la elección del poder ejecutivo, formaban las juntas electorales que, reunidas en las capitales de departamentos, debían proceder a la nominación (art. 49).

El Capítulo cuarto estaba destinado a regular las municipalidades. Sus miembros y los agentes municipales se elegían por los electores escogidos para tal fin en cada parroquia (arts. 24 y 59). La Constitución, en efecto, estableció que en cada parroquia debía elegirse un agente municipal (art. 65) y que los miembros de las municipalidades también debían elegirse (art. 67). El número de miembros de las municipalidades variaba, de 24 en la de Caracas, dividida en dos cámaras de 12 cada una (art. 90); 16 miembros en las de Barquisimeto, San Carlos, La Victoria y San Sebastián (art. 92), y luego de 12, 8 y 6 miembros según la importancia y jerarquía de las ciudades (arts. 91 a 102). Las municipalidades capitales de Distrito debían llevar el Registro Civil (art. 70) y se les atribuían todas las competencias propias de vida local en una enumeración que cualquier régimen municipal contemporánea envidiaría (art. 76). La municipalidad gozaba "de una autoridad puramente legislativa" (art. 77) y elegía los alcaldes (art. 69) que eran las autoridades para la administración de justicia, y proponían al poder ejecutivo los empleos de corregidores (arts. 69 y 217) que eran los órganos ejecutivos municipales. En ellas tenían asiento, con voz y voto, los agentes municipales que debían ser electos en cada parroquia (arts. 65 y 103).

El Capítulo quinto reguló al Poder legislativo de la Provincia que residía en una Asamblea General compuesta por un Senado y una Cámara de Representantes (art. 130), regulándose detalladamente su composición, funcionamiento, poderes y atribuciones, así como el sistema de elección de sus miembros (arts. 230 a 194).

Las Cámaras legislativas ejercían la función de legislar, es decir, de "ordenar y establecer todas las leyes, ordenanzas, estatutos, órdenes y resoluciones, con penas o sin ellas", que juzgasen necesarias "para el bien y felicidad de la Provincia", con la aclaratoria de que las mismas, sin embargo, no debían "ser repugnantes ni contrarias a esta Constitución" (art. 186). Para que los proyectos se convirtieran en ley, debían previamente ser presentados al poder ejecutivo de la Provincia para su revisión, quien podía objetarlos (arts. 137 y 138).

Además, se atribuyó al poder legislativo la exclusiva competencia de ejercer el control e inspección sobre el poder ejecutivo (art. 155).

El Capítulo sexto reguló el poder ejecutivo de la Provincia, que residía en tres individuos electos en segundo grado por los electores de cada distrito (arts. 195 y 196), correspondiéndole, en general, cuidar y velar sobre la "exacta y fiel ejecución de las leyes del Estado y de la Unión en todo lo que estuviere al alcance de sus facultades en el territorio de la Provincia" (art. 233).

Al ejecutivo se lo facultó, cuando lo exigiera el bien y prosperidad de la Provincia, para convocar extraordinariamente a la Asamblea general o a alguna de sus Cámaras (art. 232).

La Constitución dispuso que el ejecutivo debía dar cuenta a la Asamblea general del estado de la República, presentar en particular a cada Cámara el estado de las rentas provinciales (art. 230). Además, se dispuso que el ejecutivo debía dar en todo tiempo, a cualquiera de las Cámaras, las cuentas, informes e ilustraciones que le pidieran, "a excepción de aquellas cuya publicación no conviniere por entonces" (art. 231).

El Capítulo séptimo estaba destinado al poder judicial, en el cual se dispuso que se conservaba provisionalmente la organización que del mismo existía (art. 234), y que a nivel inferior era administrado, además de por jueces de primera instancia, por los alcaldes y corregidores con apelación ante las municipalidades (arts. 240 a 250). En las materias civiles y criminales, sin embargo, se estableció que la justicia sería administrada por dos Cortes Supremas de Justicia (art. 259) y por los magistrados inferiores de primera instancia antes indicados (art. 235). En cada departamento se establecieron tribunales superiores (art. 251) y en general se establecieron normas de procedimiento judicial relativas al juicio verbal, que se estableció como norma general (art. 240).

La Constitución, por otra parte, previó la posibilidad general de acudir a medios alternativos de administración de justicia, indicándose que "a nadie se le rehusará el derecho de hacer juzgar sus diferencias por árbitros" (art. 236), regulando además expresamente la conciliación (art. 238).

Los Capítulos octavo y noveno se refirieron a la elección de los senadores para el Congreso General y su remoción, así como de los representantes (arts. 275 a 280).

El Capítulo diez estaba referido al fomento de la literatura donde se reguló al Colegio y Universidad de Caracas (art. 281) y el fomento de la cultura (art. 282).

Los Capítulos once y doce estaban destinados a regular detalladamente el procedimiento para la revisión y reforma de la Constitución (arts. 283 a 291), así como su sanción o ratificación, para lo cual se estableció la necesaria participación popular (arts. 292 a 259), "sin cuya circunstancia no tendrán valor ni efecto las correcciones y adiciones" (art. 283).

El Capítulo trece, indicó que "se acuerdan, declaran, establecen y se dan por insertos literalmente en esta Constitución los derechos del hombre que forman el Capítulo octavo de la Federal, los cuales están obligados a observar, guardar y cumplir todos los ciudadanos de este Estado", los cuales, además, estaban ya previstos en la declaración de Derechos del Pueblo sancionada el 1° de julio de 1811 (art. 296).

El Capítulo catorce contenía una serie de disposiciones generales, donde se regularon, en general, otros derechos de los ciudadanos así como deberes (arts. 297 a 234), destacándose entre los destinados a garantizar la igualdad y no discriminación, las disposiciones relativas al régimen de los indios, su tratamiento, educación y sus propiedades, revocándose "las leyes que en el anterior gobierno concedieron ciertos tribunales, protectores y privilegios de menor edad a dichos naturales, las cuales, dirigiéndose al parecer a protegerlos, les han perjudicado sobremanera según ha acreditado la experiencia" (art. 298); a la prohibición de la esclavitud, de manera que recordando que "el comercio inicuo de negros" había sido prohibido por decreto de la Junta Suprema de Caracas en 14 de agosto de 1810, declaró que dicho comercio quedaba "solemne y constitucionalmente abolido en todo el territorio de la Provincia, sin que puedan de modo alguno introducirse esclavos de ninguna especie por vía de especulación mercantil" (art. 299), a la situación de los pardos y morenos, revocando y anulando en "todas sus partes las leyes antiguas que imponían degradación civil" a esa parte de la población libre, quedando "en posesión de su estimación natural y civil, y restituidos a los imprescriptibles derechos que les corresponden como a los demás ciudadanos" (art. 300); a la abolición de los títulos nobiliarios y las relaciones personales con la monarquía, disponiéndose que nadie podía "tener en la Provincia de Caracas otro título ni tratamiento público que el de ciudadano, única denominación de todos los hombres libres que componen la nación"(art. 324); al ejercicio de los derechos políticos, conforme a principios de la democracia representativa, "en las congregaciones parroquiales y electorales, y en los casos y formas prescritas por la Constitución" (art. 313); no pudiendo individuo o asociación particular alguna "hacer peticiones a las autoridades constituidas en nombre del pueblo, ni menos abrogarse la calificación de pueblo soberano", cuya voz, "solo se expresa por la voluntad general, o por el órgano de sus representantes legítimos en las legislaturas" (art. 314).

Finalmente, la Constitución provincial de Caracas estableció en su texto el principio de la supremacía constitucional al disponer que las leyes que se expidieran para ejecutarla, la Constitución del Gobierno de la Unión, y todas las leyes y tratados que se concluyeran bajo su autoridad, "serán la ley suprema de la Provincia de Caracas en toda la extensión de su territorio; y las autoridades y habitantes de ella estarán obligados a obedecerlas y observarlas religiosamente, sin excusa ni pretexto alguno", agregándose a ello el principio de la garantía objetiva de la Constitución, al declarar que "las leyes que se expidieren contra el tenor de ella no tendrán valor alguno sino cuando hubieren llenado las condiciones requeridas para una justa y legítima revisión y sanción"(art. 325).

Por último, la Constitución dispuso sobre la continuidad del orden jurídico sub-constitucional anterior que entre tanto que se verificaba "la composición de un Código Civil y Criminal, acordado por el Supremo Congreso el ocho de marzo último (1811), adaptable a la forma de Gobierno establecido en Venezuela", se declaraba en su fuerza y vigor el Código "que hasta aquí nos ha regido en todas las materias y puntos [lo que era una clara referencia a la Recopilación de las Leyes de los Reynos de Indias] que directa o indirectamente no se opongan a lo establecido en esta Constitución" (art. 326).

Este texto constitucional concluyó con una "Despedida" de la "Sección Legislativa de Caracas, dirigida a los habitantes de la Provincia", al terminar sus sesiones y presentar la Constitución Provincial en la cual se hace un recuento del proceso de formación institucional de la Confederación y del Gobierno Federal hasta ese momento, justificándose la propuesta de formar una "Sesión legislativa provisoria para Caracas" del Congreso General, compuesta con la separación de sus diputados al mencionado Congreso General, la cual tuvo a su cargo la elaboración del texto constitucional provincial[189].

[189] Véase en *Las Constituciones provinciales*, *op. cit.*, págs. 137 y ss.

Parte sexta

EL PROCESO CONSTITUYENTE EN LAS PROVINCIAS DE LA NUEVA GRANADA (1811-1812)

En las provincias de la Nueva Granada, es decir, del antiguo Virreinato de Nueva Granada, después de la declaración de independencia adoptada en el Socorro el 11 de julio de 1810, y unos días después, en Vélez, el proceso constituyente puede decirse que se inició el 20 de julio de 1810, cuando se declaró la independencia de la Provincia de Santafé (Cundinamarca) por un cabildo extraordinario que designó una junta a cargo del supremo gobierno.

En el Acta respectiva de ese cabildo extraordinario, la Junta Suprema reconoció la autoridad de Fernando VII, sujetando inicialmente el nuevo gobierno a la autoridad superior de la Junta de Regencia de España, lo cual, sin embargo, fue inmediatamente revisado y rechazado en sesión de la misma Junta Suprema de 26 de julio de 1810[1].

Durante los meses siguientes de 1810, también se instalaron gobiernos revolucionarios en casi todas las provincias del Nuevo Reino, como sucedió en Tunja donde se instaló una junta el 26 de julio, y una Junta Suprema, el 18 de diciembre; en Neiva, el 27 de julio; en Girón, el 30 de julio; en Pamplona, el 31 de julio; en Santa Marta, donde se instaló una Junta Superior Provincial el 10 de agosto; en Popayán, donde se instaló una Junta Provisional y de Seguridad Pública el 11 de agosto; en Cartagena, donde se instaló una Junta Suprema el 14 de agosto; en Antioquia, donde se instaló un Congreso provincial el 30 agosto; en Casanare, donde se instaló una Junta Superior Provincial el 13 de septiembre; en Quito, donde se instaló una Junta Superior de Gobierno el 19 de septiembre; en Ibarra, donde se instaló una Junta Provincial el 27 de septiembre; en Mompox, donde se instaló una Junta el 11 de octubre; y en Zipaquirá, donde se instaló una Junta, en diciembre de 1810. Al año siguiente, en 1811, además, se estableció la Junta de las Ciudades Amigas del valle del Cauca, el 1 febrero; y además, se instaló la Junta Suprema de Popayán, el 26 de junio[2].

Las elecciones para el Congreso de las provincias de Nueva Granada se comenzaron a realizar en las diversas provincias, en las cuales, además, en

[1] Véase Carlos Restrepo Piedrahita, *Primeras Constituciones de Colombia y Venezuela...*, págs. 22-26.

[2] Véase en Daniel Gutiérrez Ardila, *Un nuevo reino...*, cit., págs. 211-213.

paralelo, se comenzaron a dictar Constituciones provinciales, de manera que antes de que se formara el Estado "Provincias Unidas de la Nueva Granada" mediante Acta de la Federación de 27 de noviembre de 1811, se habían dictado las Constituciones de Socorro (1810) y de Cundinamarca (1811), esta de carácter monárquico, habiéndose dictado después del Acta de la Federación, las Constituciones de Tunja (1811), Antioquia (1812), Cartagena de Indias (1812), Popayán (1814), Pamplona (1815), Mariquita (1815) y Neiva (1815)[3].

1. Las primeras constituciones provinciales en la Nueva Granada anteriores al acta de la Confederación de las provincias unidas de Nueva Granada mediante acta de 27 noviembre de 1811

Como se dijo, luego de la declaración de independencia adoptada por el Cabildo de Santa Fe el 20 de julio de 1810, en las provincias de la Nueva Granada también se inició un proceso de elección de diputados al Congreso de las Provincias, que en noviembre de 1811 se constituirían, mediante acta de la confederación, en el Estado nacional denominado "Provincias Unidas de Nueva Granada". Antes, sin embargo, se adoptaron Constituciones o formas de gobierno en el Estado del Socorro (1810) y en Cundinamarca (1811), siendo esta, sin embargo, una Constitución provincial monárquica.

A) *Acta de la Constitución del Estado libre e independiente del Socorro de 15 de agosto de 1810*

El 15 de agosto de 1810, "el pueblo del Socorro, vejado y oprimido por las autoridades del antiguo gobierno", desconociendo expresamente la autoridad del Consejo de Regencia, consideró que había sido restituido "a la plenitud de sus derechos naturales e imprescriptibles de la libertad, igualdad, seguridad y propiedad", depositando el gobierno provisional en el Cabildo de la Villa del Rosario, el cual convocó a los cabildos de la ciudad de Vélez y de la Villa de San Gil para que enviasen diputados para formar una junta; considerándose revestido "de la autoridad pública que debe ordenar lo que convenga y corresponda a la sociedad civil de toda la Provincia, y lo que cada uno debe ejecutar en ella". La Junta del Socorro estimó, además, que "es incontestable que a cada pueblo compete por derecho natural determinar la clase de gobierno que más le acomode; también lo es que nadie debe oponerse al ejercicio de este derecho sin violar el más sagrado que es el de la libertad".

[3] Véase sobre lo expuesto en esta parte, en Allan R. Brewer-Carías, "Las primeras manifestaciones del constitucionalismo en las tierras americanas: las Constituciones provinciales y nacionales de Venezuela y la Nueva Granada en 1811-1812", en *Revista de Derecho Político*, núm. 84, Madrid, Universidad Nacional de Educación a Distancia, mayo-agosto 2012, págs. 231-323.

En consecuencia de estos principios, la Junta del Socorro, "representando al pueblo que la ha establecido," sentó las "bases fundamentales de su Constitución"[4] definidas en 14 artículos así:

Primero, se reconoció a la religión cristiana (art. 1º).

Segundo, se declararon varios derechos fundamentales, como la libertad y seguridad personales y de los bienes (art. 2º), el derecho al trabajo (art. 3º); y el derecho a la tierra y a la propiedad (art. 4º). En el acta, además, se declaró que los indios, libres de tributo, entraban en sociedad "con los demás ciudadanos de la Provincia a gozar de igual libertad y demás bienes que proporciona la nueva Constitución".

Tercero, se reconoció la remuneración a los servidores de la patria (art. 5º), y la rendición de cuentas del Tesoro (art. 6º).

Cuarto, se estableció el principio de la alternabilidad del gobierno, declarándose que "Toda autoridad que se perpetúa está expuesta a erigirse en tiranía" (art. 7º); y el carácter representativo del gobierno, cuyos agentes debían ser elegidos anualmente (art. 8º).

Quinto, el gobierno se organizó conforme al principio de la separación de poderes, correspondiendo el poder legislativo a una junta de representantes con potestad de dictar las "leyes del nuevo gobierno" (art. 9º); el poder ejecutivo a los alcaldes ordinarios (art. 10).

Sexto, se garantizó el reconocimiento de la autoridad por el pueblo (art. 11), no pudiendo este ejercer su soberanía sino por convocatoria de la Junta (art. 12).

Séptimo, se garantizó que el territorio de la Provincia del Socorro jamás podría "ser aumentado por derecho de conquista" (art. 13), declarándose que el gobierno del Socorro daría auxilio y protección a todo Pueblo que quisiera reunírsele "a gozar de los bienes que ofrecen la libertad e igualdad que ofrecemos como principios fundamentales de nuestra felicidad" (art. 14).

Por último, el gobierno de la provincia declaró que solo depositaría en un Congreso Nacional, "la parte de derechos que puede sacrificar sin perjuicio de la libertad que tiene para gobernarse dentro de los límites de su territorio, sin la intervención de otro gobierno."

B) *La Constitución de Cundinamarca de 30 de marzo de 1811*

En marzo de 1811 se integró en Santa Fe de Bogotá, como asamblea constituyente, el "Colegio Constituyente y Electoral de la Provincia de Cundinamar-

[4] Véase el texto en Jorge Orlando Melo, *Documentos constitucionales colombianos, 1810-1815,* en http://www.jorgeorlandomelo.com/bajar/documentosconstitucionales1.pdf

ca" que sancionó, el 30 de marzo de 1811, la Constitución de Cundinamarca[5], la cual, con 321 artículos, fue la primera Constitución Provincial colombiana propiamente dicha[6], promulgada el 4 de abril de 1811.

Esta Constitución, sin embargo, no fue una Constitución republicana, sino más bien una Constitución monárquica que no solo fue adoptada en nombre de Fernando VII, sino que en ella se lo proclamó "Rey de los cundinamarqueses", recogiéndose sin embargo los principios fundamentales del constitucionalismo moderno organizando al Estado provincial como una monarquía constitucional. En efecto, como lo dice el decreto de promulgación, firmado por el Presidente del Estado, Jorge Tadeo Lozano de Peralta en su carácter de "Viceregente de la Persona del Rey", la Constitución se adoptó por el Rey "Don Fernando VII, por la gracia de Dios y por la voluntad y consentimiento del pueblo, legítima y constitucionalmente representado", mediante el Colegio Constituyente que representaba "la soberana voluntad del pueblo cundinamarqués, expresada libre y solemnemente en dicha Constitución". La Constitución estuvo dividida en los siguientes Títulos:

En el *Título I* sobre la *forma de Gobierno y sus bases*, se hizo mención del carácter de la representación que adoptó la Constitución, como "libre y legítimamente constituida por elección y consentimiento del pueblo de esta provincia", que se estimó había recuperado su soberanía, pero como "parte de la monarquía española" (art. 1°). En consecuencia, en el artículo 2° se "ratifica su reconocimiento a Fernando VII" aun cuando en la forma establecida en la Constitución; y en el artículo 4° se declara que "la monarquía de esta provincia será constitucional, moderando el poder del rey una representación nacional permanente". Por tanto, con excepción del rey que era vitalicio, todos los funcionarios de la representación nacional, que era "la reunión de los funcionarios de los tres poderes" (art. 12), debían ser "electivos por tiempo limitado" (art. 11).

En la Constitución se adoptó el principio de la separación de poderes entre los poderes ejecutivo, legislativo y judicial disponiéndose que debían ejercitarse "con independencia unos de otros; aunque con el derecho de objetar el poder ejecutivo lo que estime conveniente a las libertades del legislador en su caso y lugar" (art. 5°); declarándose que "la reunión de dos o tres funciones de los poderes ejecutivo, legislativo y judicial en una misma persona, o corporación,

[5] Véase el texto en Jorge Orlando Melo, *Documentos constitucionales colombianos, 1810-1815,* en http://www.jorgeorlandomelo.com/bajar/documentosconstitucionales1.pdf, y en el libro *El pensamiento constitucional hispanoamericano hasta 1830, op. cit.*, tomo III, Caracas 1961, págs. 393-456.

[6] Carlos Restrepo Piedrahita no consideró el Acta de Constitución de la Provincia de Socorro de 1810 como un verdadero texto constitucional. Véase *Primeras Constituciones de Colombia y Venezuela...,* págs. 26-27.

es tiránica y contraria por lo mismo a la felicidad de los pueblos" (art. 12). En esta forma, el poder ejecutivo se atribuyó al rey (art. 6º), el poder legislativo se atribuyó a un cuerpo legislativo (art. 7º) y el poder judicial se asignó a los tribunales de la provincia (art. 8º). Se estableció, además, un alto tribunal que se denominó "Senado de Censura", "para sostener esta Constitución y los derechos del pueblo, a fin de que de oficio o requerido por cualquiera ciudadano, reclame cualquiera infracción o usurpación de todos o cada uno de los tres poderes ejecutivo, legislativo y judicial que sea contra el tenor de la Constitución" (art. 9º).

En materia de derechos fundamentales, en el artículo 16 se garantizó "a todos sus ciudadanos los sagrados derechos de la religión, propiedad y libertad individual, y la de la imprenta, siendo los autores los únicos responsables de sus producciones y no los impresores, siempre que se cubran con el manuscrito del autor bajo la firma de este, y pongan en la obra el nombre del impresor, el lugar y el año de la impresión". Además, se garantizó la inviolabilidad de la correspondencia (art. 17), y la "libertad perfecta en su agricultura, industria y comercio" (art. 18).

En la Constitución, por otra parte, "la provincia cundinamarquesa, con el fin de efectuar la importante y deseada unión de todas las provincias que antes componían el Virreinato de Santafé, y de las demás de la Tierra Firme que quieran agregarse a esta asociación y están comprendidas entre el mar del Sur y el Océano Atlántico, el río Amazonas y el Istmo de Panamá", convino en "el establecimiento de un Congreso Nacional compuesto de todos los representantes que envíen las expresadas provincias" (art. 19); en el cual la provincia cundinamarquesa dimitiría "aquellos derechos y prerrogativas de la soberanía que tengan, según el plan general que se adopte, íntima relación con la totalidad de las provincias de este Reino en fuerza de los convenios, negociaciones o tratados que hiciere con ellas, reservándose, como desde luego se reserva, la soberanía en toda su plenitud para las cosas y casos propios de la provincia en particular, y el derecho de negociar o tratar con las otras provincias o con otros Estados" (art. 20).

En el *Título II* sobre la *Religión*, se declaró que "la Religión Católica, Apostólica, Romana es la religión de este Estado" (art. 1º), no permitiéndose otro culto público ni privado (art. 2º); regulándose las bases para la negociación de un Concordato con la Santa Sede (art. 3º).

En el *Título III* sobre la *Corona*, se declaró formalmente que la Provincia de Cundinamarca se erigía "en Monarquía constitucional para que el rey la gobierne según las leyes, moderando su autoridad por la Representación Nacional que en esta Constitución se expresa y determina" (art. 1º); destinándose varias normas a regular la figura y función del rey (arts. 2º a 9º), declarándose que "la Corona de Cundinamarca es incompatible con cualquiera otra extraña que no sea de aquellas que al principio del año de 1808 componían el Imperio español" (art. 10).

En el *Título IV* sobre la Representación nacional, se ratificó que la misma "se compone del presidente y vicepresidente, Senado de Censura, dos consejeros del poder ejecutivo; los miembros del legislativo y los tribunales que ejercen el poder judicial" (art. 1°); considerándose al rey como el "presidente nato de la Representación nacional, en su defecto, el presidente nombrado por el pueblo" (art. 2°). En este Título, además, se reguló la forma de revisar la Constitución que corresponde al Colegio Electoral (arts. 4° a 13); las condiciones para ser miembro de la Representación nacional (arts. 14 a 15); y los signos distintivos y tratos a sus cuerpos (arts. 16 a 1°).

En el *Título V* sobre el *Poder ejecutivo* se ratificó que su ejercicio en la provincia "corresponde al rey, cuando se halle dentro de su territorio y no esté impedido" por alguno de los motivos expresados en la Constitución (art. 8°, Título III); disponiéndose que "a falta del rey, entra en el ejercicio del poder ejecutivo el presidente de la Representación nacional" (art. 3°), asistido de dos secretarios (arts. 17 a 20). En el artículo 10 se precisó que al poder ejecutivo correspondía el ejercicio "de todas las funciones relativas al gobierno político, militar y económico de esta provincia, en todo aquello que no sea legislativo o contencioso, y sujetándose al tenor de las leyes, para cuya ejecución podrá publicar bandos, proclamas y decretos"; disponiéndose, en particular, la competencia en materia de la fuerza armada (art. 11); de recaudación inversión y custodia de los caudales públicos (art. 12), y de provisión de todos los empleos civiles, militares, económicos y de hacienda (art. 14). Además, se le asignó al poder ejecutivo, la "protección de todos los establecimientos públicos destinados a la instrucción de la juventud, al fomento de la industria, a la prosperidad del comercio y al bien general de toda la provincia" (art. 16). Por último, se asignó al poder ejecutivo la potestad de promulgar y hacer poner en práctica las leyes que dicte el poder legislativo (art. 21), con el derecho a poder objetarlas (art. 23) y devolverlas por inconstitucionales (art. 24), en cuyo caso, el Poder legislativo si estimaba que las objeciones eran fútiles o arbitrarias, debía someter la cuestión al Senado (art. 26). En este Título se estableció una detallada regulación sobre el ejercicio de las funciones ejecutivas (arts. 27 a 56).

En el *Título VI* sobre el *Poder legislativo*, se reafirmó su carácter representativo, cuyos miembros debían ser nombrados por el pueblo (art. 1°), estableciéndose una detallada regulación sobre la forma de elección y evocación de los miembros; sobre el ejercicio de la función legislativa (arts. 2° a 13); sobre el procedimiento de formación de las leyes (arts. 14 a 19); reservándose al poder legislativo la "facultad de interpretar, ampliar, restringir, o comentar las leyes", al punto de indicarse que "el poder ejecutivo y el judicial deberán seguirlas a la letra; y en caso de duda consultar al cuerpo legislativo" (art.

20). En el Título, además, se garantizó la irretroactividad de la ley (art. 20) y se regularon detalladamente las diversas competencias del poder legislativo (arts. 22 a 41).

En el *Título VII* sobre el *Poder judicial*, se definió su cometido (art. 1°) especificándose que correspondía a los tribunales superiores de la provincia y a los tribunales de apelación y de primera instancia (arts. 33-51), los jueces subalternos y las municipalidades (arts. 52-54), garantizándose la separación de poderes al disponerse que "por ningún caso podrá entrometerse en lo relativo a los poderes ejecutivo y legislativo, aunque sea de un asunto contencioso" (art. 2°). Se estableció, además, al Senado integrado por cinco senadores electos, como el primer tribunal de la provincia preferente a todos los demás (arts. 3°-32), con la función de "velar sobre el cumplimiento exacto de esta Constitución e impedir que se atropellen los derechos imprescriptibles del pueblo y del ciudadano" (art. 4°). En el título sobre el poder judicial, además, se regularon derechos fundamentales en los enjuiciamientos como la limitación de la confiscación (art. 41), la seguridad de las personas detenidas (art. 42), la detención solo mediante decisión judicial motivada (art. 43) y en el lugar acordado (art. 45), la limitación a la incomunicación del detenido (art. 44), la inviolabilidad del hogar doméstico, considerándoselo como asilo inviolable por la noche (art. 47).

En el *Título VIII* sobre las *Elecciones,* se dispuso el detallado régimen de las elecciones primarias, parroquiales o de apoderados, en forma indirecta, correspondiendo a los parroquianos listados en el padrón de la localidad, elegir a los electores de la parroquia (arts. 1°-28), a razón de un apoderado por cada 500 almas (art. 9°), cuando obtuviese "la pluralidad absoluta [de votos], esto es, uno sobre la mitad de todos los sufragios" (art. 16). Los apoderados entonces, debían ser convocados por el corregidor, a las elecciones secundarias o de partido, a los efectos de elegir un sujeto por cada 5.000 almas para que en la capital procedieran a elegir los electores de partido (art. 40), que formaban el Colegio Electoral (art. 41). Estos debían concurrir a la capital de Cundinamarca, ante el presidente de la provincia (art. 41), para elegir a los miembros del cuerpo legislativo (art. 62), en razón de un representante por cada 10.000 almas (art. 43), en votos públicos y escritos (art. 49); para presidente (arts. 52, 53), con el voto de más de la mitad de los sufragios de todos los electores (art. 54), y con igual voto para vicepresidente (art. 59), consejeros (art. 61). En cuanto a la elección de los individuos del Senado y del Tribunal de Apelaciones los mismos se debían elegir en los mismos términos y por las mismas reglas establecidas para la elección de los miembros del cuerpo legislativo (art. 63). Al Colegio Electoral también correspondía la elección de los representantes de las provincias para el Congreso General del Reino (art. 69).

En el *Título IX* sobre la *Fuerza Armada,* se definió su objeto de "defender al Estado de todo ataque y toda irrupción enemiga, evitar conmociones y desórdenes en lo interior, y celar el cumplimiento de las leyes" (art. 1º), considerándosela como "esencialmente obediente, y por ningún caso tiene derecho de deliberar, sino que siempre debe estar sumisa a las órdenes de sus jefes" (art. 9º). Todo individuo se consideró como soldado nato de la patria (art. 2º) regulándose el alistamiento obligatorio para todos los ciudadanos (art. 7º), Para los casos comunes y la policía interior se previó la existencia de tropas veteranas (art. 4º). Para evitar que los jefes abusen de su autoridad en perjuicio de los derechos del pueblo y en trastorno del gobierno, se dispuso la división de las tropas en muchas porciones, independientes unas de otras (art. 10), y se prohibió absolutamente y sin la menor dispensa, el que la totalidad de la fuerza armada de la provincia se pusiera a las órdenes de un solo hombre (art. 11).

En el *Título X* sobre el *Tesoro nacional,* se reguló la obligación de los ciudadanos de "contribuir para el culto divino y la subsistencia para los Ministros del Santuario; para los gastos del Estado, la defensa y seguridad de la patria, el decoro y la permanencia de su gobierno, la administración de justicia y la representación nacional" (art. 1º); regulándose los impuestos y contribuciones (art. 2º) como competencia del cuerpo legislativo (art. 3º).

En el *Título XI* sobre *la Instrucción pública,* destacó el valor de la misma para el hombre (art. 1º), e imponiéndose la obligación de todos los poblados de establecer "escuelas de primeras letras y dibujo, dotadas competentemente de los fondos a que corresponda, con separación de los dos sexos" (art. 2º). Se garantizó el derecho de cualquier ciudadano de abrir escuela de enseñanza pública sujetándose al examen del gobierno, con la calidad de obtener su permiso y estar bajo la inspección de la Sociedad patriótica (art. 6º). Los colegios y la Universidad quedaron bajo la inspección y protección del gobierno (art. 8º).

En el *Título XII* sobre los *Derechos del hombre y del ciudadano*, siguiendo el texto de la Declaración francesa de 1789, se declaró que "los derechos del hombre en sociedad son la igualdad y libertad legales, la seguridad y la propiedad" (art. 1º); regulándose la libertad y sus límites (arts. 2º- 4º) y el respeto a los demás (art. 7º); el carácter de la ley como "la voluntad general explicada" por el pueblo mediante sus "representantes legítimamente constituidos" (art. 5º); la igualdad (art. 6º); la seguridad y el derecho a la protección (art. 8º); el derecho de propiedad (art. 9º) y el régimen de la expropiación sujeta a "una justa y precisa indemnización" (art. 10); la libertad de manifestar opiniones "por medio de la imprenta, o de cualquiera otro modo que no le sea prohibido, en uso de su libertad y propiedad legal" (art. 11); el régimen de las contribuciones (art. 12); el derecho al sufragio para elegir representantes (art. 13); los derechos al debido proceso (art. 13); el régimen de la soberanía que "reside esencialmente en la universalidad de los ciudadanos" (art. 15), y las limitaciones a la condición de ciudadanos (art. 16).

En el *Título XIII* sobre los *Deberes del ciudadano,* se reguló la obligación de los ciudadanos de conservar la sociedad (art. 1º); de observar la Constitución y las leyes (art. 2°); de defender y servir a la sociedad (art. 3°); considerando que "no es buen ciudadano el que no es buen hijo, buen padre, buen hermano, buen amigo, buen esposo" (art. 4°) o "no observa religiosamente las leyes, el que por intrigas, cábalas y maquinaciones elude su cumplimiento, y el que sin justo motivo se excusa de servir a la Patria" (art. 5°).

La Constitución de Cundinamarca fue remitida formalmente a la provincia de Venezuela, desde donde el poder ejecutivo de Caracas contestó mediante comunicación oficial de 6 de julio de 1811 dirigida al presidente de Cundinamarca, indicando "el acelerado paso de la Constitución reglada por el reconocimiento de un rey, no puede menos que hacerla viciosa o diametralmente opuesta a la resolución que acaba de tomar el Supremo Congreso de Venezuela", el cual el día anterior, el 5 de julio, venía de declarar la Independencia de las provincias de Venezuela, puntualizando la diferencia entre ambos procesos: "porque la de Cundinamarca entra ratificando el reconocimiento de un rey y Venezuela no reconoce ni reconocerá ninguno. Su gobierno es y será libre y ella no obedecerá ni admitirá otras leyes que las que dicten sus representantes y sancionen los pueblos, concluía que "no es posible que este Soberano Congreso se congratule con la Constitución mencionada"[7].

La Constitución de Cundinamarca, en todo caso fue revisada el 17 de abril de 1812 por considerar que la misma se había "formado precipitadamente para satisfacer a los deseos y a las instancias de los pueblos que exigían el que con prontitud se les diese alguna". En la revisión, se elevó su articulado a 382 artículos, eliminándose el régimen monárquico, estableciéndose en cambio una República con un gobierno popular representativo (art. 1°, Sección II), "representada por tres distintos poderes; conviene a saber: legislativo, ejecutivo y judicial" (art. 2°), que "se ejercitarán con independencia unos de otros" (art. 3°).

Después de la sanción de la Constitución Federal de los Estados de Venezuela en diciembre de 1811 y de la firma del Acta de Confederación de las Provincias Unidas de Nueva Granada de noviembre de 1811, las diversas provincias, en ambos Estados nacionales, continuaron sancionando sus constituciones provinciales: en Venezuela, en 1812 y en Nueva Granada entre 1811 y 1815.

2. El Acta de la Confederación de las Provincias Unidas de la Nueva Granada de 27 de noviembre de 1811

Siguiendo la línea de la convocatoria de formar un Congreso Nacional contenida en el acta de la Independencia adoptada por el Cabildo de Santafé de 20

[7] Véase *Textos Oficiales de la primera República de Venezuela,* tomo II, Caracas, Biblioteca de la Academia de Ciencias Políticas y Sociales, 1982, págs. 21-24.

de julio de 1810, a partir de finales de 1810 y luego que no se pudo reunir el primer Congreso de las provincias que se había convocado, y en forma paralela a los esfuerzos de Cundinamarca por controlar las provincias del Nuevo Reino, alguna de estas, como se ha señalado, ya había adoptado su propia Constitución o forma de gobierno (Socorro) y casi todas habían enviado representantes al segundo Congreso de las Provincias Unidas que se reunió inicialmente en Santafé, manteniendo luego su centro en Tunja y en Villa de Leyva.

El 27 de noviembre de 1811, los representantes de cinco de las provincias de la Nueva Granada (Antioquia, Cartagena, Neiva, Pamplona y Tunja), reunidos en Convención en Santafé, aprobaron el Acta de Confederación de las Provincias Unidas de Nueva Granada[8], con 78 artículos, la cual tuvo, sin duda, influencia de los textos constitucionales norteamericanos, mediante la cual se estableció la primera república neogranadina, con el título de Provincias Unidas de la Nueva Granada (art. 1º). Del Acta de la Confederación disintieron los diputados de las provincias de Cundinamarca y Chocó, representando las tendencias centralistas, "por considerar inconveniente el sistema federal adoptado", marcando así el desacuerdo entre federalistas y centralistas que se evidenció en la lucha entre la mayoría de las provincias y la de Cundinamarca, el cual incluso desembocó a finales de 1812 en enfrentamientos armados. La primera de estas guerras culminó con el triunfo de la federación en enero de 1813, en Santafé de Bogotá, y la formación de un solo gobierno con el mismo nombre de Provincias Unidas de Nueva Granada.

El Acta de la Confederación de 1811, en todo caso, desconociendo expresamente a la regencia de España (art. 5º), conservó la Religión Católica (art. 4º), y creó una Confederación entre las Provincias que, al tiempo de la Revolución de Santafé de 20 de julio de 1810, "eran reputadas y consideradas como tales, y que en continuación y en uso de este derecho resumieron desde aquella época su gobierno y administración interior" (art. 2º). A tal efecto, las provincias proclamaron "sus deseos de unirse a una asociación federativa, que remitiendo a la totalidad del gobierno general las facultades propias y privativas de un solo cuerpo de nación, reserve para cada una de las provincias su libertad, su soberanía y su independencia, en lo que no sea del interés común". El Acta también indicaba que se admitirían en la Confederación aquellas otras que, sin haber pertenecido a la Nueva Granada, por su situación geográfica o comercio tenían vínculos con la nación.

En el Acta, como se dijo, las provincias unidas "desconocen expresamente la autoridad del poder ejecutivo o regencia de España, Cortes de Cádiz,

[8] Véase el texto en Jorge Orlando Melo, *Documentos constitucionales colombianos, 1810-1815,* en http://www.jorgeorlandomelo.com/bajar/documentosconstitucionales1.pdf; y en el libro *El pensamiento constitucional hispanoamericano hasta 1830*, tomo III, Caracas, Academia Nacional de la Historia, 1961, págs. 457-484.

tribunales de justicia y cualquiera otra autoridad subrogada o substituida por las actuales, o por los pueblos de la península, en ella, sus islas adyacentes, o en cualquiera otra parte, sin la libre y espontánea concurrencia de este pueblo", indicándose, además, que en ninguna de dichas provincias se obedecerá o dará cumplimiento a las órdenes, cédulas, decretos o despachos, que emanaren de las referidas autoridades (art. 5°).

Las provincias se reconocieron entre sí como mutuamente "iguales, independientes y soberanas, garantizándose la integridad de sus territorios, su administración interior y una forma de gobierno republicano (art. 6°); para lo cual se reservaron expresamente, un conjunto de poderes y potestades (art. 7°), entre las que destaca "la facultad de darse un gobierno como más convenga a sus circunstancias, aunque siempre popular, representativo y análogo al general de la Unión, para que así resulte entre todas la mejor armonía, y la más fácil administración, dividiendo sus poderes, y prescribiéndoles las reglas bajo las cuales se deben conducir" (art. 7°.1); la policía, el gobierno interior y económico de sus pueblos, y nombramiento de toda clase de empleados (art. 7°.2); la formación de sus códigos civiles y criminales (art. 7°.3); el establecimiento de los juzgados y tribunales superiores e inferiores (art. 7.4°), y la creación y arreglo de milicias provinciales (art. 7.5°) y, en general, "todo aquello que no siendo del interés general, ni expresamente delegado en los pactos siguientes de federación, se entiende siempre reservado y retenido" (art. 7°.8).

En el Acta, respecto de la unión o confederación, se reforzó el Congreso como "depositario de altas facultades, conservador de los derechos de los pueblos, y director de sus medios y sus recursos", constituido por los diputados representantes de las provincias (art. 10), con votos iguales, y que a los efectos del Congreso debían considerarse "más bien representantes de la Unión en general que de ninguna provincia en particular" (art. 52). El Congreso se debía instalar y formar "donde lo tenga por conveniente, trasladándose sucesivamente si fuere necesario a donde lo pidan las ventajas de la unión, y principalmente la defensa común" (art. 11). El Congreso tenía la facultad para levantar y formar los ejércitos que juzgue necesarios, y la fuerza naval que permitan las circunstancias, para la defensa común de las provincias unidas (art. 12), con facultad de "hacer las ordenanzas y reglamentos generales y particulares que convengan para la dirección y gobierno de las fuerzas marítimas y terrestres" (art. 18), y para asignarle a estas "el número de milicias con que deba contribuir para la defensa común, arreglado a las circunstancias en que se halle respecto del enemigo, sus proporciones o recursos en este género y su población (art. 15).

Se reguló en el Acta, además, dentro de las potestades privativas del Congreso, todo lo relativo al tesoro nacional y las diversas rentas (arts. 20 ss.), sin embargo, reconociendo, que las tierras baldías eran de las provincias (art. 23), y respetando las tierras de las tribus indígenas (art. 24); lo relativo a la moneda (art. 33); la autoridad sobre los caminos y medios de comunicación de las provincias (art. 34); el arreglo del comercio interior entre las provincias (art. 35); las relaciones exteriores (art. 40), en particular con la Silla Apostólica (art. 41), reservándose al Congreso la decisión sobre el patronato que existía (art. 42); la solución de las disputas entre las diversas provincias (art. 44), y el juicio y determinación de los pleitos y diferencias entre ciudadanos de diversas provincias (art. 47).

El Acta, además, reguló el derecho de "los habitantes libres, de todas y cada una de las provincias, a entrar en el territorio de las demás, traficar o comerciar en ellas y gozar de todos los privilegios e inmunidades de ciudadanos libres (art. 48), y se declaró que se reconocerían en todas las provincias, las diligencias judiciales que ocurrieran las mismas (art. 50).

Finalmente, con vistas a la consolidación futura de la unión, se declaró en el artículo 61 que "removidos los peligros que hoy nos rodean, reunidas las provincias que definitivamente compondrán esta Unión, y conocida exactamente su población, se convocará la gran Convención Nacional sobre esta misma base de la población para darse dicha Constitución; a menos que las provincias quieran someter esta obra al Congreso, sujeta no obstante siempre a su sanción" (art. 61); declarándose en cuanto a la rigidez del Acta que "Nada de lo contenido en esta Acta podrá revocarse sin expresa determinación de las provincias, para cuyo efecto deberán ser oídas, lo mismo que lo han sido y van a serlo para su sanción; y nada de lo obrado contra ella tendrá autoridad ni fuerza alguna, como hecho contra su expresa y declarada voluntad" (art. 74).

Por otra parte, el Congreso de las Provincias Unidas, que en 1813 funcionaba en Tunja, ciudad bastión de las ideas federales, en marzo de 1813 autorizó y apoyó a Simón Bolívar para iniciar la Campaña militar para la liberación de las provincias de Venezuela, para lo cual salió de Cúcuta en mayo de 1813. Derrotado en 1814, Bolívar se presentó en Tunja de nuevo ante el Congreso de las Provincias Unidas. Fue comisionado por el Congreso de Tunja para liberar a Bogotá, la cual sitió y dominó, con lo cual luego de firmada la Capitulación del 12 de diciembre de 1814, Cundinamarca reconocería al Congreso de las Provincias Unidas.

Debe señalarse, finalmente, que este Estado nacional, Provincias Unidas de la Nueva Granada funcionó hasta 1816, cuando las tropas españolas comandadas por el mariscal Pablo Morillo tomaron en nombre de la Corona española las provincias de la Nueva Granada, haciendo jurar, aun cuando muy brevemente, la Constitución de Cádiz.

3. Algunas constituciones provinciales en la Nueva Granada después del Acta de la Confederación de las Provincias Unidas de la Nueva Granada de 1811

En la Nueva Granada, con posterioridad a la firma del Acta de la Confederación de las Provincias, entre 1811 y 1815 se dictaron constituciones en las Provincias de Tunja (1811), Antioquia (1812), Cartagena de Indias (1812), Popayán (1814), Pamplona (1815), Mariquita (1815) y Neiva (1815). Además, en 1812 se reformuló la Constitución de la República de Cundinamarca[9] y en 1814 se revisó y reformó la propia Acta de la Federación de las Provincias Unidas de la Nueva Granada[10]. A continuación, nos referiremos solamente a las dos primeras Constituciones provinciales neogranadinas dictadas en 1811 y 1812, que son las que pueden calificarse como pre-gaditanas.

A) *La Constitución de la República de Tunja de 9 de diciembre de 1811*

Luego de la sanción del Acta de la Confederación de las Provincias Unidas de la Nueva Granada, la primera constitución provincial que se dictó fue la de la provincia de Tunja, donde precisamente funcionaba el Congreso de las Provincias Unidas. A tal efecto, el Colegio Electoral de la Provincia adoptó, el 9 de diciembre de 1811, la Constitución de Tunja[11] que se ha considerado "la primera constitución de fisonomía republicana" de Colombia[12], con 235 artículos, en la cual se establecieron las bases de gobierno, en los siguientes Títulos:

El Título preliminar sobre declaración de los derechos del hombre en sociedad, contiene un completísimo elenco de derechos y deberes. En el capítulo I, sobre los derechos, comenzó con la declaración general *ius naturalista* de que "Dios ha concedido igualmente a todos los hombres ciertos derechos naturales, esenciales e imprescriptibles, como son: defender y conservar su vida, adquirir, gozar y proteger sus propiedades, buscar y obtener su seguridad y felicidad. Estos derechos se reducen a cuatro principales, a saber: la libertad, la igualdad legal, la seguridad, y la propiedad" (art. 1°), de allí, se definió la libertad (art. 2°), la igualdad (art. 3°) con la proscripción de privilegios (art. 4°) y de cargas desiguales (art. 5°), la seguridad (art. 6°) y la protección de la libertad pública o individual contra la opresión de los que gobiernan (art. 7°). Se regularon diversos derechos del debido proceso como el *nullum crimen sine lege* (art. 8°), la presunción de inocencia y la prisión excepcional pendiente juicio (art. 9°), el límite a las penas (art. 10), el derecho a ser oído, el delito en ley preexistente y la irretroactividad de la ley (art. 11). Además, el derecho de propiedad y la expropiación (art. 12), la libertad de trabajo e industria (art. 13), el régimen de las contribuciones fiscales (art. 15) establecidas por los

9 Véase el texto en el libro *El pensamiento constitucional hispanoamericano hasta 1830, op. cit.,* tomo IV, Caracas, 1961, págs. 11-74.

10 Véase el texto en el libro *El pensamiento constitucional hispanoamericano hasta 1830, op. cit.,* tomo IV, Caracas, 1961, págs. 148-156.

11 Véase el texto en Jorge Orlando Melo, *Documentos constitucionales colombianos, 1810-1815,* en http://www.jorgeorlandomelo.com/bajar/documentosconstitucionales1.pdf.

12 Véase Carlos Restrepo Piedrahita, en *Primeras Constituciones de Colombia y Venezuela..., op. cit.,* pág. 98.

representantes (art. 16) y derecho a la educación (art. 17). También se reguló el régimen de la soberanía residiendo en el pueblo, titular del poder soberano (arts. 18 y 19), su definición, conforme al principio de la separación de poderes (art. 20), y la precisión de que ninguna parcialidad puede ejercerla, y nadie puede ejercer autoridad sin la delegación de los ciudadanos (arts. 21 y 22). Se reguló el régimen de las elecciones libres, el derecho al sufragio (art. 23), el principio de la alternabilidad republicana (art. 24), la responsabilidad de los representantes (art 25), se definió la finalidad del gobierno para el bien común y se reguló el derecho del pueblo a decidir sobre su gobierno (art. 26). Se reguló la igualdad de todos los hombres (art. 27) y el derecho de petición (art. 28). Se proclamó el principio de la separación de tres poderes: legislativo, ejecutivo y judicial (art. 29) como garantía social (art. 30), y se indicaron los principios que deben guiar el ejercicio del sufragio (art. 31).

En el capítulo II, se regularon los deberes del ciudadano, en su conducta hacia los demás (art. 1º), las obligaciones con la sociedad y la observancia de las leyes (arts. 2º, 3º y 4º), el deber de obediencia a la autoridad (art. 5º), de respetar la propiedad ajena (art. 6º), el respeto a los demás (art. 7º), y el deber de servir a la patria (art. 8º).

El capítulo III se dedicó a la Independencia de la provincia de Tunja, en particular respecto de España sujetándose sin embargo "sobre este punto a lo que se determine por las dos terceras partes de las provincias del Nuevo Reino de Granada" en su Congreso General del Nuevo Reino, o de sus provincias unidas" (art. 1º), y al gobierno representativo de la misma (art. 2º). El capítulo IV reguló la forma de gobierno de la provincia, como popular y representativo (art. 1º), conforme al principio de la separación de poderes, con un presidente gobernador, un Senado, una Cámara de Representantes, un tribunal de apelaciones y otros tribunales, y los alcaldes ordinarios y pedáneos (art. 2º).

La *Sección primera* se destinó a regular en detalle el poder legislativo, con el capítulo I sobre la Sala de Representantes compuesta por diez sujetos elegidos por el Colegio Electoral cada dos años, a propuesta de cada uno de los diversos departamentos en que se divide la provincia (art. 1º), regulándose en detalle el procedimiento de las elecciones, las condiciones de elegibilidad (arts. 2º-7º), el objeto de la corporación para formar las leyes (art. 8º), el procedimiento de su elaboración y sanción (arts. 9º-17), y la inmunidad parlamentaria (art. 21). El capítulo II se destinó a regular el Senado, su composición (arts. 1º-3º) y su carácter de órgano colegislador (art. 4º), su competencia en materia de juicios políticos (arts. 6º-21), y el régimen de su funcionamiento (arts. 22-26). El capítulo III se destinó a la regulación de las disposiciones generales sobre la legislatura, previéndose el régimen de formación de las leyes (arts. 1º-5º) y su carácter de expresión de la voluntad general como reglas universales de aplicación general (arts. 8º y 9º), reservándose a la legislatura la facultad para interpretar, ampliar, restringir, comentar y suspender las leyes (art. 10) y, en general, las competencias legislativas de la Cámara de Representantes (arts. 11-26).

En la *Sección segunda* de la Constitución se reguló el poder ejecutivo, estableciéndose en el capítulo I el régimen del gobernador, al cual se denominó "presidente gobernador de la República de Tunja" (art. 1°), estableciéndose el régimen de su elección por el Congreso Electoral de la provincia (art. 2°) con la posibilidad de reelección inmediata por una sola vez (art. 4°), sus competencias, entre ellas la de capitán general de todas las milicias de la provincia. El capítulo II se destinó a regular al teniente gobernador, encargado de suplir las faltas del gobernador.

En la *Sección tercera* se reguló el poder judicial, atribuyéndose al gobernador, en el capítulo I, algunas facultades en lo contencioso, para conocer en primera instancia de todas las "materias políticas, administrativas y económicas" (art 1°), pueden sus sentencias apelarse ante el alto Tribunal de Justicia (art. 2°). En el capítulo II, se reguló a los alcaldes pedáneos, electos por los vecinos anualmente (art. 1°), con el cargo de conocer asuntos en lo civil de menor cuantía y en lo criminal ciñéndose, como ocurría en la época colonial precedente, a la formación de sumario, arresto y confesión, dando cuenta en este estado a la justicia ordinaria (art. 2°). En el capítulo III se regularon los alcaldes ordinarios que debían ser electos en cada departamento, y que debían decidir en primera instancia todos los asuntos contenciosos que ocurrieren en el distrito, salvo los atribuidos a los pedáneos. El Tribunal de Apelaciones se reguló en el capítulo IV, para conocer en apelación de las sentencias de los alcaldes ordinarios (art. 1°). En el capítulo V se regularon los últimos recursos, asignándose al Senado competencia para conocer en apelación de las decisiones del Tribunal de Justicia mediante la designación de unos conjueces de listas con la participación de las partes. En este capítulo, además, se estableció en general el régimen legal para la administración de justicia, disponiéndose que "los pleitos se sentenciarán por las leyes que nos han gobernado hasta aquí en lo que no sean contrarias a esta Constitución" (art. 3°); que "los jueces se ceñirán a la estricta observancia de las leyes, y en caso de no haber ley que pueda ser aplicable al caso ocurrido, lo propondrán a la legislatura de la provincia, para que establezca una ley que en lo sucesivo gobierne en iguales casos" (art. 4°), y que "no se podrá pronunciar sentencia, sin que en ella se exprese la ley en que se funda" (art. 5°). En el capítulo VI se reguló el régimen de los jurados para conocer de las causas civiles de mayor cuantía si así lo convinieren las partes, escogiendo "a este medio que muchos han creído el más seguro para no aventurar la justicia" (art. 1°); regulándose en detalle la forma de su escogencia, así como el carácter irrevocable de las sentencias (art. 7°).

La *Sección cuarta* se destinó a regular el Tesoro público, estableciéndose las normas de transición para la determinación de las "actuales contribuciones" que debían permanecer por el Congreso, al organizar un sistema de rentas (art. 1º), y regulándose los cargos de contador y tesorero, para la recaudación, custodia y distribución del Tesoro Público (art. 3º), y el régimen de las cuentas de los administradores y de las de los cabildos.

En la *Sección quinta*, se reguló la fuerza armada, previéndose el servicio militar obligatorio (art. 1º), creándose en cada pueblo de la provincia, tantas compañías de milicias como fueran posibles (art. 4º), debiendo ser instruidas por militares que proporcionare el gobernador (art. 5º). Se concibió a la fuerza armada como esencialmente obediente y no deliberante (art. 7º).

La *Sección sexta* se destinó a regular la educación pública, disponiéndose que "en todos los pueblos de la provincia habrá una escuela en que se enseñe a los niños a leer, escribir, contar, los primeros rudimentos de nuestra santa Religión, y los principales derechos y deberes del hombre en sociedad" (art. 1º); previéndose que en la capital habría una Universidad (art. 2º). Se dispuso en forma general, conforme al principio de la igualdad que "ni en las escuelas de los pueblos, ni en las de la capital habrá preferencias ni distinciones, entre blancos, indios, u otra clase de gente" de manera que lo que distinga "a los jóvenes, será su talento, y los progresos que hagan en su propia ilustración" (art. 3º).

En la *Sección séptima* se reguló el Congreso Electoral, integrado por los electores a razón de un elector por cada 2.000 habitantes (art. 5º), con el régimen detallado de la elección de los mismos por los vecinos (art. 7º) de los pueblos de manera que "todo pueblo, por pequeño que sea, con tal que no se halle agregado a otro, deberá nombrar su elector" (art. 6º).

En la *Sección octava*, se estableció el régimen de elección de los representantes para el Congreso General, que debían ser elegidos cada tres años por el Congreso Electoral (art. 1º), estableciéndose como condición para ser electo el haber vivido en la provincia a lo menos cuatro años (art. 2º). El mismo Congreso Electoral quedó facultado para darles instrucciones a los representantes, "siendo conformes a la Constitución de la provincia, y a la que se haya adoptado por el Congreso de las Provincias Unidas" (art. 4º).

La *Sección novena* se destinó a regular disposiciones generales sobre empleos de la provincia, con normas sobre el "derecho de [los] ciudadanos" a ejercerlos, que correspondía a los residentes de la provincia (art. 2º); y sobre probidad en el ejercicio de los cargos públicos (art. 6º). La *Sección décima* se destinó a regular los juramentos que todos los funcionarios de los tres poderes debían prestar de cumplir sus funciones conforme a la Constitución; y la *Sección undécima*, se destinó a regular los diversos tratamientos de las corporaciones de la provincia.

Por último, en la *Sección duodécima*, se incluyó un elenco de leyes que el Serenísimo Colegio Electoral manda observar desde que se publique la Constitución, que en cierta forma es un complemento de lo dispuesto en el

Título preliminar sobre derechos fundamentales. En esta sección se prohibió todo género de tormento para la inquisición de los delitos (art. 1º); las penas infamantes (art. 2º); la confiscación, por el delito que fuere, de más del quinto de los bienes (art. 3º), excepto el de asesinato, en cuyo caso, "si el agresor tuviese bienes, y no herederos forzosos, sus bienes pasarán, con la autoridad judicial, a los del muerto" (art. 4º), y "la pesquisa indeterminada, y sin que se individualice el delito o delitos sobre que se debe versar" (art. 10). Se consagró el derecho a ser juzgado en libertad, de manera que "a ninguno se reducirá a prisión, a no ser que haya semiplena prueba de su delito, o sospechas muy fundadas de fuga" (art. 6º), debiendo, en los delitos que no merezcan pena corporal, excarcelarse al reo luego que diere fianza segura de estar a derecho (art. 7º). Se limitó además la posibilidad de prisión por deuda civil (arts. 8º y 9º). Se prohibió la apertura, lectura y presentación en juicio de "cartas selladas que se hallen dentro o fuera del correo, sin expreso consentimiento de los interesados" (art. 11), considerándose que nada podía probar "en juicio una carta o papel aprehendido de esta manera", ordenándose pena de prisión para los responsables (art. 11); regulándose sin embargo los casos en los cuales se podía registrar las correspondencias y papeles abiertos que tuviese un ciudadano dentro de su la casa (art. 12). Se prohibió a los jueces "entrar a la casa de cualquier ciudadano, ni mucho menos forzarla o quebrantarla", sin que hubiese prueba o indicio fundado de que "adentro se perpetra un delito, o se oculta un delincuente" (art. 13); imponiéndose a los jueces el deber de oír demandas solo en su juzgado (art. 14). En fin, en la Constitución se prohibió "la fundación de mayorazgos" (art. 17).

B) *La Constitución del Estado de Antioquia de 21 de marzo de 1812*

La Constitución de la Provincia de Antioquia en el Nuevo Reino de Granada[13], con 299 artículos, fue sancionada por los representantes de la Provincia, el 21 de marzo de 1812 (dos días después de la sanción de la Constitución de Cádiz) y aceptada por el pueblo el 3 de mayo de 1812, como se dispuso en el *Título I, Preliminares* sobre las Bases de la Constitución, a los efectos de garantizar "a todos los ciudadanos su libertad, igualdad, seguridad y propiedad", en virtud de que por la abdicación de la Corona ocurrida en 1808 y disuelto el gobierno que la misma mantenía, se habían devuelto "a los españoles de ambos hemisferios las prerrogativas de su libre naturaleza, y a los pueblos las del contrato social, incluyendo a la Provincia de Antioquia, la cual había reasumido la soberanía, y recobrado sus derechos. Por ello, los representantes declararon que el pueblo de la Provincia de Antioquia reconocía y profesaba la Religión Católica, Apostólica, Romana como la única verdadera, siendo "la

[13] Véase el texto en JORGE ORLANDO MELO, *Documentos constitucionales colombianos, 1810-1815*, en http://www.jorgeorlandomelo.com/bajar/documentosconstitucionales1.pdf.

Religión del Estado", y además que había sido "el olvido de los sagrados e imprescriptibles derechos del hombre y de las obligaciones del ciudadano la causa primarla y el origen del despotismo, de la tiranía y de la corrupción de los gobiernos, y que por este mismo olvido e ignorancia los pueblos sufren por muchos siglos la esclavitud y las cadenas, o cometen mil excesos contrarios al orden y a la institución de las sociedades". Como consecuencia de ello, se declararon "los derechos del hombre y los deberes del ciudadano".

A tal efecto, en los 33 artículos de la *Sección segunda* del Título preliminar se declararon los "derechos del hombre en sociedad", como "derechos naturales, esenciales e imprescriptibles, como son defender y conservar su vida, adquirir, gozar y proteger sus propiedades, buscar y obtener su seguridad y felicidad", expresándose que se reducían "a cuatro principales, a saber: la libertad y la igualdad legal, la seguridad y la propiedad" (art. 1°), definiéndose la libertad (art. 2°) con la regulación específica de la libertad de imprenta y de expresión (art. 2°); la igualdad, con regulaciones detalladas sobre igualdad ante la ley (art. 4°), la exclusión de privilegios (art. 5°), y la igualdad en los tributos (art 6°); la seguridad (art. 7°), con la obligación de la ley de proteger la libertad pública e individual contra la opresión de los que gobiernan (art. 8°). Además, se regularon detalladamente diversos derechos del debido proceso como el principio *nullum crime sine legge* (art. 9°), la presunción de inocencia y las limitaciones a la detención de las personas (art. 10°), la prohibición de penas crueles (art. 11); el derecho a ser oído y a ser juzgado conforme a leyes preexistentes, prohibiéndose la retroactividad de la ley (art. 12).

Por lo que respecta al derecho de propiedad (art. 13) se lo reguló como derecho inviolable, estableciéndose la expropiación (art. 15); la libertad de trabajo e industria (art. 14); el régimen de las contribuciones, establecidas por la representación del pueblo (art. 17), bajo el principio de la proporcionalidad (art. 16), y el derecho a la educación (art. 18).

En esta Sección, además, se reguló lo relativo a la soberanía que "reside originaria y esencialmente en el pueblo" (art. 19), constituyendo "la universalidad de los ciudadanos" al Pueblo Soberano (art. 20), de manera que ningún grupo puede atribuirse la soberanía (art. 22), la cual solo se puede ejercer mediante "delegación legítima de los ciudadanos" (art. 23), y se definió en qué consiste la misma como "facultad de dictar leyes, en la de hacerlas ejecutar, y aplicarlas a los casos particulares que ocurran entre los ciudadanos; o en los poderes legislativo, ejecutivo y judicial" (art. 21). Se reguló el régimen de elección de representantes mediante elecciones libres, con el derecho igual de los ciudadanos de concurrir a las mismas (art. 24), estableciéndose el principio de la alternabilidad republicana (art. 25), la responsabilidad de los funcionarios y representantes (art. 26), y la misión del gobierno para el bien común, teniendo el pueblo el derecho de cambiarlo (arts. 27 y 28). Se garantizó el derecho de petición (art.29); y se consagró el principio rector de la separación de poderes mediante la declaración de que "La garantía social no puede existir, si no se halla establecida la división de los poderes; si sus límites no están fijados, y si la responsabilidad de los funcionarios públicos no está asegurada" (art. 31), así:

"30. La separación de los tres poderes, legislativo, ejecutivo y judicial, constituye esencialmente la libertad, y de su reunión en una sola persona, o en un solo cuerpo, resulta la tiranía. Por tanto, el pueblo tiene derecho a que el cuerpo legislativo jamás ejerza las funciones del ejecutivo, o judicial, ni alguna de ellas; a que el ejecutivo no ejercite las facultades legislativas, ni alguna de ellas; en fin, a que el judicial tampoco tenga el poder ejecutivo o el legislativo; para que manden las leyes, y no los hombres".

La declaración de los "derechos del hombre y del ciudadano" concluyó en el Título preliminar, recordando al pueblo su atención al momento de elegir sus representantes (art. 32), proclamando que los mismos "son parte de la Constitución, serán sagrados e inviolables, y no podrán alterarse por ninguno de los tres poderes, pues el pueblo los reserva en sí, y no están comprendidos en las altas facultades delegadas por la presente Constitución" (art. 33).

En la *Sección tercera* del Título preliminar, además, se regularon los deberes del ciudadano, declarando que si bien "la declaración de los derechos del hombre contiene las obligaciones de los legisladores", por su parte "la conservación de la sociedad pide que los individuos que la componen igualmente conozcan y llenen sus deberes" (art. 1°). Así, se establecen los deberes de los hombres para con los demás (arts. 2° y 9°), para con la sociedad (arts. 3° y 6°), declarándose que "ninguno es buen ciudadano, si no es buen padre, buen hijo, buen hermano, buen amigo y buen esposo" (art. 4°), y que "ninguno es hombre de bien, si no es franco, y religiosamente observador de las leyes" (art. 5°). Se reguló, además, el deber de obediencia a la autoridad (art. 7°), la obligación de respetar la propiedad ajena (art. 8°), y el deber de servir a la patria (art. 10).

En el *Título II* sobre la formación de gobierno, se declaró que el pueblo que habita el territorio de la Provincia de Antioquia, "se erige en un Estado libre, independiente y soberano, concentrando su gobierno y administración interior, sin reconocer otra autoridad suprema, si no es aquella que expresamente delegare en el Congreso General de la Nueva Granada, o en el de las Provincias Unidas" (art. 1°). El gobierno soberano del Estado se declaró que sería "popular y representativo" (art. 2°), de manera que la representación de la provincia solo se compondría "de los representantes nombrados por los padres de familia para ejercer el poder legislativo", precisándose que "a ellos está delegada la soberanía del pueblo, pues los poderes ejecutivo y judicial son sus emanaciones, y los que ejecutan sus leyes" (art. 3°), proclamándose que "los poderes legislativo, ejecutivo y judicial estarán separados e independientes, y no podrán ser a un mismo tiempo ejercidos por una sola persona ni por un solo Cuerpo" (art. 4°).

En el *Título III* sobre el poder legislativo, en la *Sección primera* se reguló la Legislatura o disposiciones comunes a las dos Cámaras, estableciéndose que dicho poder legislativo, como facultad de dar leyes, se reunía en un Senado y en una Cámara o Sala de Representantes, denominada "La Legislatura de Antioquia" (art. 1°). En esta sección se reguló en detalle el régimen de funcionamiento de la Legislatura, así como sus competencias (arts. 2°-10), precisándose que "únicamente la Legislatura tendrá facultad para interpretar, ampliar, restringir, comentar y suspender las leyes" de manera que "el poder ejecutivo y el judicial deberán seguirlas a la letra, y en caso de duda, consultar al legislativo" (art. 11), teniendo además competencia para decidir "las dudas y competencias que se promuevan sobre los límites de los poderes ejecutivo y judicial" y sobre "los límites del legislativo" (art. 38). Se reguló, además, en detalle, el procedimiento de formación de las leyes (arts. 12-28), reservándose a la legislatura la potestad para imponer nuevas contribuciones (art. 29), determinar la fuerza armada (art. 31) y su financiamiento anual (art. 33), los gastos ordinarios del Estado (arts. 32 y 34) y el control del Tesoro (art. 35). Además, se reguló detalladamente el régimen de funcionamiento de las Cámaras y de sus miembros (arts. 39-55).

La *Sección segunda* se ocupa del Senado, integrado por senadores electos por cada cabildo o departamento de la provincia (art. 1°), regulándose el régimen de elección por los electores (arts. 2°-26), a cuyo efecto se dispuso que tendrían "derecho para elegir y ser elegido todo varón libre, padre o cabeza de familia, que viva de sus rentas u ocupación, sin pedir limosna, ni depender de otro; que no tenga causa criminal pendiente, ni haya sufrido pena corporal aflictiva o infamatoria; que no sea sordo, mudo, loco, mentecato, deudor moroso del tesoro público, fallido, culpable, o alzado con la hacienda ajena" (art. 7°). Al Senado se le atribuyó la potestad de ser "el Tribunal privativo que juzgue a los miembros de los tres poderes: legislativo, ejecutivo y judicial, y a sus agentes inmediatos" (art. 29) y, además, "siendo los miembros de los tres poderes responsables a los pueblos por su conducta oficial", se configuró al Senado como "el Tribunal de residencia de todos ellos" (art. 34).

En la *Sección tercera* se reguló el régimen de la Cámara de Representantes, como la segunda sala de la Legislatura, integrada por una "representación popular según la base de población, y bajo los principios de una absoluta igualdad" (art. 1°), a razón de un representante por cada diez mil almas (art. 2°), disponiéndose el régimen de las elecciones (arts. 4° y 8°). Entre las atribuciones privativas de la Cámara de Representantes, se dispuso que "todas las leyes sobre impuestos y contribuciones, y también las leyes y decretos en que se aplique alguna cantidad o cantidades del tesoro común", debían tener su origen en la misma (art. 9°), correspondiéndole además, privativamente, "acusar y perseguir delante del Senado a todos los individuos de los poderes legislativo, ejecutivo y judicial y a sus secretarios cuando hayan delinquido por violación de la Constitución" (art. 10).

En el *Título IV* sobre el poder ejecutivo, en una *Sección primera* se reguló lo relativo al presidente del Estado de Antioquia, al cargo del supremo gobierno, o poder ejecutivo, asistido de dos consejeros (art. 1°), nominados por las dos Cámaras del poder legislativo (art. 5°), con límite para la reelección (art. 6°). Se regularon, además, en detalle las funciones del presidente (art. 8°) y sus competencias (arts. 20-41), con facultad expresa de mandar a ejecutar las leyes (art. 9°), con derecho a objetarlas y devolverlas si hallare graves inconvenientes (art. 11), salvo en diversos casos en los que se excluyó la posibilidad de objeción (art. 13). Al presidente del Estado, además, se lo declaró presidente "de la Legislatura" y Capitán General de toda su fuerza armada" (art. 22).

En el *Título V* sobre el poder judicial, en su *sección primera* se reguló el Supremo Tribunal de Justicia, donde residía el supremo poder judicial de la provincia (art. 2°), integrado por cinco miembros designados por la Legislatura (arts. 3° y 4°); definiéndolo ampliamente como el encargado de "la facultad de aplicar las leyes a los casos particulares, ya sea decidiendo las querellas y demandas que ocurran entre partes, dando a cada ciudadano lo que le pertenece, ya imponiendo a los delincuentes e infractores las penas que han establecido las mismas leyes, o administrando justicia civil y criminal en todo lo contencioso" (art. 1°). Al Supremo Tribunal de Justicia se le atribuyó conocer de las segundas y terceras instancias, o en apelación y súplica, de todos los asuntos contenciosos, tanto civiles como criminales, que se susciten en el distrito de la provincia" (art. 12), no pudiendo conocer nunca de asuntos en primera instancia para evitar que los ciudadanos litiguen "lejos de sus casas" (art. 13).

En la *Sección segunda* se reguló una Alta Corte de Justicia que debía formar la Cámara de Representantes para que conociera de "los recursos extraordinarios" que antes se ejercían ante autoridades en España (art. 1°). La *Sección tercera* regula lo relativo a los jueces de primera instancia, atribuyéndose al primer consejero del poder ejecutivo competencia para conocer en primera instancia "de todo lo contencioso en los ramos de policía y gobierno" (art. 1°), así como "los asuntos contenciosos de Hacienda pública" (art. 2°), con las apelaciones al Supremo Tribunal de Justicia. Se atribuyó a los tenientes, alcaldes, ordinarios, jueces pobladores, capitanes de guerra, alcaldes de la hermandad y jueces pedáneos el conocimiento privativo de todas las primeras instancias en los asuntos contenciosos entre partes, tanto civiles como criminales (art. 7°); y a las justicias ordinarias el conocimiento también de las primeras instancias en todos los juicios de comercio, con apelaciones ante el Tribunal de Justicia (art. 8°).

Por último, en la *Sección cuarta* sobre prevenciones generales acerca del poder judicial, se complementó la declaración de derechos, al prohibirse penas tormentosas e infamantes (art. 1°) y las penas desiguales (art. 2°), al regularse las formas de privación de la libertad en los procesos y sus límites (arts. 2°-8°). Se declaró, además, la inviolabilidad de la habitación de todo ciudadano, excepto por orden de un juez (art. 8°). Por último, se declaró:

"10. Habiendo manifestado la experiencia de muchos siglos en la Inglaterra, y últimamente en los Estados Unidos de Norteamérica, que el juicio por jurados iguales al reo, y de su misma profesión, o el tener jueces que decidan el hecho, y que otros distintos apliquen el derecho, es el antemural más fuerte contra la opresión y la tiranía, y que bajo de tales juicios el inocente no es oprimido con facilidad, ni el culpado evita el castigo: la legislatura formará la opinión e ilustrará al pueblo sobre este punto de tanta importancia; y cuando se halle preparado suficientemente para recibirle bien, introducirá la expresada forma de juicios, aboliendo la actual que tiene tamaños defectos" (art. 10).

En el *Titulo VI* sobre los Diputados para el Congreso general de las Provincias Unidas de la Nueva Granada se dispuso la forma de elección de los dos diputados de la provincia, entre los naturales de la misma (art. 3°).

En el *Título VII*, se reguló el régimen del tesoro común, previéndose la obligación de todo ciudadano de "contribuir para el Culto Divino y subsistencia de los ministros del Santuario, para los gastos del Estado, para la defensa y seguridad de la patria, para el decoro y permanencia de su gobierno y para la administración de justicia" (art. 1°); regulándose en detalle el funcionamiento de la tesorería general, el régimen de los gastos, y la rendición de cuentas.

El *Título VIII* se destinó a regular la fuerza armada, cuyo objeto se declaró que era "defender el Estado de todo ataque e irrupción enemiga y evitar conmociones en lo interior, manteniendo el orden y asegurando la ejecución de las leyes" (art. 1°), como institución "esencialmente obediente" y no deliberante (art. 2°). Se reguló el servicio militar obligatorio (arts. 3° y 4°), las tropas para policía y tranquilidad interior de la provincia (art. 5°), y las milicias que debía haber en "todos y cada uno de los lugares de la provincia" (art. 6°).

El *Título IX* se destinó a regular la instrucción pública, disponiéndose que debía haber "en todas las parroquias de la provincia escuelas de primeras letras, en que se enseñen gratuitamente a los niños de cualquiera clase y condición que sean, a leer, escribir, las primeras bases de la religión, los derechos del hombre y los deberes del ciudadano, con los principios de la aritmética y la geometría" (art. 1°); y que debía haber "igualmente un colegio y universidad en que se enseñe a los jóvenes de toda la provincia la gramática, la filosofía en todos sus ramos, la religión, la moral, el derecho patrio con el público y político de las naciones" (art. 2°). Además, se dispuso que los "poderes legislativo y ejecutivo debían formar la erección de sociedades públicas y privadas, que promuevan la agricultura, la minería, las ciencias, el comercio y la industria, perfeccionando los inventos que se conozcan e introduciendo otros nuevos que puedan ser útiles al país" (art. 3°).

Por último, en el *Titulo X* se incluyeron disposiciones generales, en las cuales se reguló el juramento que debían prestar los empleados y agentes públicos de la provincia (arts. 1°-3°). Se incluyeron, además, normas específicas sobre responsabilidad derivada de la libertad de prensa (art. 11), prohibiciones de escritos contrarios al dogma o las buenas costumbres (art. 12), o dirigidos a perturbar el orden y la tranquilidad común, "o en que se combatan las bases del gobierno, adoptadas por la provincia, cuales son la soberanía del pueblo y el derecho que tiene y ha tenido para darse la Constitución que más le convenga, y erigirse en un Estado libre, soberano e independiente" (art. 13). Se precisó, además, que "la liberad de la imprenta no se extiende a la edición de los libros sagrados" (art. 15).

C) *La Constitución del Estado de Cartagena de Indias de 15 de junio de 1812*

Después de que el 11 de noviembre de 1811 la Junta del Cabildo de Cartagena declarase que la "Provincia de Cartagena de Indias es desde hoy de hecho y de derecho Estado libre, soberano e independiente" desasociado de la Corona y Gobierno de España, la Convención general de representantes de la provincia sancionó el 15 de junio de 1812 la Constitución del estado de Cartagena de Indias[14], formando un cuerpo político, libre e independiente, ratificándose expresamente aquella declaración de noviembre de 1811 (Título II, art. 1°).

Dicha Constitución de 380 artículos, comenzó, al igual que las anteriores Constituciones provinciales con un *Título I* sobre los "derechos naturales y sociales del hombre y sus deberes" pero de contenido mucho más declaratorio y principista sobre las razones por las que "los hombres se juntan en sociedad con el fin de facilitar, asegurar y perfeccionar el goce de sus derechos y facultades naturales" (art. 1°), y "hacerse parte de un gran todo político" (art. 2°), resultando obligado a preservarlo y a la vez con derecho a "ser respetado y protegido en el uso de sus facultades por la sociedad y por cada uno de sus miembros" (art. 3°); siendo los derechos del cuerpo político "la suma de los derechos individuales consagrados a la unión" (art. 4°), y los derechos de los individuos ejercidos respetando los derechos de los demás (art. 5°). Así, el hombre en sociedad no pierde su libertad, sino que usa de ella, "contribuyendo con la expresión de su voluntad particular a la formación de las mismas leyes que arreglan su ejercicio" (art. 6°), renunciando solo al "derecho de hacer mal impunemente" (art. 7°), conservando, asegurando y perfeccionando "sus derechos naturales, esenciales y por lo mismo no enajenables, entre los cuales se cuentan el de gozar y defender su vida y libertad, el de adquirir, poseer y proteger su propiedad, y el de procurarse y obtener seguridad y felicidad" (art. 8°).

La declaración reguló específicamente la igualdad (art. 8°), sin perjuicio para el gobierno de poder conceder "distinciones personales que honren, pre-

[14] Véase el texto en Jorge Orlando Melo, *Documentos constitucionales colombianos, 1810-1815,* en http://www.jorgeorlandomelo.com/bajar/documentosconstitucionales1.pdf; y en el libro *El pensamiento constitucional hispanoamericano hasta 1830*, *op. cit.*, tomo IV, Caracas 1961, págs. 75-148.

mien y recomienden a la imitación las grandes acciones" (art. 9º); el estatuto de las autoridades, como agentes responsables de los pueblos (art. 10); precisó el objeto del gobierno "instituido para el bien común, protección, seguridad y felicidad de los pueblos" (art. 11), y las cualidades de los empleos públicos (art. 12), el principio de la alternabilidad republicana (art. 13), el régimen de las elecciones y el derecho de los ciudadanos a elegir y a ser elegidos (art. 14). Se dispuso el derecho de los individuos a ser protegido por la sociedad "en el goce de su vida, libertad y propiedad, conforme a las leyes existentes" (art. 15); el derecho de adquirir propiedades y disponer de ellas (art. 16); el derecho al trabajo e industria (art. 17), y el derecho de acceder a la justicia (art. 19). Se dispuso que el pueblo del Estado solo podía ser gobernado por leyes adoptadas por "su cuerpo constitucional representativo" (art. 18) que no podrían ser suspendidas sino por la Legislatura (art. 22); correspondiendo solo a los representantes establecer contribuciones (art. 21); garantizándose "la libertad del discurso, debate y deliberación en el cuerpo legislativo" (art. 22). Se garantizó el derecho a ser castigado solo conforme a leyes preexistentes (art. 23), y que los civiles no podían ser juzgados conforme a leyes militares (art. 24).

Por otra parte, se declaró (art. 25) el principio de la separación de poderes, indicándose:

"Con el importante objeto de que el gobierno del Estado sea, en cuanto pueda ser, un gobierno de leyes y no de hombres, el departamento Legislativo jamás ejercerá los poderes ejecutivo ni judicial; ni el ejecutivo los poderes legislativo ni judicial; ni el judicial los poderes legislativo ni ejecutivo; excepto algún caso particular expresado en la Constitución".

Además, se declaró el derecho de reunión sin armas ni tumulto (art. 26), el derecho de petición (art. 27), la libertad de imprenta y de expresión (art. 28), el derecho a "tener y llevar armas para la defensa propia y del Estado, con igual sujeción a la ley" (art. 30). Se declaró también que "como en tiempo de paz los ejércitos son peligrosos a la libertad pública, no deberán subsistir en el Estado sin consentimiento de la Legislatura" (art. 31), disponiéndose que "el poder militar se tendrá siempre exactamente subordinado a la autoridad civil, y será dirigido por esta" (art. 32). En materia de derechos al debido proceso, se estableció la presunción de inocencia (art. 32) y el principio *nullum crime sine legge* (art. 33); el Título se cierra con la regulación de varios derechos ciudadanos (arts. 34-37).

En cuanto a los derechos, debe también mencionarse que en el *Título II* se reconocieron "los derechos naturales del hombre y del ciudadano" y se garantizó "a todos los ciudadanos los sagrados derechos de la religión del Estado, propiedad y libertad individual, y la de la imprenta" (art 12); precisándose sobre el último, que serían "los autores o editores los únicos responsables de sus producciones y no los impresores" (art. 13); se regula, además, la edición de libros sagrados y sobre religión que quedaba "sujeta a la censura previa" (art. 14, II). Se garantizó la inviolabilidad de la correspondencia (art. 15), así como la libertad de industria (art. 16).

En el *Título II*, destinado a regular la forma de gobierno y sus bases, en el marco de un régimen federalista, se declaró (art. 2º):

"Habiendo consentido esta Provincia en unirse en un cuerpo federativo con las demás de la Nueva Granada que ya han adoptado o en adelante adoptaren el mismo sistema, ha cedido y remitido a la totalidad de su gobierno general los derechos y facultades propios y privativos de un solo cuerpo de nación, reservando para sí su libertad política, independencia y soberanía en lo que no es de interés común y mira a su propio gobierno, economía y administración interior, y en todo lo que especial ni generalmente no ha cedido a la Unión en el tratado federal, consentido y sancionado por la Convención general del Estado".

En la Constitución, sin embargo, se previó que si se producía la "verdadera y absoluta libertad del rey Fernando", el Gobierno General de la Nueva Granada sería el llamado a decidir lo pertinente (art. 3º); declarándose que "entretanto, el Estado de Cartagena será gobernado bajo la forma de una República representativa" (art. 4º). En la Constitución, además, se declaró que "el acta de federación, consentida y ratificada por la Convención general del Estado, hace y se declara parte de esta Constitución" (art. 18). También se definió en el texto constitucional los límites del territorio de la provincia (art. 5º), siendo esta la primera Constitución en Colombia en regular límites territoriales.

Por otra parte, en la Constitución también se adoptó el principio de la separación de poderes conforme a estas normas:

"Artículo 6º. Los poderes de la administración pública formarán tres departamentos separados y cada uno de ellos será confiado a un cuerpo particular de magistratura, a saber: el poder legislativo, a un cuerpo particular; el ejecutivo, a otro segundo cuerpo, y el judicial, a un tercero.

"Ningún cuerpo o persona que pertenezca a uno de esos departamentos ejercerá la autoridad perteneciente a alguno de los otros dos, a menos que en algún caso se disponga lo contrario en la Constitución.

"Artículo 7º. Todo lo que se obrare en contravención al artículo que antecede será nulo, de ningún valor ni efecto, y el funcionario o funcionarios infractores serán castigados con la pena que asigne la ley a los perturbadores del orden y usurpadores de la autoridad.

"Artículo 8º. El poder legislativo reside en la Cámara de Representantes elegidos por el pueblo; el ejercicio del poder ejecutivo corresponde al presidente gobernador, asociado de dos consejeros; el poder judicial será ejercido por los tribunales del Estado.

"[...]

"Artículo 11. La reunión de los funcionarios de los tres poderes constituye la Convención general de poderes del Estado".

En el mismo *Título II*, igual que ocurrió en la Constitución de Cundinamarca, se estableció un "Senado conservador, compuesto de un presidente y cuatro senadores, cuyas atribuciones serán sostener la Constitución, reclamar sus infracciones, conocer de las acusaciones públicas contra los funcionarios de los tres poderes y juzgar en residencia a los que fueren sujetos a ella" (arts. 9° y 10); obligándose a los tres poderes a denunciar "al Senado conservador cualquiera transgresión que por alguno de los poderes o de sus funcionarios se hiciere o intentare hacer" de algún artículo de la Constitución (art. 17). Se declaró la fuerza y vigor de las leyes preconstitucionales, "en cuanto no sean directa o indirectamente contrarias a esta Constitución" (art. 19); y la obligación de los empleados públicos de prestar juramento de sostener la Constitución (art. 20).

El *Titulo III* se destinó a la *Religión,* reconociéndose la Religión Católica, Apostólica, Romana, como "la única verdadera y la Religión del Estado" (art. 10), no permitiéndose "otro culto público ni privado," pero garantizándose que ningún extranjero podía ser molestado por el mero motivo de su creencia (art. 3°). El Estado se comprometía a sostener la religión (art. 3°), y a instruir a los diputados al Congreso de las Provincias Unidas de la Nueva Granada para la decisión que se debía tomar respecto de concordatos (art. 4°), regulándose sin embargo los límites de "las dos potestades, espiritual y temporal (art. 5°), y de los tribunales eclesiásticos (arts. 6° y 7°).

El *Título IV* se destinó a regular la *Convención general de poderes* compuesta por el presidente gobernador del Estado, que era su presidente nato, y los dos consejeros del poder ejecutivo; el presidente del Senado conservador, que era su vicepresidente, y los cuatro senadores, los miembros del poder legislativo y los que ejercían el poder judicial en el Supremo Tribunal de Justicia (art. 1°). Su convocatoria correspondía al poder ejecutivo (arts. 2° y 5°), quedando entonces la fuerza armada sometida exclusivamente a la misma (art. 3°). La Convención sin embargo, se debía abstener de "todo acto de jurisdicción" de manera que sus funciones eran protocolares (art. 4°). Se regularon las condiciones para ser miembro de la Convención (art. 5°-9°), y el régimen de sus deliberaciones (arts. 9°-13).

En el *Titulo V* se reguló el *poder ejecutivo* a cargo de un presidente gobernador asociado de dos consejeros (art. 1°), respecto de quienes se estableció el régimen de sus responsabilidades respectivas (arts. 2°-6°), las condiciones de su elección y de elegibilidad (arts. 26-29), y el régimen general de ejercicio de sus funciones (arts. 30-50). Se establecieron las competencias del poder ejecutivo respecto de las funciones relativas al gobierno político, militar y económico del Estado (art. 7°), quedando a su disposición la fuerza armada de mar y tierra, pero sin ejercer el "mando de las tropas mientras ejerciten el poder ejecutivo, sino que para ello nombrarán el oficial u oficiales de su satisfacción" (art. 11). Al poder ejecutivo también se le atribuyó la función de cuidar de la recaudación de los caudales públicos, su inversión y custodia (art. 15), con intervención del Cuerpo Legislativo (art. 16); la provisión de todos los empleos civiles, militares y económicos (art. 17), y la convocatoria al Cuerpo Legislativo en sesión extraordinaria (art. 20). En este mismo Título se regularon, además, las potestades del poder ejecutivo para "indicar al poder legislativo las materias que en su concepto exigen resolución con fuerza de ley" (art. 22), y para tomar medidas extraordinarias en caso de conspiraciones (art. 24), pudiendo disponer la prisión o arresto, "pero dentro de cuarenta y ocho horas deberá poner al preso o arrestado a disposición del juez competente" (art. 25).

El *Título VI* se destinó a regular el *poder legislativo*, el cual residía privativamente en la Cámara de Representantes, elegidos por el pueblo (art. 1º), a razón de uno por cada 15.000 habitantes (art. 2º), estableciéndose el régimen de su renovación (arts. 3º y 4º), y el ejercicio de sus funciones. La Cámara estaba dividida en dos salas iguales, con objeto a la mejor discusión de materias y deliberación en la formación de las leyes (art. 5º). Correspondía al poder legislativo, en particular, el Tesoro público (art. 16), la facultad de asignar las contribuciones que el pueblo debe pagar (art. 17), y la asignación de sueldos de todos los empleos (art. 19), así como diversas otras materias privativas (art. 21).

El *Título VII* se destinó especialmente a regular el procedimiento de *formación de las leyes y de su sanción,* regulándose la iniciativa legislativa (arts. 1º y 2º), y el régimen de las discusiones en las dos Salas (arts. 3º-26), garantizándose la libertad de opinar de los representantes (art. 12). Las leyes, por otra parte, debían ser revisadas por el presidente gobernador con los dos consejeros de Estado y dos ministros del Supremo Tribunal de Justicia, que constituían el Consejo de Revisión, con poder para objetarlas (art. 27) y devolverlas (arts. 29-32). La objeción para devolverla al poder legislativo también podía estar basada en motivos de inconstitucionalidad (art. 33).

En el *Título VII* sobre el *poder judicial* se definió en qué consiste como autoridad de oír, juzgar y fenecer las diferencias, demandas y querellas que se susciten entre los ciudadanos, "pronunciando la determinación de la ley, y en la de aplicar la pena que ella impone al delincuente", correspondiendo a los tribunales su ejercicio (art. 1º). El orden y graduación de los tribunales del Estado se estableció como sigue: el Senado conservador, el Supremo Tribunal de Apelaciones, los jueces de primera instancia con sus municipalidades, y últimamente los pedáneos con los pequeños consejos que debe haber en toda parroquia, por pequeña que sea (art. 2º), destinándose un gran número de normas a regular detalladamente dichas instancias en las diversas secciones del Título.

Entre las disposiciones de mayor interés, se destacan las relativas al Senado Conservador, con el objeto principal de "mantener en su vigor y fuerza la Constitución, los derechos del pueblo y del ciudadano" (arts. 1°, 23), correspondiéndole, además, el juicio de residencia de los individuos de la Convención de poderes (art. 12), siendo juez privativo de los miembros de la misma (art. 14). Entre las disposiciones relativas a las municipalidades y jueces subalternos, aparte las relativas a las funciones judiciales, debe destacarse (art. 14) la previsión conforme a la cual se reguló algo en relación con la organización territorial, así:

"Perteneciendo al poder legislativo la creación de ciudades y villas en el territorio del Estado, cuidará la Legislatura de erigir en villas aquellos lugares cabezas de partido que por su población, situación, progresos y riquezas merezcan esta representación, y cuya creación contribuya a la mejor organización del Estado, economía del gobierno, orden, policía y adelantamiento de los pueblos".

Se destaca, por último, que en la sección IV del Título sobre el poder judicial, se regularon algunos derechos al debido proceso, entre ellos el de la abolición total de la tortura, la prohibición de las penas crueles, de la confiscación general de bienes, las multas ruinosas (art. 2°), y las infamantes (art. 5°); la exigencia de la determinación de las penas por ley (art. 3°); la garantía del *non bis in idem* (art. 6°); la garantía de los civiles a no ser juzgados por jueces militares, y la garantía a ser detenido solo por orden judicial (art. 7°); la garantía de los detenidos a que no se confunda en la misma prisión a los acusados y los convictos (art. 8°); las garantías respecto del sometimiento a prisión, en todo caso excluida de juicios civiles excepto en casos de sospecha de fuga (art. 10); la garantía del detenido de comparecer ante el juez en un lapso de cuarenta y ocho horas (art. 12); la inviolabilidad de la habitación de todo ciudadano salvo allanamiento por orden judicial en caso de auxilio, como en un incendio u otra calamidad, o por reclamación que provenga de la misma casa, o cuando lo exija algún motivo urgente y de Estado, expreso en mandato judicial, formal y por escrito, con precisa limitación al objeto y fin que motiva la entrada o allanamiento (art. 14); la garantía contra registros y embargos arbitrarios (art 15); la garantía de que se administre justicia solo en la sede del tribunal (art. 16); la garantía a ser oído (art. 18) y a no declarar contra sí mismo (art. 19); la garantía de control de la prueba (art. 20); la garantía a disponer de defensor (art. 21); el derecho a formular alegatos (art. 22); el derecho a recusar a los jueces (art. 23), y el derecho a la libertad en caso de absolución (art. 27).

El *Título IX* regula las *Elecciones* declarándose el derecho de todo ciudadano al sufragio (art. 1°), siempre que se tratase de "hombre libre, vecino, padre o cabeza de familia, o que tenga casa poblada y viva de sus rentas o trabajo, sin dependencia de otro" (art. 2°), residente del departamento o del

Estado, según los casos (art. 4°). El régimen electoral fue establecido en forma indirecta, de manera que "las parroquias darán su poder a los departamentos capitulares, para que estos lo den al Colegio Electoral" (art. 3°), estableciéndose en la Constitución, al detalle, el procedimiento para la elección de los apoderados de las parroquias, a razón de uno por cada quinientos habitantes (arts. 5°-7°), y luego, por estos apoderados parroquiales reunidos en la cabeza del departamento, la elección de los apoderados del departamento para el Colegio Electoral, en razón de uno por cada cinco mil habitantes de todo su distrito (art. 8°), y además la elección de los regidores (art. 9°). Los apoderados departamentales para el Colegio Electoral luego debían elegir a los funcionarios en este orden: "la del representante de la Provincia para el Congreso general (a raíz de uno por cada 15.000 habitantes); la del presidente de la Convención de Poderes, gobernador del Estado; la del vicepresidente de la Convención, presidente del Senado Conservador; la de los consejeros, senadores, miembros de la Legislatura, y la de los ministros del Supremo Tribunal de Justicia en sus casos" (arts. 14-15). Se dispuso también, que "antes de disolverse el Colegio Electoral se reunirán los electores del Departamento de Cartagena para nombrar los regidores que anualmente deben renovarse en su ayuntamiento" (art. 17). El voto se dispuso que sería público y la pluralidad absoluta, esto es, "un voto más de la mitad de todos se necesita y basta para que haya y se entienda legítima elección" (art. 20).

El *Título X* se destinó a regular la *fuerza armada*, que tenía por objeto "defender al Estado de todo el que ataque o amenace su existencia, independencia o tranquilidad", considerándose que por ser ello de interés general, "todo ciudadano es soldado nato de la patria mientras puede serlo" debiendo en caso de peligro "dejarlo todo para volar a su defensa" (art. 1°). Se reguló, además, la existencia en la provincia "para los comunes de todo tiempo, el orden y seguridad interior", de un número de tropas veteranas y de milicias para su esfuerzo (art. 3°). En todo caso, se precisó que la profesión militar debía ser obediente, sin "derecho de deliberar para obedecer" (art. 6°). Se garantizó que en tiempo de paz en ninguna casa podía acuartelarse tropa sin consentimiento de su dueño, aun cuando "en el de guerra, la autoridad civil destinará cuarteles en el modo y forma que lo ordene la Legislatura" (art. 10).

El *Título XI,* reguló lo relativo al *Tesoro público*, comenzando con la obligación de todo ciudadano "a contribuir para la formación del Tesoro público destinado a los gastos del Estado" (art. 1°), correspondiendo a la Legislatura asignar las contribuciones (arts. 2°-4°), designar a los funcionarios el Tesoro (art. 5°) y vigilar e inquirir sobre la conducta de todos los que cobran, manejan o tienen a su cargo rentas o caudales públicos (art. 7°).

En el *Título XII* se reguló la *instrucción pública*, destacándose la importancia de "la difusión de las luces y de los conocimientos útiles por todas las clases del Estado" como uno de los primeros elementos de su consistencia y felicidad, siendo inseparables de la ilustración pública "el conocimiento y aprecio de los derechos del hombre, y el odio consiguiente de la opresión y de la tiranía", y además, siendo dicha ilustración "la que perfecciona el gobierno y la legislación" y "el fiscal más temible de los depositarios de la autoridad" (art. 1º). Se ordenó la ejecución de las disposiciones dadas por la antigua Junta para el establecimiento de escuelas de primeras letras en todos los poblados (art. 2º), el estímulo al funcionamiento de la "Sociedad patriótica de amigos del país" (art. 3º), la subsistencia de la escuela militar y náutica fundadas por el consulado de Cartagena (art. 5º), y la protección del gobierno al seminario de la capital (art. 6º). En fin, se declaró el derecho de cualquier ciudadano de abrir escuela de enseñanza pública, con permiso del gobierno (art. 8º); y se prohibió severamente, a los jóvenes sacrificar la instrucción por el ocio, la corrupción "y el aprendizaje de los vicios por la práctica de vagar por calles y plazas de la mañana a la noche" (art. 9º).

El *Título XIII* se destinó a regular *Disposiciones varias,* entre ellas, la prohibición de "toda importación de esclavos en el Estado como objeto de comercio" (art. 2º), disponiéndose, sin embargo, que "ninguna autoridad podrá emancipar esclavos sin consentimiento de sus amos o sin compensarles su valor" (art. 3º), y regulándose un régimen de protección y defensa de los esclavos (arts. 4º-6º). También se dispuso de un régimen de atención a los "hombres destituidos, los verdaderos pobres cuya existencia depende de la compasión de sus conciudadanos" (art. 7º). Se permitió el ingreso de extranjeros en la provincia que profesen algún género de industria útil al país (art. 9º), se prohibió la formación de corporaciones o asociaciones de cualquier género sin noticia y autorización del gobierno (art. 10), se prohibió a estas formular colectivamente solicitudes (art. 11), garantizándose sin embargo el derecho de petición de los ciudadanos (art. 12). Se precisó que los actos emanados de autoridades reunidas en juntas no autorizadas en la Constitución serían nulas (art. 13), y que "la reunión de gentes, ya sean armadas o sin armas, si con tumulto o desorden amenazan a la seguridad pública, será dispensada primero por una orden verbal, y no bastando, por la fuerza" (art. 14).

En esta Constitución del Estado de Cartagena se incluyó un *Título XIV* sobre *Revisión de la Constitución y suspensión de su imperio*, disponiéndose que el acto de revisar la Constitución correspondía al Colegio Electoral (art. 1º), pero que la revisión nunca tendría lugar "respecto de sus bases primarias" (art. 2º), ni antes del 18 de diciembre de 1814 (art. 3). Cualquier revisión extraordinaria fue sometida a un detallado procedimiento con participación de los poderes del Estado (arts. 4º-10). También se reguló en la Constitución la facultad excepcional de suspender por tiempo limitado (art. 14) el imperio de la Constitución o de alguno de sus artículos "en un caso urgentísimo en que peligre la seguridad y quietud del Estado, bien sea por conspiraciones interiores o por peligros de ataques externos" (art. 11) para lo cual el poder ejecutivo debía someter el asunto a la Legislatura, la cual debía decidir sujeta a la revisión del Senado (art. 12). Se declaró, sin embargo, que "será traición, tratada y castigada como tal, el proponer que se suspenda a la vez toda la Constitución" (art. 15).

Por último, en el *Título XV* se reguló lo relativo a la *representación del Estado en el Congreso de la Nueva Granada*, asignándose al Colegio Electoral la elección de dichos representantes (art. 1°) y asignación de instrucciones (art. 5°), cuyos poderes, sin embargo, podían ser libremente revocados por la Legislatura (art. 3°).

Parte séptima

EL CONSTITUCIONALISMO DE VENEZUELA Y DE LA NUEVA GRANADA Y LAS IDEAS DE SIMÓN BOLÍVAR: LA CONSTITUCIÓN DE ANGOSTURA DE 1819 Y LA CONSTITUCIÓN DE LA VILLA DEL ROSARIO DE 1821

1. La caída de la primera República y las vicisitudes del constitucionalismo durante las guerras de liberación de las provincias de Venezuela y de la independencia de las provincias de la Nueva Granada (1813-1819)

Como se dijo, la Constitución Federal para los Estados de Venezuela se sancionó el 21 de diciembre 1811 con la cual se constituyó, definitivamente, un Estado nuevo e independiente de España, que desconoció a las propias Cortes de Cádiz muchos meses antes de la sanción de la Constitución gaditana de 1812.

Sin embargo, ello no significó la renuncia de España y de los realistas locales al control político de la antigua Capitanía General de Venezuela. Algunas provincias de esta como Maracaibo y Guayana y la ciudad de Coro, habían desconocido la legitimidad del gobierno de Caracas, reconociendo el gobierno de la regencia, y en muchas ciudades de la Confederación recién nacida se produjeron insurrecciones realistas.

En febrero de 1812, dos meses después de sancionada la Constitución de 1811, el comandante general del ejército de Su Majestad Católica y quien luego asumiría el título de capitán general de las provincias de Venezuela, Domingo de Monteverde, desembarcó en Coro e inició la campaña de recuperación realista de la República.

Las antiguas formas institucionales de la colonia, sin duda, habían comenzado a ser sustituidas por las nuevas instituciones republicanas establecidas en cada una de las provincias, reguladas en las Constituciones Provinciales y, en lo federal (nacional) conforme a la Constitución de diciembre de 1811. Pero todo ello quedó a medio hacer, pues apenas se instaló el gobierno republicano el 1° de marzo de 1812 en la nueva capital Valencia, la reacción realista se comenzó a sentir con el capitán de fragata Domingo de Monteverde a la cabeza, lo que fue facilitado por los efectos devastadores del terremoto que desoló a Caracas el 24 de marzo de 1812, que frailes y arzobispo de Caracas atribuyeron a un castigo de Dios por la revolución de Caracas[1].

Era claro que la declaración de independencia de las provincias de Venezuela, que formaban la Capitanía General de Venezuela, y la constitución del nuevo Estado independiente con la Constitución Federal de 21 de diciembre de 1811 no fueron comprendidas ni fueron toleradas por la regencia de España ni por las Cortes de Cádiz, que ordenaron el bloqueo marítimo de las provincias y la invasión militar de las mismas[2], que para mitades de 1812 ya habían ocupado todo el territorio de la República, provocando su caída.

La amenaza de Monteverde y la necesidad de defender la República, llevaron al Congreso, el 4 de abril de 1812, a delegar en el poder ejecutivo todas las facultades necesarias[3], y este, el 23 de abril de 1812, nombró como generalísimo a FRANCISCO DE MIRANDA, con poderes dictatoriales.

En esta forma la guerra de independencia obligó, con razón, a dejar de lado la Constitución. Fue así como el secretario de Guerra, José de Sata y Bussy, le comunicó al teniente general FRANCISCO DE MIRANDA, en correspondencia dirigida ese mismo día 23 de abril de 1812:

"Acaba de nombraros el poder ejecutivo de la Unión, general en jefe de las armas de toda la Confederación Venezolana, con absolutas facultades para tomar cuantas providencias juzguéis necesarias a salvar nuestro territorio invadido por los enemigos de la libertad colombiana; y bajo este concepto, no os sujeta ley alguna ni reglamento de los que hasta ahora rigen estas Repúblicas, sino que al contrario, no consultaréis más que la Ley suprema de salvar la patria; y a este efecto os delega el poder de la Unión sus facultades naturales y las extraordinarias que le confirió la representación nacional por decreto de 4 de este mes, bajo vuestra responsabilidad"[4].

En la sesión del 4 de abril de 1812, se había acordado que "la medida y regla" de las facultades concedidas al poder ejecutivo fuera la salud de la Patria; y que siendo esa la suprema ley, "debe hacer callar las demás"[5]; pero

[1] Véase J. F. BLANCO y R. AZPÚRUA, *op. cit.,* tomo III, págs. 614 y ss.

[2] Véase ALLAN R. BREWER-CARÍAS, "Crónica de un desencuentro: las provincias de Venezuela y las Cortes de Cádiz (1810-1812)", en JOSÉ F. PALOMINO MANCHEGO y JOSÉ DE JESÚS NAVEJA MACÍAS (coord.), *La Constitución de Cádiz de 1812 (A propósito de su Bicentenario),* Lima, Universidad Inca Garcilaso de la Vega, Colegio de Abogados de Lima, Instituto Iberoamericano de Derecho Constitucional, 2015, págs. 769-808.

[3] Véase *Libro de Actas del Congreso de Venezuela 1811-1812,* tomo II, Caracas, Biblioteca de la Academia Nacional de la Historia,1959, págs. 397 a 399.

[4] Ver *Archivo del General Miranda,* tomo XXIX, La Habana, 1950, págs. 396 y 397. Véase los textos en ALLAN R. BREWER-CARÍAS, *Las Constituciones de Venezuela,* Madrid, 1985, págs. 207 y ss.

[5] Véase *Libro de Actas del Congreso de Venezuela..., op. cit.,* pág. 398.

a la vez, se acordó participar a las "legislaturas provinciales" la vigencia de la Constitución Federal sin perjuicio de las facultades extraordinarias al poder ejecutivo[6].

El Congreso, el 4 de abril de 1812, además, había exhortado a las mismas "legislaturas provinciales" que obligaran y apremiasen a los diputados de sus provincias a que sin excusa ni tardanza alguna se hallaren en la ciudad de Valencia para el 5 de julio de 1812, para determinar lo que fuera más conveniente a la causa pública[7]. Esta reunión nunca se pudo realizar.

Ese mismo día lo que llegó al cuartel general de MIRANDA en La Victoria fue la misiva del coronel SIMÓN BOLÍVAR, quien tenía a su cargo la plaza militar de Puerto Cabello, donde estaba el arsenal de la República, de que la misma se había perdido; habiendo ello sido, entre muchas otras, una de las causas que llevaron a MIRANDA a proponer a las autoridades del Estado buscar un armisticio con Monteverde,

En esta forma, en la historia constitucional de Venezuela, a los pocos meses de sancionada la Constitución de 1811, por la necesidad de salvar la República, se produjo la primera ruptura del hilo constitucional. La dictadura duró poco, pues el 25 de julio de 1812 se produjo la capitulación de MIRANDA y la aceptación, mediante un armisticio, de la ocupación del territorio de la provincia de Caracas por Monteverde[8].

Con la firma de la capitulación por los enviados de MIRANDA y las fuerzas invasoras, la misma cobró como su primera víctima, a FRANCISCO DE MIRANDA, quien el 30 de julio de 1812 fue entregado a los españoles por sus oficiales subalternos, entre ellos por SIMÓN BOLÍVAR. Después de ese hecho, hay que recordar que BOLÍVAR, gracias a Monteverde, pudo obtener un salvoconducto que le emitió para poder salir de Venezuela. Como el propio Monteverde lo escribió el 26 de agosto de 1812 en una carta enviada a las autoridades españolas:

"Yo no puedo olvidar los interesantes servicios de Casas, ni de BOLÍVAR y Peña, y en su virtud no se han tocado sus personas, dando solamente al segundo sus pasaportes para países extranjeros, pues sus influencias y conexiones podrían ser peligrosas en estas circunstancias"[9].

[6] *Idem,* pág. 400.

[7] *Ibidem,* págs. 398-399.

[8] Véase los documentos en J. F. BLANCO y R. AZPÚRUA, *op. cit.,* págs. 679 y ss. Además, en JOSÉ DE AUSTRIA, *Bosquejo de la historia militar de Venezuela,* tomo I, Caracas, Biblioteca de la Academia Nacional de la Historia,1960, págs. 340 y ss. (José de Austria fue contemporáneo del proceso de Independencia; había nacido en Caracas en 1791).

[9] Véase el texto de la carta en GIOVANNI MEZA DORTA, *Miranda y Bolívar, Dos visions,* 3ª ed., Caracas, Bid & co. Editor, 2011, Appendix 18, págs. 204-206, 143 y ss.

Monteverde desconoció los términos del armisticio, y como consecuencia Miranda fue detenido a comienzos de agosto y Bolívar afortunadamente logró salir de La Guaira, a fines de agosto, hacia Curazao y luego a Cartagena de Indias[10].

La Constitución de 1811 cesó de tener efectos en Venezuela, y Monteverde hizo publicar en Caracas, el 3 de diciembre de 1812 la Constitución de Cádiz, la cual sin embargo no tuvo aplicación alguna. La misma, como es sabido, incluso en la Península había tenido aplicación limitada pues el país seguía en gran parte ocupado por los franceses y el Rey permanecía ausente; y cuando regresó, en 1814, fue para desconocer la soberanía de las Cortes de Cádiz y terminar derogando el texto constitucional.

Para la publicación en Venezuela de la Constitución, el capitán general Fernando Mijares le había remitido a Monteverde, desde Puerto Cabello, el 13 de agosto de 1812, 20 ejemplares del texto, con las correspondientes órdenes y disposiciones de las Cortes, para su publicación y observancia[11]. Sobre la publicación de la Constitución, el mismo Monteverde informó al gobierno de la Metrópoli sobre la desaplicación de su texto, así:

"[S]i publiqué la Constitución, fue por un efecto de respeto y obediencia, no porque consideré a la provincia de Venezuela merecedora todavía de que participase de los efectos de tan benigno código"[12].

Por su parte, en Cartagena, Simón Bolívar comenzó a formular sus ideas políticas con la reflexión sobre la caída de la República en Venezuela, expresadas particularmente en el documento "Exposición sucinta de los hechos del comandante español Monteverde, durante el año de su dominación en las Provincias de Venezuela" de fecha 20 de septiembre de 1813, en el cual señaló:

"Pero hay un hecho, que comprueba mejor que ninguno la complicidad del Gobierno de Cádiz. Forman las Cortes la constitución del Reino, obra por cierto de la ilustración, conocimiento y experiencia de los que la compusieron. La tuvo guardada Monteverde como cosa que no importaba, o como opuesta a sus ideas y las de sus consejeros. Al fin resuelve publicarla en Caracas. La publica ¿y para qué? No solo para burlarse de ella, sino para insultarla y contradecirla con hechos enteramente contrarios. Convida a todos, les anuncia tranquilidad, les indica que se ha presentado el arca de paz, concurren los inocentes vecinos, saliendo muchos de las cavernas en que se ocultaban, le creen de buena fe y, como el fin era sorprender a los que se le habían escapado, por una parte se publicaba la Constitución española, fundada en los santos derechos de libertad,

[10] Véase Allan R. Brewer-Carías, *Sobre Miranda. Entre la perfidia de uno y la infamia de otros y otros escritos,* Caracas, Editorial Jurídica Venezolana, 2016, pág. 64 y ss.

[11] Véase José de Austria, *Bosquejo de la historia militar..., op. cit.,* tomo I, pág. 364.

[12] *Idem,* tomo I, pág. 370.

propiedad y seguridad, y por otra, el mismo día, andaban partidas de españoles y canarios, prendiendo y conduciendo ignominiosamente a las bóvedas, a los incautos que habían concurrido a presenciar y celebrar la publicación.

"Es esto un hecho tan notorio, como lo son todos los que se han indicado en este papel, y se explanarán en el manifiesto que se ofrece. En la provincia de Caracas, de nada vale la Constitución española; los mismos españoles se burlan de ella y la insultan. Después de ella, se hacen prisiones sin sumaria información; se ponen grillos y cadenas al arbitrio de los comandantes y jueces; se quita la vida sin formalidad, sin proceso..."[13].

En Venezuela, por tanto, la situación era de orden fáctico pues el derrumbamiento del gobierno constitucional fue seguido, en paralelo, por el desmembramiento de las instituciones coloniales. Por ello, Monteverde durante toda su campaña en Venezuela en 1812 y 1813, había desconocido la exhortación que habían hecho las Cortes de Cádiz, en octubre de 1810, sobre la necesidad de que en las provincias de Ultramar donde se hubiesen manifestado conmociones (solo era el caso de Caracas), si se producía el "reconocimiento a la legítima autoridad soberana" establecida en España, debía haber "un general olvido de cuanto hubiese ocurrido indebidamente"[14]. La reacción de los patriotas contra la violación por Monteverde de la capitulación de MIRANDA, llevó al mismo Monteverde a constatar, en representación dirigida a la regencia el 17 de enero de 1813, que

"Desde que entré en esta Capital y me fui imponiendo del carácter de sus habitantes, conocí que la *indulgencia era un delito* y que la tolerancia y el disimulo hacían insolentes y audaces a los hombres criminales".

Agregaba su apreciación sobre "la frialdad que advertí el día de publicación de la Constitución y la falta de concurrencia a actos públicos de alegría", lo que lo apartaron de sus intentos de gobernar con dulzura y afabilidad. Convocó a una junta que, en consecuencia, ordenó "la prisión de los que se conocían adictos a la revolución de 1810" y se rebeló contra la propia Real Audiencia que "había puesto en libertad algunos mal vistos del pueblo que irritaban demasiado mi fueros", ordenando a los comandantes militares que no liberaran los reos a la justicia[15].

Por ello, el 30 de diciembre de 1812 en oficio dirigido al comandante militar de Puerto Cabello, Monteverde, en desprecio del Tribunal, le ordenaba:

"Por ningún motivo pondrá usted en libertad hombre alguno de los que estén presos en esa plaza por resulta de la causa de infidencia, sin que preceda

[13] *Ibidem,* tomo II, págs. 111 a 113.

[14] Véase el decreto V, de 15 octubre 1810, en EDUARDO ROCA ROCA, *op. cit.,* pág. 199.

[15] Véase el texto en J. F. BLANCO y R. AZPÚRUA, *op. cit.,* tomo IV, pág. 623-625.

orden mía, aun cuando la Real Audiencia determine la soltura, en cuyo caso me lo participará Ud. para la resolución que corresponde"[16].

La Real Audiencia acusó a Monteverde de infractor de las leyes, por lo que decía en su representación que "se me imputa que perturbo estos territorios, los inquieto y pongo en conmoción, violando las leyes que establecen su quietud"[17].

Monteverde concluyó su representación declarando su incapacidad de gobernar la Provincia, y advirtió:

"[A]sí como Coro, Maracaibo y Guayana merecen estar bajo la protección de la Constitución de la Monarquía, Caracas y demás que componían su Capitanía General, no deben por ahora participar de su beneficio hasta dar pruebas de haber detestado su maldad, y bajo este concepto deben ser tratadas por la *ley de la conquista*; es decir, por la dureza y obras según las circunstancias; pues de otro modo, todo lo adquirido se perderá"[18].

Monteverde comandaba una dictadura militar[19] represiva y despiadada contra los que habían tomado partido por la revolución de 1810, por lo cual las Cortes de Cádiz, lo habían felicitado mediante Orden de 21 de octubre de 1812, tanto a él como a las tropas bajo su mando, "por los importantes y distinguidos servicios prestados en la pacificación de la Provincia de Caracas"[20].

Meses después, el 15 de diciembre del mismo año 1812, Bolívar dio al público su "Memoria dirigida a los ciudadanos de la Nueva Granada por un caraqueño" conocida como el "Manifiesto de Cartagena"[21-22] en la cual expuso las causas de la pérdida de Venezuela, entre ellas, la debilidad del régimen político adoptado en la Constitución de 1811.

En Cartagena, Bolívar se puso al servicio militar, primero, del estado de Cartagena con la misión de "limpiar" el curso del río Magdalena, lo que logró llegando a Ocaña en enero de 1813; segundo, de las Provincias Unidas de Nueva Granada, para expulsar de su territorio al Coronel Ramón Correa, lo que logró a fines de febrero de 1813 en la batalla de Cúcuta, y tercero, de las mismas Provincias Unidas para desalojar a los españoles del territorio de la República de Venezuela, con base en su tesis política y militar de que "Venezuela en manos de España, sería el punto de penetración de América"[23].

[16] Véase el texto en José de Austria, *op. cit.,* tomo I, págs. 365 y 366.

[17] Véase en J. F. Blanco y R. Azpúrua, *op. cit.,* tomo IV, págs. 623-625.

[18] *Idem.*

[19] Véase J. Gil Fortoul, *op. cit.,* tomo I, pág. 214.

[20] Véase en Eduardo Roca Roca, *op. cit.,* pág. 81.

[21] Véase el texto en Simón Bolívar, *Escritos fundamentales*, Caracas, Monte Avila Editores, 1982, págs. 57 y ss.; y en *Proclamas y discursos del Libertador,* Caracas, 1939, págs. 11 y ss.

[22] Véase el texto en Vicente Lecuna (ed.), *Proclamas y discursos del Libertador*, Caracas, 1939, págs. 33 a 35.

[23] Véase Tomás Polanco Alcántara, *Simón Bolívar*, Caracas, Ediciones GE, 2000, pág. 219.

Por encargo entonces del Congreso de la Nueva Granada, BOLÍVAR inició desde Cúcuta, en abril de 1813, la penetración de las provincias de Venezuela en lo que se denominó la "Campaña Admirable", que desarrolló con todo éxito llegando a Mérida en mayo de ese año; a Trujillo en julio, donde dictó el Decreto de Guerra a Muerte[24], entrando finalmente en Caracas en agosto de 1813, donde el 14 de octubre de ese año la Municipalidad de Caracas le otorgó el título de "Libertador". Regresó a Santafé de Bogotá en diciembre de 1813. Esos años 1813 y 1814, por tanto, en Venezuela fueron años de guerra total, de guerra a muerte, no habiendo tenido aplicación efectiva ni la Constitución Federal de 1811 ni la Constitución de Cádiz de 1812.

Por su parte, la respuesta de los patriotas se resume en la proclamación de SIMÓN BOLÍVAR, desde Mérida, el 8 de julio de 1813:

"Las víctimas serán vengadas: los verdugos exterminados. Nuestra bondad se agotó ya, y puesto que nuestros opresores nos fuerzan a una guerra mortal, ellos desaparecerán de América, y nuestra tierra será purgada de los monstruos que la infestan. Nuestro odio será implacable, y la guerra será a muerte"[25].

En su primera comunicación enviada al Congreso de la Nueva Granada el 8 de agosto de 1813 con el informe de la liberación de la capital de Venezuela, SIMÓN BOLÍVAR, general en jefe del Ejército Libertador, señaló:

"Interín se organiza el gobierno legal y permanente, me hallo ejerciendo la autoridad suprema, que depondré en manos de una asamblea de notables de esta capital, que debe convocarse para erigir un gobierno conforme a la naturaleza de las circunstancias y de las instrucciones que he recibido de ese augusto Congreso"[26].

En el Manifiesto del día siguiente, 9 de agosto de 1813, que dirigió a sus conciudadanos, resumió los planes para la organización del Estado, insistiendo en la misma idea anterior de legitimar el poder:

"Una asamblea de notables, de hombres virtuosos y sabios, debe convocarse solemnemente para discutir y sancionar la naturaleza del gobierno, y los funcionarios que hayan de ejercerla en las críticas y extraordinarias circunstancias que rodean a la República. El Libertador de Venezuela renuncia para siempre, y protesta formalmente, no aceptar autoridad alguna que no sea la que conduzca a nuestros soldados a los peligros para la salvación de la Patria"[27].

Ello lo reiteró en una nueva comunicación al presidente del Congreso de Nueva Granada, el 14 de agosto de 1813, en la cual le indicó: "la próxima

[24] Véase el texto en *proclamas y discursos del Libertador*, *op. cit.*, págs. 33 a 35.

[25] Véase J. GIL FORTOUL, *op. cit.*, tomo I, pág. 216.

[26] Véase en *Escritos del Libertador*, tomo V, Caracas, Sociedad Bolivariana de Venezuela, 1969, pág. 5.

[27] *Idem*, pág. 10.

convocatoria de una Asamblea popular, para determinar la naturaleza del gobierno y la Constitución del Estado", anunciándole la organización de los Departamentos Supremos de la Administración[28]. El Libertador tuvo, sin duda, en 1813, una obsesión por reorganizar el Estado y legitimar el poder supremo que había conquistado con las armas, a cuyo efecto pidió asesoramientos diversos sobre un Plan de Gobierno Provisorio[29].

Coincidiendo con la brutal guerra que se sucedía en Venezuela, Fernando VII en cuyo nombre se había producido la independencia de Venezuela, el 4 de mayo de 1814 anuló la Constitución de Cádiz, y los demás actos constitucionales dictados a su amparo, declarándolos "nulos y de ningún valor ni efecto, ahora ni en tiempo alguno, como si no hubiesen pasado jamás". Dicha Constitución, por lo demás, como se ha dicho, no solo no tuvo aplicación efectiva en Venezuela, sino que no tuvo influencia alguna en el constitucionalismo venezolano, pues sus bases ya habían sido sentadas antes de su sanción en marzo de 1812. Después de su anulación, en todo caso, siguió la guerra brutal de independencia de las provincias de Venezuela, por lo que dicho texto no pudo haber tenido influencia alguna en el constitucionalismo posterior. Era demasiado español, y Venezuela había declarado la guerra a todo lo español; y por su parte, España le había declarado la guerra a los venezolanos, lo que se materializó en el hecho del envío en 1815, de la mayor expedición armada hacia América, compuesta por 15.000 hombres al mando del mariscal de campo Pablo Morillo, para pacificar a las provincias de Venezuela, la cual llegó en abril de año 1815 a las costas orientales del país[30].

En las provincias de Venezuela, en consecuencia, no había Constitución alguna que no fuera el mando militar de realistas y patriotas. Conforme la guerra corría por todo el territorio Monteverde, Boves y sus seguidores, gobernaron con la más brutal *ley de la conquista*; y BOLÍVAR y los patriotas gobernaron con la ley dictatorial del "plan enérgico", del "poder soberano" de quien había sido proclamado Libertador, y que, como decía BOLÍVAR, "tan buenos sucesos me ha proporcionado"[31].

Como lo había dicho el arzobispo de Caracas, Narciso Coll y Prat en un Edicto Circular de 18 de diciembre de 1813, al recomendar la observancia de la "ley de la Independencia" adoptada el 5 de julio de 1811:

"Esta ley estuvo sin vigor, mientras las armas españolas ocuparon estas mismas provincias, más al momento que vencieron las de la República, y a su

[28] *Ibidem*, pág. 30.

[29] Véase los documentos más notables en este sentido en *Simón Bolívar y la ordenación del Estado, en 1813* (Estudios preliminares de PEDRO GRASES y TOMÁS POLANCO), Caracas, 1979.

[30] Véase JOSÉ GIL FORTOUL, *op. cit.*, tomo I, pág. 237.

[31] Véase J. GIL FORTOUL, *op. cit.*, pág. 221.

triunfo se unió la aquiescencia de los pueblos, ella recobró todo su imperio, y ella es la que hoy preside en el Estado venezolano"[32].

La liberación de la provincia de Caracas, sin embargo, no significó la liberación de Venezuela, pues como consecuencia de la continuación de la guerra, la provincia de Caracas volvió a caer en manos de los realistas, de manera que ya para mitades de 1814, la capital fue tomada por José Tomás Boves, caudillo al servicio de la Corona[33]. Ello provocó la llamada "emigración" a Oriente por parte de la población de la capital, ordenada por BOLÍVAR, quien en septiembre de ese año se embarcó con destino a Cartagena, donde llegó por segunda vez, para presentarse ante el Congreso, y dar cuenta de lo que fuera la caída de la llamada "segunda República".

En todo caso, en las mismas filas patrióticas también se habían producido bandos, y el Libertador fue expulsado de Venezuela, en Oriente, en septiembre de 1814, luego de la emigración que dirigió de Caracas a Barcelona, con destino a Cartagena, donde llegó por segunda vez. El Congreso de la Nueva Granada lo nombró "Capitán General de los Ejércitos de la Confederación", pero los conflictos internos en Cartagena lo obligaron a renunciar al mando, y salió en mayo de 1815 para Jamaica.

El 6 de septiembre de 1815 escribió la célebre "Carta de Jamaica" (Contestación de un americano meridional a un caballero de esta isla)[34], donde entre otros aspectos, expuso sus ideas políticas sobre el gobierno que requería Venezuela. Pasó a Haití, en 1816, donde lo acogió el presidente Alejandro Petion; y desde Haití, realizó la "Expedición de Los Cayos" con destino a Venezuela, llegando a Margarita donde proclamó, de nuevo, "el gobierno independiente de Venezuela"; ratificándole una asamblea, al Libertador, la Jefatura Suprema del Estado y de los Ejércitos de Venezuela.

En una Proclama a los venezolanos el 8 de mayo de 1816, ya había afirmado:

"El Congreso de Venezuela será nuevamente instalado donde y cuando sea vuestra voluntad. Como los pueblos independientes me han hecho el honor de encargarme de la autoridad suprema, yo os autorizo para que nombréis vuestros diputados en Congreso, sin otra convocación que la presente; confiándoles las mismas facultades soberanas que en la primera época de la República"[35].

BOLÍVAR regresó a Haití. Se produjeron continuas disensiones entre los jefes patriotas, y el General Santiago Mariño, segundo jefe de la expedición de Los

[32] J. F. BLANCO y R. AZPÚRUA, tomo IV, pág. 726.

[33] Véase JUAN USLAR PIETRI, *Historia de la Rebelión Popular del año 1814. Contribución al estudio de la Historia de Venezuela*, París, 1954.

[34] Véase en SIMÓN BOLÍVAR, *Escritos fundamentales*, *cit.*, págs. 82 y ss.

[35] Véase en *Proclamas y decretos del Libertador*, *cit.*, pág. 146. Véase los comentarios en JOSÉ GIL FORTOUL, *op. cit.*, tomo I, pág. 244.

Cayos y del Ejército, quien había sido ratificado en la Asamblea de Margarita, promovió la reunión del denominado Congreso de Cariaco reunido el 8 de mayo 1817, en el cual, sin desconocer la autoridad militar del Libertador, se estableció un gobierno federal, nombrándose un ejecutivo plural.[36]

Consta en efecto en el Acta del Congreso de esa fecha, denominado Congreso Supremo de la República, que el mismo lo integraron los: "representantes de los Estados Unidos de Venezuela, Francisco Xavier Mayz diputado por el Estado Cumaná, miembro del Departamento Ejecutivo y Presidente del mismo (*in rotation*) durante su permanencia en Valencia (9 de mayo de 1812), Francisco Xavier de Alcalá, Manuel Isaba, Diego Vallenilla, Francisco de Paula Navas, Diego Antonio Alcalá, Diego Bautista Urbaneja y Manuel Maneyro", quienes asumieron "el carácter nacional representativo a que hemos sido restituidos por el eminente General Santiago Mariño procediendo este en nombre del Jefe Supremo de la República el digno ciudadano SIMÓN BOLÍVAR".

Dichos representantes declararon restablecido desde esa fecha "el Gobierno Federal de la República de Venezuela, en sus tres departamentos legislativo, ejecutivo y judicial, para el debido despacho de los negocios que respectivamente les corresponden", y procedieron a designar un ejecutivo plural, de tres, entre ellos a SIMÓN BOLÍVAR, disponiendo que como estaba ausente otros designados ejercerían la función ejecutiva provisionalmente. Designaron igualmente los encargados del departamento judicial.

Los representantes ordenaron finalmente que lo decidido fuera trasmitido al general SIMÓN BOLÍVAR excitándolo "a tomar posesión —tan pronto como sus deberes militares se lo permitan— de un puesto en que no podrá menos que prestar a la República servicios de grande importancia y dignos de su nombre y de sus gloriosos hechos"[37].

BOLÍVAR regresó a Venezuela en el mismo año 1817, y a pesar de que en el Congreso no se había desconocido su autoridad militar, él lo desconoció mencionándolo incluso en correspondencias solo como "el llamado Congreso"[38]. De seguidas, conquistó la libertad de Guayana, provincia que desde 1811 había permanecido fiel a la Corona, y en operaciones sucesivas logró el reconocimiento de su jefatura suprema que había sido desconocida de nuevo en el mencionado Congreso de Cariaco que se había reunido en mayo de 1817.

A partir de octubre de 1817 se declaró a Angostura, como capital del Gobierno de Venezuela y residencia provisional de las autoridades, y entre las primeras decisiones del Libertador deben citarse las destinadas a establecer las

[36] Véase JOSÉ GIL FORTOUL, *Historia constitucional de Venezuela*, Obras completas, tomo I, Caracas, 1953, págs. 246-247.

[37] Véase el Acta del Congreso de Cariaco de 8 de mayo de 1817, en ALLAN R. BREWER-CARÍAS, *Las Constituciones de Venezuela, op. cit.*, tomo I, págs. 593-594.

[38] Véase las referencias en TOMÁS POLANCO, *Simón Bolívar*, *op. cit.*, págs. 307 y ss.

bases del sistema provisional de gobierno. Ello lo resume en el Discurso de instalación del Consejo de Estado en Angostura, el 1° de noviembre de 1817, en el cual, entre otros aspectos, señaló:

"Cuando el pueblo de Venezuela rompió los lazos opresivos que lo unían a la nación española, fue su primer objeto establecer una Constitución sobre las bases de la política moderna, cuyos principios capitales son la división de poderes y el equilibrio de las autoridades. Entonces, proscribiendo la tiránica institución de la monarquía española, adoptó el sistema republicano más conforme a la justicia; y entre las formas republicanas escogió la más liberal de todas, la federal. Las vicisitudes de la guerra, que fueron tan contrarias a las armas venezolanas, hicieron desaparecer la República y con ella todas sus instituciones.

En dicho Discurso, el Libertador argumentó por qué la guerra había impedido "dar al gobierno de la República la regularidad constitucional que las actas del Congreso habían decretado en la primera época", precisando, al referirse al tercer período de la República iniciado en Margarita, luego de la expedición de Los Cayos en 1816, lo siguiente:

"En la isla de Margarita volvió a tomar una forma regular la marcha de la República; pero siempre con el carácter militar desgraciadamente anexo al estado de guerra. El tercer período de Venezuela no había presentado hasta aquí un momento favorable, en que se pudiese colocar al abrigo de las tempestades el arca de nuestra Constitución".

Reseñó el Libertador, en ese Discurso, que por la Asamblea de Margarita de 6 de mayo de 1816 se había creado y nombrado "un poder ejecutivo bajo el título de jefe Supremo de Venezuela. Así, solo faltaba la institución del cuerpo legislativo y del poder judicial", por lo que agregaba: "La creación del Consejo de Estado debía llenar las funciones del poder legislativo, correspondiendo a una Alta Corte de Justicia el tercer poder del cuerpo soberano"[39].

El Libertador, además, en ese excepcional documento sobre organización constitucional, daba cuenta de la organización regular de las provincias libres de Venezuela, mencionando a los diversos gobernadores civiles y militares de las mismas, y entre ellos al general Páez en las Provincias de Barinas y Casanare, y Monagas en la Provincia de Barcelona. Ambos ejercerían la Presidencia de la República décadas después.

En Angostura se propuso culminar lo que puede decirse había sido su obsesión política desde 1813, que fue la reconstitución institucional del Estado de Venezuela, que había quedado destruido. La conquista de Guayana, por tanto, acentuó la necesidad de establecer un orden institucional para el gobierno civil.

[39] *Proclamas y decretos del Libertador, cit.*, págs. 173 y 174. Véase el decreto de creación del Consejo de Estado y los otros actos constitucionales de esos años, en Allan R. Brewer-Carías, *Las Constituciones de Venezuela, cit.*, págs. 223 y ss.

A) *Las ideas constitucionales del Libertador y su crítica al sistema constitucional de la Constitución de 1811*

En efecto, desde el comienzo de la Campaña Admirable, BOLÍVAR manifestó una preocupación constante por la reconstrucción del Estado de Venezuela como resultado de la guerra de liberación que comandaba, habiendo sido su propósito inicial restablecer en Venezuela el orden constitucional que se había regulado en la Constitución Federal de 1811.

Ello originó, sin embargo, una gran paradoja, pues las ideas constitucionales que BOLÍVAR había expresado hasta entonces eran contrarias al esquema constitucional que los constituyentes de 1811 habían diseñado para constituir el nuevo Estado, en un proceso en el cual por lo demás, él no había participado, pues no fue diputado al Congreso General de 1811.

Hay que recordar que SIMÓN BOLÍVAR fue, ante todo, un hombre del poder. Lo ejerció militarmente, lo condujo civilmente y, además, lo concibió institucionalmente. Por ello, si bien es cierto que no llegó a participar activamente en la concepción constitucional del primigenio Estado venezolano en 1811[40], su intensa labor política y militar posterior no se redujo a comandar las guerras de independencia y a ejercer la conducción política de Venezuela en momentos de total desorganización, sino que además desarrolló ideas constitucionales para la reconstrucción del Estado[41], adaptadas a la convulsa sociedad que quedó en estas tierras después de la Independencia.

Y ello lo comenzó con su primera alocución pública que fue su famoso *Manifiesto de Cartagena* o "*Memoria dirigida por un caraqueño a los ciudadanos de la Nueva Granada,*" de 15 de diciembre del mismo año 1812[42], en el cual calificó la construcción institucional de la República diseñada por los próceres civiles reflejada en la Constitución Federal de diciembre de 1811 y en todos los otros documentos constitucionales de la independencia, como la propia de una "república aérea", calificando a su autores, quienes desde ese

[40] BOLÍVAR, después de cumplir su misión en Londres en 1810, al regresar a Caracas participó en las discusiones de la Sociedad Patriótica que se celebraban en paralelo a las sesiones del Congreso General, y en ella, el 3 de julio de 1811, en la víspera de la declaración de Independencia, exigió al Congreso que debía "oír a la Junta Patriótica, centro de las luces y de todos los intereses revolucionarios", clamando por la necesidad de declarar la Independencia de España, diciendo: "Pongamos sin temor la piedra fundamental de la libertad suramericana: vacilar es perdernos". Véase en Sociedad Bolivariana de Venezuela, *Escritos del Libertador*, tomo IV, Ediciones Cuatricentenario de la Ciudad de Caracas, Caracas 1968, pág. 81.

[41] Véase lo expuesto en ALLAN R. BREWER-CARÍAS. "Ideas centrales sobre la organización del Estado en la obra del Libertador y sus proyecciones contemporáneas", en *Boletín de la Academia de Ciencias Políticas y Sociales*, núm. 95-96, Caracas enero-junio 1984, págs. 137 y ss.

[42] Véase el texto en SIMÓN BOLÍVAR, *Escritos fundamentales*, Caracas, Monte Ávila Editores, 1982, págs. 57 y ss.; y en *Proclamas y discursos del Libertador*, Caracas, 1939, págs. 11 y ss.

momento comenzaron a ser olvidados, como "sofistas y filántropos", y atribuyéndole a dicha concepción y a sus autores la caída misma de la República. Ello originaría posteriormente en la Nueva Granada el despectivo calificativo de la "patria boba" para referirse a ese período de nuestra historia.[43] SIMÓN BOLÍVAR, en efecto, diría a los seis meses de haber caído la primera República en Venezuela, respecto del gobierno de la misma:

"[...] los códigos que consultaban nuestros magistrados no eran los que podían enseñarles la ciencia práctica del gobierno, sino los que han formado ciertos buenos visionarios que, imaginándose *repúblicas aéreas*, han procurado alcanzar la perfección política, presuponiendo la perfectibilidad del linaje humano. Por manera que tuvimos filósofos por jefes, filantropía por legislación, dialéctica por táctica, y sofistas por soldados".[44]

No es de extrañar con semejante apreciación, que BOLÍVAR pensase que como las circunstancias de los tiempos y los hombres que rodeaban al gobierno en ese momento eran "calamitosos y turbulentos, [el gobierno] debe mostrarse terrible, y armarse de una firmeza igual a los peligros, sin atender a leyes, y constituciones, ínterin no se restablece la felicidad y la paz"[45]. Por ello concluyó afirmando tajantemente que: "entre las causas que han producido la caída de Venezuela, debe colocarse en primer lugar la naturaleza de su Constitución que, repito, era tan contraria a sus intereses, como favorable a los de sus contrarios"[46].

Pero aparte de esta crítica feroz al esquema constitucional de 1811, las primeras ideas de Bolívar respecto del proceso de reorganización del Estado luego de la caída de la primera República giraron en torno al republicanismo y la representatividad, como contrario al régimen monárquico, lo que implicaba que el Estado debía tener un sustento popular y democrático, de manera que no pudiera resultar de la imposición de una persona. De allí el carácter republicano y no monárquico de nuestro régimen político desde la misma Independencia.

Por ello, el establecimiento de un orden constitucional con base en la soberanía popular legitimado a través de una Asamblea o Congreso fue una

[43] Véase, por ejemplo, por lo que se refiere a la Nueva Granada, el empleo del término en el libro *La Patria Boba*, que contiene los trabajos de J. A. VARGAS JURADO (*Tiempos coloniales*), JOSÉ MARÍA CABALLERO (*Días de la Independencia)*, y J. A. DE TORRES Y PEÑA (*Santa Fe cautiva*), Bogotá, 1902. El trabajo de CABALLERO fue publicado con los títulos *Diario de la Independencia*, Bogotá, Biblioteca de Historia Nacional, 1946, y *Diario de la Patria Boba,* Bogotá, Ediciones Incunables, 1986. Véase también, JOSÉ MARÍA ESPINOSA, *Recuerdos de un abanderado, Memorias de la Patria Boba 1810-1819*, Bogotá, 1876.

[44] Véase SIMÓN BOLÍVAR, "Manifiesto de Cartagena", en *Escritos fundamentales,* Caracas, 1982; y en *Itinerario documental de Simón Bolívar. Escritos selectos*, Caracas, Ediciones de la Presidencia de la República, 1970, págs. 30 ss. y 115 y ss.

[45] *Idem.*

[46] *Idem.*

constante en el pensamiento y acción del Libertador. No solo así lo expresó en sus magistrales documentos políticos: el Manifiesto de Cartagena (1812), la Carta de Jamaica (1815) y el Discurso de Angostura (1819), sino que lo planteó repetidamente a lo largo de su vida: en 1813, en su comunicación al Congreso de Bogotá al conquistar Caracas, luego de la Campaña Admirable[47], en 1814, en su Discurso en la Asamblea de 2 de enero en la Iglesia de San Francisco de Caracas[48], en 1816, en su Proclama al desembarcar en Margarita e iniciar la campaña de Oriente y Guayana[49], en 1817 al instalar el Consejo de Estado en Angostura[50]. Sobre ello insistió posteriormente, en 1818, en su Discurso en la sesión del Consejo de Estado el 1° de octubre y en su Proclama a los venezolanos el 22 de octubre[51]; en 1819, en su Proclama a los granadinos el 8 de septiembre, luego de la Batalla de Boyacá al plantear la unión de la Nueva Granada y Venezuela[52].

Esos planteamientos posteriormente los siguió formulando, por ejemplo, en 1824, en su Proclama a los peruanos el 25 de diciembre de 1824, con motivo de la Batalla de Ayacucho[53]; en 1825, en su alocución al Congreso constituyente del Perú, en Lima, el 10 de febrero[54]; en 1826, en su discurso ante el Congreso constituyente de Bolivia el 25 de mayo[55] al presentar el Proyecto de Constitución para Bolivia[56]; y en su Proclama a los venezolanos en Maracaibo, el 16 de diciembre de 1826, en la cual les exigía frente a las tendencias separatistas, no matar la patria, y prometía "llamar al pueblo para que delibere" en una Gran Convención Nacional donde "el pueblo ejercerá libremente la omnipotencia, allí decretará sus leyes fundamentales" y concluía: "Nadie sino la mayoría, es soberana"[57]; en 1828, en su Mensaje a la Convención de Ocaña el 29 de febrero de 1828[58] y en su Discurso ante el Consejo de Gobierno en Bogotá después de la disolución de aquella Convención[59]; en 1829, en la convocatoria

[47] Véase *Escritos del Libertador*, cit., tomo V, pág. 5.

[48] Véase *Proclamas y Discursos del Libertador*, cit., pág. 85.

[49] *Idem*, pág. 146.

[50] *Ibidem*, págs. 171 y 172.

[51] *Ibidem*, pág. 193.

[52] *Ibidem*, pág. 240.

[53] *Ibidem*, págs. 298 y 299.

[54] *Ibidem*, págs. 300 y 303.

[55] *Ibidem*, págs. 322 y ss.

[56] Véase Simón Bolívar, *Proyecto de Constitución para la República Boliviana*, Lima, 1826, con notas de Antonio José de Sucre, Caracas, 1978.

[57] *Proclamas y Discursos del Libertador*, cit., pág. 344.

[58] *Idem*, pág. 370.

[59] *Ibidem*, pág. 379.

que hizo a los pueblos de Colombia para que manifestaran su opinión sobre el gobierno y la Constitución[60], y en fin, en su Mensaje al Congreso Constituyente de la República de Colombia el 20 de enero de 1830[61] y en su Proclama a los colombianos al dejar el mando, el 24 de enero de 1830[62].

En todos estos escritos, el Libertador planteó siempre la necesidad de que la organización del Estado, su Constitución y gobierno, fueran una manifestación de la soberanía popular y no el producto de la voluntad de un jefe Supremo. Por ello, en todos los casos en que le correspondió asumir el poder público en su totalidad, siempre buscó su legitimación a través de la consulta a los pueblos y de la reunión de un Congreso o Asamblea.

La segunda de las ideas fundamentales sobre las cuales se expresó el Libertador en su carrera militar y política fue en relación con el principio de la separación de poderes, particularmente por la consagración en la Constitución Federal de Venezuela de 1811 de cierta hegemonía del poder legislativo, para evitar precisamente la formación de un poder fuerte, que quizás fue uno de los factores que originó la caída de la Primera República, generando críticas del Libertador, lo cual condicionó la vida republicana en las décadas posteriores.

Contra esta debilidad del poder ejecutivo constitucionalmente consagrada, el cual además era tripartito en la Constitución Federal de 1811, en efecto, el primero en reaccionar fue el Libertador quien en su Manifiesto de Cartagena en 1812 y luego en su Discurso de Angostura en 1819, propuso al Congreso la adopción de una fórmula de gobierno con un ejecutivo fuerte, lo cual, sin embargo, no fue acogido por la Constitución de 1819.

Dijo en su Discurso de Angostura:

"Aquí el Congreso ha ligado las manos y hasta la cabeza a los magistrados. Este cuerpo deliberante ha asumido una parte de las funciones ejecutivas, contra la máxima de MONTESQUIEU, que dice que un Cuerpo Representativo no debe tomar ninguna resolución activa: debe hacer leyes, y ver si se ejecutan las que hace. Nada es tan contrario a la armonía de los poderes, como su mezcla. Nada es tan peligroso con respecto al pueblo como la debilidad del ejecutivo".

Y agregaba:

"En las Repúblicas el ejecutivo debe ser el más fuerte porque todo conspira contra él; en tanto que en las monarquías el más fuerte debe ser el legislativo, porque todo conspira en favor del Monarca...".

Y concluía diciendo:

[60] Véase en JOSÉ GIL FORTOUL, *Historia constitucional de Venezuela*, tomo I, Berlín,1904, pág. 468.

[61] Véase *Proclamas y discursos del Libertador*, *op. cit.*, págs. 391 y ss.

[62] *Idem*, pág. 399.

"Por lo mismo que ninguna forma de gobierno es tan débil como la democrática, su estructura debe ser de la mayor solidez; y sus instituciones consultarse para la estabilidad.

"Si no es así, contemos con que se establece un ensayo de gobierno, y no un sistema permanente: contemos con una sociedad díscola, tumultuaria, anárquica, y no con un establecimiento social, donde tengan su imperio la felicidad, la paz y la justicia"[63].

Y en su Discurso de Angostura insistió:

"Cuando deseo atribuir al Ejecutivo una suma de facultades superiores a las que antes gozaba, no he deseado autorizar a un déspota para que tiranice la República, sino impedir que el despotismo deliberante sea la causa inmediata de un círculo de vicisitudes despóticas en que alternativamente la anarquía sea reemplazada por la oligarquía y por la monocracia"[64].

La tercera de las ideas fundamentales sobre la organización del Estado a las cuales se refirió insistentemente el Libertador en sus años de actividad militar y política fue sobre la distribución vertical o territorial del poder del Estado, y en particular sobre el régimen Federal que se había adoptado en la constitución del Estado de Venezuela en la Constitución federal de 1811.

Sobre el tema, que hace a la opción entre centralismo y descentralización en la organización del Estado, ya se había pronunciado el primer constitucionalista del mundo moderno que fue ALEXIS DE TOCQUEVILLE, al analizar el sistema político federal de los Estados Unidos, considerando que en el mismo, el "más funesto todos los vicios", como "inherente al sistema federal mismo" era "la debilidad relativa del gobierno de la Unión", pues estimaba que "una soberanía fraccionada será siempre más débil que una soberanía completa"[65].

Por lo que se refiere a BOLÍVAR, fue un feroz opositor al sistema federal y sus ideas quedaron plasmadas desde su rotunda afirmación en la comunicación que dirigió el 12 de agosto de 1813 al Gobernador de Barinas en la cual le expuso sus ideas fundamentales para la organización y buena marcha del Estado, diciéndole que "Jamás la división del poder ha establecido y perpetuado gobiernos, solo su concentración ha infundido respeto para una nación"[66].

Sin embargo, lo cierto es que, al momento de la independencia, el sistema español había dejado en el territorio de las nuevas repúblicas un sistema de poderes autónomos provinciales y citadinos, hasta el punto de que la declara-

[63] Véase el texto en SIMÓN BOLÍVAR, *Escritos fundamentales*, Caracas, 1982, págs. 132 y ss. Véase además en el libro: *El pensamiento constitucional hispanoamericano hasta 1830,* Tomo V, Caracas, Academia Nacional de la Historia, 1961, págs. 149-181.

[64] Véase en SIMÓN BOLÍVAR, *Escritos Fundamentales*, *op. cit.*, pág. 139.

[65] Véase ALEXIS DE TOCQUEVILLE, *La democracia en América*, México, 1973.

[66] Véase el texto en *Escritos del Libertador*, tomo V, *op. cit.*, pág. 24.

ción de independencia la realizaron los cabildos en las respectivas provincias, iniciándose el proceso después del intento fallido de Quito en 1809, en el Cabildo de Caracas el 19 de abril de 1810.

Se trataba, por tanto, de construir estados, en territorios disgregados en autonomías territoriales descentralizadas en manos de cabildos o ayuntamientos coloniales. La federación, así, fue hasta cierto punto la fórmula sacada de la Constitución norteamericana para integrar pueblos habituados a un sistema de poderes descentralizados, y ella fue adoptada en 1811, dividiéndose el Estado en provincias, cada una de las cuales debía dictarse su propia Constitución en relación con la organización de sus propios poderes públicos, pero indicándose en la Constitución Federal, la necesaria existencia en cada provincia de legislaturas provinciales, a cargo del poder legislativo provincial (arts. 25, 48, 124, 130, 134 y 135). Estas legislaturas provinciales, precedieron, sin duda a las diputaciones provinciales de Cádiz.

El Libertador, sin embargo, como se dijo, fue un crítico feroz de la forma federal y, por tanto, de todo esquema de distribución vertical del poder en nuestras nacientes repúblicas; y, como se dijo, a todo lo largo de su vida política no cesó de condenar el federalismo y alabar el centralismo como la forma de Estado adecuada a nuestras necesidades.

Así, en el Manifiesto de Cartagena, en 1812, al año siguiente de la sanción de la Constitución y caída la primera República, escribía:

"[...] lo que debilitó más al gobierno de Venezuela fue la forma federal que adoptó, siguiendo las máximas exageradas de los derechos del hombre, que autorizándolo para que se rija por sí mismo, rompe los pactos sociales y constituye a las naciones en anarquía.

"Tal era el verdadero estado de la Confederación. Cada provincia se gobernaba independientemente: y a ejemplo de estas, cada ciudad pretendía iguales facultades alegando la práctica de aquellas, y la teoría de que todos los hombres y todos los pueblos gozan de la prerrogativa de instituir a su antojo el gobierno que les acomode.

"El sistema federal, bien que sea el más perfecto y más capaz de proporcionar la felicidad humana en sociedad, es, no obstante, el más opuesto a los intereses de nuestros nacientes Estados"[67].

Coincidía en cierta forma el Libertador con ALEXIS DE TOCQUEVILLE, quien además de lo antes señalado respecto de la Constitución de los Estados Unidos, expresó:

"[...] se parece a esas bellas creaciones de la industria humana que colman de gloria y de bienes a aquellos que las inventan, pero permanecen estériles en otras manos"[68].

[67] Véase el texto en SIMÓN BOLÍVAR, *Escritos Fundamentales*, *cit.*, págs. 61 y 62.

[68] Véase en ALEXIS DE TOCQUEVILLE, *op. cit.*, pág. 159.

Ahora bien, en contraste con al esquema federal, el Libertador propugnó una forma de Estado centralizado, para lo cual afirmó en el mismo de Cartagena:

"Yo soy del sentir que mientras no centralicemos nuestros gobiernos americanos, los enemigos obtendrán las más completas ventajas; seremos indefectiblemente envueltos en los horrores de las disensiones civiles y, conquistados vilipendiosamente por ese puñado de bandidos que infestan nuestras comarcas" [69].

Esto mismo lo repitió al año siguiente, en la comunicación que dirigió en 1813 al Gobernador de Barinas, en la cual expuso sus ideas fundamentales para la organización y buena marcha del Estado, en la cual afirmó "[...] no son naciones poderosas y respetadas sino las que tienen un gobierno central y enérgico"[70].

Posteriormente, en 1815, en su Carta de Jamaica, el Libertador insistió en sus críticas al sistema federal:

"[...] así como Venezuela ha sido la República americana que más se ha adelantado en instituciones políticas, también ha sido el más claro ejemplo de la ineficacia de la forma democrática y federal para nuestros nacientes Estados" [71].

Y posteriormente, en 1819, expresó en su Discurso de Angostura;

"Cuanto más admiro la excelencia de la Constitución Federal de Venezuela, tanto más me persuado de la imposibilidad de su aplicación a nuestro Estado" [72].

"El magnífico sistema federativo —decía— no era dado a los venezolanos ganarlo repentinamente al salir de las cadenas. No estábamos preparados para tanto bien; el bien como el mal, da la muerte cuando es súbito y excesivo"; y agregó:

"Horrorizado de la divergencia que ha reinado y debe reinar entre nosotros por el espíritu sutil que caracteriza al gobierno federativo, he sido arrastrado a rogaros para que adoptéis el centralismo y la reunión de todos los Estados de Venezuela en una República sola, e indivisible"[73].

Este criterio político del Libertador a favor del centralismo lo va a acompañar hasta el fin de sus días. Así lo expuso, por ejemplo, en 1829 en una carta que envió desde Guayaquil a su antiguo edecán general Daniel Florencio O'Leary, al calificar al sistema federal, como:

"[...] una anarquía regularizada, o más bien es la ley que prescribe implícitamente la obligación de disociarse y arruinar el Estado con todos sus individuos".

[69] Véase en Simón Bolívar, *Escritos fundamentales*, *op. cit.*, pág. 63.

[70] Véase en *Escritos del Libertador*, tomo V, *op. cit.*, pág. 24.

[71] *Idem*, pág. 97.

[72] *Ibidem*, pág. 120.

[73] *Ibidem*, pág. 140.

Ello lo llevó a afirmar rotundamente:

"Yo pienso que mejor sería para la América adoptar el Corán que el gobierno de los Estados Unidos, aunque es el mejor del mundo"[74].

B) *La gran paradoja: la idea del restablecimiento del orden constitucional de 1811 en Venezuela, al inicio de la campaña de liberación de sus provincias*

A pesar de todas sus críticas al sistema constitucional de 1811, la gran paradoja que se aprecia en el proyecto del Libertador desde que inició la Campaña Admirable para la liberación de Venezuela, es su propósito de restablecer en sus territorios la vigencia de la Constitución federal de 1811 y su sistema institucional.

Así lo expresó inicialmente desde Cúcuta en las Instrucciones dadas el 28 de abril de 1813 al Dr. Cristóbal Mendoza quien había sido presidente de Venezuela como miembro del poder ejecutivo federal en 1812, para que se encargara del gobierno de Mérida:

"[...] en nombre de la República de Venezuela, ínterin determina el Congreso de la Nueva Granada lo que tenga a bien acordar sobre la naturaleza y forma de Gobierno bajo la cual deberán administrarse los países reconquistados".

Bolívar le indicó a Mendoza que el principal objetivo "se dirigía a restablecer el antiguo orden de cosas en la ciudad de Mérida", asumir el título de gobernador de la provincia, "teniendo por autoridad soberana la del Supremo Congreso de la Nueva Granada, entretanto que se restablece el gobierno de la República de Venezuela"[75].

Esa fue la legitimidad de origen que Bolívar diseñó para la reconquista de Venezuela, lo cual notificó formalmente al presidente encargado del poder ejecutivo de la Unión colombiana en comunicación de la misma fecha, indicándole que se trataba de "tomar posesión del Gobierno de la Provincia de Mérida, bajo la protección del Congreso de la Nueva Granada, y a nombre de la República de Venezuela". Este "modelo de gobierno," decía el Libertador al Presidente, que le parecía: "muy adecuado para conciliar la naturaleza del anterior gobierno federal de Venezuela, con el sometimiento que es debido y conveniente al de la Nueva Granada y a sus jefes militares, para de este modo lograr que los pueblos conciban la esperanza de ver restablecer su deseado gobierno federal y al cual tienen una firme adhesión, sin las trabas y embarazos que podrían producirnos unas autoridades independientes que no reconociesen

[74] *Ibidem*, págs. 200 y 201.

[75] Véase el texto de las instrucciones en *Escritos del Libertador*, tomo IV, Caracas, 1968, págs. 221 y 222 (Doc. núm. 164). Igualmente en Allan R. Brewer-Carías, *Las Constituciones de Venezuela, op. cit.*, tomo I, pág. 585.

un centro y se opusiesen quizás algunas veces, o retardasen por lo menos, las operaciones militares, a cuyos jefes no estuviesen subordinadas"[76].

Una vez liberada la provincia de Mérida en mayo de 1813, BOLÍVAR proclamó, desde allí, "el establecimiento de la Constitución venezolana, que regía los Estados antes de la irrupción de los bandidos que hemos expulsado", que no era otra sino la Constitución Federal de 1811. Al mes siguiente, desde Trujillo, al tomar conciencia del sesgo social de la guerra que se estaba ya librando, el 15 de junio de 1813, en su proclama de guerra a muerte, BOLÍVAR también anunció que su misión era "restablecer los gobiernos que formaban la Confederación de Venezuela", indicando que los estados ya liberados (Mérida y Trujillo) se encontraban "regidos nuevamente por sus antiguas Constituciones y magistrados"[77].

Luego, en el Discurso dirigido a los ciudadanos y magistrados de la ciudad de Barinas el 13 de julio de 1813 sobre el régimen político instaurado en la liberada Provincia de Barinas, explicó que su misión, como enviado del Soberano Congreso de la Nueva Granada, además de "destruir el intruso gobierno español", era "restablecer la República de Venezuela sobre las mismas bases que existían antes de la irrupción de los bandidos". A tal efecto BOLÍVAR repuso "el Poder Ejecutivo provincial en el ciudadano Manuel Antonio Pulido que ejercía estas funciones al tiempo de la disolución de la República", disponiendo que contaba con toda autoridad para organizar el gobierno político y civil "ínterin se libera la capital de Venezuela y se restablece con solidez y legalidad el gobierno que debe regir las Provincias Unidas de nuestra Confederación"[78].

C) *Los efectos de la guerra y el abandono de todo intento de restablecer la vigencia de la Constitución de 1811 en el proceso de reconstitución y organización del Estado de Venezuela*

Pero los efectos de la guerra y la devastación provocada por la misma y por las acciones de Monteverde, pronto provocaron que las intenciones iniciales de restablecer en los territorios liberados la Constitución Federal de 1811, tuvieran que ser abandonadas por el Libertador.

[76] Véase el texto del oficio de 30 de abril de 1813 en *Escritos del Libertador*, tomo IV, Caracas 1968, págs. 226 y 227 (Doc. num. 167). Igualmente en ALLAN R. BREWER-CARÍAS, *Las Constituciones de Venezuela, op. cit.*, tomo I, pág. 586.

[77] "Discurso a la Municipalidad de Mérida, 31 de mayo de 1813, en HERMÁNN PETZOLD PERNÍA, *Bolívar y la ordenación de los poderes públicos en los Estados emancipados*, Caracas, 1986, pág. 32.

[78] Véase el texto del Discurso en Barinas, en *Escritos del Libertador*, tomo IV, Caracas,1968, págs. 360 y 362 (Doc. núm. 255). Igualmente en ALLAN R. BREWER-CARÍAS, *Las Constituciones de Venezuela, op. cit.*, tomo I, pág. 587.

Monteverde había impuesto la aplicación de la ley de la conquista en los territorios ocupados por las fuerzas españolas, negándose incluso a jurar la Constitución de Cádiz que desde marzo se había sancionado en España y violando la Capitulación que había suscrito con Miranda. La respuesta del Libertador no pudo ser otra que la aplicación de la ley marcial en los territorios que fue ocupando.

Monteverde, en la representación que dirigió a la Audiencia de Caracas el 30 de diciembre de 1812, llegó a afirmar que si bien Coro, Maracaibo y Guayana, que habían sido las provincias de la Capitanía que no habían participado en la formación del Estado federal de 1811, "merecen estar bajo la protección de la Constitución de la Monarquía", es decir, de la de Cádiz que había pretendido jurar en Caracas bajo rito militar, en cambio:

"Caracas y demás que componían su Capitanía General, no deben por ahora participar de su beneficio hasta dar pruebas de haber detestado su maldad, y bajo este concepto deben ser tratadas por la ley de la conquista; es decir, por la dureza y obras según las circunstancias; pues de otro modo, todo lo adquirido se perderá"[79].

La respuesta de Bolívar se puede apreciar del contenido del Decreto de Guerra a Muerte que dictó en Trujillo el 15 de junio de 1813, al ordenar pasar por las armas ("contad con la muerte") a todo aquel español o americano que, "aun siendo indiferente", no obrara "activamente en obsequio de la libertad de Venezuela"[80].

Posteriormente el Libertador en su declaración y proclamación desde Caracas, al año siguiente, el 17 de junio de 1814, decretó la *ley marcial*, entendiendo por tal "la cesación de toda otra autoridad que no sea la militar", con orden de alistamiento general, en la que anunciaba para quienes contravinieran la orden que "serán juzgados y sentenciados como traidores a la patria, tres horas después de comprobarse el delito".

Así quedaron los territorios del Estado de Venezuela sumidos bajo la ley militar, la ley marcial o la ley de la conquista, barriéndose con todo lo que fuera civilidad, contribuyendo desde entonces, el militarismo resultante, con el desplazamiento, secuestro y sustitución de los próceres civiles de la independencia[81], quedando lamentablemente arrinconados todos aquellos

[79] "Representación dirigida a la Regencia el 17 de enero de 1813", en J. F. Blanco y R. Azpúrua, *Documentos para la historia de la vida pública del Libertador, op. cit.*, tomo IV, págs. 623-625.

[80] "Decreto de guerra a muerte", de 13 de junio de 1813 (versión facsimilar) en Hermann Petzold Pernía, *Bolívar y la ordenación de los poderes públicos en los Estados emancipados, op. cit.*, pág. 33.

[81] Véase Allan R. Brewer-Carías, "Epílogo: el secuestro y suplantación de los próceres", al libro de Giovanni Meza Dorta, *El olvido de los próceres. La filosofía constitucional de la Independencia y su distorsión producto del militarismo*, Caracas, Editorial Jurídica Venezolana, 2012, págs. 105-122.

extraordinarios principios civiles, concebidos y elaborados por los civiles, que fueron los que realmente hicieron la independencia[82].

Con todo ello, era evidente que ya no podía plantearse la reorganización del Estado de Venezuela restableciendo la vigencia de la Constitución Federal de 1811, siendo en realidad necesario organizar un nuevo Estado por la desaparición de la propia República, para lo cual BOLÍVAR incluso pidió asesoramientos diversos sobre un Plan de Gobierno Provisorio[83].

Todo ello lo comenzó a delinear al reconquistar la Provincia de Caracas en agosto de 1813. Así, en su primera comunicación dirigida al Congreso de la Nueva Granada el 8 de agosto de 1813 con el informe a la Comisión Político-Militar del mismo, sobre la liberación de la capital de Venezuela, BOLÍVAR participó "desde la ilustre capital de Venezuela [...] el restablecimiento de esta República" y dijo:

"Ínterin se organiza el gobierno legal y permanente, me hallo ejerciendo la autoridad suprema, que depondré en manos de una Asamblea de notables de esta capital, que debe convocarse para erigir un gobierno conforme a la naturaleza de las circunstancias y de las instrucciones que he recibido de ese augusto Congreso"[84].

En el Manifiesto del 9 de agosto de 1813 que dirigió a sus conciudadanos, en el cual resumió los planes para la organización del Estado, insistió en la misma idea anterior de legitimar el poder:

"Una asamblea de notables, de hombres virtuosos y sabios, debe convocarse solemnemente para discutir y sancionar la naturaleza del gobierno, y los funcionarios que hayan de ejercerla en las críticas y extraordinarias circunstancias que rodean a la República. El Libertador de Venezuela renuncia para siempre, y protesta formalmente, no aceptar autoridad alguna que no sea la que conduzca a nuestros soldados a los peligros para la salvación de la Patria"[85].

Ello lo reiteró en una nueva comunicación al presidente del Congreso de Nueva Granada el 14 de agosto de 1813, en la cual le indicó "la próxima con-

[82] Véase ALLAN R. BREWER-CARÍAS, "La independencia de Venezuela y el inicio del constitucionalismo hispanoamericano en 1810-1811, como obra de civiles, y el desarrollo del militarismo a partir de 1812, en ausencia de régimen constitucional", en *Revista de Historia Constitucional,* Revista Electrónica, http://hc.rediris.es, núm. 14, Oviedo 2013, págs. 405-424. Véase en: http://www. historiaconstitucional.com/index.php/historiaconstitucional/article/view/377/ 340.

[83] Véase los documentos más notables en este sentido en *Simón Bolívar y la ordenación del Estado en 1813* (Estudios preliminares de PEDRO GRASES y TOMÁS POLANCO), Caracas, 1979.

[84] Véase en *Escritos del Libertador,* tomo V, Caracas, Sociedad Bolivariana de Venezuela, 1969, pág. 5, y en ALLAN R. BREWER-CARÍAS, *Las Constituciones de Venezuela, op. cit.*, tomo I, pág. 589.

[85] *Escritos del Libertador,* Sociedad Bolivariana de Venezuela, tomo V, *op. cit.*, pág. 10.

vocatoria de una Asamblea popular, para determinar la naturaleza del gobierno y la Constitución del Estado", anunciándole la organización de los Departamentos Supremos de la Administración[86].

Antes, con fecha 13 de agosto de 1813, había requerido a los más notables juristas de la provincia su opinión sobre la forma de reorganizar la República habiendo obtenido respuestas, entre otros de FRANCISCO JAVIER USTÁRIZ (18 de agosto de 1812) y de MIGUEL JOSÉ SANZ (26 de agosto y 22 de octubre de 1813), sobre las bases para un gobierno provisional en Venezuela, habiendo ambos coincidido en la imposibilidad que existía en ese momento de restablecer la vigencia de la Constitución de 1811 y la necesidad de que BOLÍVAR como Jefe Supremo reuniera en sí los poderes legislativo y ejecutivo y gobernara el Estado hasta concluir y perfeccionar la expulsión de los españoles invasores[87]. SANZ incluso recordó en su ensayo que "cuando ocupó a Venezuela, Monteverde, había un generalísimo que reunía en sí los poderes legislativo y ejecutivo que le trasmitió el poder ejecutivo federal" quedando el "general MIRANDA revestido de un poder ilimitado por estas transmisiones. No está en Venezuela este hombre extraordinario, y aunque estuviera sería una torpeza reponerle". En ese momento reconocía que "nunca más que en estas circunstancias necesita [Venezuela] de un Jefe Supremo que obrando con independencia y libertad concluya la obra comenzada", razón por la cual:

"El ciudadano SIMÓN BOLÍVAR, Brigadier de la Unión y General en Jefe de las tropas libertadoras, natural y políticamente es llamado a ejercer los poderes legislativo y ejecutivo en materias de Estado, Guerra y Hacienda en todo el territorio de Venezuela, sin más limitaciones que entenderse y acordarse con el Congreso de Nueva Granada"[88].

Por ello, BOLÍVAR, desde Puerto Cabello, el 1° de febrero de 1814, se dirigió al Congreso de la Nueva Granada donde le advirtió sobre el "crítico estado de Venezuela", reconociendo definitivamente que: "las autoridades que existían en el momento de la capitulación de San Mateo no pueden absolutamente reponerse; porque los individuos que las ejercían se hallan casi todos fuera de Venezuela y sería necesaria una elección popular para constituir legítimamente otros. No es posible realizar asambleas populares, cuando algunos pueblos son alterativamente ocupados por amigos y enemigos, y cuando la mayor parte de los ciudadanos están en el ejército; pero cuando fueran posibles las reuniones, serían muy peligrosas en una tal situación, a lo menos entorpecerían el principal objeto de repeler los enemigos, lo que incontestablemente sacrificaría la República".

[86] *Ibidem,* pág. 30.

[87] Véase en los escritos de USTÁRIZ y SANZ en el libro *El pensamiento constitucional hispanoamericano hasta 1830,* tomo V, Caracas,1961, págs. 136, 144.

[88] Véase MIGUEL JOSÉ SANZ, "Bases para un gobierno provisional en Venezuela", en *Idem,* págs. 143, 144 y 147.

Luego, el 6 de septiembre de 1815, en su famosa "Carta de Jamaica" (Contestación de un americano meridional a un caballero de esta isla)[89], entre otros aspectos, expuso sus ideas políticas sobre el gobierno en América hispana, refiriéndose en algunos párrafos a la "heroica y desdichada Venezuela" —en un texto que bien hubiera podido haber dicho sobre lo que hoy (2021), más de doscientos años después, ocurre en Venezuela—, al señalar:

[...] "sus acontecimientos han sido tan rápidos y sus devastaciones tales, que casi la han reducido a una absoluta indigencia, y a una soledad espantosa: no obstante que era uno de los más bellos países de cuantos hacían el orgullo de la América. Sus tiranos gobiernan un desierto y solo oprimen a tristes restos que, escapados de la muerte, alimentan una precaria existencia: algunas mujeres, niños y ancianos son los que quedan"[90].

Sobre el sistema de gobierno establecido en 1811, apreció que las instituciones políticas adoptadas, habían "sido el más claro ejemplo de la ineficacia de la forma demócrata y federal para nuestros nacientes estados", y agregó que "los sistemas enteramente populares, lejos de sernos favorables, temo mucho que vengan a ser nuestra ruina"[91].

De regreso de Haití en 1816, al llegar a Margarita en la llamada "Expedición de Los Cayos", como antes se dijo, Bolívar proclamó de nuevo "el gobierno independiente de Venezuela," habiendo sido ratificado en una Asamblea en la Jefatura Suprema del Estado y de los Ejércitos de Venezuela; afirmando en una Proclama a los venezolanos, de 8 de mayo de 1816, afirmó:

"El Congreso de Venezuela será nuevamente instalado donde y cuando sea vuestra voluntad. Como los pueblos independientes me han hecho el honor de encargarme de la autoridad suprema, yo os autorizo para que nombréis vuestros diputados en Congreso, sin otra convocación que la presente; confiándoles las mismas facultades soberanas que en la primera época de la República"[92].

Pasaron luego las vicisitudes mencionadas del Congreso de Cariaco[93], que fue el intento más serio de limitación a los poderes del Libertador, y en 1817, de regreso a Venezuela, condujo la guerra para la conquista de la Provincia de Guayana, la cual incorporó formalmente a la República mediante decreto en el cual definió sus límites al oriente hasta el río Esequibo[94], fijando en Angostura la capital del Gobierno de Venezuela y residencia provisional de las autoridades.

[89] Véase en Simón Bolívar, *Escritos fundamentales*, Caracas, Monte Ávila Editores,1982, págs. 82 y ss.

[90] Véase en Simón Bolívar, *Escritos fundamentales*, *op. cit.*, págs. 82 y ss.

[91] *Idem.*

[92] Véase en *Proclamas y decretos del Libertador*, *op. cit.*, pág. 146.

[93] Véase el Acta del Congreso de Cariaco de 8 de mayo de 1817, en Allan R. Brewer-Carías, *Las Constituciones de Venezuela, op. cit.*, tomo I, págs. 593-594.

[94] Véase "Decreto del Libertador Simón Bolívar fechado en Angostura el 15 de octubre de 1817, por el cual incorpora la provincia de Guayana a la República de Venezuela y señala

D) *Bolívar y la necesidad de reorganizar el Estado de Venezuela a partir de 1817*

Precisamente en ese mismo año de 1817, dentro de las propias filas del ejército republicano también se comenzó a plantear la necesidad de reorganizar el Estado que había quedado devastado por la guerra, dotando a la República de un gobierno con alguna base civil. Así, en febrero de 1817, el general Santiago Mariño quien luego estaría entre los organizadores del Congreso de Cariaco, habría propuesto a Bolívar la creación de una especie de Consejo de Estado para auxiliarlo en el gobierno, habiendo sin embargo sido la respuesta de Bolívar al planteamiento, muy tajante, al responderle:

[...] "en cuanto me desocupe de atenciones más urgentes que son las de batir a los enemigos, convocaré un Consejo para que establezca una administración regular, capaz de mantener la República. Por el momento, todo lo que se haga será inconsulto y precipitado"[95].

La propuesta se retomó luego en el antes mencionado Congreso reunido en San Felipe de Cariaco el 8 de mayo de 1817, de cuya constitución supo Bolívar después de regresar de Haití por el oriente de Venezuela, en junio de 1817.

Pero no faltaron otros generales de su ejército que también abogaran por el establecimiento de alguna forma de gobierno civil, y entre ellos se destacó el general Manuel Piar, a quien Bolívar no solo había nombrado General en jefe en mayo de 1817, sino incluso pensaba designarlo segundo en el mando de los ejércitos. Piar le planteó a Bolívar en junio de 1817, la idea de "reformar lo que hay y hablando en términos propios, ayudar a usted en el gobierno", indicándole que se trataba solo de la: "pretensión de dar a usted un senado o consejo para que tenga algo de democrática o de representativa nuestra forma de gobierno y para que haya quien trabaje en lo civil y político mientras usted se ocupa de las atenciones de la guerra"[96].

El desencuentro que originaron todas estas propuestas, entre otras cosas, le costó la vida al propio general Piar, conduciendo finalmente a la orden de aprehensión del general Mariño y al fusilamiento de Piar, lo que ocurrió el 16 de octubre de 1817.

Dos semanas después, el 30 de octubre de 1817 Bolívar creó el Consejo de Estado en el marco de un conjunto de decisiones sobre la reorganización del

---

sus departamentos". Disponible en http://www.archivodellibertador.gob.ve/escritos/buscador/spip.php?article2283.

[95] Así lo dijo en carta al general Brión, fechada en Barcelona, el 13 de febrero de 1817. Véase en *Escritos del Libertador*, tomo X, 1847, pág. 180. Véase las referencias en Tomás Polanco, *Simón Bolívar, op. cit.*, pág. 304.

[96] Así lo dijo en carta del general Briceño a Bolívar de junio de 1817. Véase las referencias en Tomás Polanco, *Simón Bolívar, op. cit.*, págs. 310-311.

Estado de Venezuela. Ya para ese momento, FRANCISCO DE PAULA SANTANDER, después de comandar bajo las órdenes de Páez el ejército en Casanare se había unido al Libertador SIMÓN BOLÍVAR en Angostura, pasando a formar parte de su Estado Mayor como subjefe del mismo.

En agosto de 1818, SANTANDER sería ascendido a general de división, y designado por BOLÍVAR para reorganizar el ejército en Casanare, y luego, como jefe de la vanguardia del ejército libertador de la Nueva Granada. Participó en las batallas de Pantano de Vargas y Boyacá en 1819, donde culminaría su actuación como militar. De allí, BOLÍVAR lo nombró, en agosto de 1819, como Gobernador comandante General de Santa Fe, y en septiembre del mismo año, primero como "vicepresidente de las provincias libres de la Nueva Granada", y luego como "vicepresidente de la Nueva Granada o Cundinamarca"[97].

Ahora bien, en cuanto a la creación del Consejo de Estado en 1817, independientemente de que haya sido resultado de sugerencias de sus subalternos para mitigar su poder absoluto, o por convicción propia, lo cierto es que la creación de dicho órgano formó parte de un conjunto de decisiones que adoptó para establecer las bases de un sistema provisional de gobierno del Estado de Venezuela, conforme al principio de la separación de poderes, por el cual tanto había abogado el Libertador y conforme a su obsesión por reconstituir dicho Estado.

2. LA REORGANIZACIÓN PROVISIONAL DEL ESTADO DE VENEZUELA EN ANGOSTURA, EN 1817

Ahora bien, establecida desde mayo de 1817 una sede permanente del gobierno en Angostura, el Libertador como jefe Supremo de la República de Venezuela y Capitán General de los ejércitos de Venezuela y de la Nueva Granada, desde el Cuartel General de Angostura, comenzó a tomar los pasos necesarios para reconstituir el Estado de Venezuela, conforme se decidiera en un Congreso integrado por diputados electos, como lo había anunciado, explicado y prometido a través de los años de guerra.

A) *La organización provisional del Estado conforme al principio de la separación de poderes*

Con tal propósito final, sin embargo, incluso a los efectos de poder hacer la convocatoria de las elecciones correspondientes, procedió a emitir una serie de decretos en los que dispuso la reorganización provisional del Estado, para asegurar su funcionamiento hasta que un nuevo Congreso sancionase la nueva Constitución del Estado.

[97] Véase las referencias en PILAR MORENO DE ÁNGEL, *Santander, op. cit.*, págs. 220 a 227, 235, 242, 285, 295, 299, 304.

Dicha organización provisional del Estado de Venezuela la concibió BOLÍVAR con arreglo al principio de la separación de poderes, que tanto había invocado y por el que tanto se había abogado, estableciendo en líneas generales el siguiente conjunto de decisiones:

Primero, en relación con el poder ejecutivo del cual él mismo era titular en su carácter de jefe Supremo y Capitán General de los Ejércitos de Venezuela y la Nueva Granada, reforzó su estructura creando el Estado Mayor General de los Ejércitos, y un Consejo de Gobierno para que manejara el Estado en su ausencia. Además, en su concepción centralista del Estado, procedió a organizar provisionalmente la administración territorial de las provincias.

Segundo, en relación con el poder judicial, procedió a reorganizarlo, creando con todo detalle los tribunales de la República, y particularmente creando una Alta o Suprema Corte de Justicia.

Y tercero, en cuanto al poder legislativo, creó un Consejo de Estado provisional para que, presidido por el jefe Supremo, asumiera las funciones legislativas del Estado, y además pudiera servir de órgano de consulta para las decisiones ejecutivas importante.

Estos decretos, por tanto, fueron parte de un programa global de reorganización del Estado de Venezuela, razón por la cual no pueden analizarse en forma aislada, sino como parte de dicho programa cuyas líneas generales resumió el propio Libertador precisamente en su Discurso de instalación del Consejo de Estado, en Angostura, el 1° de noviembre de 1817, en el cual, entre otros aspectos, señaló:

"[...] cuando el pueblo de Venezuela rompió los lazos opresivos que lo unían a la nación española, fue su primer objeto establecer una Constitución sobre las bases de la política moderna, cuyos principios capitales son la división de poderes y el equilibrio de las autoridades. Entonces, proscribiendo la tiránica institución de la monarquía española, adoptó el sistema republicano más conforme a la Justicia; y entre las formas republicanas escogió la más liberal de todas, la federal. Las vicisitudes de la guerra, que fueron tan contrarias a las armas venezolanas, hicieron desaparecer la República y con ella todas sus instituciones".

En dicho Discurso, el Libertador argumentó sobre el porqué la guerra había impedido "dar al gobierno de la República la regularidad constitucional que las actas del Congreso habían decretado en la primera época", precisando, al referirse al tercer período de la República iniciado en Margarita, luego de la expedición de Los Cayos en 1816, lo siguiente:

"En la isla de Margarita volvió a tomar una forma regular la marcha de la República; pero siempre con el carácter militar desgraciadamente anexo al estado de guerra. El tercer período de Venezuela no había presentado hasta aquí, un momento favorable, en que se pudiese colocar al abrigo de las tempestades el arca de nuestra Constitución".

Reseñó el Libertador, en ese Discurso, que por la Asamblea de Margarita del 6 de mayo de 1816 se había creado y nombrado "un poder ejecutivo bajo el título de jefe Supremo de Venezuela. Así, solo faltaba la institución del cuerpo legislativo y del poder judicial", por lo que agregaba: "La creación del Consejo de Estado debía llenar las funciones del poder legislativo, correspondiendo a una Alta Corte de Justicia el tercer poder del cuerpo soberano"[98].

De todo lo expuesto por el mismo BOLÍVAR, y en cuanto se refiere al Consejo de Estado, conforme a sus propias palabras ciertamente no pudo haber sido más clara su intención de crearlo con el objeto de ejercer provisionalmente y con toda la precariedad institucional del momento histórico, las funciones legislativas del Estado.

B) *La creación de los órganos para el ejercicio del poder judicial: los tribunales y la Alta Corte de Justicia*

Por lo que se refiere al poder judicial, el establecimiento de tribunales de primera instancia y de una Alta Corte de Justicia fue el primer acto constitucional que dictó el Libertador en fecha 6 de octubre de 1817[99], expresando en la motivación del Decreto que era: "de primera necesidad el arreglo y organización de tribunales que administren justicia a las provincias libres de la República, y deseando dar a estos tribunales la libertad e independencia que exige la justa división de los poderes".

En cuanto a los "tribunales inferiores o de primera instancia", el decreto dispuso que debía haber uno en cada capital de provincia, a cargo de un gobernador político, "que oiga y decida en primera instancia las acusaciones, quejas, denunciaciones, acciones y demás, por escrito, que ocurran en la provincia, así civiles como criminales" (art. 1º). El nombramiento de estos gobernadores políticos correspondía al Gobierno Supremo de la República, quien también era competente "para suspenderlos del ejercicio de sus funciones, cuando por sus faltas o abusos se hagan indignos de ellas" (art. 16).

En los procedimientos y decisiones respectivas, los gobernadores políticos de provincia debían atenerse a "las leyes, usos y prácticas que han regido siempre en Venezuela, a menos que estén derogadas o se deroguen por el presente decreto o por alguna ley o decreto de la República (art. 2º).

Se dispuso que las sentencias dictadas en las causas civiles debían ser ejecutadas conforme a las leyes (art. 3º); y en las causas criminales de deli-

[98] *Idem,* págs. 173 y 174.

[99] Texto tomado de *Decretos del Libertador,* tomo I, Caracas, 1813-1825,1961, págs. 84 a 86. Véase el decreto de 6 de octubre de 1817, en ALLAN R. BREWER-CARÍAS, *Las Constituciones de Venezuela, op. cit.*, tomo I, págs. 595 y 596.

tos que mereciesen pena aflictiva o infamatoria, las sentencias solo podían ejecutarse luego de que fueran confirmadas por la Alta Corte de Justicia de la República, con presencia del proceso (art. 4º). En todo caso, las sentencias en todas esas causas eran siempre apelables ante Tribunal de la Alta Corte de la República (art. 5º).

Los gobernadores, para la más fácil administración de justicia, debían delegar su autoridad a otros, "para que instruyan los procesos y sustancien las causas que ocurran en los departamentos, distritos y pueblos distantes de la capital; pero se reservarán así la decisión o sentencia definitiva" (art. 9º).

La Alta Corte de Justicia se estableció en "la capital de la República y mientras se liberte esta, en la de la Provincia de Guayana", para oír y decidir en segunda y última instancia las apelaciones propuestas y admitidas ante los gobernadores políticos de provincia (art. 10). Dicha Alta Corte debía componerse de un presidente, dos ministros vocales y un fiscal o acusador público, que debían ser todos letrados (art. 11), correspondiendo al jefe Supremo su nombramiento y remoción (art. 18).

Esta Alta Corte, además de sus funciones de tribunal de apelaciones, conocía como tribunal de primera instancia "en los casos concernientes a cónsules extranjeros; y en los que alguna Provincia de la República sea parte, bien sea contra otra provincia, sobre límites, o cualquiera otra diferencia, o bien contra uno o muchos ciudadanos de otra provincia, y en los juicios que deban seguirse contra los gobernadores políticos de provincia" (art. 12).

El decreto también dispuso que en sus procedimientos y decisiones la Alta Corte debía sujetarse "a las leyes, usos y prácticas que han regido siempre en Venezuela, a menos que estén derogadas o se deroguen por el presente decreto, o por alguna ley o decreto de la República" (art. 13).

C) *La reorganización de los órganos del poder ejecutivo*

En relación con la organización del poder ejecutivo, el Libertador, quien lo ejercía en su carácter de jefe Supremo, procedió a reforzar su funcionamiento, creando en primer lugar, un Consejo de Gobierno, estableciendo un Estado mayor de los ejércitos, en el cual sirvió Francisco de Paula Santander, y organizando provisionalmente la administración territorial del Estado.

El Consejo de Gobierno lo creó Bolívar mediante decreto de 5 de noviembre de 1817, a los efectos de que no faltase "un centro fijo de gobierno y de administración" durante la campaña militar que el mismo se aprestaba a emprender; y dispuso que si por su "muerte u otro acontecimiento" quedase privado "absolutamente de atender al gobierno de la República", a los efectos de que esta no quedase "expuesta a los horrores de la anarquía", el gobierno estaría a cargo de un Consejo de Gobierno, integrado por "el Almirante Luis

Brión, Presidente; el General de División Manuel Cedeño, y del Intendente General Francisco Zea, Vocales" (art. 1º)[100].

A dicho Consejo le asignó las siguientes atribuciones:

"1º. Para recibir cónsules y enviados extranjeros. 2º. Para entablar y concluir negociaciones de comercio. 3º. Para comprar y contratar armas, municiones, vestuarios y toda especie de elementos de guerra. 4º. Para proveer las divisiones que obran en las provincias de Cumaná, Barcelona, Guayana, Barinas y Caracas, de cuanto necesiten para la guerra. 5º. Para estipular y pagar el precio de dichos objetos. 6º. Para llenar estas funciones se reunirá el Consejo, siempre y cuando lo tenga por conveniente, debiendo ser convocado por el presidente" (art. 2º).

El decreto especificó, además, que "en caso de muerte del Jefe Supremo o de que sea hecho prisionero por los enemigos, quedará el Consejo revestido de la plena autoridad y facultades del Poder Supremo, por el término de sesenta días, durante los cuales pondrá en ejecución las disposiciones que se expresan en un pliego cerrado y sellado, de que se depositarán tres copias del todo iguales: la una, en el Consejo de Gobierno, la otra, en el Estado Mayor General, y la otra, en la Secretaría del Consejo de Estado" (art. 3º).

D) *La organización territorial centralizada del Estado*

En virtud de que conforme al decreto de 6 de octubre de 1817 de organización del poder judicial, le había otorgado a los gobernadores políticos, funciones de tribunales de primera instancia, dando origen a una "separación de los gobiernos político y militar", mediante un nuevo decreto de 3 de julio de 1818[101], BOLÍVAR dispuso que dichos gobernadores políticos de provincia no ejercerían "otras funciones que las del tribunal de primera instancia conforme al decreto de 6 de octubre de 1817" (art. 1º), correspondiendo entonces las funciones de "alta policía y la policía municipal" de las provincias "a los gobernadores comandantes generales de las mismas"(art. 2º).

En tal carácter de jefes de la policía de la provincia, "los gobernadores comandantes generales serán presidentes de las municipalidades, convocarán y presidirán las asambleas de los padres de familia, recibirán sus sufragios y los de los electores conforme al reglamento de 6 de octubre de 1817 sobre la creación de la municipalidad" (art. 3º).

[100] Texto tomado de *Decretos del Libertador,* tomo I, 1813-1825, Caracas 1961, págs. 106 y 107. Véase igualmente en ALLAN R. BREWER-CARÍAS, *Las Constituciones de Venezuela, op. cit*, tomo I, pág. 599.

[101] Texto tomado de *Decretos del Libertador*, tomo I, 1813-1825, Caracas, 1961, págs. 130 y 131. Véase igualmente en ALLAN R. BREWER-CARÍAS, *Las Constituciones de Venezuela, op. cit.,* tomo I, pág. 601.

El decreto dispuso además que los gobernadores o comandantes militares de plaza, ciudad, villa o pueblo ejercerían dentro de ellas la policía como tenientes del gobernador comandante general de la provincia (art. 4º).

En esta forma, conforme al decreto, se dispuso que quedaban "derogadas, sin valor ni efecto alguno, cuantas leyes, decretos o reglamentos atribuyan a los gobernadores políticos de provincia el ejercicio de la policía en la parte en que se opongan a alguno de los antecedentes artículos" (art. 5º).

E) *El Consejo de Estado como órgano para el ejercicio del poder legislativo*

Por lo que se refiere al poder legislativo, BOLÍVAR creó el Consejo de Estado, mediante decreto de 30 de octubre de 1817[102], explicando en el encabezamiento del decreto, entre los motivos para ello que: "era imposible establecer por ahora un buen gobierno representativo y una Constitución eminentemente liberal, a cuyo objeto se dirigen todos mis esfuerzos y los votos más ardientes de mi corazón, mientras no se halle libre y tranquila la mayor parte del territorio de la República, especialmente la capital".

Por ello, "deseando que las providencias importantes, las leyes, reglamentos e instituciones saludables que deben entretanto publicarse para la administración y organización de las provincias ya libres o que se liberten, sean propuestas, discutidas y acordadas en una Asamblea, que por su número y por la dignidad de los que la compongan merezcan la confianza pública," entonces BOLÍVAR procedió a crear: "un Consejo Provisional de Estado que residirá por ahora en la capital de la Provincia de Guayana, y será compuesto del Almirante, del Jefe de Estado Mayor General, del Intendente General, del Comisario General del Ejército, del presidente y ministros de la Alta Corte de Justicia, del presidente y ministros del Tribunal de Secuestros, de los secretarios del Despacho y de los empleados siguientes de esta provincia, mientras resida en su capital, a saber: el gobernador comandante general, los generales y coroneles que estén en actual servicio en esta ciudad, el intendente, los ministros Contador y Tesorero, y el gobernador político" (art. 1º).

Dicho Consejo se dividió en tres secciones Primera: Estado y Hacienda que abarcaba "las Relaciones Exteriores, todos los negocios de Estado y alta policía, arreglo de contribuciones directas o indirectas, administración de rentas, etc". Segunda: Marina y Guerra, que abarcaba "todo lo concerniente a la organización y movimiento de las fuerzas de tierra y mar y a la administración militar, armas, víveres, vestuarios, pertrechos y municiones, etc.". Tercera:

[102] Texto tomado de *Decretos del Libertador,* tomo I, 1813-1825, Caracas, 1961, págs. 99 a 101. Véase igualmente en ALLAN R. BREWER-CARÍAS, *Las Constituciones de* Venezuela, *op. cit*, tomo I, págs. 597-598.

Interior y Justicia, que abarcaba "la administración civil y de justicia, la policía municipal, todo lo relativo al fomento interior, comercio, agricultura, industria, instrucción pública, establecimiento de beneficencia, caminos, puentes y calzadas, etc." (arts. 3° y 8°).

El Consejo de Estado se configuró adscrito al jefe supremo, quien lo convocaba y presidía, pudiendo delegar esa función, en su ausencia, en alguno de los consejeros (art. 4°); y tenía un secretario nombrado por el gobierno supremo (art. 9°).

Todos los miembros de alguna sección tenían la iniciativa para poder proponer en ella "cuantos planes, reglamentos, providencias, etc., le parezcan convenientes al bien público en el ramo de sus atribuciones", pero solo el presidente de la sección podía hacerlo en Consejo de Estado, siempre que el proyecto hubiese sido aprobado por la sección (art. 5°). El artículo 6° del decreto, dispuso que tanto las secciones como el Consejo General de Estado solo tenían "voto consultivo" (art. 6°) y, además, que para los asuntos que el Jefe Supremo quisiera "consultar en particular habrá un Consejo privado compuesto del almirante, de los gobernadores militar y político, de los presidentes de las secciones y de los secretarios del Despacho" (art. 11). El decreto especificó finalmente que, si en los asuntos que se pidiese dictamen del Consejo de Estado, el jefe supremo se conformare con el mismo, "el decreto que recaiga sobre él lo expresará por esta fórmula: "oído el Consejo de Estado u oída la sección N o las secciones N, N, del Consejo de Estado" (art. 10).

A pesar de estas funciones consultivas, sin embargo, del texto del decreto, de su motivación y de las propias palabras del Libertador al instalarlo, fue evidente que Bolívar no pensó en crear un órgano con funciones meramente consultivas o de asesoría del gobierno, ni de un órgano que hiciese parte del gobierno; sino en realidad, de un órgano que debía ejercer el poder legislativo, ciertamente en forma provisional, que debía actuar como una "asamblea" para suplir la ausencia de un Congreso, y que tenía a su cargo "proponer, discutir y aprobar" los cuerpos normativos de la República mientras se dictaba la nueva Constitución[103], los cuales para entrar en vigencia debían tener el "ejecútese" del jefe supremo.

En el mismo discurso que pronunció Bolívar en el acto de instalación del Consejo de Estado, incluso expresó su criterio en el sentido de que: "La creación del Consejo de Estado, *va a llenar las augustas funciones del poder legislativo* no en toda la latitud que corresponde a la soberanía de este cuerpo,

[103] Por su parte Libardo Rodríguez, en cambio, ha considerado que el Consejo de Estado habría nacido en 1817 "como una institución que hacía parte del gobierno, es decir, que formaba parte de la incipiente rama ejecutiva, por cuanto se le atribuyeron funciones fundamentalmente gubernativas", o "funciones simplemente consultivas o de asesoría al Gobierno". Véase Libardo Rodríguez, *Derecho administrativo*, tomo II, Bogotá, Editorial Temis, 2017, págs. 478 y 494.

porque sería incompatible con la extensión y vigor que ha recibido el poder ejecutivo, no solo para libertar el territorio y pacificarlo, sino para crear el cuerpo entero de la República [...]"[104].

El Consejo de Estado, en esta forma, actuó como el órgano del Poder legislativo aprobando leyes, que entraron en vigencia con el "ejecútese" de BOLÍVAR como jefe supremo. Con ello, BOLÍVAR quiso regularizar el ejercicio de la función legislativa en el proceso de reorganización del Estado de Venezuela, la cual hasta ese momento había asumido en forma exclusiva como jefe supremo, siendo muestra de ello, por ejemplo, el decreto de 3 de septiembre de 1817, que declaró secuestrados y confiscados a favor de la República los bienes muebles e inmuebles pertenecientes al gobierno español, a sus vasallos de origen europeo o a los americanos realistas, creando para ello un Tribunal de Secuestros[105], con lo que luego se dio origen a las llamadas leyes de reparto de los bienes confiscados, lo que se inició con el "Decreto sobre Repartición de Bienes como Recompensa a los Oficiales y Soldados" de 10 de octubre de 1817 sobre repartimiento de bienes nacionales entre los militares, el cual dispuso que las propiedades de españoles que no se pudieren enajenar a beneficio del erario, serían repartidas y adjudicadas a los del ejército en cantidades proporcionales[106].

Precisamente para regularizar la función legislativa del Estado, semanas después de estos decretos se creó el Consejo de Estado, el cual asumió la aprobación de leyes y, entre ellas, la más importante, el "Reglamento para la segunda convocación del Congreso de Venezuela" del 17/24 de octubre de 1818, que debía instalarse en enero de 1819, y que entre otras tareas tendría la de "tratar de gobierno y Constitución"[107].

En el texto de este Reglamento también se aprecia cómo fue el Consejo de Estado el que "formó" el cuerpo normativo, y cómo fue el mismo Consejo de Estado el que lo "aprobó después de serias discusiones" en acuerdos de 17 y 19 de octubre como lo expresó en el texto el secretario del Consejo de Estado, Ramón

[104] Véase el texto del discurso en "Palabras del Libertador Simón Bolívar en la instalación del Consejo de Estado en Angostura en 1817," en http://www. consejodeestado.gov.co/documentos/prensa/100anos.pdf.

[105] Véase en JOSÉ GIL FORTOUL, *Historia constitucional de Venezuela*, tomo I, Berlín, 1907, pág. 264.

[106] Véase el texto en http://www.cervantesvirtual.com/obra-visor/doctrina-del-libertador--0/html/ff6f5f94-82b1-11df-acc7-002185ce6064_28.html#I_24_ Véase la referencia a esta ley en el encabezamiento de la ley de 6 de enero de 1820, y en art. 1º de la ley de 28 de septiembre de 1821, dictadas ambas por el Congreso de Cúcuta.

[107] Texto tomado de JOSÉ FÉLIX BLANCO y RAMÓN AZPÚRUA, *Documentos para la historia de la vida pública del Libertador, op. cit,* tomo VI, 1978, págs. 480-488. Véase igualmente en ALLAN R. BREWER-CARÍAS, *Las Constituciones de Venezuela, op. cit.*, tomo I, págs. 603-611.

García Cádiz. En el texto del Reglamento, a renglón seguido consta de seguidas el "cúmplase y ejecútese" dado por el jefe supremo ordenándolo circular entre los comandantes generales de las provincias libres de Venezuela "para que lo ejecuten".

La situación era relativamente similar a la que en los sistemas presidenciales de gobierno deriva de la relación que existe entre el órgano legislativo, que sanciona las leyes, y el órgano del poder ejecutivo, que debe promulgarlas. El hecho de que las leyes sancionadas por el Congreso, para poder entrar en vigencia, deben llevar el ejecútese o ser promulgadas por el jefe del poder ejecutivo, no convierte al Congreso en un órgano consultivo. Lo mismo podría decirse *mutatis mutandis* del Consejo de Estado en su formulación provisional en 1817, como parte de la reconstitución del Estado de Venezuela[108].

El *status* del Consejo de Estado como uno de los órganos de los tres poderes del Estado, en particular el encargado de la función legislativa conforme al principio de la separación de poderes adoptado por el Libertador al reorganizar el Estado de Venezuela, se aprecia además, en el texto de la muy importante Declaración que emitió la República de Venezuela mediante decreto del jefe supremo, de ratificar la voluntad de la República de Venezuela "de vivir independiente o perecer en la contienda" ante las amenazas de intervención de las potencias europeas coaligadas en la Santa Alianza, de fecha 20 de noviembre de 1818, la cual, como consta fue emitida:

"Reunidos en Junta Nacional, el Consejo de Estado, la Alta Corte de Justicia, el Gobernador Vicario general de este Obispado, Sede vacante, el Estado Mayor- General, y todas las autoridades civiles y militares".

Es decir, la declaración se emitió reunidos los órganos de los tres poderes del Estado, siendo el Consejo de Estado encargado del poder legislativo, y en la misma la República de Venezuela concluyó declarando:

"7°. Últimamente declara la República de Venezuela que desde el 19 de abril de 1810 está combatiendo por sus derechos, que ha derramado la mayor parte de la sangre de sus hijos, que ha sacrificado todos sus bienes, todos sus goces, y cuanto es caro y sagrado entre los hombres por recobrar sus Derechos Soberanos, y que por mantenerlos ilesos, como la Divina Providencia se los

[108] Por su parte LIBARDO RODRÍGUEZ ha considerado que "en el decreto se le asignaba al Consejo de Estado como funciones las de rendir dictámenes de los cuales podía surgir la expedición de decretos, si el jefe supremo estaba de acuerdo con lo expresado por esa corporación, de tal manera que carecía de funciones decisorias pues sus dictámenes no eran obligatorios". Véase LIBARDO RODRÍGUEZ, *Derecho administrativo*, tomo II, Bogotá, Editorial Temis, 2017, pág. 494. Esa apreciación podría ser válida respecto del Consejo de Estado creado por BOLÍVAR en 1828, pero en nuestro criterio no para el creado en 1817. Este sí tenía poderes decisorios, lo único es que para que sus actos pudieran entrar en vigencia debían tener el ejecútese del jefe supremo.

ha concedido, está resuelto el Pueblo de Venezuela a sepultarse todo entero en medio de sus ruinas, si la España, la Europa, y el Mundo se empeñan en encorvarla bajo el yugo español"[109].

De todo lo anterior, por sus antecedentes político-militares en el proceso de reorganización del Estado de Venezuela y, en particular, por la naturaleza y funciones que Bolívar le atribuyó al Consejo de Estado que creó en 1817, no parece factible sostener que para su creación Bolívar se haya "inspirado" en forma alguna en la figura del Consejo de Estado de Francia que Napoleón había creado en 1799 como órgano netamente consultivo, conforme a la tradición monárquica anterior de los Consejos reales. Y por supuesto, menos aún pensamos que se puede sostener que por el hecho de que el joven Bolívar, cuando tenía 16 años, estaba en Madrid, haya registrado nada específico sobre la creación del Consejo de Estado por Napoleón, ni siquiera porque luego haya visitado brevemente París entre 1801 y 1802, cuando contaba con 18 años, y cuando sus intereses juveniles obviamente eran otros, como lo resumió por carta dirigida a Alexandre Dehollain-Arnoux, indicándole con razón, que "no hay en la tierra un cosa como París. Seguramente que allí es en donde uno se puede divertir infinito sin fastidiarse jamás"[110]. En ese mismo año se casó Bolívar con su prima María Teresa Toro en Madrid, regresando a Caracas.

3. Los principios de la Constitución Política de Venezuela de Angostura (11 de agosto de 1819)

A) *La convocatoria al Congreso de Venezuela para formalizar la reconstitución del Estado de Venezuela: el Congreso de Angostura*

El Libertador, en la sesión del Consejo de Estado del 1° de octubre de 1818, propuso la convocatoria del Congreso de Venezuela a fin de acelerar "la marcha de la restauración de nuestras instituciones republicanas", manifestando "la necesidad y la importancia de la creación de un cuerpo constituyente que dé al gobierno una forma y un carácter de legalidad y permanencia"[111].

Para tales efectos, el Consejo de Estado, como se ha dicho, discutió y aprobó el "Reglamento para la segunda convocación del Congreso de Venezuela"[112]

[109] Véase el texto en Allan R. Brewer-Carías, *Las Constituciones de Venezuela, op. cit.*, tomo I, págs. 613 y ss.

[110] Véase en Tomás Polanco Alcántara, *Bolívar, op. cit.*, págs. 64-65.

[111] Véase Pedro Grases, "Notas Editorial," en *El Libertador y la Constitución de Angostura de 1819,* Caracas, 1969, pág. 7.

[112] Véase el texto del Reglamento en Allan R. Brewer-Carías, *Las Constituciones de Venezuela, op. cit.*, págs. 229 y ss.

que debía instalarse en enero de 1819, y que entre otras tareas tendría la de "Tratar de Gobierno y Constitución"[113]. Entre sus motivaciones, estuvo el principio de la Libertad Civil, basado en la afirmación de que:

"No someterse a una ley que no sea la obra del consentimiento general del Pueblo, no depender de una autoridad que no sea derivada del mismo origen, es el carácter de la Libertad civil a que aspiramos. Cualquiera que sea la nación privada de este derecho, no ha menester otra causa para armarse contra quien pretendiere gobernarla con una potestad emanada de otro principio. Si para cegar la única fuente visible del poder nacional, recurrieren al Cielo los usurpadores, será entonces más calificado el derecho de resistencia contra la usurpación, porque al crimen de la tiranía se añade el de la impostura y sacrilegio".

Realizadas las elecciones durante 1818 en las provincias de Venezuela, incluida Casanare donde SANTANDER se aseguró, como se lo requirió FRANCISCO ANTONIO ZEA, que se enviaran diputados al Congreso (entre ellos estaría el mismo vicepresidente ZEA, quien el 11 de agosto de 1819 firmó la Constitución de 1819 como diputado de Casanare, aun cuando en el acta de instalación del Congreso el 15 de febrero de 1819 aparecía como Diputado por la Provincia de Caracas)[114], el Congreso de Angostura se instaló efectivamente el 15 de febrero de 1819 bajo la presidencia de Juan Germán Roscio, y en esa oportunidad el Libertador leyó su hermoso Discurso de Angostura en el cual expuso sus ideas sobre el Estado y su organización, configurándose como la exposición de motivos del Proyecto de Constitución que sometió a la consideración de dicha Asamblea[115].

El Congreso designó al Libertador, además, como presidente interino del Estado de Venezuela[116], quien continuó conduciendo la guerra saliendo inmediatamente para Apure, y luego para la Nueva Granada, para sellar en Boyacá la independencia de las provincias del antiguo Reino de Granada.

B) *Principios del constitucionalismo republicano*

El Congreso sancionó la Constitución política de Venezuela el 15 de agosto de 1819, llamada la "Constitución de Angostura"[117], influida por los principios

[113] Texto tomado de JOSÉ FÉLIX BLANCO y RAMÓN AZPÚRUA, *Documentos para la historia de la vida pública del Libertador, op. cit.*, tomo VI, 1978, págs. 480-488. Véase igualmente en ALLAN R. BREWER-CARÍAS, *Las Constituciones de Venezuela, op. cit.*, tomo I, págs. 603-611.

[114] Véase las referencias en PILAR MORENO DE ÁNGEL, *Santander, op. cit.*, pág. 249.

[115] Véase ÁNGEL FRANCISCO BRICE, Prólogo a las *Actas del Congreso de Angostura,* Caracas, Instituto de Derecho Público, 1969, págs. 9 y ss.

[116] Véase el Acta de 15 de febrero de 1819, *idem,* pág. 101.

[117] Véase el texto en ALLAN R. BREWER-CARÍAS, *Las Constituciones de Venezuela, op. cit.*, tomo I, págs. 619-644; y en *El pensamiento constitucional hispanoamericano hasta 1830,*

del constitucionalismo moderno que ya se habían incorporado en la Constitución de 1811 y por las propias ideas del Libertador[118]. En su elaboración, por supuesto, no hubo influencia alguna de la Constitución de Cádiz, la cual por lo demás, para 1814 ya había sido anulada por el propio Fernando VII, al restaurar la monarquía en España.

Por ello, la Constitución de 1819, además de contener una extensa declaración de derechos y deberes del hombre y del ciudadano (34 artículos, Título 1), en su Título 5°, siguiendo los principios de la de 1811 dispuso que "La soberanía de la nación reside en la universalidad de los ciudadanos. Es imprescriptible e inseparable del pueblo"; y que "El pueblo de Venezuela no puede ejercer por sí otras atribuciones de la soberanía que las de las elecciones ni puede depositarla toda en unas solas manos" (art. 2°).

A tal efecto, se reguló un sistema democrático representativo republicano de gobierno, montado sobre el principio de la separación de poderes, con un presidencialismo reforzado, y en el Título 5°, artículo 2°, se insistió: "El poder soberano estará dividido para su ejercicio en legislativo, ejecutivo y judicial" (art. 2°).

En la Constitución de Angostura, el sistema electoral para la elección de representantes siguió exactamente la orientación de lo que se había establecido en la Constitución de 1811 (que a la vez había seguido la orientación del Reglamento de elección y reunión de diputados de 11 de junio de 1810), previendo elección mediante asambleas parroquiales y departamentales (Título 4°); estableciéndose así un sistema de elección indirecta para los representantes ante la Cámara de Representantes. A tal efecto, conforme a la división territorial del país (provincias, departamentos y parroquias) se regularon elecciones en dos niveles, en las parroquias y en los departamentos.

C) *La organización de los poderes del Estado*

La Constitución de 1819, en consecuencia, estableció un sistema de separación de poderes, con un presidencialismo reforzado, y en el Título 5°, artículo 2°, dispuso: "El poder soberano estará dividido para su ejercicio en legislativo, ejecutivo y judicial" (art. 2°).

---

op. cit, tomo IV, 1961, págs. 183-231. Véase en general sobre el proceso constituyente de 1821: CAROLINA GUERRERO, "Los constituyentes de la Unión Colombiana: una creación limitada y menguada", en ELENA PLAZA y RICARDO COMBELLAS (Coords.), *Procesos constituyentes y reformas constitucionales en la historia de Venezuela: 1811-1999*, tomo I, Caracas, Universidad Central de Venezuela, 2005, págs. 75-106.

[118] Véase *El Libertador y la Constitución de Angostura de 1819* (ed. PEDRO GRASES), Prólogo de TOMÁS POLANCO, Caracas 1970. Véase en general, *Los proyectos constitucionales de Simón Bolívar, El Libertador 1813-1830,* Caracas, 1999.

a) *El poder legislativo: el Congreso.* Siguiendo la orientación de la Constitución de 1811, en el Título 6° de la Constitución de 1819 se dispuso que el poder legislativo debía ser ejercido por el Congreso General de Venezuela, dividido en dos Cámaras, la de Representantes y el Senado. La Cámara de Representantes se integraba por los representantes electos en segundo grado, por las asambleas departamentales; y el Senado, integrado por igual número que los representantes, se lo reguló de carácter vitalicio, cuyos miembros (después de que fueron elegidos por el Congreso de Angostura por primera vez) serían designados en caso de muerte o destitución, por la Cámara de Representantes para presentarlos al Senado, "a pluralidad de votos tres candidatos entre los ciudadanos más beneméritos por sus servicios a la República, por su sabiduría y virtudes".

En cuanto a las leyes, el artículo 11 dispuso que "Ningún proyecto de ley se entenderá sancionado ni será ley del Estado hasta que no haya sido firmado por el poder ejecutivo", habiéndose previsto la posibilidad de devolución así: "Si este no creyere conveniente hacerlo, devolverá el proyecto a la cámara de su origen, acompañándole sus reparos, sea sobre faltas en las fórmulas o en lo sustancial, dentro del término de diez días, contado desde su recibo".

b) *El poder ejecutivo: el presidente de la República.* El presidente de la República, electo en las asambleas electorales departamentales, ejercía el poder ejecutivo. Para la elección, el voto de cada elector debía contener los nombres de dos ciudadanos de Venezuela, de manera que el que obtenía las dos terceras partes de votos de electores departamentales resultaba electo presidente de la República; y el que le siguiere inmediatamente en el número de votos con mayoría absoluta, se lo declaraba vicepresidente.

Conforme se regulaba detalladamente en el Título 7° de la Constitución de 1819, el presidente era el comandante en jefe de todas las fuerzas de mar y tierra y estaba exclusivamente encargado de su dirección, pero no podía mandarlas en persona (art. 1°); y declaraba la guerra a nombre de la República después que el Congreso la hubiera decretado (art. 7°). Celebraba treguas y hacía la paz, pero ningún tratado tenía fuerza hasta que no fuera ratificado por el Congreso (art. 8°). También celebraba todos los tratados de alianza, amistad, comercio y naturalidad con los príncipes, naciones o pueblos extranjeros, sometiéndolos todos a la sanción y ratificación del Congreso, sin la cual no tendrían fuerza (art. 9°).

El presidente nombraba todos los empleos civiles y militares que la Constitución no reservare (art. 2°); era jefe de la administración general de la República (art. 4°), y tenía a su cargo la conservación del orden y tranquilidad interior y exterior (art. 5°).

El presidente convocaba al Congreso en los períodos señalados por la Constitución y lo presidía en la apertura de sus sesiones; también podía convocarlo extraordinariamente, siempre que la gravedad de alguna ocurrencia lo exigiera (art. 11). Igualmente, convocaba las asambleas primarias o parroquiales por medio de las municipalidades en los períodos señalados por la Constitución (art. 12).

Las leyes, como se dijo, debían ser promulgadas por el presidente, quien las mandaba a ejecutar y cumplir (art. 13); y, además, mandaba a cumplir y hacer ejecutar las sentencias pronunciadas por el Senado en los casos determinados por la Constitución y las que fueran dadas por el poder judicial de la República (art. 14). Destacaba, sin embargo, una atribución específica de intervención ejecutiva en la función judicial, y es que conforme al artículo 15 del Título, "En los casos de injusticia notoria que irrogue perjuicio irreparable puede rechazar la sentencia del poder judicial, fundando su oposición. Si este la confirma de nuevo y el Senado no está reunido, suspende su ejecución hasta que, reunido, le consulte si deba o no cumplirse". El presidente también podía otorgar indultos (arts. 17, 19).

Por último, resaltaba entre las atribuciones del presidente que en caso de conmoción interior a mano armada que amenazare la seguridad del Estado, podía "suspender el imperio de la Constitución en los lugares conmovidos o insurrectos por un tiempo determinado si el Congreso estuviere en receso. Las mismas facultades se le conceden en los casos de una invasión exterior y repentina, en los cuales podrá también hacer la guerra, pero ambos decretos contendrán un artículo convocando el Congreso para que confirme o revoque la suspensión" (art. 20).

c) *El poder judicial.* En cuanto al poder judicial, de acuerdo con el Título 8° de la Constitución de 1819, estaba depositado en una Corte Suprema de Justicia compuesta por cinco miembros, que residía en la capital, y en los demás tribunales (art. 1°). Para el nombramiento de los magistrados de la Corte Suprema se debía proceder así: eran propuestos por el presidente de la República a la Cámara de Representantes en número triple; esta los reducía al doble y los presentaba al Senado para que este nombrase los que debían componerla (art. 4°). Los empleos de ministros de la Alta Corte de Justicia eran vitalicios (art. 5°).

La Corte Suprema de Justicia conocía y determinaba en el último grado las causas de su resorte, no exceptuadas en la Constitución; pero también ejercía las funciones de tribunal de primera instancia, en los casos concernientes a embajadores, ministros, cónsules o agentes diplomáticos con noticia del presidente de la República; conflictos de competencias suscitadas entre los tribunales superiores; controversias que resultaren de los tratados y negociaciones que hiciera el poder ejecutivo, y en las diferencias o pleitos que se suscitaren entre una o muchas provincias o entre un individuo y una o más provincias.

Por otra parte, en cada capital de provincia debía haber un tribunal superior de apelaciones, compuesto de tres letrados, nombrados por el presidente de la República a propuesta de la Alta Corte, el cual debía conocer de las causas que se elevaren en apelación de los juzgados inferiores de la provincia y de las competencias promovidas entre ellos.

D) *La organización territorial del Estado*

En cuanto a la organización territorial del Estado, la Constitución de 1819 estableció como importante disidencia respecto del texto de la Constitución de 1811, y conforme a la orientación del pensamiento de BOLÍVAR, un Estado centralizado o República "unitaria y centralista"[119], en contraste con la forma federal inicial.

En el texto de 1811, como se dijo, se creó un Estado federal dividido en provincias, precisamente delimitadas sobre las antiguas provincias coloniales, en las cuales existían legislaturas provinciales, a las cuales correspondía dictar la Constitución propia de cada provincia, siendo el ejemplo más acabado la Constitución de la Provincia de Caracas de 31 de enero de 1812 (sancionada dos meses antes que la de Cádiz), con 328 artículos[120]. En cada provincia, el gobernador era electo en la forma establecida en la Constitución provincial. Además, cada provincia regulaba su propia división territorial, por lo que, por ejemplo, el territorio de la Provincia de Caracas se dividió en departamentos, cantones y distritos conforme a la terminología francesa (art. 2º).

Frente a esta forma federal del Estado que había prevalecido en la concepción de la Constitución de 1811, y que sin duda había conducido al imperio del caudillismo local y regional alentado por las guerras de independencia, la oposición del Libertador fue pertinaz, lo que en definitiva provocó que el texto constitucional de 1819 organizara una República "una e indivisible" (art. 1º), aun cuando con una división territorial de diez provincias (Barcelona, Barinas, Caracas, Coro, Cumaná, Guayana, Maracaibo, Margarita, Mérida y Trujillo), (art. 2º), todas bajo la autoridad de un gobernador sujeto inmediatamente al presidente de la República (Título IX, Sección Primera, art. 1º), sin prever regulación alguna respecto de órgano legislativos en las provincias.

Los límites y demarcaciones de cada una de las provincias debían ser fijadas por el Congreso; y las mismas se dividían en departamentos y parroquias, cuyos límites y demarcaciones también se debían fijar por el Congreso, "observándose, entre tanto, los conocidos al tiempo de la Constitución Federal" (art. 3º). Se precisó, sin embargo, que se haría "una división más natural del territorio en departamentos, distritos y partidos dentro de diez años, cuando se revea la Constitución" (art. 4º).

[119] Para un análisis de la labor del Congreso de Angostura, véase PEDRO GRASES (ed.), *Actas del Congreso de Angostura*, Caracas, Instituto de Derecho Público, Universidad Central de Venezuela, 1969.

[120] Véase en *Las Constituciones provinciales*, *op. cit.*, págs. 61 y ss.

En el Título 9° de la Constitución de 1819 sobre la organización interior del Estado, se reguló lo concerniente a la administración de las provincias, estableciéndose que en cada capital de provincia debía haber un gobernador sujeto inmediatamente al presidente de la República, el cual, sin embargo, no mandaba las armas que estaban a cargo de un comandante militar (art. 1°). Estos gobernadores de las provincias tenían las siguientes funciones (art. 20): ejercer la alta policía en toda ella y presidir las municipalidades; velar sobre el cumplimiento de las leyes; proponer al presidente los prefectos departamentales, y ser intendente de las rentas de la provincia.

En cada uno de los departamentos, que era la división territorial interna de las provincias, había un prefecto y una municipalidad. Sin embargo, el gobernador era a la vez prefecto del departamento de la capital de la provincia (art. 2°). El prefecto en cada departamento era a la vez teniente del gobernador de la provincia en todas sus atribuciones y confirmaba los agentes departamentales que nombrase la municipalidad (art. 3°).

En cuanto a la municipalidad que debía existir en cada departamento (art. 4°), la misma ejercía la policía municipal; nombraba los agentes departamentales; estaba especialmente encargada del cumplimiento de la Constitución en su departamento; proponía al gobernador de la provincia por conducto del prefecto o por diputaciones las reformas y mejoras que podían hacerse en la administración de su departamento para que las pasase al presidente de la República; formaba y llevaba un registro de los censos de la población del departamento por parroquias con expresión de estado, domicilio, edad, caudal y profesión de cada vecino; formaba y llevaba un registro de todos los niños que nacían en el departamento, conforme a las partidas que había asentado en cada parroquia el agente, con expresión del día de su nacimiento, del nombre de sus padres y padrinos, de su condición, es decir, si es legítimo o natural; formaba y llevaba otro registro de los que morían en el departamento, con expresión de su edad, estado y vecindario.

Los departamentos, como se ha dicho, se dividieron en parroquias, y en cada una de ellas había un agente departamental, que a la vez era, el teniente del prefecto en todas sus atribuciones. En la capital de departamento, la municipalidad debía elegir de entre su seno el agente que debía presidir la asamblea primaria o parroquial, y las demás funciones de agente eran ejercidas por el prefecto en la parroquia capital del departamento (art. 5°).

E) *Algunas propuestas originales de Bolívar para la Constitución*

El Libertador, además de las tres ideas básicas que hemos comentado sobre la organización del Estado relativas a la democracia y representatividad, a la separación de poderes y a la centralización del Estado que influyeron en la redacción del texto constitucional de 1819, formuló otras propuestas originales y novedosas para el constitucionalismo de la época, que sin embargo no fueron acogidas por el Congreso, como por ejemplo, las relativas a la presidencia vitalicia, al Senado hereditario y a la formación del Poder moral[121].

En particular, sobre este último, la propuesta del Libertador, sin embargo, se incluyó en el texto de la Constitución publicado, pero como un "apéndice" informativo, en el cual se indicó, entre otras cosas que dicha propuesta del Poder moral fue rechazada finalmente por considerarse, por algunos, "como una inquisición moral no menos funesta ni menos horrible que la religiosa" y en todo caso "de muy difícil establecimiento y en tiempos presentes absolutamente impracticable"[122].

En la Constitución de 1819, por otra parte, y por supuesto, al haber sido sancionada por un Congreso electo y haberse regulado en el Título Sexto el poder legislativo atribuyéndoselo al Congreso General de Venezuela dividido en dos Cámaras, la del Senado y la de Representantes, en el texto constitucional no se hizo referencia ni previsión alguna a la institución del Consejo de Estado que se había creado en 1817, solo provisionalmente, para asumir el poder legislativo en la reconfiguración del Estado de Venezuela. De ello se deduce que el Consejo de Estado creado por el Libertador el 30 de octubre de 1817 solo tuvo una duración de dos años, desapareciendo en 1819.

También se destaca en la Constitución de 1819 la ausencia de referencia a la institución del Consejo de Gobierno, creada en 1817 como parte del poder ejecutivo, para prever las posibles suplencias del jefe supremo en caso de muerte.

F) *La idea constitucional de la unión de Venezuela y la Nueva Granada en la Constitución de Angostura de 1819*

Luego de que los constituyentes de 1811 hubieran establecido, como el tiempo de la Independencia, a la "era colombiana", acogiendo la idea de FRANCISCO DE MIRANDA de denominar como "Colombia" a todo el Continente Americano (1812), la propuesta de formar una República con la unión de las Repúblicas de Venezuela y Nueva Granada con el mismo nombre de Colombia, la expresó SIMÓN BOLÍVAR por primera vez en su Carta de Jamaica de 6 de septiembre de 1815, así:

"La Nueva Granada se unirá con Venezuela, si llegan a convenirse en formar una república central, cuya capital sea Maracaibo, o una nueva ciudad que, con el nombre de Las Casas, en honor de este héroe de la filantropía, se funde

[121] En anexo a la Constitución de 1819, sin embargo, se publicó el título correspondiente al poder moral. Véase en ALLAN R. BREWER-CARÍAS, *Las Constituciones de Venezuela, op. cit.*, tomo I, págs. 637-641.

[122] *Idem,* tomo I, pág. 637.

entre los confines de ambos países, en el soberbio puerto de Bahía-honda. Esta posición, aunque desconocida, es más ventajosa por todos respectos. Su acceso es fácil y su situación tan fuerte que puede hacerse inexpugnable. Posee un clima puro y saludable, un territorio tan propio para la agricultura como para la cría de ganado, y una grande abundancia de maderas de construcción. Los salvajes que la habitan serían civilizados y nuestras posesiones se aumentarían con la adquisición de la Goagira. Esta nación se llamaría Colombia como un tributo de justicia y gratitud al creador de nuestro hemisferio"[123].

Luego, el 15 de febrero de 1819, específicamente en su "Discurso de Angostura" al presentar el proyecto de Constitución ante el Congreso, le expresó a los constituyentes su idea de que:

"La reunión de Nueva Granada y Venezuela en un grande Estado ha sido el voto uniforme de los pueblos y gobierno de estas Repúblicas. La suerte de la guerra ha verificado este enlace tan anhelado por todos los colombianos; de hecho, estamos incorporados. Estos pueblos hermanos ya nos han confiado sus intereses, sus derechos, sus destinos"[124].

Y así fue. Con base en esos antecedentes, durante el año 1819, y mientras el Congreso de Angostura discutía sobre el proyecto de la Constitución, Bolívar, con poderes ilimitados otorgados por el Congreso respecto de "las provincias que fueren el teatro de sus operaciones"[125], participó en la Campaña de Apure; a mediados de ese mismo año había pasado la Cordillera hacia Nueva Granada, para continuar entonces la guerra de liberación de Cundinamarca. Y así, el 25 de julio ya había triunfado en la batalla del Pantano de Vargas y el 7 de agosto de 1819 en la Batalla de Boyacá y con ello declaró a las provincias de Cundinamarca como sujetas al Congreso y al gobierno de Angostura.

Así consta en su Proclama de 8 de septiembre de 1819 en la cual, además, abogaba por la "reunión de la Nueva Granada y Venezuela en una República", precisando que una Asamblea Nacional así debía decidirlo[126].

Por ello, a su regreso a Angostura desde la Nueva Granada, el 14 de diciembre de 1819 propuso la creación de la República de Colombia: "La reunión de

[123] Véase Simón Bolívar, *Carta de Jamaica* (1815), México, UNAM, Centro de Estudios Latinoamericanos, Facultad de Filosofía y Letras, pág. 27. En la misma Carta, y en el mismo sentido Bolívar utilizó la expresión "Colombia libre" (pág. 32).

[124] Véase *"Discurso de Angostura"* (1819), en Simón Bolívar, *Discursos y proclamas,* Biblioteca Ayacucho 2007, pág. 97. Véase la referencia también en Carlos Restrepo Piedrahita, *Primeras Constituciones de Colombia y Venezuela, op. cit.,* pág. 300.

[125] Véase Acuerdo del Congreso de 20 de marzo de 1819, en *Decretos del Libertador,* tomo I, 1813-1825, Caracas, 1961, págs. 146 y 147. Véase igualmente en Allan R. Brewer-Carías, *Las Constituciones de Venezuela, op. cit.*, tomo I, pág. 617.

[126] Véase Vicente Lecuna (ed.), *Proclamas y discursos del Libertador*, Edición ordenada por el gobierno de Eleazar López Contreras, Caracas, 1939, pág. 240.

la Nueva Granada y Venezuela es el objeto único que me he propuesto desde mis primeras armas: es el voto de los ciudadanos de ambos países, y es la garantía de la libertad de la América del Sur"[127].

El resultado de esta propuesta fue que ella quedó plasmada en el artículo 15 de las Disposiciones generales de la Constitución de Angostura, que estableció:

"Verificada la unión que se espera Venezuela y la Nueva Granada, conforme al voto e interés de ambos pueblos, esta Constitución será de nuevo examinada y discutida en el Congreso General que ha de formarse. Entre tanto, los ciudadanos de Nueva Granada serán reputados ciudadanos de Venezuela por nacimiento y tendrán opción a todos los empleos, residiendo en su territorio".

La consecuencia de ello, en la práctica, fue que toda la organización constitucional del Estado de Venezuela establecida en la Constitución de Angostura de 1819, solo tuvo aplicación en las provincias de Venezuela durante breve tiempo, porque conforme a esta disposición, unos meses después de sancionada, se produciría la sanción de la Ley Fundamental de la República de Colombia por el propio Congreso de Angostura, integrando en una sola República las provincias de Venezuela y de la Nueva Granada, que luego se formalizaría por el Congreso de la Villa del Rosario de Cúcuta con sanción de la Ley Fundamental de la Unión de los Pueblos de Colombia, y de la Constitución de 1821[128].

4. La Constitución de la República de Colombia de 30 de agosto de 1821 resultado de la unión de los pueblos de Venezuela y de la Nueva Granada mediante las leyes constitucionales de 1819 y 1821

A) *Las leyes constitucionales de 1819 y 1821 sobre la unión de los pueblos de Colombia*

A su regreso a Angostura después de las batallas de Pantano de Vargas y de Boyacá de julio y agosto de 1819, Simón Bolívar en su discurso ante el mismo Congreso el 14 de diciembre de 1819, concretaría su propuesta de la unión de los pueblos de Venezuela y Colombia, destacando que habiéndose mostrado "el pueblo de la Nueva Granada [como] digno de ser libre," y el unánime "anhelo por la reunión de sus provincias a las provincias de Venezuela", agregó:

[127] Véase en Pedro Grases (ed.), *Actas del Congreso de Angostura, cit.,* págs. 349 y ss., y en V. Lecuna (ed.), *Proclamas y decretos del Libertador, op. cit.*, pág. 245.

[128] Véase la ley fundamental de la República de Colombia de 1819 y la ley fundamental de la Unión de los Pueblos de Colombia de 1821, en Allan R. Brewer-Carías, *Las Constituciones de Venezuela, op. cit.*, tomo I, págs. 643-646.

"Los granadinos están íntimamente penetrados de la inmensa ventaja que resulta, a uno y otro pueblo, de la creación de una nueva República, compuesta de estas dos naciones. La reunión de la Nueva Granada y Venezuela es el objeto único que me he propuesto desde mis primeras armas: es el voto de los ciudadanos de ambos países y es la garantía de la América del Sur.

"Legisladores:

"El tiempo de dar una base fija y eterna a nuestra República ha llegado. A vuestra sabiduría pertenece decretar este grande acto social y establecer los principios del pacto, sobre los cuales va a fundarse esta vasta República. Proclamadla a la faz del mundo y mis servicios quedarán recompensados"[129].

Conforme a esta propuesta, el 17 de diciembre de 1819 el mismo Congreso de Angostura sancionó la "Ley Fundamental de la República de Colombia", de acuerdo con la cual "las Repúblicas de Venezuela y la Nueva Granada quedan desde ese día reunidas en una sola, bajo el título glorioso de la República de Colombia"[130].

Como se ha comentado al inicio de este estudio, de acuerdo con esta Ley "el poder ejecutivo sería ejercido por un presidente, y en su defecto por un vicepresidente, nombrados interiormente por el actual Congreso" (art. 4º), dividiéndose la República de Colombia, en tres grandes "departamentos: Venezuela, Quito y Cundinamarca, que comprenderá las provincias de la Nueva Granada, cuyo nombre queda desde hoy suprimido" (art. 5º), los cuales debían ser administrados por un jefe cada uno, con el título de vicepresidente (art. 6º).

En dicha ley, en consecuencia, el Congreso dispuso ponerse en receso el 15 de enero de 1820, a los efectos de que se procediera a efectuar nuevas elecciones para configurar un nuevo Congreso con representantes de todas las provincias de Venezuela y Colombia, como Congreso General de Colombia (art. 11), fijándose la fecha de su reunión en la Villa del Rosario de Cúcuta el 1º de enero de 1821.

En la misma sesión de 17 de diciembre de 1819, el Congreso, de nuevo eligió al General Bolívar como presidente del Estado de Colombia y vicepresidente a Francisco Antonio Zea; y como vicepresidente de los departamentos de Cundinamarca y Venezuela, al General Francisco de Paula Santander y Juan Germán Roscio, respectivamente.

[129] Véase Simón Bolívar, "Discurso pronunciado ante el Congreso de Angostura a su regreso del Nuevo Reino de Granada, que acababa de redimir en las acciones de Bonanza, Gámeza, Pantano de Vargas y Boyacá," en Simón Bolívar, *Discursos y proclamas,* Caracas, Biblioteca Ayacucho, 2007, pág. 100. *Primeras Constituciones de Colombia y Venezuela, op. cit,* pág. 301. Véase igualmente en Pedro Grases (ed.), *Actas del Congreso de Angostura, cit.*, págs. 349 y ss., y en V. Lecuna (ed), *Proclamas y decretos del Libertador, op. cit.*, pág. 245.

[130] Véase *Actas del Congreso de Angostura, cit.*, págs. 356 y ss.

El Libertador regresó a la Nueva Granada y entró en Bogotá en marzo de 1820. Regresó a Venezuela a fines de ese mismo mes, y hacia fines de ese año suscribió el Tratado de Armisticio y el Tratado de Regularización de la guerra con el general Pablo Morillo el 25 y 26 de noviembre, entrevistándose ambos jefes en Santa Ana de Trujillo, el 27 de noviembre. Morillo encargó del ejército español a Miguel de la Torre y se embarcó para España. Al poco tiempo, el armisticio se rompió, por el pronunciamiento del gobierno de la Provincia de Maracaibo a favor de una República democrática, incorporándose a Colombia.

Mientras el Congreso sesionaba, BOLÍVAR estaba en el proceso de guerra final con las fuerzas españolas de invasión en Venezuela, habiendo triunfado el 24 de junio de 1821 en la Batalla de Carabobo, que selló la independencia de Venezuela. El 30 de junio de 1821 el Libertador, en una proclama dirigida a los habitantes de Caracas, además de anunciar que "Una victoria final ha terminado la guerra en Venezuela", precisó la integración de "la unión de Venezuela, Cundinamarca y Quito", anunciando que con ello se ha dado "un nuevo realce a vuestra existencia política y cimentado para siempre vuestra estabilidad. No será Caracas la capital de una República será sí, la capital de un vasto departamento gobernado de un modo digno de su importancia. El vicepresidente de Venezuela goza de las atribuciones que corresponden a un gran magistrado"[131].

En la Villa del Rosario, Juan Germán Roscio había quedado como encargado para instalar y presidir el Congreso, pero no pudo, pues falleció el 8 de marzo de ese mismo año. El Congreso pudo posteriormente instalarse en Cúcuta el 6 de mayo de 1821 por Antonio Nariño, quien había regresado a Angostura desde Francia el 20 de febrero de 1821. BOLÍVAR lo encargó de tal función, luego de la entrevista que tuvieron en Achaguas.

Mientras en el Congreso se debatía si debía o no ratificarse la República de Colombia decretada por la Ley Fundamental de Angostura de 1819, o si la organización territorial de la República debía ser la de una federación o de corte centralista, BOLÍVAR quien había venido abogando por la centralización del nuevo Estado, ausente del Congreso, en medio de sus ocupaciones militares, lo que pudo hacer fue escribirle a SANTANDER desde San Carlos, el 13 de junio de 1821, fijando claramente su posición:

"Por aquí se sabe poco del Congreso y de Cúcuta; se dice que muchos en Cundinamarca quieren federación; pero me consuela con que ni Ud., ni Nariño, ni Zea, ni yo, ni Páez, ni otras muchas autoridades venerables que tiene el ejército libertador gustan de semejante delirio.

" Por fin, por fin, han de hacer tanto los letrados, que se proscriban de la República de Colombia, como hizo PLATÓN con los poetas en la suya. Esos señores piensan que la voluntad del pueblo es la opinión de ellos, sin saber que

[131] Véase en VICENTE LECUNA (ed.), *Proclamas y decretos del Libertador*, *cit.*, pág. 263.

en Colombia el pueblo está en el ejército, porque realmente está, y porque ha conquistado este pueblo de mano de los tiranos; porque además es el pueblo que quiere, el pueblo que obra, y el pueblo que puede; todo lo demás es gente que vegeta con más o menos malignidad, o con más o menos patriotismo, pero todos sin ningún derecho a ser otra cosa que ciudadanos pasivos.

"Esta política, que ciertamente no es la de ROUSSEAU, al fin será necesario desenvolverla para que no nos vuelvan a perder esos señores. Ellos pretenden con nosotros representar el segundo acto de Buenos Aires, cuando la segunda parte que van a dar es la del Guárico. Piensan esos caballeros que Colombia está cubierta de lanudos, arropados en las chimeneas de Bogotá, Tunja y Pamplona. No han echado sus miradas sobre los caribes del Orinoco, sobre los pastores del Apure, sobre los marineros de Maracaibo, sobre los bogas del Magdalena, sobre los bandidos de Patía, sobre los indómitos pastusos, sobre los guajibos de Casanare y sobre todas las hordas salvajes de África y de América que, como gamos, recorren las soledades de Colombia.

" ¿No le parece a Vd., mi querido SANTANDER, que esos legisladores más ignorantes que malos, y más presuntuosos que ambiciosos, nos van a conducir a la anarquía, y después a la tiranía, y siempre a la ruina?

"Yo lo creo así, y estoy cierto de ello. De suerte, que si no son los llaneros los que completan nuestro exterminio, serán los suaves filósofos de la legitimada Colombia. Los que se creen Licurgos, Numas, Franklines y Camilos Torres y Roscios y Ustáriz y Robiras, y otros númenes que el cielo envió a la tierra para que acelerasen su marcha hacia la eternidad, no para darles repúblicas como las griegas, romana y americana, sino para amontonar escombros de fábricas monstruosas y para edificar sobre una base gótica un edificio griego al borde de un cráter"[132].

Unas semanas después, el Congreso General de Colombia ratificaría la idea bolivariana sobre la República de Colombia que había quedado plasmada en la Ley Fundamental de la República de Colombia sancionada en Angostura el 17 de diciembre de 1819, sancionando, en ratificación de la idea bolivariana, su propia la Ley Fundamental de la Unión de los pueblos de Colombia de 12 de julio de 1821; precisamente el mismo día en que se firmaba en Caracas la Capitulación de las fuerzas españolas que habían sido derrotadas en Carabobo[133]. Algo más de dos semanas después, se sancionaría la Constitución de la República de Colombia de 30 de agosto de 1821.

La Ley Fundamental de la Unión de los Pueblos de Colombia de 1821, entre otros factores, abandonó la denominación de "Cundinamarca" para

[132] Véase el texto de la carta de BOLÍVAR a SANTANDER, de 13 de junio de 1821, en: http://www.archivodellibertador.gob.ve/escritos/buscador/spip.php?article109 71

[133] Véase la referencia en TOMÁS POLANCO ALCÁNTARA, *Bolívar, Ensayo de una interpretación Biográfica a través de sus documentos*, Barcelona, 2004, pág. 435.

identificar las antiguas provincias del Nuevo Reino de Granada, readaptándose la denominación de Nueva Granada, decretándose entonces la unión de "los pueblos de la Nueva Granada y Venezuela en un solo cuerpo de nación, bajo el pacto expreso de que su gobierno será ahora y siempre popular representativo" (art. 1º).

B) *La Constitución de la República de Colombia de 30 de agosto de 1821*

El resultado directo de las dos leyes constitucionales de unión de los pueblos de Venezuela y de la Nueva Granada creando la "República de Colombia" dictadas, la primera, por el Congreso de Angostura en diciembre de 1819, y la segunda, por el Congreso de Cúcuta en julio de 1821, en efecto, fue la sanción, por este último, de la Constitución de la República de Colombia de 30 de agosto de 1821[134]. En ella se declaró a "la nación colombiana para siempre e irrevocablemente libre e independiente de la monarquía española y de cualquier otra potencia o dominación extranjera", precisándose que "no es, ni será nunca patrimonio de ninguna familia ni persona" (art. 1º).

Un mes después llegó BOLÍVAR a Cúcuta, siendo el 3 de octubre de 1821 cuando entró por primera vez en el salón de sesiones del Congreso, aceptando la Presidencia de Colombia para la cual había sido electo por el mismo el 7 de septiembre de 1821, pero siempre que se le autorizara a continuar a la cabeza del ejército para emprender la campaña del Sur, hacia la conquista de Quito, delegando el día 8 de octubre de 1821 el ejercicio de todas las funciones ejecutivas en el General FRANCISCO DE PAULA SANTANDER, quien había sido electo vicepresidente[135].

Y fue con tal carácter de presidente como BOLÍVAR le puso el ejecútese a la Constitución en Cúcuta el 6 de octubre de 1821, ejerciendo la Presidencia de Colombia hasta 1830. La orden de "cúmplase, publíquese y circúlese", firmada por el Libertador, fue refrendada por el ministro de Guerra y Marina, Pedro Briceño Méndez, por el ministro de Hacienda y Relaciones Exteriores, Pedro Gual, y por el ministro del Interior y Justicia, Diego B. Urbaneja, todos venezolanos.

Tratándose de un texto constitucional que fusionaba en una nueva nación colombiana los territorios que habían sido del Estado de Venezuela creado en 1811, en lo que era el territorio de la Capitanía General de Venezuela, y de las Provincias Unidas de Colombia creada en lo que habían sido los territorios del

[134] Véase el texto en ALLAN R. BREWER-CARÍAS, *Las Constituciones de Venezuela, op. cit.,* tomo I, págs. 649-665; y en el libro *El pensamiento constitucional hispanoamericano hasta 1830, op. cit.,* 1961, págs. 353-371.

[135] Véase en *Proclamas y decretos del Libertador, op. cit.*, pág. 266.

Nuevo Reino de Granada, en la misma, por primera vez en el constitucionalismo de nuestros países se comenzó a definir el territorio de sus componentes.

En cuanto a Colombia su territorio se definió por el que formaba el antiguo Virreinato del Nuevo Reino de Granada, y en cuanto al de Venezuela, se lo definió por el que formaba la antigua Capitanía General de Venezuela establecida por Real Cédula de 8 de septiembre de 1777[136], tal como estaba configurado en 1810 antes del proceso político iniciado el 19 de abril de ese año. En esta forma, puede decirse que se siguió el principio del derecho internacional público americano, conocido como el *uti possidetis juris*, según el cual Venezuela tenía derechos sobre los territorios que correspondían en 1810 a la Capitanía General de Venezuela. De tal manera que los límites territoriales del país eran los mismos que correspondían en ese año a dicha entidad colonial, en relación con el virreinato de la Nueva Granada, el Brasil y las posesiones neerlandesas en Guayana[137].

A tales efectos, el artículo 5º de la Ley Fundamental de 1821 dispuso así:

"El territorio de la República de Colombia será comprendido dentro de los límites de la antigua Capitanía General de Venezuela y el Virreinato y Capitanía del Nuevo Reino de Granada. Pero la asignación de sus términos precisos queda reservada para tiempo más oportuno".

En la Constitución de Colombia de 1821 conforme a la orientación de la Ley Fundamental, el territorio de la República también se lo definió así:

"Artículo 6º. El territorio de Colombia es el mismo que comprendía el antiguo Virreinato de la Nueva Granada y a la Capitanía General de Venezuela".

Esta Constitución de la República de Colombia, dada en Cúcuta, en 1821[138], en cuanto a la organización general del Estado estuvo signada por el principio del centralismo de Estado, al integrarse las provincias de Cundinamarca, Venezuela y Ecuador, dividiéndose el territorio de la República de Colombia en seis departamentos (arts. 8º, 150), los cuales quedaron bajo el mando político de intendentes (art. 151). Estos eran nombrados por el presidente de la República con acuerdo del Senado, y siendo sus agentes naturales e inmediatos, le estaban sujetos (arts. 121, 122, 151 y 152).

[136] De acuerdo con esta Real Cédula quedaban sometidos al capitán general de la provincia de Venezuela, los gobernadores de Cumaná, Guayana y Maracaibo y las islas de Margarita y Trinidad, tanto en lo gubernativo y militar, con lo que quedaba políticamente configurada la Capitanía General de Venezuela, completamente segregada del virreinato de Santa Fe. Véase F. González Guinán, *Historia contemporánea de Venezu*ela, tomo I, Caracas, 1954, pág. 11. Véase, además, el texto en *La Capitanía General de Venezuela 1772,* Caracas, Edición de la Presidencia y del Concejo Municipal del Distrito Federal, 1977.

[137] Véase Ernesto Wolf, *Tratado de derecho constitucional venezolano*, tomo I, Caracas, 1945, pág. 40.

[138] Véase el texto en Allan R. Brewer-Carías, *Las Constituciones de Venezuela, op. cit.,* tomo I, págs. 649-665.

Los departamentos se dividieron en provincias, y en cada una de ellas había un gobernador con subordinación al intendente del departamento respectivo, nombrado también por el presidente de la República (art. 153). El intendente, en todo caso, era a la vez gobernador de la provincia en cuya capital residía (art. 154); y las provincias se subdividían en cantones, donde existían cabildos o municipalidades (art. 155)[139], y estas en parroquias (arts. 8°, 155).

En ese marco, un mes después de sancionada la Constitución, el Congreso sancionó la "Ley sobre la organización y régimen político de los departamentos, provincias y cantones en que se divide la República" de 2 de octubre de 1821, mediante la cual el territorio de la República se dividió en *siete* departamentos: del *Orinoco*, que comprendía las provincias de Guayana, Cumaná. Barcelona y Margarita; de *Venezuela*, que integraban las provincias de Caracas y Barinas; de *Zulia*, con las provincias de Coro, Trujillo, Mérida y Maracaibo; de *Boyacá*, que integraban las provincias de Tunja, Socorro, Pamplona y Casanare; de *Cundinamarca*, que integraban las provincias de Bogotá, Antioquia, Mariquita y Neiva; del *Cauca*, que comprendía las provincias de Popayán y del Chicó, y del *Magdalena*, con las provincias de Cartagena, Santamarta y Riohacha[140].

Posteriormente por "Ley de división territorial de la República" de 25 de junio de 1824, la misma se dividió en *doce* departamentos: del *Orinoco*, con las provincias de Cumaná, Guayana, Barcelona y Margarita; de *Venezuela*, que comprendía las provincias de Caracas y Carabobo; de *Apure*, con las provincias de Barinas y Apure; del *Zulia*, que comprendía las provincias de Maracaibo, Coro, Mérida y Trujillo; de *Boyacá*, con las provincias de Tunja, Pamplona, Socorro, y Casanare; de *Cundinamarca*, con las provincias de Bogotá, Antioquia, Mariquita y Neiva; del *Magdalena*, que integraban las provincias de Cartagena, Santamarta y Riohacha; del *Cauca*, que comprendía las provincias de Popayán, del Chocó, de Pasto y de la Buenaventura; del *Istmo*, que integraban las provincias de Panamá, y Veragua; de *Ecuador*, que comprendía las provincias de Pichincha, de Imbabur y de Chimborazo; de *Asuay*, con las provincias de Cuenca, Loja y de Jaén; y de *Guayaquil*, que comprendía las provincias de Guayaquil y Manabía[141].

La última ley de 1824 fue modificada mediante la "Ley adicional a la del año 14 sobre división territorial de la República" de 18 de abril de 1826[142], mediante la cual se dispuso que el departamento de Apure se denominaría en lo sucesivo *departamento del Orinoco*, comprendiendo las provincia de

[139] Véase art. 6° de la Ley Fundamental y art. 150 de la Constitución. Véase los comentarios de Augusto Mijares, "La evolución política de Venezuela" (1810-1960)", en M. Picón Salas y otros, *Venezuela independiente 1810-1960*, Caracas, 1962, pág. 67.

[140] Véase *Cuerpo de leyes de la República de Colombia 1821-1827*, *op. cit.*, Caracas, 1961, págs. 76-77.

[141] *Idem*, págs. 191-195.

[142] *Idem*, págs. 440 y 441.

Barinas, Apure y Guayana (art. 1°); que las provincias de Cumaná, Barcelona y Margarita, formarían un departamento con el nombre de *Departamento de Maturín* (art. 2°); y que el *Departamento de Magdalena*, comprendería la provincia de Mompox, además de las de Cartagena, Santa Marta y Río Hacha.

C) *El principio de la soberanía popular y la democracia representativa*

La Constitución de Colombia, como las precedentes, estableció claramente que la soberanía residía en el pueblo (art. 2°), siendo el Gobierno "popular representativo" (art. 9°), razón por la cual los magistrados investidos de autoridad son solo los representantes del pueblo, ante quien deben responder por su conducta (art. 2°).

Como consecuencia de ello el pueblo solo ejercía las atribuciones de la soberanía mediante el voto en las elecciones primarias (art. 10), estableciéndose al efecto un sistema de sufragio mediante votación indirecta en dos grados, correspondiendo a las asambleas electorales la elección del presidente y del vicepresidente de la República, de los senadores de los departamentos, y de los diputados de las provincias (art. 34).

Para la formación de las asambleas electorales se estableció una elección pública por los vecinos sufragantes de las parroquias (arts. 13 y 15), y por los electores de los cantones (arts. 22 y 24), quienes integraban las asambleas electorales de provincias (art. 30), que eran los llamados a elegir en segundo grado a las altas autoridades del Estado antes indicadas (arts. 35-39).

D) *El principio de la separación de poderes*

Conforme a la tradición constitucional anterior, la Constitución de 1821 también adoptó el principio de la separación de poderes en la organización del gobierno del Estado, prohibiendo que se pudiese depositar el poder "en unas solas manos", declarando en cambio que "el poder supremo estará dividido para su administración en legislativo, ejecutivo y judicial" (art. 10), con las siguientes competencias:

"El poder de dar leyes corresponde al Congreso; el de hacer que se ejecuten, al presidente de la República, y el de aplicarlas en las causas civiles y criminales, a los tribunales y juzgados". (art. 11).

En esta materia, la Constitución de 1821 no siguió la idea de Bolívar de un ejecutivo fuerte en el marco de la separación horizontal de poderes, como se había previsto en la Constitución de 1819, estableciéndose más bien grandes controles por parte del Senado y de un Consejo de Gobierno que se reguló en el capítulo relativo al poder ejecutivo[143].

[143] Véase Pablo Ruggeri Parra, *Historia política y constitucional de Venezuela, op. cit.*, tomo I, págs. 68, 62 y 64; José Gil Fortoul, *Historia constitucional de Venezuela, op. cit.*, tomo I, pág. 622.

a) *El poder legislativo.* En cuanto al poder legislativo, la Constitución se lo atribuyó al Congreso, dividido en dos Cámaras: el Senado y la de Representantes (art. 40), cuyos miembros debían ser electos en segundo grado por los electores de los cantones.

Se atribuyó al Congreso la potestad legislativa, pudiendo las leyes tener su origen en cualquiera de las dos cámaras (art. 41), excepto las relativas a contribuciones que debían iniciarse en la de diputados (art. 42). Las leyes para tenerse como tales debían ser firmadas por el poder ejecutivo, estando este facultado para devolverlas con reparos al Congreso (art. 46).

En la Constitución se atribuyeron al Congreso importantes de competencias sustantivas en materialmente todos los asuntos clave del Estado (art. 55), y además, la competencia de conocer de los juicios políticos contra los altos funcionarios del Estado, mediante acusación por la Cámara de Representantes formulada ante el Senado (arts. 89 y 97).

b) *El poder ejecutivo.* En cuanto al poder ejecutivo, el mismo se depositó en el presidente de la República de Colombia (art. 105); previéndose el cargo de vicepresidente, a los efectos de ejercer las funciones del presidente "en caso de muerte, destitución, o renuncia", y además, en los casos de "ausencia, enfermedad o cualquiera otra falta temporal del presidente" (art. 108). Además, conforme al artículo 118, cuando "el presidente mande en persona las fuerzas de la República, o alguna parte de ellas, las funciones del poder ejecutivo recaerán por el mismo hecho en el vicepresidente", que fue en la práctica la situación subsiguiente en la República, por la campaña que el Libertador presidente inició hacia las Provincias del Sur, de Ecuador y Perú.

Al presidente de la República se atribuyó el carácter de "Jefe de la Administración General de la República," con competencia para designar los funcionarios públicos (art, 123), teniendo a su cargo "la conservación del orden y de la tranquilidad en lo interior y de la seguridad en lo exterior" (art. 109) y el mando supremo de las fuerzas de mar y tierra (art. 117). En el ámbito exterior se le asignaron las funciones de llevar las relaciones exteriores del Estado (arts. 119-120).

En la Constitución de 1821 se atribuyó al presidente, además, la potestad de dictar —con el acuerdo del Senado—, las "medidas extraordinarias que sean indispensables y que no estén comprendidas en la esfera natural de sus atribuciones" en los casos de "conmoción interior a mano armada que amenace la seguridad de la República, y en los de una invasión exterior repentina" (art. 128).

Para asistir al presidente de la República, la Constitución estableció para el despacho de los negocios, cinco secretarios de Estado, a saber: "de Relaciones Exteriores, del Interior, de Hacienda, de Marina y de Guerra" (art. 136).

Como se dijo, en la Constitución de 1821 en el ámbito del poder ejecutivo se estableció un Consejo de Gobierno integrado por el vicepresidente de la República, un ministro de la Alta Corte de Justicia nombrado por el presidente y los secretarios del despacho que eran los de Relaciones Exteriores, del Interior, de Hacienda, de Marina y de Guerra (arts. 133 y 136); debiendo el presidente oír el dictamen del mismo en diversos casos específicos como la devolución de leyes al Congreso (art. 46); la declaración de guerra (art. 119); la celebración de tratados (art. 120); el nombramiento de agentes y ministros diplomáticos (art. 121) en caso de receso del Congreso (art. 122), y de funcionarios cuando ello no fuera reservado a otras autoridades (art. 123); la suspensión de empleados ineptos (art. 125); la conmutación de penas (art. 127), y el decreto de medidas de excepción en caso de conmoción interior (art. 128).

En cuanto al poder judicial, la Constitución reguló una Alta Corte de Justicia de Colombia, cuyos ministros debían ser propuestos por el presidente de la República a la Cámara de Representantes (art. 140), con competencia para conocer: "1. De los negocios contenciosos de embajadores, ministros, cónsules o agentes diplomáticos; 2. De las controversias que resultaren en los tratados y las negociaciones que haga el poder ejecutivo; 3. De las competencias suscitadas o que suscitaren en los tribunales superiores" (art. 143)

Además, en la Constitución se dispuso para la más pronta, y fácil administración de justicia, que el Congreso debía establecer "en toda la República las cortes superiores que juzgue necesarias (art. 147), cuyos ministros debían ser nombrados por el poder ejecutivo, a propuesta de terna de la Alta Corte de Justicia (art. 148). En cuanto a los juzgados inferiores se dispuso que subsistirían los existentes, hasta tanto en el Congreso variara la administración de justicia (art. 149).

E) *Declaración de derechos de las personas (Título VIII: Disposiciones generales), el valor del orden jurídico precedente y las reformas a la Constitución*

En el Título VIII de la Constitución, en las Disposiciones generales, se incluyeron diversos derechos fundamentales, destacándose el derecho a la libre expresión del pensamiento (art. 156), derecho de petición (art. 157), derecho a la presunción de inocencia (art. 158), garantía del debido proceso (arts. 159, 171, 172, 176); libertad personal y garantías frente a detenciones (arts. 160, 158), derecho al juez natural (arts. 166, 174), derecho a ser juzgado con base en leyes anteriores al delito o acción (art. 167), inviolabilidad del hogar doméstico 189), inviolabilidad de la correspondencia (art. 170), derecho de propiedad (arts. 176, 177), derecho al trabajo (art. 178), derecho a la igualdad y abolición de títulos de honor (art. 181) y derechos de los extranjeros (arts. 183 y 184).

En la Constitución se estableció, como norma guía sobre la validez del orden jurídico anterior, que conservarían "su fuerza y vigor las leyes que hasta aquí han regido en todas las materias y puntos que directa o indirectamente no se opongan a esta Constitución ni a los decretos y las leyes que expidiere el Congreso" (art. 188).

La Constitución, además, le atribuyó al Congreso competencia para resolver cualquier duda que ocurra sobre la "inteligencia de algunos artículos de esta Constitución" (art. 189).

Por último, en cuanto a la posibilidad de reforma de algunos artículos de la Constitución, la misma se previó bajo la iniciativa de las dos terceras partes de cada una de las dos Cámaras conforme a las formalidades prescritas en su propio texto, con esta aclaratoria: "nunca podrán alterarse las bases contenidas en la Sección 1 del Título I (sobre la Nación colombiana) y en la 2 del Título II (sobre el Gobierno de Colombia)" (art. 190).

F) *La vigencia de la Constitución de 1821 en otros territorios americanos fuera de las provincias de Venezuela y de la Nueva Granada: Panamá, Ecuador y el intento en la parte española de la Isla de Haití (Santo Domingo)*

La Constitución de 1821 se sancionó con el voto de los representantes de las provincias de Venezuela y de Cundinamarca (Nueva Granada) reunidos en el Congreso de Colombia de la Villa del Rosario de Cúcuta, cuyos territorios pasaron a formar parte de los siete departamentos que integraron la República de Colombia conforme a la Ley sobre la organización y régimen político de los departamentos, provincias y cantones en que se divide la República, de 2 de octubre de 1821[144].

La Constitución, sin embargo, tuvo aplicación en otros territorios americanos que fueron declarándose independientes con posterioridad a su sanción, como fue el caso de Panamá en 1821 y de Ecuador en 1822. En otros casos, hubo intentos de que la Constitución se aplicase, aun cuando sin éxito, como fue el caso de la parte española de la Isla de Haití en 1821.

En el caso de Panamá, con fecha 28 de noviembre de 1821, luego de un proceso de insurrección que se inició con el grito de Independencia de la Villa de Los Santos en 10 de noviembre de 1821, en Ciudad de Panamá se firmó el "Acta de Independencia del Istmo de Panamá," que separó la provincia del imperio español, declarándose en los dos primeros puntos de esta:

"1. Panamá espontáneamente y conforme al voto general de los pueblos de su comprehensión, se declara libre e independiente del gobierno español.

"2. El territorio de las provincias del Istmo pertenece al Estado Republicano de Colombia, a cuyo congreso irá a representar oportunamente su diputado"[145].

[144] Véase en el libro *Cuerpo de leyes de la República de Colombia 1821-1827*, *op. cit.*, Caracas, 1961, págs. 76-81.

[145] Véase el texto en copia del Acta de Independencia en: https://es.wikipedia.org/wiki/Acta_de_Independencia_de_Panam%C3%A1.

Se decidió así, no solo la Independencia de Panamá respecto de España, cuyo territorio, inicialmente en 1513 fue el que conformó la Provincia de Castilla del Oro, sino que también, espontáneamente, quienes declararon la independencia decidieron que las provincias del Istmo se integrarían al "Estado republicano de Colombia" que no era otro que el que se había establecido mediante las leyes fundamentales de 1819 y 1821 y que solo tres meses antes se había recién constitucionalizado mediante la Constitución de 30 de agosto de 1821.

La consecuencia de ello fue que en la ley sobre división territorial de la República de Colombia de 25 de junio de 1824, que sustituyó la ley sobre la organización y régimen político de los departamentos, provincias y cantones en que se divide la República de 1821, se reguló, entre los doce departamentos que entonces comenzaron a configurarla, al Departamento del Istmo que comprendió a las provincias de Panamá y Veragua (art. 10)[146].

En el mismo año 1821 ocurrió otro evento político en las antiguas colonias españolas de América que originó un intento de integrar otras provincias americanas a la República de Colombia. Se trató del proceso que en la historia de la República Dominicana se conoce como el de la "Independencia efímera" que abarcó un período de dos meses y ocho días, entre la "Declaración de Independencia del pueblo dominicano" firmada el 1º de diciembre de 1821 como consecuencia del movimiento conspirador contra el Capitán General de Santo Domingo dirigido por José Núñez de Cáceres, y la anexión del dicho territorio a la República de Haití el 9 de febrero de 1822, luego de la ocupación del mismo efectuada por el ejército encabezado por Jean Pierre Boyer, Presidente de Haití.

En dicha "Declaración de Independencia del Pueblo Dominicano" publicada en "Santo Domingo, imprenta de la Presidencia del *Estado independiente de la parte española de Hayti.* José María González", los firmantes expresaron:

"Declaramos y formalmente publicamos, que la parte española de la Isla de Haití, queda desde este día constituida como Estado libre e independiente; que el buen pueblo Dominicano ni ahora, ni en adelante, ni nunca se someterá a las leyes y gobierno de España, considerándose absuelto de toda obligación de fidelidad y obediencia; que revestido de la dignidad y carácter de nación soberana, tiene un pleno poder y facultades para establecer la forma de gobierno que mejor le convenga [como lo] pueden por derecho los demás pueblos libres e independientes...".

Y concluyó el Acta con tres exclamaciones:

"Viva la Patria, viva la Independencia, viva la Unión de Colombia"[147].

[146] Véase en el libro *Cuerpo de leyes de la República de Colombia 1821-1827*, *op. cit.*, Caracas, 1961, pág. 193.

[147] Véase el texto de la Decaración en enciclopediadominicana.org/ Archivo: Declaracion_de_Independencia_del_Pueblo_Dominicano.pdf

La Declaración de Independencia se produjo en medio del debate que se fue desarrollando en diversas partes del territorio de la parte española de la Isla, sobre si la misma debía anexarse a la República de Haití, donde se había declarado la independencia de Francia desde 1804, o debía formarse una República independiente. Ello motivó que incluso en los territorios fronterizos y en Santiago de los Caballeros, el movimiento de Núñez de Cáceres no encontrara el apoyo deseado, al punto de que la *Junta Central Provisoria* de Santiago rechazó los actos de Núñez y le pidió al presidente Boyer su intervención[148].

El nuevo Estado independiente, sin embargo, se estableció, organizándose una Junta Provisional de Gobierno a cuyo efecto se dictó un "Acta Constitutiva del Gobierno Provisional del Estado Independiente de la parte española de Haití", es decir, del nuevo Estado Independiente, la cual se firmó el mismo día 1° de diciembre de 1821[149] por los miembros de la Junta provisional de gobierno que se había designado. Dicha Acta contiene todos de los principios de una Constitución; lo que permite calificarla como el primer texto constitucional en la historia de lo que es hoy la República Dominicana.

En dicha "Constitución", en efecto, en un texto de 39 artículos, se establecieron las bases de la organización del nuevo Estado, con "forma de gobierno republicano", basado en la "representación nacional" (art. 1°), en el cual se reconoció que como "no puede haber verdadera libertad civil sin la división de poderes" se dispuso la atribución a diversos órganos de las "facultades del legislativo", "la potestad de ejecutar las leyes" y "la de administrar justicia" (art. 7°); se declararon "los derechos del hombre en sociedad" que consisten en su "libertad, igualdad, seguridad y propiedad", definiéndose el contenido de los mismos (art. 8°), y otros derechos de los ciudadanos como la inviolabilidad del hogar, la libertad de imprenta (arts. 15 a 18); se estableció el régimen de la ciudadanía y naturalización "del Estado independiente de la parte Española de Haití" (arts. 9° a 12); se reguló el régimen de organización territorial de los ayuntamientos (arts. 19 a 21); se reguló el régimen de la administración de justicia y de los jueces (arts. 22 a 26); se reguló el régimen de las finanzas públicas y de los impuestos (arts. 27 a 31); se reguló el régimen militar (art. 34) y el de la responsabilidad de los empleados públicos (art. 37); se definió como delito de traición contra el Estado, toda acción dirigida "a transformar el nuevo sistema republicano, a destruir la libertad e independencia de la patria" (art.

[148] Véase Bibiano Torres Ramírez y José Jesús Hernández Palomo, *Andalucia y América en el siglo XIX*, tomo I, Sevilla, 1986, pág. 49.

[149] Véase el texto del "Acta Constitutiva" en Gustavo Adolfo Mejía Ricart, *Crítica de nuestra historia moderna. Primer período del Estado libre en la parte española de la Isla de Santo Domingo,* Santo Domingo, Banco de reservas de la República Dominicana y Sociedad Dominicana de Bibliófilos, 2007, págs. 207-217, y en Emilio Rodríguez Demorizi, *Santo Domingo y la Gran Colombia. Bolívar y Núñez de Cáceres,* Santo Domingo, 1971, págs. 70-72.

35); se dispuso la forma de juramento por los militares y empleados públicos y para defender la independencia y libertad del Estado (art. 36), y, finalmente, se abolió la Constitución de la monarquía española y las leyes y otras normas que fueran contrarias a lo dispuesto en "este reglamento provisional" (art. 32).

Al referirnos a la "Declaración de Independencia del Pueblo Dominicano" mencionamos que la misma concluyó con las exclamaciones de "*Viva la Patria, viva la Independencia, viva la Unión de Colombia*". Esta última expresión sobre "Colombia," en el contexto del Acta, no puede decirse que se refería a la "República de Colombia" que había sido constitucionalizada solo tres meses antes con la Constitución de la Villa de Nuestra Señora del Rosario de los Valles de Cúcuta de 1821, conforme a las Leyes Fundamentales de 1819 y 1821, debiendo considerarse más bien como siguiendo la expresión acuñada por Francisco de Miranda, y utilizada en la Constitución de las Provincias Unidas de Venezuela de 1811, en referencia a todo el continente americano.

Ello se confirma con la otra referencia que en la misma Acta se hace sobre "Colombia", identificándola como formando todo el Continente americano, al exponerse lo siguiente:

"Desde Cabo de Hornos hasta las Californias se pelea con ardor y encarnizamiento por el incomparable beneficio de la Independencia. En todas partes huye despavorido el caduco León de España, dejando desocupado el terreno a la fuerza y vigor juvenil del de América. Ya reflejan sobre el horizonte político los crepúsculos del gran día de los hijos de Colombia aparecerá de un momento a otro la risueña aurora de la Independencia de toda la América"[150].

La referencia a Colombia contenida en el "Acta de Independencia del Pueblo Dominicano", sin embargo, puede decirse que cambió de sentido en el texto del "Acta Constitutiva del Gobierno Provisional del Estado Independiente de la parte española de Haití" de la misma fecha, en la cual se hizo una declaración unilateral de gran significación política, esta vez respecto de la "República de Colombia", en el sentido de que —así se expresó en el artículo 4º—: " Esta parte española entrará desde luego en alianza con la República de Colombia; entra a componer uno de los Estados de la Unión; y cuando se ajuste y concluya este tratado, hará causa común, y seguirá en un todo los intereses generales de la Confederación".

A los efectos de concretar ese posible tratado y la incorporación del territorio de la parte española de Haití a la República de Colombia, se dispuso en el artículo 5º:

"Con estas miras se despachará a la mayor brevedad posible un diputado cerca de S. E. el presidente de Colombia, comunicándole el cambio político de Santo

[150] Véase el texto de la Declaración en enciclopediadominicana.org/Archivo: Declara cion_de Independencia_del_Pueblo_Dominicano.pdf.

Domingo, y manifestándole los deseos de adherirse a la unión de los Estados que actualmente componen, o en adelante compusieren la República de Colombia. La Junta elegirá este diputado, dándole las instrucciones, documentos y poderes competentes al lleno de su encargo; y este comisionado solicitará se le comunique la Constitución general de la República de Colombia, para su previo examen y conocimiento dar esta parte española acto de accesión".

En otro contexto del conflicto territorial existente en la Isla de Haití, en el artículo 6º del Acta se estableció que se enviaría inmediatamente "otro menaje igual al Excelentísimo Señor presidente de la República de Haití en la parte francesa nuestra vecina, proponiéndole un tratado de amistad, comercio y alianza para la común defensa y seguridad de ambos territorios en caso de invasión enemiga, o de maquinaciones internas contra su libertad e independencia".

Es decir, dada la debilidad del gobierno independiente, Núñez de Cáceres trató de buscar apoyo de otros países para defender la reciente nación de Haití Española, y por ello pensó en solicitar esa ayuda a SIMÓN BOLÍVAR, presidente de la República de Colombia, decidiendo unilateralmente que el nuevo Estado independiente se integraría a la República de Colombia.

Por el texto del Acta Constitutiva se evidencia que aún no se conocía en la Isla el texto de la Constitución de 1821, que no establecía Confederación alguna, ni Unión de Estados, sino una república unitaria, razón por la cual la idea esbozada en el texto no se ajustaba a la realidad del Estado colombiano, que se estableció como Estado unitario y centralizado, en el cual solo cabía incorporación de nuevos territorios como nuevos departamentos del mismo.

En todo caso, la Junta de Gobierno Provisional designó como diputado para la gestión ante el gobierno de Colombia a Antonio María Pineda, un destacado médico canario quien había vivido en Venezuela hasta 1810 y quien venía de fundar el diario *El Telégrafo Constitucional.* En su viaje se enteró en Curazao que SIMÓN BOLÍVAR no estaba en Bogotá, sino en Popayán, dirigiendo la Campaña del Sur.

De su llegada a Tierra Firme dio cuenta la *Gaceta de Colombia* el 27 de enero de 1822 por información del coronel Francisco Delgado, gobernador de Maracaibo, en la cual se refirió al hecho del "reconocimiento" de Colombia por el gobierno provisional de Santo Domingo y de la llegada a Curazao de "una misión de la junta gubernativa de la expresada isla a tratar con el gobierno"[151].

En todo caso, antes, el 11 de enero de 1822, ya Núñez de Cáceres había recibido una carta del presidente haitiano Jean Pierre Boyer en la cual se comunicó su interés y la importancia de la unificación de los dos pueblos, convirtién-

[151] Véase las referencias a estos hechos en GERMÁN A. DE LA REZA, "El intento de integración de Santo Domingo a la Gran Colombia (1821-1822)", en *Revista Secuencia*, núm. 93, sep./dic. 2015, México; y en EMILIO RODRÍGUEZ DEMORIZI, *Santo Domingo y la Gran Colombia: Bolívar y Núñez de Cáceres*, Santo Domingo, Editora del Caribe, 1971.

dola en un solo Estado. A inicios de ese mes Boyer recibió la autorización del Congreso haitiano de defender la independencia y la unificación de la isla, y Núñez de Cáceres, al no tener el suficiente apoyo de los sectores más importante de Santo Domingo, se vio compelido a ponerse bajo la protección de las leyes de la República de Haití, razón por la cual el 9 de febrero de 1822 el presidente Boyer cruzó la frontera con un gran ejército y tomó posesión de Santo Domingo, quedando la Isla de Haití unificada bajo un solo gobierno[152].

Bolívar se enteró en Popayán de los acontecimientos en Santo Domingo, expresando en carta dirigida a Santander, precisamente el mismo día 9 de febrero, su alegría por los hechos de independencia de Santo Domingo[153].

Posteriormente, después de la Batalla de Pichincha de 24 de mayo de 1822, que permitió a los ejércitos patriotas al mando del general Antonio José de Sucre tomar Quito, el 29 de mayo de ese mismo año, "el cabildo, corporaciones y personas notables de la ciudad de Quito", como se dejó constancia en el decreto del Congreso de Colombia de 11 de junio de 1824, "acordaron y decretaron separarse de la monarquía española uniéndose a la República de Colombia".

La consecuencia de ello fue igualmente que en la antes mencionada Ley sobre división territorial de la República de 25 de junio de 1824, entre los doce departamentos que la compusieron, se reguló a los departamentos de Ecuador, que comprendió las provincias de Pichincha, Imbabura y Chimborazo, y de Asuay, que comprendió las provincias de Cuenca, Loja y Jaén de Bracamoros y Maínas (art. 11)[154].

5. Algunas vicisitudes políticas durante la vigencia de la Constitución de 1821, y la separación de Venezuela de la República de Colombia en 1830

La Constitución de la Villa del Rosario de Cúcuta de 1821 solo tuvo ocho años de efectiva vigencia, hasta que el Libertador presidente dictó el decreto orgánico de 28 de agosto de 1828, con carácter de "ley constitucional del Estado" (art. 26), mediante el cual asumió la dictadura, dejando sin vigencia la Constitución de 1821.

En ese período, y dejando aparte la extraordinaria labor del Congreso en sentar las bases de la legislación del nuevo Estado, se sucedieron diversas vi-

152 Véase las referencias en Frank Moya Pons, *Historia colonial de Santo Domingo*, Santiago de los Caballeros, Universidad Católica Madre y Maestra, 1974, págs. 410-411.

153 Véase las referencias a estos hechos en Germán A. de la Reza, "El intento de integración de Santo Domingo a la Gran Colombia (1821-1822)", *Revista Secuencia*, núm. 93, sep./dic. 2015, México, y en Emilio Rodríguez Demorizi, *Santo Domingo y la Gran Colombia: Bolívar y Núñez de Cáceres*, Santo Domingo, Editora del Caribe, 1971.

154 Véase en el libro *Cuerpo de leyes de la República de Colombia 1821-1827*, *op. cit.*, Caracas, 1961, pág. 193.

cisitudes políticas que fueron minando el proceso político de la República de Colombia, que conduciría, al final, a la separación de Venezuela de la misma en 1830, y a la propia desaparición de la "República de Colombia".

A) *La ausencia del Libertador y los problemas de gobernabilidad en relación con Venezuela*

El esquema constitucional de la Constitución de 1821, en efecto, no se pudo ejecutar con toda regularidad, entre otros importantes motivos, por la ausencia de BOLÍVAR del ejercicio de la Presidencia de la vasta República de Colombia, por encontrarse comandando los ejércitos en el Sur.

Ello alentó el carácter localista y regional de las autoridades de los departamentos creados en la nueva República, particularmente los de Venezuela[155], provocando el desconocimiento paulatino de la unidad de la nueva República y de la autoridad del gobierno de Bogotá, donde se había situado desde 1821 la capital provisional, a cargo del vicepresidente general FRANCISCO DE PAULA SANTANDER.

Este mismo, en sus *Memorias,* al referirse a sus dudas en 1821 de aceptar la Vicepresidencia de la República de Colombia, con sede en Bogotá, escribió que le informó a BOLÍVAR su resolución de renunciar a esa posición:

"[...] no debo callar por más tiempo, que la más fuerte razón que obraba en mi ánimo para no admitir la vicepresidencia era la de que los venezolanos no podían vivir contentos bajo la unión central que había decretado el Congreso; esta unión destruía la independencia de la república venezolana, colocaba el centro del gobierno en Bogotá a más de 400 leguas de distancia, y convertía a Venezuela en departamentos privados de leyes propias, acomodadas a sus necesidades; razones por las cuales nunca opiné por la unidad central de Colombia cuando ventilaba la cuestión del Congreso constituyente" [156].

El caudillismo militar y regional que tanto se desarrolló con motivo de las guerras de independencia, y la anarquía personalista que implicó, indudablemente que provocaron la destrucción de la Gran República, incluso llegándose a poner en duda y discusión la autoridad del Libertador[157].

[155] El historiador R. M. BARALT resume así los sentimientos de Venezuela, respecto de la Constitución de la Villa del Rosario de Cúcuta de 1821. "No fue recibida en Venezuela la Constitución de Cúcuta ni incondicionalmente ni con grandes muestras de alegría. Destruida la soberanía del país, dividido este en departamentos minados de leyes propias y colocado al centro del Gobierno en la distante Bogotá, no podían los venezolanos vivir contentos bajo aquel pacto de unión, por más que la guerra lo hiciese necesario", cit. por AUGUSTO MIJARES, "Evolución política de Venezuela (1810-1960)", *loc. cit.*, pág. 69.

[156] Véase el texto y la referencia a las Memorias de Santander (págs. 68-69), en Pilar Moreno de Ángel, Santander, *op. cit.*, pág. 397.

[157] Como sucedió en el denominado Congreso de Cariaco, que fue uno de los detonantes del fusilamiento de Piar.

La verdad es que, en ese proceso, el gobierno de Bogotá, ejercido por el vicepresidente SANTANDER en ausencia de BOLÍVAR, no tuvo nunca poder real sobre los jefes militares en guerra de Venezuela, y particularmente, sobre el general José Antonio Páez[158], a lo que se suma el hecho de que la Municipalidad de Caracas se negase a jurar fidelidad completa al texto constitucional, institucionalizando la tendencia separatista de los venezolanos respecto de la nueva República[159].

En Venezuela se reconocía totalmente la jefatura militar de Páez en contra de las decisiones del gobierno de Bogotá (se destacan hechos como la llamada Revolución de los Morrocoyes o La Cosiata de 1826)[160], habiéndose incluso reaccionado contra la asunción por BOLÍVAR del Poder supremo el 27 de agosto de 1828, por encima de la Constitución llegando a regular la supresión de las municipalidades. En todo caso, desde 1826, en Venezuela se había afianzado el predominio absoluto del general Páez, con la anuencia del Libertador para evitar una nueva guerra civil, y su renuncia a hacerse "jefe de facciones" de carácter caudillista[161].

Todo ello culminó en 1830 con la separación definitiva de Venezuela de la República de Colombia[162], reconstituyéndose el Estado de Venezuela.

B) *La Convención de Ocaña y la dictadura*

El conflicto entre las fuerzas centrífugas en Colombia y Venezuela en relación con el gobierno de la República tuvo uno de sus capítulos fundamen-

[158] El mismo Soublette, jefe superior del Departamento de Venezuela, reconocía que no tenía ningún poder sobre los jefes militares venezolanos (Páez y Mariño) y que solo Bolívar podía controlarlos. Véase la carta dirigida por Soublette al Libertador en noviembre de 1821 en las *Memorias de O'Leary*, tomo VIII, pág. 26, *cit*., por AUGUSTO MIJARES, "Evolución política de Venezuela" (1810-1960)," *loc. cit*., pág. 70.

[159] Véase AUGUSTO MIJARES, "Evolución política de Venezuela" (1810-1960), *loc. cit*., pág. 68; JOSÉ A. PÁEZ, *Autobiografía*, tomo I, Nueva York, 1870, págs. 292 y ss.; en particular, pág. 371; JOSÉ GIL FOURTOUL, *Historia constitucional de Venezuela*., tomo I, págs. 470 y ss., y 585.

[160] Véase AUGUSTO MIJARES, "Evolución política de Venezuela" (1810-1960), *loc. cit*., págs. 75 y ss.; JOSÉ GIL FORTOUL, *Historia constitucional de Venezuela, op. cit*., tomo I, págs. 587 y ss. El mismo General Páez consideró la época de los años posteriores al año 1826, como dolorosa y "la más funesta" de su vida. Véase J. A. PÁEZ, *Autobiografía*, tomo I, Nueva York, 1870, págs. 286 y 292 y ss.

[161] Véase JOSÉ GIL FORTOUL, *Historia constitucional de Venezuela, op. cit*., tomo I, pág. 616. BOLÍVAR escribía, en efecto: "Más vale estar con él que conmigo, porque yo tengo enemigos y PAÉZ goza de opinión popular". "La República se va a dividir en partidos; en cualquier parte que me halle me buscarán por caudillo del que se levante allí; y ni mi dignidad ni mi puesto me permiten hacerme jefe de facciones". Véase las citas en AUGUSTO MIJARES, "Evolución política de Venezuela" (1810-1960), *loc. cit*., págs. 78 y 80. Véase JOSÉ ANTONIO PÁEZ, *Autobiografía, op. cit*., pág. 375.

[162] Véase JOSÉ GIL FORTOUL, *Historia constitucional de Venezuela, op. cit*., tomo I, págs. 612 y 614.

tales en la Convención de Ocaña de 1828, que había sido convocada como asamblea constituyente para reformar la Constitución de la Villa del Rosario de Cúcuta de 1821.

La misma se desarrolló en la dicha ciudad de Ocaña entre abril y junio de 1828, teniendo como objetivos políticos resolver los problemas en la República, particularmente para dirimir el conflicto entre santanderistas y bolivarianos, partidarios, los primeros de un gobierno federal y, los segundos, de un régimen centralista.

En el transcurso de las sesiones de la Convención no fue posible llegar a un acuerdo sobre las bases que debía tener la nueva Constitución, razón por la cual los partidarios de Bolívar rompieron el quórum, lo que motivó la disolución de la Convención. A ello le siguió la realización en junio de 1828 de una asamblea popular en Cundinamarca con los partidarios del Liberador, en la cual se lo proclamó dictador.

Ello motivó a Bolívar a emitir el decreto orgánico con el carácter de "ley constitucional del Estado" (art. 26) de 28 de agosto de 1828, por medio del cual asumió la dictadura, dejando sin vigencia la Constitución de la Villa del Rosario de Cúcuta de 1821[163]. Entre las motivaciones del decreto estaba que no habiendo sido posible que la Convención de Ocaña completara su misión de reformar la Constitución:

"[...] el pueblo en esta situación, usando de los derechos esenciales que siempre se reserva para libertarse de los estragos de la anarquía y proveer del modo posible a su conservación y futura prosperidad, me ha encargado de la suprema magistratura para que consolide la unidad del Estado, restablezca la paz interior y haga las reformas que se consideren necesarias".

En ese decreto, Bolívar estableció las regulaciones constitucionales fundamentales para el funcionamiento del Estado, dividiéndolo en los siguientes títulos: I. Sobre el poder supremo; II. Sobre el Ministerio de Estado y Consejo de Ministros; III. Sobre el Consejo de Estado; IV. De la organización y administración del territorio de la República y V. De la administración de justicia.

En ese decreto, Bolívar volvió sobre la idea de un Consejo de Estado, en una fórmula totalmente distinta a la de 1817, estableciéndolo ahora como un órgano netamente consultivo en la misma orientación del Consejo de Gobierno creado en la Constitución de la Villa del Rosario de Cúcuta de 1821, presidido por el propio Bolívar Libertador, e integrado por "el presidente del Consejo de Ministros, los ministros secretarios de Estado, y al menos de un consejero por cada uno de los actuales departamentos de la República" (art. 8º). Dispuso

163 Véase el texto en *Decretos del Libertador*, tomo III, 1828-1830, Caracas,1961, págs. 137-144. Véase en Allan R. Brewer-Carías, *Las Constituciones de Venezuela, op. cit.*, tomo I. págs. 677-680.

el artículo 9º que solo "cuando el Libertador no presida al Consejo de Estado lo hará el presidente del Consejo de Ministros".

La disolución de la Convención de Ocaña y el decreto de la dictadura de BOLÍVAR, sin duda contribuyeron a la destrucción de la República de Colombia, fueron la antesala de la separación de Venezuela, que se materializó en 1830 cuando fueron sancionadas dos Constituciones, por sendos Congresos constituyentes en Bogotá y Valencia, en los cuales no participaron ni BOLÍVAR ni SANTANDER, y en los cuales se organizaron separadamente el Estado de Colombia y el Estado de Venezuela. Con ello, el sueño de BOLÍVAR de una gran nación que con el nombre de Colombia comprendiera toda la parte septentrional de Sur América, que concretó inicialmente con la Ley constitucional de 17 de diciembre de 1819, concluyó definitivamente con su fallecimiento exactamente once años después, el 17 de diciembre de 1830.

C) *La separación de la República de Venezuela y el Estado de la Nueva Granada*

Ese proceso de separación, aparte de todos los condicionamientos políticos que contribuyeron a su realización, desde el punto de vista constitucional puede decirse que se inició formalmente en 1829 como consecuencia de la circular expedida por el Libertador el 31 de agosto de 1829, confirmada el 16 de octubre de ese año, en la cual excitó a los pueblos a manifestar sus opiniones sobre la forma de gobierno que debía adoptar Colombia, sobre la Constitución que debía adoptar el Congreso, y sobre la elección del Jefe del Estado[164].

En efecto, a pesar de que en julio de ese año el colegio electoral de Venezuela, reunido en Caracas, había aprobado por unanimidad un proyecto de instrucciones para los diputados que irían al Congreso constituyente de Bogotá, en las cuales se planteaba la necesidad de sostener la Constitución de la Villa del Rosario de Cúcuta[165], en la ciudad de Valencia, reunida una Asamblea Popular el 23 de noviembre de 1829, convocada por el gobernador de la Provincia de Carabobo, "convinieron todos unánimemente en que Venezuela no debe estar unida a la Nueva Granada y Quito, porque las leyes que convienen a aquellos territorios, no son a propósito para este, enteramente distinto por costumbres, clima y producciones". Los asambleístas también acordaron que se dirigiese "esta petición al Congreso constituyente, para que teniéndola en consideración provea los medios más justos, equitativos y pacíficos, a fin de conseguir la separación sin necesidad de ocurrir a vías de hecho; antes bien proporcionando a este país una reunión en que sus habitantes, congregados

[164] Véase JOSÉ GIL FORTOUL, *Historia constitucional de Venezuela*, tomo I, Berlín, 1904, pág. 468.

[165] *Idem,* pág. 470.

legítimamente, expresen su voluntad; y que en todo caso ella sea definitiva, sin que los otros Estados tengan derecho de intervención en sus resoluciones".

La remisión de esa Acta se acordó hacerla por conducto del "Jefe Superior Civil y Militar, General en Jefe, benemérito J. A. PÁEZ"[166].

Una reunión similar se realizó en Caracas en el edificio de San Francisco, en los días siguientes, el 25 y 26 de noviembre de 1829 y allí se acordó la: "separación del gobierno de Bogotá y desconocimiento de la autoridad del General BOLÍVAR y que S. E. el benemérito General José Antonio Páez sea jefe de estos departamentos y que reuniendo como reúne la confianza de los pueblos, mantenga el orden público y todos los ramos de la administración, bajo las formas existentes, mientras se instala la convención"[167].

La reacción antibolivariana de estos acuerdos, sin embargo, fue mitigada por el propio Páez, quien luego de convocar otra Asamblea en Caracas, el 24 de diciembre de 1829, reconoció el papel del Libertador en la independencia, y se dirigió a él encareciéndole que ejerciera "su poderosa influencia para que nuestra separación y organización se haga en paz"[168].

El 2 de enero de 1830 comenzaron en Bogotá las sesiones preparatorias del Congreso constituyente que había convocado el Libertador el año anterior, pero once días después, el 13 de enero, José Antonio Páez convocó por decreto la realización de elecciones para un Congreso constituyente venezolano, en Valencia, que debía instalarse el 30 de abril, lo cual solo ocurrió el 6 de mayo de 1830.

Entre febrero y abril, a instancias de BOLÍVAR en el Congreso de Bogotá, se reunieron en Cúcuta comisionados de Colombia y Venezuela para tratar de llegar a un acuerdo pacífico, esfuerzos que, a pesar de la labor del Mariscal José Antonio Sucre, fracasaron.

BOLÍVAR, quien tenía la resolución de abandonar el poder, manifestó al Congreso de Bogotá que no aceptaría la Presidencia de la República, razón por la cual el Congreso el 1° de marzo encargó del ejecutivo al presidente interino del Consejo de Estado, General Domingo Caicedo.

El Congreso de Bogotá adoptó la *Constitución Política de la República de Colombia* el 29 de abril de 1830[169], mandada a ejecutar el 5 de mayo de 1830 por el mismo Caicedo como vicepresidente encargado del poder ejecutivo, y por decreto separado acordó ofrecérsela a Venezuela para su adopción.

[166] *Idem,* págs. 470 y 471.

[167] *Idem*, pág. 472.

[168] *Idem*, pág. 473.

[169] Véase en general, HERVIZ GERALDA GONZÁLEZ CAMACHO, "El proceso constituyente del Congreso Admirable, Bogotá, 1830", en ELENA PLAZA y RICARDO COMBELLAS (Coords.), *Procesos constituyentes y reformas constitucionales en la Historia de Venezuela: 1811-1999*, tomo I, Caracas, Universidad Central de Venezuela, 2005, págs. 107-129.

El Congreso de Venezuela, el 6 de agosto de 1830 expidió un decreto sobre garantías de los venezolanos para el gobierno provisorio[170] y consideró la propuesta del Congreso de Bogotá sobre la Constitución adoptada por el mismo, el 29 de abril. Sobre ello, el 17 de agosto de 1830, decretó:

"Que Venezuela ocupada de su propia Constitución conforme a la voluntad unánime de los pueblos, no admite la Constitución que se le ofrece, ni como existe, ni con reformas cualesquiera que sean; pero que está dispuesta a entrar en pactos recíprocos de federación que unan, arreglen y representen las altas relaciones nacionales de Colombia, luego que ambos Estados estén perfectamente constituidos y que el General Bolívar haya evacuado el territorio de Colombia"[171].

Con ello se produjo la disolución de la "Gran Colombia", y el Congreso de Valencia de Venezuela, como consecuencia, sancionó el 22 de septiembre de 1830 la *Constitución del Estado de Venezuela,* a la cual puso el ejecútese el General Páez, presidente del Estado el 24 de septiembre de 1830[172], fecha en la cual el Congreso dictó un nuevo decreto sobre la publicación y el juramento del texto constitucional[173]. Dicho texto fue, sin duda, uno de los que más influencia tuvo en el proceso constitucional venezolano posterior, dado los largos años de vigencia que tuvo hasta que fue reformado en 1857. Su texto siguió la misma línea constitucional que se había iniciado en Venezuela con la Constitución de 21 de diciembre de 1811, de la cual recibió una influencia fundamental, así como de las Constituciones de 1819 y 1821, aun cuando mitigando el centralismo que había propugnado Bolívar.

Con posterioridad y una vez que Francisco de Paula Santander regresó a Bogotá de su exilio, una Convención Constituyente abandonando también la denominación de "Colombia," sancionó el 29 de enero de 1832 la *Constitución*

[170] Véase el texto en *Leyes y decretos de Venezuela*, tomo I, 1830-1840, Biblioteca de la Academia de Ciencias Políticas y Sociales, Caracas, 1982, págs. 30 y 31.

[171] Véase el texto en *Leyes y decretos de Venezuela*, tomo I, 1830-1840, *cit.*, pág. 33.

[172] Véase los comentarios de Páez sobre las causas que motivaron a Venezuela a separarse de la Unión Colombiana, en J. A. Páez, *Autobiografía,* tomo II, Nueva York, 1870, *cit.*, págs. 1 y ss. Debe señalarse, que la elección de diputados que formaron el Congreso de Venezuela se hizo en base a un decreto expedido por el general Páez, que estableció el sufragio restringido por razones económicas. Véase F. González Guinán, *Historia contemporánea de Venezuela, cit.*, tomo II, pág. 11. Véase el texto del decreto en Allan R. Brewer-Carías, *Las Constituciones de Venezuela*, *op. cit.*, tomo I, págs. 697 y ss.

[173] Véase en general, Eleonora Gabaldón, *La Constitución de 1830 (El debate parlamentario y la opinión de la prensa)*, Caracas, Instituto Biblioteca Nacional, Ed. Turnes, 1991; y Enrique J. Sánchez Falcón, "El Congreso constituyente venezolano de 1830", en Elena Plaza y Ricardo Combellas (Coords.), *Procesos constituyentes y reformas constitucionales en la historia de Venezuela: 1811-1999*, tomo I, Caracas, Universidad Central de Venezuela, 2005, págs. 131-154.

de la Nueva Granada, también de gran influencia en el constitucionalismo colombiano y de larga vigencia.

El 17 de diciembre de 1830, al final de la ruptura constitucional, falleció el Libertador SIMÓN BOLÍVAR, once años después de la sanción en Angostura de la Ley Fundamental de la República de Colombia, es decir, el mismo año en el cual desapareció aquella gran nación, la Colombia que él visualizó, por la separación de Venezuela, su reconstitución como República autónoma, y la constitución al poco tiempo (1832) del nuevo Estado de la Nueva Granada.

Con esa disolución de la República de Colombia, desapareció así el nombre de "Colombia" tal como lo había ideado BOLÍVAR para identificar un Estado que unía las provincias de Venezuela y de la Nueva Granada, y solo fue treinta y tres años después, con la sanción de la *Constitución Política para los Estados Unidos de Colombia* de 8 de mayo de 1863, cuando se adoptó de nuevo el nombre de Colombia, pero solo para las antiguas provincias de la Nueva Granada.

APRECIACIÓN FINAL

Como se puede apreciar de todo lo que hemos expuesto, bajo la influencia directa e inmediata de los principios constitucionales que resultaron de la Revolución norteamericana y de la Revolución francesa, los orígenes del constitucionalismo venezolano se sitúan, en primer lugar, en las discusiones y actos adoptados por el antiguo Cabildo de Caracas, convertido, al declarar la independencia de Venezuela el 19 de abril de 1810, en Junta Suprema de las Provincias de Venezuela (Conservadora de los Derechos de Fernando VII). Allí se planteó el desconocimiento de la supuesta autoridad de la Regencia de Cádiz en las provincias de Venezuela, entre otros factores, por no haber sido constituida por el voto de los habitantes de la Provincia la cual, como todas las americanas, había dejado de ser colonia, y había sido declarada como parte de la Corona de España.

La idea de constituir un gobierno propio y darse una Constitución propia derivó del proceso de la independencia que culminó un año después en la convocatoria de un Congreso o Junta General de Diputados de las Provincias de Venezuela, para establecer un gobierno democrático representativo, a cuyo efecto se dictó el Reglamento de elección y reunión de diputados de 11 de junio de 1810.

Por ello, en segundo lugar, los orígenes del constitucionalismo también se sitúan en las discusiones de este Cuerpo representativo, también directamente influenciado por los principios de constitucionalismo que habían sido plasmados en el mundo moderno por las revoluciones norteamericana y francesa; cuerpo compuesto de diputados provinciales electos en siete de las nueve provincias de la antigua Capitanía General de Venezuela, mediante elecciones relativamente universales e indirectas, que a su vez se constituyeron en Congreso General de las Provincias de Venezuela. Este Congreso se instaló el 2 de marzo de 1811, y a partir del 25 de junio de 1811 cuando comenzaron sus sesiones, tuvo en mente la redacción de una Constitución democrática, republicana y representativa que se sancionó el 21 de diciembre de 1811. La misma fue precedida por la formal declaración de los Derechos del Pueblo el 1° de julio de 1811 y de la también formal declaración de la Independencia el 5 de julio de 1811[1].

[1] Véase los textos en ALLAN R. BREWER-CARÍAS, *Las Constituciones de Venezuela*, Academia de Ciencias Políticas y Sociales, Caracas, 1997, págs. 361-281; y *Libro de Actas del Supremo Congreso de Venezuela 1811-1812*, (Estudio Preliminar: Ramón Díaz Sánchez), Biblioteca de la Academia Nacional de la Historia, 2 vols. Caracas, 1959.

Todo lo anterior ocurría antes de que se hubiese promulgado la Constitución de la monarquía española de Cádiz el 19 de marzo de 1812, y en paralelo a las reuniones de las Cortes de Cádiz que se habían instalado el 24 de septiembre de 1810, y en las cuales también se había comenzado a delinear una Constitución monárquica de democracia representativa.

Los principios constitucionales de 1811, posteriormente, fueron los que marcaron la evolución constitucional subsiguiente, reflejados tanto en la Constitución de Venezuela, de Angostura, de 1819, la cual fue influida además, por las ideas del principal disidente del dominio español en las tierras americanas, SIMÓN BOLÍVAR, y en la Constitución de la República de Colombia, de Cúcuta, de 1821, como en la Constitución de Valencia de 1830 mediante la cual se reconstituyó el Estado de Venezuela, la cual, por lo demás, fue la que más años de vigencia tuvo durante el siglo XIX, hasta 1857.

BIBLIOGRAFÍA

ACADEMIA NACIONAL DE LA HISTORIA, Venezuela

— *La Constitución Federal de Venezuela de 1811 y documentos afines,* Caracas, Biblioteca de la Academia Nacional de la Historia, 1959.

— *El pensamiento constitucional hispanoamericano hasta 1830,* tomo V, Caracas, Academia Nacional de la Historia.

— *Libros de Actas del Segundo Congreso de Venezuela 1811-1812*, Caracas, Academia Nacional de la Historia, 1959.

— *La Constitución Federal de Venezuela de 1811 y documentos afines* ("Estudio preliminar" de C. Parra Pérez), Caracas, 1959.

— *Las Constituciones provinciales* ("Estudio preliminar" por ÁNGEL FRANCISCO BRICE), Caracas, Academia Nacional de la Historia, 1959.

ARIAS, J.: *Manual de derecho romano*, Buenos Aires, 1949.

BERTHÉLEMY-DUEZ: *Traité élémentaire de droit constitutionnel*, Paris, 1933.

BLANCO, JOSÉ FÉLIX y AZPÚRUA, RAMÓN: *Documentos para la historia de la vida pública del Libertador de Colombia, Perú y Bolivia. Puestos por orden cronológico y con adiciones y notas que la ilustran*, t. I, Caracas, Ediciones de la Presidencia de la República, 1983.

— *Documentos para la historia de la vida pública del Libertador*, t. II, Caracas, Ediciones de la Presidencia de la República, 1983.

BOLÍVAR, SIMÓN: *Carta de Jamaica,* México, UNAM, 1819.

—*Escritos fundamentales*, Caracas 1982;

—*Proclamas y discursos del Libertador*, Caracas, 1939; Ediciones Ayacucho, 2007.

—*Escritos del Libertador*, Caracas, Sociedad Bolivariana de Venezuela, 1968, 1969.

—*Proyecto de Constitución para la República Boliviana,* Lima, 1826, con notas de Antonio José de Sucre.

BREWER-CARÍAS, ALLAN: *Historia constitucional de Venezuela*, Edit. Alfa, 2 Vols., Caracas, 2008.

— *Las Constituciones de Venezuela,* (con "Estudio preliminar"), edición conjunta de la Universidad Católica del Táchira (Venezuela) y del Instituto de Estudios de Administración Local y del Centro de Estudios Constitucionales, Madrid, 1985; 2ª y 3ª ed, ampliadas, Biblioteca de la Academia de Ciencias Políticas y Sociales, Caracas, 1997, 2008.

— *Documentos Constitucionales de la Independencia/ Constitucional Documents of the Independence 1811,* Colección Textos Legislativos No. 52, Editorial Jurídica Venezolana, Caracas 2012;

— *La Constitución de la Provincia de Caracas de 31 de Enero de 1812. Homenaje Al Bicentenario,* (Prólogo de Alfredo Arismendi), Academia de Ciencias Políticas y Sociales, Colección Estudios No. 100, Caracas 2011

— *Angostura 1819. La reconstitución y desaparición del Estado de Venezuela,* Prólogo de Humberto Romero Muci), Academia de Ciencias Políticas y Sociales, Caracas 2019.

— *La Constitución de la República de Colombia de 30 de agosto de 1821. Producto de la unión de los pueblos de Venezuela y de la Nueva Granada propuesta por Simón Bolívar. Sus antecedentes y condicionantes*, publicado por la Academia de Ciencias Políticas y Sociales y la Academia Colombiana de Jurisprudencia, Editorial Jurídica Venezolana y Editorial Temis, Caracas, Bogotá 2021

— *Los inicios del proceso constituyente hispano y americano. Caracas 1811 – Cádiz 1812*, (Prólogo de Asdrúbal Aguiar), Editorial bid & co. Editor, Colección Historia, Caracas 2012;

— *El Constitucionalismo Hispanoamericano Pre-Gaditano 1811-1812*, Colección Cuadernos de la Cátedra Fundacional Charles Brewer Maucó, sobre Historia del Derecho, Universidad Católica Andrés Bello, No. 5, Editorial Jurídica Venezolana, Caracas 2013;

— *Orígenes del constitucionalismo moderno en Hispanoamérica, Tratado de Derecho Constitucional, Tomo II*, Fundación de Derecho Público, Editorial Jurídica Venezolana, Caracas 2014;

— *La Constitución de Cádiz y el constitucionalismo hispanoamericano*, San José, Editorial Investigaciones Jurídicas C. A., 2012.

— *Las declaraciones de derechos del pueblo y del hombre de 1811 (Bicentenario de la Declaración de* "*Derechos del Pueblo*" *de 1° de julio de 1811 y de la* "*Declaración de Derechos del Hombre*" *contenida en la Constitución Federal de los Estados de Venezuela de 21 de diciembre de 1811)*, (Prólogo de Román José Duque Corredor), Caracas, Academia de Ciencias Políticas y Sociales, 2011.

— *Los Derechos Humanos en Venezuela. Casi 200 años de Historia*, Academia de Ciencias políticas y Sociales, Caracas, 1990.

— *Sobre Miranda. Entre la perfidia de uno y la infamia de otros y otros escritos*, Caracas, Editorial Jurídica Venezolana, 2016.

— "Ideas centrales sobre la organización del Estado en la obra del Libertador y sus proyecciones contemporáneas", en *Boletín de la Academia de Ciencias Políticas y Sociales,* Nos. 95-96, Caracas, enero-junio, 1984.

— "El paralelismo entre el constitucionalismo venezolano y el constitucionalismo de Cádiz (o de cómo el de Cádiz no influyó en el venezolano)", en *La Constitución de Cádiz. Hacia los orígenes del Constitucionalismo Iberoamericano y*

Latino (Asdrúbal Aguiar editor), Caracas, Unión Latina-Universidad Católica Andrés Bello, 2004, págs. 223-331; y en el *Libro Homenaje a Tomás Polanco Alcántara. El Estado Constitucional y el derecho administrativo en Venezuela,* Caracas, Universidad Central de Venezuela, 2005, págs. 101-189.

— "1811-1830: Cádiz entre Caracas, Angostura, Cúcuta y Valencia", en *1812: fra Cadice e Palermo - entre Cádiz y Palermo. Nazione, rivoluzione, costituzione, representanza politica, libertà, garantite, autonomie*" (Andrea Romano y Francesco Vegara Caffarelli Coord.), Università degli Studi di Messina, Palermo-Messina), Biblioteca Centrale della Regione siciliana "Alberto Bombace", 2012, págs. 167-195.

— "Epílogo: el secuestro y suplantación de los próceres", en Giovanni Meza Dorta, *El olvido de los próceres. La filosofía constitucional de la Independencia y su distorsión producto del militarismo,* Caracas, Editorial Jurídica Venezolana, 2012.

— "La Constitución de Cádiz de 1812 y los principios del constitucionalismo moderno: su vigencia en Europa y en América", en *La Constitución de Cádiz de 1812, fuente del derecho europeo y americano. Relectura de sus principios fundamentales.* Actas del iv Simposio Internacional Unión Latina, Cádiz, Ayuntamiento de Cádiz, 2010.

— "La formación del Estado venezolano", en *Revista Paramillo*, San Cristóbal, UCAT, 1966.

— "La independencia de Venezuela y el inicio del constitucionalismo hispanoamericano en 1810-1811, como obra de civiles, y el desarrollo del militarismo a partir de 1812, en ausencia de régimen constitucional", en *Revista de Historia Constitucional*, Revista Electrónica, http://hc.rediris.es , núm. 14, Oviedo, 2013, págs. 405-424.

— "La Constitución de Cádiz de 1812 y los principios del constitucionalismo moderno: su vigencia en Europa y en América", en *Anuario Jurídico Villanueva*, III, Año 2009, Madrid, Villanueva Centro Universitario, Universidad Complutense de Madrid, 2009, págs. 107-127.

Brewer-Carías, Allan R. y Viloria Vera, Enrique: *La Revolución de Caracas de 1810*, Colección Salamanca, Historia, Educación y Geografía, Caracas, Centro de Estudios Ibéricos y Americanos de Salamanca, Salamanca, 2011.

Brewer-Carías, Allan R., Viloria Vera, Enrique y Aguiar, Asdrúbal: *La independencia y el Estado constitucional en Venezuela, como obra de civiles (19 de abril de 1811, 5 de julio de 1811, 2 de diciembre de 1811)*, Cátedra Mezerhane sobre Democracia, Estado de Derecho y Derechos Humanos, Miami, Ediciones EJV International, 2018; Colección Cuadernos de la Cátedra Fundacional Charles Brewer Maucó sobre Historia del Derecho en Venezuela, Universidad Católica Andrés Bello, Editorial Jurídica Venezolana, Caracas, 2018.

Brice, Ángel Franciso: Prólogo a las *Actas del Congreso de Angostura,* Caracas, Instituto de Derecho Público, Universidad Central de Venezuala, 1969.

Brissaud, A.: *History of French Public Law*, London, 1915.

Brito Figueroa, Federico: *Historia económica y social de Venezuela. Una estructura para su estudio*, t. i, Caracas, 1966.

Burke, E.: *Reflections on the Revolution in France* (1790).

Burke, William: *Derechos de la América del Sur y México*, vol. I, Caracas, Academia Nacional de la Historia, 1959.

Caballero, José María: "Días de la Independencia", en *La Patria Boba,* Bogotá, 1902.

— *Diario de la independencia,* Bogotá, Biblioteca de Historia Nacional, 1946.

— *Diario de la Patria Boba*, Bogotá, Ediciones Incunables, 1986.

Calero Amor, Antonio María: *La división provincial de 1833. Bases y antecedentes*, Madrid, IEAL, 1987.

Cerdá Ruíz-Funes, Joaquín: "Para un estudio sobre los adelantos mayores de Castilla (siglos xiii-xv), en *Actas del II Symposium Historia de la Administración*, Madrid, 1971.

Chiossone, Tulio: *Formación jurídica de Venezuela en la Colonia y la República*, Caracas, 1980.

Condorcet: *De l'influence de la Révolution d'Amérique en Europe* (1786)

Comellas, José Luis: *Historia de España contemporánea*, Madrid, 1999.

— *Constitución de los Estados Unidos de América*, Philadelphia, Smith & M'Kennie, 1810.

— *Constituciones españolas y extranjeras*, t. i, Madrid, Ediciones de Jorge de Esteban, Taurus, 1977.

— *Constitución Política de la Monarquía Española promulgada en Cádiz de 19 de marzo de 1812*, (prólogo de Eduardo García de Enterría), Madrid, Civitas, 1999.

Corwin, E. S.: *The 'Higher Law' Background of American Constitutional Law*, New York 1955 (Reprinted from *Harvard Law Review*, vol. XLII, 1928-1929).

— *The Doctrine of Judicial Review. Its Legal and Historical Basis and other Essays*, Princeton, 1914.

De Austria, José: *Bosquejo de la historia militar de Venezuela*, t. i, Caracas, Biblioteca de la Academia Nacional de la Historia, 1960.

De Haller, Carlos Luis: *Sulla Costituzione* (1814-1820).

De Labra y Martínez, Rafael M.: *Los presidentes americanos de las Cortes de Cádiz*, Madrid, 1912.

De la Torre Villas, Ernesto y García Laguardia, Jorge Mario: *Desarrollo histórico del constitucionalismo hispanoamericano*, Ciudad de México, UNAM, 1976.

De la Reza, Germán A.: "El intento de integración de Santo Domingo a la Gran Colombia (1821-1822)", en *Revista Secuencia,* núm. 93, México, 2015.

De La Vallina Velarde, Vicente: *La provincia, entidad local en España*, Oviedo, 1964.

De Ruggiero, G.: *The History of the European Liberalism*, Boston, 1967.

De Tocqueville, Alexis: *La democracia en América*, México, Fondo de Cultura Económica, 1973.

— *Democracy in America,* ed. J. P. Meyer y M. Lerner, Londres, 1969.

— *El Antiguo Régimen y la Revolución,* Madrid, Alianza Editorial, 1982.

— *Inéditos sobre la Revolución,* Alianza Editorial, Madrid 1989.

De Torres y Peña, J. A.: "Santa Fe cautiva", en *La Patria Boba,* Bogotá, 1902.

Dicey, A. V.: *An Introduction to the Study of the Law of the Constitution* (Introduction by E.C.S. Wade), 10th Ed. 1973.

El 19 de abril de 1810, Caracas, Instituto Panamericano de Geografía e Historia, 1957.

Escudero, José Antonio: *Cortes y Constitución de Cádiz. 200 años,* tomo III, Madrid, Espasa Libros, 2011.

Espinosa, José María: *Recuerdos de un abanderado, memorias de la Patria Boba 1810-1819,* Bogotá, 1876.

Febres Cordero, Tulio (Comp.): *Actas de Independencia, Mérida, Trujillo, Táchira en 1810*, Mérida, El Lápiz Ed., 2008.

Fernández Martín, Manuel: *Derecho parlamentario español*, vol. ii, Madrid, 1992.

Fernández, Tomás Ramón y Santamaría, Juan Alfonso: *Legislación administrativa española del siglo XIX*, Madrid, 1977.

Ferrando Badía, Juan: "Proyección exterior de la Constitución de 1812", en M. Artola (ed.), *Las Cortes de Cádiz*, *Ayer*, Madrid, Marcial Pons, 1991.

Ferrer Muñoz, Manuel: *La Constitución de Cádiz y su aplicación en la Nueva España*, Ciudad de México, UNAM, 1993.

Flaquer Martequi, Rafael: "El Ejecutivo en la revolución liberal", en M. Artola (ed.), *Las Cortes de Cádiz*, *Ayer*, Madrid, Marcial Pons, 1991.

Fontana, Joseph: *Documentos de Historia Contemporánea de España*, Madrid, 1996.

— *La crisis del antiguo Régimen 1808-1833*, Barcelona, 1992.

Gabaldón, Eleonora: *La Constitución de 1830 (el debate parlamentario y la opinión de la prensa)*, Caracas, Instituto Biblioteca Nacional, Ed. Turnes, 1991.

Gaceta de Caracas, tomo II, Academia Nacional de la Historia, Caracas, 1959.

Gallego Anabitarte, Alfredo: "España 1812, Cádiz. Estado unitario, en perspectiva histórica" en M. Artola (ed.), *Las Cortes de Cádiz*, *Ayer*, Madrid, Marcial Pons, 1991.

García Laguardia, Jorge Mario; Meléndez Chaverri, Carlos y Volio, Marina: *La Constitución de Cádiz y su influencia en América (175 años 1812-1987)*, San José, 1987.

García de Enterría, Eduardo: *Revolución francesa y administración contemporánea*, Madrid 1972.

García de Serna, Manuel: *La Independencia de la Costa Firme, justificada por Thomas Paine treinta años ha*, Filadelfia, 1810.

García Pelayo, Manuel: *Derecho constitucional comparado*, Madrid, 1957.

Garrido Rovira, Juan: *La revolución de 1810*, Caracas, Universidad Monteávila, 2009.

— "La legitimación de Venezuela: El Congreso Constituyente de 1811", en Plaza, Elena y Combellas, Ricardo: *Procesos constituyentes y reformas constitucionales en la Historia de Venezuela: 1811-1999*, tomo I, Caracas, Universidad Central de Venezuela, 2005, págs. 13-74.

Gil Fortoul, José: *Historia constitucional de Venezuela*, t. i, Berlín, 1908; y en *Obras completas*, vol. i, Caracas, 1953.

González Guinán, Francisco: *Historia contemporánea de Venezuela*, tomo i, Caracas, 1954.

Grases, Pedro: *Derechos del hombre y del ciudadano* (estudio preliminar por Pablo Ruggeri Parra y estudio histórico-crítico por Pedro Grases), Caracas, Academia Nacional de la Historia, 1959.

— *Libros y libertad*, Caracas, 1974.

— *La Conspiración de Gual y España y el ideario de la Independencia*, Caracas, 1978.

— *Manuel García de Sena y la Independencia de Hispanoamérica*, Caracas, 1987.

— "Notas editorial", en *El Libertador y la Constitución de Angostura de 1819*, Caracas, 1969.

— *Actas del Congreso de Angostura*, Caracas, Instituto de Derecho Público, Universidad de Venezuela, 1969.

Grases, Pedro y Polanco, Tomás (editores, Estudios preliminares), *Simón Bolívar y la ordenación del Estado*, Estudios preliminares de Caracas, 1979.

Grisanti, Ángel: *Toma de razón, 1810 a 1812*, Caracas, 1955.

Gutiérrez Ardila, Daniel: *Un nuevo Reino. Geografía política, pactismo y diplomacia durante el interregno en Nueva Granada (1808-1816)*, Bogotá, Universidad Externado de Colombia, 2010.

Gutiérrez Alvis, F.: *Diccionario de Derecho romano*, Madrid, 1948.

Hawgood, J. A.: *Modern Constitutions since 1787*, London, 1939.

Hernández González, Manuel: "La fiesta patriótica. La Jura de la Constitución de Cádiz en los territorios no ocupados (Canarias y América) 1812-1814", en Ramos Santana, Alberto y Romero Ferrer, Alberto: *1808-1812: los emblemas de la libertad*, Cádiz, Universidad de Cádiz, 2009.

Holdsworth, *A History of English Law*, Fourth Ed., London, 1936; Reprinted, 1971.

Itinerario documental de Simón Bolívar. Escritos selectos, Caracas, Ediciones de la Presidencia de la República, 1970.

JENNINGS, I.: *The Law and the Constitution*, London, 1972.

— *Magna Carta*, London, 1965.

JIMÉNEZ ASENSIO, RAFAEL: *Introducción a una historia del constitucionalismo español*, Valencia, 1993.

La Capitanía General de Venezuela, Caracas, edición de la Presidencia y del Consejo Municipal del Distrito Federal, 1977.

Leyes electorales y proyectos de ley, Madrid, Imprenta Hijos de J. A., 1906.

LECUNA, VICENTE: *Proclamas y discursos del Libertador*, Caracas, 1939.

LOCKE, J.: *Two Treatises of Government* (1690).

LEPONTE, G.: *Histoire des institutions du droit public français au XIX siècle. 1789-1914*, Paris, 1953.

MAITLAND, F. W.: *The Constitutional History of England*, Cambridge, 1968.

MARTINS RIBEIRO, JORGE: "La importancia de la ideología y de los artículos de la Constitución de Cádiz para la eclosión de la revolución de 1820 en Oporto y la Constitución portuguesa de 1822", en RAMOS SANTANA, ALBERTO y ROMERO FERRER, ALBERTO (ed.), *Cambio político y cultural en la España de entre siglos*, Cádiz, Universidad de Cádiz, 2008.

MAURIAC, F. *Historia de Inglaterra,* ed. 1954

MCILWAIN, CH. H.: *The High Court of Parliament and its Supremacy*, Yale, 1910.

— *Constitutionalism and the Changing World*, Cambridge, 1939.

MCLAUGHLIN, A. C.: *A Constitutional History of the United States*, New York, 1936.

MEJÍA RICART, GUSTAVO ADOLFO: "Crítica de nuestra historia moderna. Primer período del estado libre en la parte española de la Isla de Santo Domingo", en *Acta constitutiva*, Santo Domingo, Banco de Reservas de la República Dominicana y Sociedad Dominicana de bibliófilos, 2007.

MELO, JORGE ORLANDO: *Documentos constitucionales colombianos*, 1810-1815.

MERINO MERCHÁN, J. F: *Regímenes históricos españoles*, Madrid, Tecnos, 1988.

MEZA DORTA, GIOVANNI: *Miranda y Bolívar*, Caracas, Bid & Co. editor, 2007.

— *El olvido de los próceres. La filosofía constitucional de la Independencia y su distorsión producto del militarismo,* Caracas, Editorial Jurídica Venezolana, 2012.

MIJARES, AUGUSTO: *La evolución política de Venezuela (1810-1960),* Caracas, 1967

MIRANDA, FRANCISCO DE: *Archivo del General Miranda*, La Habana, 1950.

— *América espera,* edición de J. L. Salcedo Bastardo, 1982.

— *Textos sobre la Independencia*, Caracas, Biblioteca de la Academia Nacional de la Historia, 1959.

MONTESQUIEU, CHARLES LOUIS:*De l'Esprit des Lois* (1748).

MONTILLA ZAVALÍA, FÉLIX A.: "La experiencia monárquica americana: Brasil y México", en *Debates de Actualidad*, Asociación Argentina de Derecho Constitucional, Año XXIII, núm. 199, enero/abril 2008.

MORELL OCAÑO, LUIS: "Raíces históricas de la concepción constitucional de las Provincias", en *Revista Española de Derecho Administrativo*, núm. 42, Madrid, Civitas, 1984.

MORON. GUILLERMO: *Historia de Venezuela,* t. III, Caracas, 1971.

MOYA PONS, FRANK: *Historia colonial de Santo Domingo*, Santiago de los Caballeros, Universidad Católica Madre y Maestra, 1974.

PÁEZ, JOSÉ ANTONIO: *Autobiografía*, tomo II, Nueva York, 1870.

PAREDES, JAVIER (coord.): *Historia contemporánea de España*, Barcelona, 1998.

PARRA PÉREZ, CARACCIOLO: *Historia de la Primera República de Venezuela*, tomo I, Caracas, Biblioteca de la Academia Nacional de la Historia, 1959.

— *Estudio preliminar La Constitución Federal de Venezuela de 1811 y documentos afines,* Caracas, Biblioteca de la Academia Nacional de la Historia, 1959.

PETZOLD PERNÍA, HERMÁNN: *Bolívar y la ordenación de los poderes públicos en los Estados Emancipados*, Caracas, 1986.

PICÓN SALAS, M. *et al.*: *Venezuela independiente 1810-1960*, Caracas, 1962.

PLAZA, ELENA y COMBELLAS, RICARDO: *Procesos constituyentes y reformas constitucionales en la Historia de Venezuela: 1811-1999*, tomo I, Caracas, Universidad Central de Venezuela, 2005.

POLANCO ALCÁNTARA, TOMÁS: "Interpretación jurídica de la Independencia", en *El movimiento emancipador de Hispanoamérica, Actas y Ponencias*, t. IV, Caracas, 1961.

— *Simón Bolívar. Ensayo de una interpretación biográfica a través de sus documentos,* Barcelona, 2004.

POSADA, A.: *Escritos municipalistas y de la vida local*, Madrid, IEAL, 1979.

— *Evolución legislativa del régimen local en España 1812-1909*, Madrid, 1982.

RAMOS, DEMETRIO: "Las Cortes de Cádiz y América", en *Revista de Estudios Políticos*, núm. 126, Madrid, Instituto de Estudios Políticos, 1962.

RAMOS SANTANA, ALBERTO y ROMERO FERRER, ALBERTO: *1810-1812: los emblemas de la libertad,* Cádiz, Universidad de Cádiz, 2009.

RESTREPO PIEDRAHITA, CARLOS: *Primeras Constituciones de Colombia y Venezuela 1811-1830*, Bogotá, Universidad Externado de Colombia, 1993, 1996.

ROBERTS, J. M. y HARDMAN, J.: *French Revolution Documents,* 2 vols., Oxford, 1973.

ROCA ROCA, EDUARDO: *América en el ordenamiento jurídico de las Cortes de Cádiz*, Granada, 1986.

RODRÍGUEZ DEMORIZI, EMILIO: *Santo Domingo y la Gran Colombia. Bolívar y Núñez de Cáceres,* Santo Domingo, 1971.

RODRÍGUEZ R., LIBARDO: *Derecho administrativo,* 20ª ed., t. II, Bogotá, Editorial Temis, 2017.

ROJAS, CARLOS: *La vida y la época de Carlos IV*, Madrid, 1997.

ROUSSEAU, J. J.: *Du contrat social* (1762).

ROUSSEAU, J. J.: *Discours sur l'origine et le fondements de l'inegalité parmi les hommes* (1753).

RUGGERI PARRA, PABLO: *Historia política y constitucional de Venezuela*, t. I, Caracas, 1949.

SACRISTÁN Y MARTÍNEZ, A.: *Municipalidades de Castilla y León*, Madrid, 1981.

SÁNCHEZ FALCÓN, ENRIQUE J.: "El congreso constituyente venezolano de 1830," en PLAZA, ELENA y COMBELLAS, RICARDO: *Procesos constituyentes y reformas constitucionales en la Historia de Venezuela: 1811-1999*, tomo I, Caracas, Universidad Central de Venezuela, 2005, págs. 131-154.

SÁNZ, MIGUEL JOSÉ: "Bases para un gobierno provisional en Venezuela", en *El pensamiento constitucional hispanoamericano hasta 1830,* t. V, Caracas, 1961.

SIÈYES, E.: *Qu'est-ce que le tièrs Etat?* (1789).

SMITH, A.: *An Inquiry into the Nature and Causes of the Wealth of Nations* (1776).

SUÁREZ, F.: *La crisis política del Antiguo Régimen en España (1800-1840)*, Madrid, 1950.

SUCRE, L. A.: *Gobernadores y capitanes generales de Venezuela*, Caracas, 1964.

STOETZER, OTTO CARLOS: *Las raíces escolásticas de la emancipación de la América española*, Madrid, 1982.

Textos oficiales de la Primera República Venezuela, tomo I, Biblioteca de la Academia Nacional de la Historia, 1959.

Textos oficiales de la primera República de Venezuela, tomo II, Caracas, Biblioteca de la Academia de Ciencias Políticas y Sociales, 1982.

The Federalist (1787-1788).

THOMSON, R.: *Historical Essay on the Magna Carta of King John*, London, 1824.

TORRES RAMÍREZ, BIBIANO y HERNÁNDEZ PALOMO, JOSÉ JESÚS: *Andalucía y América en el siglo* XIX, t. I, Sevilla, 1986.

USLAR PIETRI, JUAN: *Historia de la rebelión popular de 1814. Contribución al estudio de la historia en Venezuela,* París, 1954.

VALLENILLA LANZ, L.: *Cesarismo democrático*, Caracas, 1952.

VARGAS JURADO, J. A.: "Tiempos coloniales", en *La Patria Boba,* Bogotá, 1902.

WOLF, ERNESTO: *Tratado de derecho constitucional venezolano,* t. I, Caracas, 1945.

ÍNDICE DE AUTORES

Este libro se terminó de imprimir en los talleres de Editorial Nomos S. A., el veintitrés de noviembre de dos mil veinticuatro, aniversario del nacimiento de FRANÇOIS NOËL BABEUF (n. 23, XI, 1760 y m. 27, V, 1797).

LABORE ET CONSTANTIA

www.ingramcontent.com/pod-product-compliance
Lightning Source LLC
LaVergne TN
LVHW070756051026
849558LV00045B/574
* 9 7 8 9 5 8 3 5 2 0 8 9 1 *